未名社科菁华·社会工作

# 社会福利视域中的社会工作

## Social Work
### A Social Welfare Perspective

钱宁 著

北京大学出版社
PEKING UNIVERSITY PRESS

## 图书在版编目(CIP)数据

社会福利视域中的社会工作/钱宁著. —北京：北京大学出版社，2016.12

（未名社科菁华·社会工作）

ISBN 978-7-301-26927-5

Ⅰ.①社… Ⅱ.①钱… Ⅲ.①社会福利—社会工作—中国—文集 Ⅳ.①D632.1-53

中国版本图书馆 CIP 数据核字(2016)第 029655 号

| | |
|---|---|
| 书　　　名 | 社会福利视域中的社会工作<br>SHEHUI FULI SHIYU ZHONG DE SHEHUI GONGZUO |
| 著作责任者 | 钱　宁　著 |
| 责 任 编 辑 | 董郑芳（dzfpku@163.com） |
| 标 准 书 号 | ISBN 978-7-301-26927-5 |
| 出 版 发 行 | 北京大学出版社 |
| 地　　　址 | 北京市海淀区成府路 205 号　100871 |
| 网　　　址 | http://www.pup.cn |
| 新 浪 微 博 | @北京大学出版社　　@未名社科-北大图书 |
| 电 子 信 箱 | ss@pup.pku.edu.cn |
| 电　　　话 | 邮购部 62752015　发行部 62750672　编辑部 62753121 |
| 印 　刷　 者 | 三河市博文印刷有限公司 |
| 经 　销 　者 | 新华书店 |
| | 650 毫米×980 毫米　16 开本　22 印张　336 千字<br>2016 年 12 月第 1 版　2016 年 12 月第 1 次印刷 |
| 定　　　价 | 58.00 元 |

未经许可，不得以任何方式复制或抄袭本书之部分或全部内容。
**版权所有，侵权必究**
举报电话：010-62752024　电子信箱：fd@pup.pku.edu.cn
图书如有印装质量问题，请与出版部联系，电话：010-62756370

# 自序　在中国社会转型中探索社会福利与社会工作的发展

承蒙北京大学出版社的厚爱，为我出版这部论文自选集。这部文集的内容来自我2000年以来所发表的有关社会福利、社会工作和社会建设议题的论文中的一部分。为编辑这部文集，我得以有机会对从事社会工作教育和研究以来的个人研究历程进行回顾和思考。本书从四个方面对我在社会福利与社会工作领域所作的研究加以梳理，分专题收入了二十五篇文章。这些文章中的大部分被《中国社会科学文摘》、中国人民大学书报资料中心复印报刊资料中的《社会学》以及《社会保障制度》《社会工作》《民族问题研究》《文化研究》等转摘或转载，为学界同仁所熟知。这次能结集出版，使我有机会将自己对社会福利与社会工作及其在现代社会和中国社会现代化中的学科价值、现实作用的一些观点和看法，作一个较系统的呈现，实是自己学术生涯一个阶段的盘点，也希望能够对中国社会福利和社会工作的发展发挥一点作用。

一

我是1997年进入社会工作领域的，之前从事过社会学、文化人类学、西方哲学、马克思主义哲学等学科专业的研究与教学。进入社会工作领域后，前期的研究和多学科的理论基础为我从社会福利理论到社会工作的研究和教学奠定了扎实的基础，使我能从更广阔的宏观视角理解社会福利和社会工作，在福利哲学和社会发展的理论视角下开展社会福利、社会工作、社会政策和社会治理问题研究，获得了一些有一定学术含义的认识和理解。

社会工作在中国的发展,是改革开放以来中国社会变迁对社会福利体制改革提出的要求,也是中国社会转型中社会福利制度改革不可或缺的一环。它涉及如何建立一个福利服务的体系,以满足单位制福利体制向社会化体制转轨后,人们对社会福利服务供给的需求这样一个基本的民生问题。从我的观点看,如果没有一个完整的社会福利体系的理解,不能把社会工作放置到一个宏观社会福利体系的结构中来认识,就不能全面理解社会工作在现代社会中的福利功能。而如果不能对社会工作在中国社会福利体制转型过程中的地位和作用进行分析,认清改革与发展中社会工作的社会使命,只是模仿国外社会工作的运作方法,照搬所谓国外的经验搞专业化,必然导致社会工作"水土不服"。而脱离中国社会福利制度改革和创新的愿景,缺乏对社会福利在构建现代社会政治和道德秩序中基础性作用的目的性认识,只是把社会工作当作一种技术或解决问题的手段来理解和运用,势必造成社会工作发展的盲目和工具化,遮蔽社会工作维护公民权利、增进社会福祉、追求公平正义的本质。

  基于这样的认识和之前所奠定的哲学理论基础,我把研究的目光首先投向福利哲学领域,从社会福利的基本理念和价值取向的探索开始,进行社会福利思想、价值观和理论观点的福利哲学研究。对社会福利研究的知识论和方法论问题、福利国家的公民权利理论、社会正义理论,以及新自由主义和所谓"第三条道路"的新社会民主主义、社群主义等当代政治哲学思潮中的社会福利思想作较为系统的讨论,形成了一些关于福利哲学理论的基本观点。在我看来,社会福利是现代社会中的国家和政府政治合法性和道德合理性的基础。社会福利作为一种现代社会的制度设置,它不仅仅着眼于现代化背景下人类对基本生活安全的祈望和需要,更植根于现代社会经济和政治体制及其制度形式中,代表着一种体制或国家制度的政治和道德合法性。没有一个健全的社会福利制度,不能帮助人们避免社会变迁和现代化带来的风险,保障公民的基本权利与社会生活的有序和谐;而不把改善民生、发展社会福利、增进社会福祉当作政党和政府执政行政的主要目标,它们就将失去政治合法性基础和道德合理性的依据。

  不仅仅如此,社会福利的制度和政策也是人类追求社会平等公正,帮助人们摆脱威胁和苦难的美好社会理想的具体表达。通过社会福利制度的建立与完善,更多的人能够获得机会发展自己,参与社会进程,分享社会进步的成果,不断扩大个人和社会的自由。因此,阐述一种在社会正义和公民权利理论基础上的福利集体主义理想,批判性地审视现代政治哲学思潮中自由主义、社会民主主义、社群主义思想关于福利国家的社会福利理论,对社会不平等和分配正义问题作哲学分析,探讨社会工作发展的福利哲学基础,就构成了我的研究的一个基本领域。

## 二

与我对社会福利理论的研究密切相关的另一个领域是现实社会福利发展中的社会政策问题研究。在这个领域,我把社会福利的理论阐释和现实社会福利发展的社会政策问题结合起来,对我国社会福利制度改革与社会工作和社会服务体制建设中的社会政策问题进行讨论。在我发表的有关中国社会福利制度改革、老年福利政策、社区照顾与流动人口社会服务的文章中,围绕社会工作发展与社会福利社会化改革过程中的政策议题,针对人口老龄化、流动人口、社区发展等方面的问题,对中国社会福利改革发展和政策思维范式的转换开展的研究。

在我看来,现代社会福利是一个从理念到行动的社会系统和社会过程,在这其中,社会政策扮演着把一个国家关于社会福利的哲学理念转变为改善民生,提升人民生活福祉的行动过程的桥梁作用。通过社会政策所确定的各种原则、措施和行动路线,形成各种具体的社会福利制度,从而满足人们的福利需求。在这个意义上,社会政策既要阐述现实社会福利发展的目的和行动依据,又是实现社会福利发展的策略与方法。

依据这样的理解,在社会政策与社会福利发展的探索中,我把个人对社会政策问题的认识,放到中国社会福利体制改革的过程中来讨论,从政策倡导、政策传递和政策实践诸方面探讨了社区照顾、老年福利发展和流动人口社会服务等方面问题的社会政策意义,并阐述了社会工作作为"把政策同人民联系起来"的桥梁在社会政策发展和社会福利制度改革中的作用。

## 三

对边疆民族地区社会发展和农村社会工作的探索,是我在本土社会工作研究中取得的重要成果。贫困与发展是一个世界性议题,也是中国实施改革开放战略以来,东部和西部、城市和农村、边疆少数民族地区和内地经济社会发展差距扩大,贫富分化日益严重,所必须严肃对待的重大课题。对这个议题的关注起于20世纪90年代我所做的一个教育部课题。在这个课题的研究里,我把西部地区少数民族的贫困与文化和社会发展问题联系起来,从历史传统、文化习俗、宗教信仰、内地与边疆的区位差异等方面分析边疆少数民族的贫困问题和社会发展困境,对国家的扶贫政策和改革开放以来各级政府和国内外非政府组织在西部地区开展的扶贫行动进行批判性反思,运用二元结构理论和贫困文化理论分析少数民族地区贫困的社会结构原因和文化特征,对以外部干预的"输血"式扶贫的局限及其引发的依赖性贫困,做了理论和实践的分析,为我的少数民族和农村社会工作研究奠定了较为扎实的社会学基础。

因此,我所开展的社会工作研究,重点聚焦在西部民族地区的农村贫困与社会发展问题上,探索农村社会工作在解决上述问题中的理论和方法。在这个领域的研究中,围绕着"谁是西部发展的主体"这一基本问题,结合农村社区发展的实务,进行了大量的田野调查和文献分析,并带领老师和学生在几个云南苗族村落开展以"文化发展与社区能力提升"为主题的农村社区能力建设的实务研究。在这一系列的研究中,我用"内源性发展"的观点审视现代化背景下的少数民族地区的贫困与社会发展问题,用社区工作的方法探索在现代化和市场经济的冲击下,少数民族农村贫困社区发展的可行方法和可能的路径,对如何开展农村社会工作形成了较为明确的认识。

在我看来,少数民族农村社区的贫困,尤其是在大部分地区基本解决温饱问题以后出现的新贫困问题,不是简单的经济贫困,也不是靠给钱给项目投入就能解决的问题。它既关涉对贫困问题的形成机制和社会文化原因的认识问题,也涉及扶贫政策中的理念转变和方式转换的问题。要解决这些问题,必须首先从政策思维的转变开始,把扶贫的重点放在改善产生贫困的社会文化环境,把"输入式的扶贫"转变为以能力建设为基础,将外部援助和社会干预与社区内生能力的培育结合起来,通过社会工作的专业介入,发展社区的自组织能力,改善社区建设的治理结构,形成"内源发展"的机制和动力,促进少数民族社区的发展。依据这些认识,在本文集第三部分"文化视角下的社区发展与农村社会工作"的主题下,收录了我的一些文章,向学界同仁呈现我对少数民族和农村社会工作思考的心路历程。

## 四

关注社会建设,探讨社会转型中的社会治理问题和社会工作在社会治理创新中的作用,也是我从事社会学与社会工作研究的主要内容。进入21世纪,中国社会以前所未有的速度朝着全面小康社会前进,在经济建设上取得巨大进步。但与此同时,社会转型却呈现出艰难而充满风险的局面。社会失序、人的行为失范现象日益加深,各种矛盾和问题频繁发生,不但阻碍着社会物质财富的增长转化为改善民生的福祉的进程,而且对基本社会秩序的维持形成巨大压力与挑战。如何避免"中等收入陷阱"问题的发生,就变成社会建设必须面对的重大战略问题。

从这个基本的分析判断出发,我把社会建设和社会治理创新看作是过程和方法、社会体系和运行机制的关系,用结构化的方法分析社会建设中各种功能要素在创新社会治理中的地位和作用,探讨社会工作作为社会治理创新的专业主体和要素之一,在改善治理结构、创新治理方法、推进社会管理向社会服务转变中的功能定位,从社区建设、社会管理体制改革、非营利组织发展、劳动关系和社会福利治理等诸方面,对社会工作在社会建设和社会治理创新中的作用进行阐释和分析,在深化和扩展社会工作研究领域,发挥社会工作在构建和谐社会中的作用作了一些贡献。

## 五

最后我想说明的是,本文集是我从事社会福利与社会工作研究的个人体会。在一个处在深刻社会变革的历史时期,这些探索固然有一定的学术价值,但是,快速变化的社会现实和社会转型期所特有的各种不确定性使得任何学术研究,特别是关于社会发展和社会政策的研究,不可避免地存在时代的局限。许多问题的讨论还没有来得及展开就已经成为过去式;一些问题的提出本来就是将这一时期特殊的问题,放在历史长河及学术脉络中来讨论,显然不具有普遍的知识价值,但却是特定时期不得不加以关注的话题;也有一些需要回溯历史和传统的问题在这个急剧变化的时代被忽视。在这样的时代背景下,尽管我力图把所讨论的问题放到学术发展的脉络中来理解,但是受个人认识的局限,许多文章讨论不深入,研究基础不扎实,存在疏漏、不足,甚至错误。因而,当我把这部文集呈现给学界同仁时,不是把它看作个人学术成就的展示,而是个人与这个时代所发生的问题的对话形成的粗浅认识,希望得到学界的批评指正。

学术研究是无止境的,只要有问题存在,讨论就将继续下去。在我对社会福利与社会工作的进一步研究中,希望能与同行一起努力,为构建具有中国特色的社会福利理论体系,创新社会福利体制,发展适应中国社会现代化的社会工作做出贡献。

感谢在我的学术生涯中给予我支持和关心的老师、前辈和同事;感谢我的母亲、妻子和家人一直以来给予我的爱和理解;也感谢过去和现在与我工作过的学生。我的研究成果包含了他(她)们的贡献。也再次感谢北大出版社和董郑芳编辑,是它和她的努力使本书得以结集出版。

钱　宁

2016 年

写于昆明龙泉路寓所

# 目 录

## 第一编　社会福利理论探索

社会福利理论的总体性研究论纲
　　——关于社会福利哲学的理论性质与方法论问题探讨………… 3
从人道主义到公民权利
　　——现代社会福利政治道德观念的历史演变 ……………… 24
社会福利中的政治道德问题与集体主义价值观 ……………… 37
论公民权利的社会福利理论价值及其局限性 ……………… 54
论全球化背景下社会福利理论的价值取向
　　——对新自由主义和"第三条道路"社会福利思想的反思…… 74
"共同善"与分配正义论
　　——社群主义的社会福利思想及其对社会政策研究的启示… 90
分配正义理论的发展及其对构建有序和谐社会的启示……… 102

## 第二编　社会政策与社会福利发展

社会福利制度改革背景下中国社会工作发展的历史与特色……… 117
"社区照顾"的社会福利政策导向及其"以人为本"的价值取向 … 134
社区照顾与中国社会福利制度的改革……………………… 145
公共政策视野中的流动人口社会服务……………………… 156
中国人口老龄化问题的社会福利治理
　　——社区居家养老的政策分析……………………… 170

以社区照顾为基础的中国老年人福利发展路径……………………… 183

## 第三编　文化视角下的社区发展与农村社会工作

谁是西部发展的主体
　　——论少数民族在西部发展中的地位与作用………………… 197
以内源发展的观点看待农村社区能力建设
　　——新农村建设中少数民族社区发展思考…………………… 209
文化建设与西部民族地区的内源发展……………………………… 222
农村发展中的新贫困与社区能力建设：社会工作的视角………… 236
寻求现代知识与传统知识之间的平衡
　　——少数民族农村社区发展中的文化教育问题……………… 249
农村社区治理创新与社会工作者的使命…………………………… 259

## 第四编　社会建设与社会治理创新中的社会工作

社会工作发展与中国社会管理体制的改革………………………… 271
社区建设与21世纪中国社会工作的发展 ………………………… 285
论政府、企业和社会组织在构建和谐劳动关系中的地位与作用 … 298
劳动关系治理与工业社会秩序的建构
　　——社会治理创新背景下的企业社会工作…………………… 309
非营利组织的管理风险与社会服务机构的发展问题……………… 320
多方参与的社会治理创新：发展社会福利的新路径……………… 332

# 第一编

## 社会福利理论探索

# 社会福利理论的总体性研究论纲
## ——关于社会福利哲学的理论性质与方法论问题探讨*

社会福利是作为工业化和现代化的后果而进入社会科学研究的视野,并且在20世纪的西方学术领域得到较为充分发展的一门新兴学科,也是一门整合多种学科的理论与方法于社会福利问题的分析,为社会福利发展提供理论、知识和方法的综合性学科。在这个学科中,福利哲学处于基础研究的地位。发展福利哲学的研究,对促进社会福利学科发展具有战略意义。本文通过分析社会福利理论研究的结构、社会福利理论与社会政策、社会服务的关系、区分社会福利理论中的社会事实认知与社会理想表达的功能,以及社会福利研究中的价值观和方法论问题,为推动社会福利的学科化提供总体性研究论纲。

---

\* 原载《社会政策评论》2012年冬季号(总第三辑),社会科学文献出版社2012年版。

## 引 言

社会福利是一个高度实践性的领域,也是一个充满了理论争论和价值判断的领域。自工业革命以来,如何解决工业化与城市化带来的社会风险对人们生活的威胁和道德破坏,一直是政治家和社会理论家们共同关注的问题。社会福利既关涉社会所有成员的生活安全和幸福、国家实施的社会政策和社会保障制度能否及怎样满足人民的基本生活需要,以及社会能否有效地提供支持和协助、帮助那些陷入生活困境的人摆脱其不幸的"命运",获得新的生活机会这样一系列具体社会政策和社会服务问题,也是关涉现代国家政治稳定和社会和谐的基本要求。因而,社会福利问题逐渐成为现代社会政治的主要议题。而社会福利也从简单的济贫助弱的慈善活动,发展为以公民权利和社会正义的哲学理念为核心、建立起制度化的社会保障体系和提供专业社会服务的社会工作体系的现代社会福利体制。

与此相适应,社会福利作为一个理论和知识的体系也发展起来。福利思想家和理论家们通过对社会福利的哲学、社会学、政治经济学的研究,发展了社会福利研究的知识论和方法论,从伦理学和社会政治理论方面阐述了社会福利与权利、平等、自由和社会正义等社会政治哲学概念之间的密切联系,并发展了批判和反思的方法分析社会福利发展中的理论与实践问题,形成了20世纪对社会福利具有重大影响的各种社会福利思潮和社会福利理论,促进了社会福利的学科化。在西方学术界,以自由主义、社会民主主义和西方马克思主义为代表的三大社会福利思潮的此消彼长的理论争论,正是社会福利研究理论化、学术化和学科化的重要表现。在这些意识形态对立的理论争论中,社会福利由具体的慈善行为和人道主义理想,演变成为具有重大政治和道德意义的普遍理论问题(钱宁,2004)。因而,回答社会福利发展提出的各种政治、道德问题,并从学理上梳理社会福利的基础理论、概念和理论范畴,建构制度规范体系,成为当代社会福利研究的热门话题。

然而,社会福利思想与政治和道德规范在概念上的纠缠,以及各种意识形态借社会福利问题进行思想的较量,也造成了社会福利发展中理论上和实践上的混乱。正如诺曼·巴利指出的,由于福利被以一种假定的合理性与正义和个人权利相联系,被亚当·斯密用于否定性价值的正义概念,当代福利哲学则把它用于资源的再分配;权利本来是阻止他人对一个人进行侵犯的概念,而今却被看作是个人从国家那里得到的福利权;而自由的概念则被联系到福利的集体主义理论上(Norman Barry,1990:5—6)。福利概念与其他政治和道德概念在一定程度上的混淆,不仅引起了政治理论领域的混战,也使社会福利的研究不可避免地陷入一种说不清道不明的困窘之中。因此,如何使它摆脱理论上的混乱,厘清福利理论与政治理论和道德学说的关系,整合社会学、政治学和经济学的知识来为社会福利的学科化提供思想范式和知识基础,规范社会福利研究,就成为当代社会福利理论必须解决的问题。

在我国,社会福利的发展正在经历着一场重大的制度转型和研究范式的变革。把社会福利当作一门学科来建设,建立具有独立学科地位的社会福利学来推动中国社会福利事业的改革与发展,改变社会福利研究缺乏基本理论支持的局面,是一项重大的战略性任务。而从福利哲学的角度阐述关于社会福利的总体性研究论纲,无疑是一项基础研究的工程。本文的目的,就是要通过这种总体研究论纲的分析,探讨社会福利作为一门社会科学的基础理论条件和方法论的依据,为推进社会福利研究的学科化奠定知识论和方法论的基础。

## 一、作为综合性社会科学研究的社会福利学

在社会科学领域,社会福利理论具有极其不确定的学科性质和地位。从它的知识构成来看,包含了经济学、政治学、社会学和哲学等多种学科的知识要素;而从方法论的依据来看,它又兼收并蓄地吸收了反思批判的哲学方法、功能和结构的实证分析的社会学方法、制度和意识形态分析的政治学方法,以及价值和道德判断的方法等多种学科方法;而从其研究路径来看,经验实证的政策分析和实践取向的行动研究同对政治理念和道德追求的反思性批判,构成了这一学科既具有经验科学和实践行动的特质,又具有思辨和批判的人文主义精神的多学科性特征。这一学科特征决定了社会福利研究的经验层面和理论层面相互依托、紧密联系的关系:实践行动对理论假设和价值判断的要求高、依赖性强,而理论的反思具有强烈的实践行动动机。社会福利研究的这些特点,表达出它是一个受强烈理论动机支配的以实践为取向的综合性社会科学研究。分析其知识结构的特点及其对学科构成的意义,对

我们的研究是必不可少的。

日本著名社会福利学者一番夕濑康子在解释社会福利的理论特征时指出:

> 当我们考虑构筑社会福利学的理论时,首先需要明确的一点是社会福利并不是单纯的作为目的、概念以及活动的方法而成立的,它同时又是在社会的实际运行当中,作为一种制度或者政策而存在。(一番夕濑康子,1998:89)

因此,从社会福利的知识构成与理论结构的分层来看,社会福利可分为理论和实务两个部分。作为一种以实践为取向的学科,在直接的意义上,"社会福利指的是促进人们幸福的行动"(周永新,1998:4),它是一定的组织、机构或政府对它们所认识到的社会问题做出的反应或采取的措施。其主要内容包括针对贫困、失业、疾病、养老和各种天灾人祸的社会保险、公共救助及福利服务。但是,社会福利又是与现代人的生存状况相联系的重大社会现象,它涉及现代社会一系列深刻的政治与道德问题。从理念上讲:

> 社会福利可能最好被理解为一种关于公正社会的理念,这个社会为工作和人类的价值提供机会,为其成员提供合理程度的安全,使他们免受匮乏和暴力,促进公正和基于个人价值的评价系统……。这种社会福利的理念基于这样的假设:通过组织和智力,人类社会可以生产和提供这些东西,而因为这一理念是可行的,社会有道德责任实现这样的理念。(尚晓援,2001)

从社会变迁的角度看,社会福利是由工业革命和资本主义的发展带来的制度性安排。在工业革命以前,人类并没有制度化的社会福利的概念,虽然封建国家也出于政治的考虑建立了赈灾救济制度,但是,这些举措至多不过是显示君主对臣民的仁慈和父权主义的关爱,而不是社会的责任。① 工业革命和资本主义制度的建立,个人及家庭在市场化的经济活动中抵御风险和解决困难的能力日趋减弱,传统的救贫措施无法应付日益复杂的社会现实。各种社会不平等也以更普遍、更

---

① 在中国传统封建社会里,这种仁慈是通过"君主民本"的意识得到认同和张扬的。

深刻的社会问题的形式表现出来。贫困、失业、疾病、养老和各种伤残障碍,以及教育、就业、健康和医疗保健等问题,不再仅仅是个人的困扰,也成为社会公共议题。而随着各种理论的介入,社会福利问题更上升为政治和道德意识形态的争论而成为一个重要的哲学论域。阐述一种福利哲学,为社会福利的学科化奠定知识论、方法论和价值论的基础,就变得日益紧迫。

首先,就思想与现实的关系而言,建构一种社会福利哲学的必要性就在于:福利思想或理论本身虽然并不像实务工作那样直接干预现实的福利状况,然而它对社会福利的实践却产生着重要的影响。如前所述,社会福利是一项关涉人的幸福及社会公平的事业,更多的是由与人的自由和平等、社会正义等政治和道德考虑相联系的政治路线和意识形态的要求决定的。政治和意识形态的冲突在社会政策的确定和福利制度的建立等方面起着思想支配的作用。从19世纪欧洲开始建立社会保障制度以缓解自由市场经济带来的严重社会分裂,到20世纪30—40年代凯恩斯-贝弗里奇国家干预的经济政策和福利国家的社会政策选择以挽救被经济萧条和战争弄得支离破碎的西方社会,再到福利国家危机论和新自由主义思潮的兴起,有关社会福利的各种哲学思潮一直支配着社会福利的理论与实践的发展。尤其是近二十年来,随着社会福利理论的日趋成熟,政治哲学和道德哲学的争论越来越成为社会福利研究和实践的思想动机来源。理论问题的解决对社会福利实践的影响,通过社会福利的价值取向选择、福利制度和社会政策的制定等直接地表现出来。

其次,社会福利作为当代社会政治和道德的重大议题,它本身也越来越引起哲学家们的注意。比如,当代政治哲学和道德哲学关于权利、自由、平等和社会正义的争论,自由主义和社群主义在政治和福利观念上的冲突,利己主义和利他主义价值观的斗争、各种非马克思主义和马克思主义在意识形态上的角逐,使社会福利成了各种政治的道德的和社会的思潮进行思想较量的场所。特别是福利国家危机发生以后,西方发达国家新右派和新左派围绕着效率和公平而展开的市场对国家的角力,使自由、平等、公民权利和社会正义等政治哲学和道德哲学的概念成为社会福利理论研究的基本概念,而社会福利问题的解决也越来越依赖于对这些基本概念的澄清。因此,一种关于社会福利的哲学研究作为实践的要求提了出来。这就是以政治和道德哲学的讨论为基础,运用哲学的反思批判方法,探讨社会福利的本质与规范,以及它们对人们追求幸福的行为的规范引导作用。在这个意义上,福利哲学(Philosophy of Welfare)是对社会福利实践所奉行的不同政治和道德原则进行反思,并为其提供理论依据的工作。

然而,正如我们已经指出的那样,社会福利是一个由各种理论的和实证的知识构成的综合领域,也是一个跨学科知识互动的空间,一个现代意识形态进行思想角力的场域。它既包含着关于我们生活的社会应该怎样和如何使人们的生活更幸福的哲学思辨,也包含着对一个实然社会的问题的工具性或实用性解决的可能性考虑。换句话说,社会福利是一个充满了理想冲动和平衡现实社会各种需要动机冲突的领域,道德的追求和理性的选择在这个领域高度地融合。在这个领域,一方面,纯思辨的讨论不能促进问题的解决反而可能使问题更复杂;而在另一方面,思考福利问题的人又必须在对现实的关系中保持一定的张力,以纠正现实的不合理性。因而,社会福利哲学就不可能像一般哲学那样,仅仅满足于思辨地解决问题,它也要具有某种现实性,针对现实社会中不合理、不公正的现象,提出自己的批评和理论解决方案。这使得福利哲学的探讨区别于一般哲学的理论思辨,不是从命题、概念本身来反思其逻辑的问题,而是运用概念、命题的逻辑反思现实的社会关系,发现现实社会的矛盾。在这一点上,福利哲学只是一种关于社会福利的基本概念和规范理论的哲学思考。其反思的对象是社会福利实践中的政治和道德关系,而不是作为思想对象的概念、命题本身。它的理论依据来自政治和道德哲学,它的现实根源却在市场经济社会人性与物性、公平与效率的矛盾冲突中。因此,福利哲学的探讨属于社会政治哲学和道德哲学的范畴,是关于社会福利的政治和道德基础,也就是其后设理论的研究。

## 二、社会福利学的学科属性分析

福利哲学与现实社会的关系,最直接的是通过社会政策与现实社会的福利问题联系起来。因此可以说,社会福利的哲学思考对我们生活中的福利问题的影响,最直接地表现在对社会政策的影响上。

就总体而言,福利哲学和社会政策(social policy)都属于社会福利理论研究的范畴,而且由于二者之间存在着密切的联系,许多社会福利学者并不对它们之间的区别做出明确的界定。另一方面,社会福利本身强烈的实务性质,也使人们习惯于站在实证的或解决问题的立场看问题。因而,他们常常把社会福利理论研究归结到社会政策研究的范畴,使福利哲学成为社会政策的一部分。比如,加拿大社会福利学者密什拉(Ramesh Mishra)认为,社会政策、社会福利和福利这三个概念在含义上都是一样的,"都意指使人类需要得以满足的社会安排或结构模式"(李明政,1998:12)。而另外一些学者则认为,社会政策是福利哲学的社会政治理想和道德追求的表达,因而,社会政策研究必然是以福利哲学为基础,并且包含了福利哲学(Kathleen Jones, John Brown, J. Bradshaw, 1987)。

  造成这种状况的原因,一方面是因为社会福利在传统上的实务立场,注重现实社会问题的解决;另一方面是因为19世纪以来实证主义对社会科学研究的影响,使人们总是相信社会问题可以通过发现一种客观的、在价值判断上保持中立的科学方法加以解决。因此,寻求一种社会共识的达成来终结意识形态争论[1],就可以使社会福利问题作为"社会工程"的问题来解决(Kathleen Jones, John Brown, J. Bradshaw, 1987:18)。然而,20世纪70年代的石油危机对福利国家财政的冲击,使这种所谓共识的福利观发生了危机。哈耶克的自由主义哲学的重新发现,罗尔斯对康德义务论道德哲学的恢复,社群主义在甚嚣尘上的个人主义喧闹中恢复生机……意识形态的争论以更深刻、更尖锐的形式出现在社会福利领域。那种认为意识形态斗争已经终结,社会福利问题的解决只需要通过工程学方法加以解决的社会工程思维变得十分的苍白无力。对种种社会政策作出政治和道德判断的哲学思维日益凸显出其价值和必要性。福利哲学和社会政策在理论属性上质的差别也日益清楚地表现出来。

---

[1] "意识形态终结论"是美国社会学家、哲学家丹尼尔·贝尔在他于1960年出版的《意识形态的终结》中阐述的著名政治观点,在他看来,现代社会是一个由技术统治的社会,政治上的左派和右派的意识形态斗争,社会主义和资本主义的对抗,被发展经济和民族繁荣的现代化追求所取代,使传统的意识形态都暴露出它们的虚假性和欺骗性。因而,各种政治观念必然走向衰微,必然被非意识形态的社会工程思维所代替。参见丹尼尔·贝尔:《意识形态的终结》,张国清译,江苏人民出版社2001年版。

社会政策作为社会福利总体研究的一部分,其主要的功能是将社会福利所追求的政治上和道德上的目标与理想整合为可操作的行动原则和路线,贯彻到实践中,以引起现实社会的变化。换句话说,社会政策是针对实然世界的目的性思考和追求,它主要受工具理性思维的支配,把有限的社会目标或具体的社会问题作为行动的对象,运用工程学的方法来实现福利资源在不同社会群体中的分配。而福利哲学则不同,它所关心的是行动原则本身的问题,是在政治路线背后的意识形态根据和价值判断的标准问题。因而,福利哲学是运用价值理性反思人类的福利需要,探索其人性根源,建构其政治、道德基础并解释其合理性的活动。如果用康德哲学的方式来表达,那就是:作为人类基本需要的福利及其在现实的合理分配如何可能?

对社会福利问题作康德式的提问,把我们引导到对实现社会的普遍福利状态的可能条件及其限制的分析上。在这个领域,福利不是作为实然目标,而是作为范导性的目标进入我们的认识与行动中,实证的、可操作的技术分析也被思辨的批判性思想所取代。在这里,福利所要解决的不再局限在于现实社会不平等的条件下,如何保证每一个成员的基本需要都能得到公平的对待,而是要问"一种社会福利的可能条件是什么?""我们对一种满足人的基本需要的福利的追求受什么条件限制?""我们应该如何对待自己的福利需求?"等这样一些反思性、批判性或者说形而上学的问题。因此,作为区分社会政策和福利哲学的根据,我们把支配这两个领域的理性活动特征分为工具理性和辩证理性,并以此来界定它们的理论性质。

马克斯·韦伯在研究人类社会行为的类型时,对影响人们行为的理性因素作了区分。在他看来,目的理性和价值理性的不同在于"后一行为的当事人有意识地强调行为的最终价值,并且有计划地、始终如一地以该价值为行为的指南"。"纯粹的价值理性行为,指的是行为者无视可以预见的后果,而仅仅为了实现自己对义务、尊严、美、宗教训示、崇敬或者任何其他一种'事物'重要性的信念,而采取的行动。"①而前者指的是,"行为者以目的、手段和附带后果为指南,并同时在手

---

① 马克思·韦伯:《社会学的基本概念》,胡景北译,上海人民出版社2000年版,第32页。

段与目的、目的与附带后果,以及最后在各种可能的目的之间做出合乎理性的权衡"。从动机上讲,目的理性是基于功利的目标而采用的方式,它与价值理性的最大区别就在于"从目的理性的立场出发,价值理性总是非理性的,而且,价值理性越是把当作行为指南的价值提升到绝对的高度,它就越是非理性的,因为价值理性越是无条件地考虑行为的固有价值(如纯粹的意义、美、绝对的善、绝对的义务),它就越不顾及行为的后果"(韦伯,2000:32—33)。韦伯对理性的这种区分是动机论的,他揭示了目的论和义务论的道德动机在人的社会行为中的对立,并试图以此来解释社会学所要处理的不同研究对象。

和韦伯在社会学层面区分理性的类型不同,法兰克福学派根据马克思对德国古典哲学的辩证法的革命性解释,从思想的肯定性和否定性的辩证关系提出了他们对实证科学和辩证法在理论属性上的区别的看法。马尔库塞指出,肯定的理性与否定的理性的区别,源于辩证法和实证主义的对立。辩证法反对所有性质的实证主义哲学,因为辩证法是反思的哲学,它的"力量存在于批判的确信之中,全部的辩证法都被一种弥漫着本质否定的存在形式的概念联系着"。而实证主义哲学"把事实作为最大的权威,把观察当下特定的一切作为证明的基本方法。……它使思想满足于事实,拒绝任何对事实的超越和对现存条件关系的偏离"(马尔库塞,1993:24)。因此,肯定的理性是实证的或工具的理性,而否定的理性则是辩证的或反思的理性。辩证的或反思的理性高于实证理性的地方就在于它能以一种否定的方式超越现存的关系来理解经验所提供的事实,从而使思想保持对现实生活的自由。这种自由正是思想具有批判性的源泉和赖以存在的沃土。

不仅如此,批判的社会理论也从否定的方面对启蒙运动以来的思想状况提出了批评。在他们看来,启蒙运动使人们的思想从专制和迷信的压迫中解放出来,使实证理性取得了对神话的胜利,但是它"是以理性服从直接被给与的事实为代价的"(欧力同、张伟,1990:164)。结果是工具理性大行其道,"直接同一性"思维控制了哲学,以至于"它反对旧的压迫,却助长了新的压迫,……人们为自由和压迫寻找一个共同的公式:把自由割让给那种限制自由的合理性,把自由从经验中清除掉,人们甚至不想看到自由在经验中得以实现"(阿尔多诺,1993:203)。面对工具理性主义的"极权主义",他们主张"认识不应只是对事物作肯定的理解、分类和计算,而且应该包括'对每一个直接的事实作有规定的否定'即反对被绝对化、偶像化的概念,……使理性不再成为肯定与维护既成的事实与统治的工具"(阿尔多诺,1993:164—165)。这就是辩证理性的意义。

通过对理性问题的哲学考察,我们看到,在社会科学的研究中,区分不同的理论属性不仅是一种科学研究的必要措施,也涉及社会科学中的理论与实践的关系。尤其是在社会福利这个既以实践为主要目的,又有高度价值关涉性的领域内,没有理论对实践的某种超越,使之对实践保持某种自由,我们就无法通过追求社会平等与公正的福利实践,促进社会的进步与人的自由。因此,本文对福利哲学作这样的区分,并不是要把它变成一种脱离当前政治和文化状况的纯思辨的智力游戏。相反,这一做法是要表明,在社会不平等和两极分化日趋严重、各种政治和道德观念的冲突已经成为当前社会福利实践混乱的主要原因之一,并使社会福利的价值及其合法性越来越受到人们的普遍怀疑的情况下,不对社会福利在当代社会存在的政治道德基础进行反思,不研究各种意识形态所信奉的社会理想和价值观的政治道德根据,不对社会福利所遵循的基本原则和概念作必要的诠释,社会政策就不可能在实践中保持基本的一致性,社会福利所谋求的社会正义的理想也就不可能对人们的社会行动产生批判性引导的作用。因此,阐释社会福利理论与实践的批判性思想内涵,使之成为人的解放的工具,应该成为福利哲学的真正目的。

**三、社会福利研究的规范性与工具性问题**

在社会科学的研究中,基本概念和一般规范性理论的阐述构成了它们的方法论领域。范伯格(Joel Feinberg)在关于社会科学研究的方法论的讨论中,把社会哲学的问题区分为两类:一类是"概念性问题",即关于社会科学理论中所运用的关键概念和社会问题的阐述中使用的关键概念的分析与诠释;另一类是"一般规范性问题",它们涉及社会政策及人们的社会实践有争议的领域,需要对决策和判断有指导意义的原理作出系统的论述。他指出,"相对于主要的社会理论而言,对概念性问题的解答是中立的(仅有少数例外和限制)。为了恰当地解决这些问题,必须考虑到我们使用某些词语时,它们在通常情况下所指的是什么意思,而且,如果我们想要进行有效的沟通,避免悖谬,达到普遍的一致,那么,这些词语的含义要正好是我们所表达的意思;另一方面,规范性问题却要求我们放弃中立,投身于人们的利益和思想完全受其左右的道德舞台上去,在那里相互冲突的实践规范和政策正在竞相争取我们对它们的忠诚"(范伯格,1998:4)。

在这里,对一般概念的分析与解释是社会科学研究的基础和工具性准备,而表述人们社会认识的概念通常包括对社会事实的认知和社会理想的表达两类。从福利哲学的角度看,前者主要有一些表述个人和集体福利现象及社会问题的基本概念组成,诸如"利益""需要""权利""责任""义务"以及"损害""贫困""失能""异化"等;后者通过"自由""平等""正义"等概念表达人们对人的价值和社会理想的追求。福利哲学就是通过这些概念的分析与解释,阐述它对人的需要及社会福利的可能性的看法,为社会政策及人们的福利实践提供指导性的意见或理论依据。为了使我们对社会福利理想的表达和现实福利问题的分析具有较高的可信度和一致性,不在逻辑上发生悖谬,我们必须使这些概念本身清晰明确,并且尽可能地排除主观随意性的解释,使之成为我们讨论的共同基础。

把福利哲学研究的基本概念分为对社会事实的认知和社会理想的表达两类,虽然表明这两类概念有明显的区别和各自的对象属性,但是,在实际的社会情景中,辩证的思维需要我们把它们联系起来。因为我们的思想在表述它对某种社会事实的看法时,不可能脱离其特定的理想动机,而它之所以有某种理想的观念,也是因为有现实的动力因素推动。所以,表述社会事实的概念和表达社会理想的概念总是互相交织、互为前提地存在于我们的分析过程中,在实际的过程中我们无法将它们截然区分开来。

在对基本概念的工具性运用中,我们需要采取客观和中立的态度。这是为了使它们在使用中保持逻辑上的一致性,避免思维的混乱。因而,我们不能任意地赋予这些概念其他的含义,它们必须首尾一致。但是,当它们被用于实际的争论,变成人们阐述他们的立场、观点的工具,与他们的利益联系起来时,我们就必须将它们看作一般规范的问题,同人们的政治、道德立场联系在一起,并使其客观性从属于他们的政治、道德要求。福利哲学通过阐述它在政治上和道德上的基本立场,形成普遍理论来表达它对社会福利"一般规范性"争论的看法。因而,在社会福利的领域内,一般规范的问题实质上属于基本原则和基本政策依据的讨论。它要对涉及社会福利重大决策的选择、判断及社会政策的实践具有指导意义的原理作出系统的论述。而作这样的论述必然涉及一些重大的基本理论争论,并在一些基本价值观上发生冲突。正像人们指出的:

> "社会福利"是一个价值概念。它包含有一种欲求的目的,对这一目的的规定需要作出价值判断。因而,那些提出关于怎样实现社会福利的理论的人,可能要有关于社会福利的构成及其与个人福利的关系的各种不同的概念。这样一来,关于实现社会福利的各种含义的表面上的争论就可能被隐喻的或明确表述的关于其目的的不同意见弄得复杂起来。(Anthony Forder, et al., 1984:15)

社会福利概念与人的价值判断必然的联系,引导我们去探讨引起价值冲突的价值论根源,而在这个领域,基本价值观的对立使我们不得不对自己的价值立场作出选择。这样,社会福利的研究就不断成为人们进行价值观和意识形态较量的场所。而试图在这一领域保持价值中立的研究立场,就不仅不能增加我们研究的科学性,反而会因此而损害它作为一种追求社会正义,消除社会不平等的事业应有的客观价值和社会进步意义。

从历史的角度看,关于社会福利概念的争论,基本的对立来自关于社会福利的个人主义传统和反个人主义传统。起源于 18 世纪"启蒙运动"而盛行于 20 世纪的个人主义,在基本的立场上是把社会福利看作个人福利的总和。这一传统是由功利主义哲学家边沁(Jeremy Bentham)和自由主义哲学家密尔(J. S. Mill)奠定的(Anthony Forder, et al., 1984:16)。他们用功利主义的术语把福利定义为个人满足的最大化,而古典主义和新古典主义的经济学家则以功利主义的抽象个人为前提,强调经济的增长是社会福利的尺度,认为经济的增长将满足个人的福利需求,充分的自由权和自由竞争的市场经济是个人福利的根本保证。而自由竞争的市场中的失败是个人的失败,不能以牺牲自由竞争的效率来换取个人福利的社会保证。个人主义的传统为当代西方世界自由至上主义(libertariannism)反对国家干预的社会福利政策提供了福利哲学依据。

个人主义福利观的方法论根据是社会是个人的集合,它常常忽略了社会的文化和结构的因素,把社会看作原子式集合的共同体。与此相反,反个人主义的社会福利观认为,社会是一个有机的整体。功利主义以抽象的个人作为福利的对象,把社会制度看作是个人行为决定的,虚构出"以个人概念为基础的利益、欲望、目的或需要",而没有看到这些概念是个人社会化的结果。因此,反个人主义的社会福利观从整体的观念出发,强调社会结构和社会过程对个人行为具有持久的影响,而它们却不能被完全还原为个人行为。以这种观点看待社会福利,就不能把它理解为由个人的选择而得到的满足的总和,相反,它应该被看作是由社会的文化和结构引起的社会互动性质决定的。(Anthony Forder, et al., 1984:20—21)因而,把个人福利的可能的发展与社会合作及对社会结构性平等的追求结合起来,通过国家干预或公共调节机制的建立,使处境最差的社会成员在基本需要的满足上,得到与其他成员平等的对待,就成为社会民主主义的福利观和福利国家兴起的政治道德哲学依据。

社会福利研究的基本价值观对立,把福利哲学引向了政治和道德意识形态争论的领域:福利是个人的还是社会的?是价值中立的还是价值涉入的?对此,我们需要明确的是:

> 正确的普遍原则和基本的政策不会自发地产生,也不是从自明的原理中演绎出来的,获取它们唯一方法是从那些涉及我们最有把握的社会问题的特殊判断着手,力图从中抽象出它们所包含的基本原理。只有修订普遍原则使之与特殊判断协调一致,改变经过良好检验或者已深深确立了的普遍原则所需要的特殊态度,并且目标总是针对富有理解力的人的理想和人际之间团结一致的理想(其中特殊判断和普遍原则才得以保持'相互平衡'),我们才可以试验性地将抽象出的原理运用于错综复杂的情况。(范伯格,1998:5—6)

要做到这一点,我们需要借助于知识社会学的方法,从思想与现实社会情景关系的分析出发,把各种福利理论所遵循的价值论原则同它们赖以存在的社会结构及其政治经济制度联系起来,把它们所表达的社会理想与价值观看作"是处于某种历史——社会情景的具体背景之中的思想"(卡尔·曼海姆,2001:3),在对它们所阐述的一般规范性原理的批判性评价中达到对社会福利思想的客观掌握。在这一点上,马克思关于思想范畴与历史关系的分析向我们揭示了知识社会学的一般方法论意义。他指出:

> 哪怕是最抽象的范畴,虽然正是由于它们的抽象而适用于一切时代,但是就这个抽象的规定性本身来说,同样是历史关系的产物,而且只有对于这些关系并在这些关系之内才具有充分的意义。(马克思,1972:107—108)

这就是说,在社会科学研究的领域,任何概念的表述都具有其时代的生活内容,任何一般理论的阐述都反映着一定时代人们的社会关系和社会交往方式所追求的目的、意义。只有在思想与社会情景的历史关系分析中,概念才获得其完整的意义。福利哲学所涉及的概念和规范也应该是这样。围绕着基本概念的理解而形成的关于一般规范问题的基本理论和价值观的争论,正是理论家们基于他们所处的社会情景观察社会现象形成的判断。因此,站在什么样的政治道德立场上,选择什么样的价值观,就是福利哲学必须研究的基本问题。我们探讨社会福利的政治和道德基础,在方法论上也就是遵循着这一原则。

### 四、社会福利哲学是一种批判性社会理想

马克思关于思想范畴与历史关系的这一知识社会学认识,为我们理解隐藏于人们日常生活和社会交往活动中的各种福利思想的政治道德要求,把握它们的价值论根据,并帮助我们建构起一种真正符合基本人性需要和人类道德准则的福利哲学提供了方法论的原则。然而,福利哲学所追求的不仅仅是一种社会福利如何可能的认识论把握,也不仅仅是为我们选择某种福利制度或进行福利实践提供所谓的"哲学依据"。如果仅仅是这样,那么福利哲学就只能是一种实用哲学,一种站在本质主义立场追求"客观知识"的知识论哲学(罗蒂,1987;钱宁,2003)。社会福利是一种包含解决人类现实困境目的的实用价值和以追求平等、正义的社会为目的的人文理想价值在内的崇高事业。它所

要阐述的福利思想,不仅仅是在一般理论与现实的特殊判断之间寻求一种平衡,或者从思想与社会情景的关系分析中,找出一种福利理论之所以是合理的社会根源及价值论依据。更重要的是它要从社会理想的高度发展出一种反思现实不合理(也包括当前盛行的某些福利价值观)的批判性思想方法,在思想与社会情景间形成一种"必要的张力",来保证思想对现实的批判性引导作用。

在这里,社群主义者米勒(David Miller)对社会正义作为一种批判性社会理想的捍卫、米尔斯(C. Wright Mills)对"社会学想象力"及曼海姆(Karl Mannheim)"意识形态和乌托邦"关系等政治学、社会学和哲学的阐述,对我们理解福利哲学作为一种批判性思想的必要性及其人文理想价值,可以起到他山之石的作用。

米勒指出,社会正义作为一种社会理想在当代正受到人们的普遍怀疑,原因是"这一术语也许具有情感性的力量,除此之外并没有真正的意义"(米勒,2001)。因而人们往往把这一思想看作是一种乌托邦。然而,他认为:社会正义的观念不仅仅是一种乌托邦式的幻想,作为一种批判性的政治思想,它不仅是关于"好的东西和坏的东西应当如何在人类社会的成员之间进行分配"即每一个社会成员能够得到什么样的福利,从而保证他的权利的实现的问题。"社会正义常常是而且必须常常是一个批判性的观念,一个向我们提出以更大程度的公平的名义变革我们的制度和实践的挑战的观念"(米勒,2001)。它表明,社会正义作为一种社会的政治理想,对我们在社会生活的政治与道德原则的选择上,以及这些原则如何保证每一个社会成员都能得到平等的对待等方面所具有的指导意义。因此,"对正义的科学研究和哲学研究必然是互相依赖的"。科学研究是要为正义在不同的社会条件下如何发挥作用作经验的分析,以便明确正义的经验界限和具体形式;而哲学的研究属于理论规范的研究,它所表达的是"人们关于正义是什么的深思熟虑的意见",而不是"人们对调查表或人为的实验的当下反应"。"政治哲学告诉我们的是,对于正义我们应该想到的是什么,而不是现实所想的是什么"。这就是社会科学和政治哲学对待正义的不同态度。(米勒,2001)

然而,在另一方面,对正义的社会科学研究与规范理论的研究又是互相补充的事业。"一方面,为了能够把表达了正义和没有表达正义的信念和行为样式区分开来,并恰当地说明这种信念和行为,经验研究者、社会学家和社会心理学家需要一种规范理论。另一方面,在陈述正义理论时,那些由类似于罗尔斯式的反思平衡和公共可辩护性观念指导的规范理论家们需要关于人们事实上在不同的社会情景中把什么样的东西当作公平和不公平的证据"(米勒,2001:64)。据此米勒认为,尽管社会科学研究的目的是"尽可能精确地理解和说明人们在不同实践和不同地点所支持的正义规范",而哲学的规范理论是要"发展一种能够说服人们应当改变他们在某些方面的思考和行为方式的理论",它们之间存在一定的张力。然而,这种张力是必要的。正是这种张力使社会正义作为一种社会理想对人们实际上如何分配正义,保持一种"充分独立于我们现实制度"的立场和批判的态度。正如他所说:"应得是一个批判性的概念,当我们说'他应得这个'或'她不应得那个'时,我们恰恰是在对我们的制度在特定的场合或一般的场合分配利益的方式提出挑战。"(米勒,2001:157)

  米勒对规范性理论的阐述,表达了批判性理论对现实政治制度变革的指导作用的内在价值。而赖特·米尔斯对"社会学的想象力"的分析,则进一步揭示出:即使是以实证研究为基础的社会学,如果没有富有想象力的思想,社会科学家们是无法做出一流的研究,更不用说"完成他们学科中的经典传统使其本能实现的文化期待"(米尔斯,2001:13)。

  米尔斯指出"社会科学家首要的政治与学术使命是搞清当代焦虑和淡漠的要素",因而,社会科学理论应该成为"我们时代文化的共同尺度",而社会学的想象力则应该成为"我们最需要的心智品质"(米尔斯,2001:12)。然而,由于结构功能主义的宏观理论、抽象经验主义完全形式化、教条化地对待实证研究、功利化的实用主义的泛滥,以及科学哲学对"理论"和"方法"充满了"常识的日常经验论"的"陈规旧矩和对某一特定社会的假设"的讨论,严重地限制了社会科学作为时代文化共同尺度的作用和社会学想象力的发挥。由于缺乏想象力,社会科学要么迷失在诸如帕森斯的结构功能主义的宏大理论中(米尔斯,2001:132、12、203),被包罗万象的体系对历史和社会结构的一般性理论及与它相适应的概念体系的构造掩盖了;要么因为着迷于对事实本身的精确数量关系的统计与分析、制定"标准化""合理化"和"规范化"的社会研究方案、发现能够揭露事实真相的"科学方法"与"科学理论"等而陷入抽象经验主义的盲目性之中。

米尔斯对社会科学研究缺乏想象力的批评向我们表明,如果社会科学家们坚持"社会科学的目标是预测与控制人类行为"的科学原教旨主义,将自然科学和社会科学作简单的类比,把自己装扮成解决"人类工程"问题的技术专家,"认为自己的工作是政治上中立的,与道德无关的",那么他们就不可能对那些流行的社会思潮、不合理、不公正的社会现实,以及造成社会"异化"的各种经济、政治势力保持政治上和道德上的独立性,也就不可能用批判性思想去反思这些问题,引导社会超越时代的局限。而在另一方面,如果人们坚持用宏大理论来指导社会科学的研究,"试图通过宏大理论来逃避常识的经验论",就会"把活生生的清楚的经验材料从你所使用的概念中隔离出来",制造出一个"超越历史的世界",并使理论变得无所依托。而发挥社会学的想象力不仅可以使我们像"一流的学术巧匠"一样,"在宏观视角的思想和细节性的阐释间不停地穿梭",以修正思想的偏差,克服经验的局限,而且,还可以使我们担当起社会科学的政治和道德责任,以严肃的并充满想象力的态度运用诸如"自由和理性"这样为人们所珍视的价值,去反对并纠正工业化、技术化和科层化带来的"异化"(米尔斯,2001:122、132、184)。

在现代社会科学的研究中,批判性的社会思想不仅表现为"社会学的想象力",而且更表现为特定社群的精英们运用政治和道德的想象力对现实世界实有状况作否定思考的"乌托邦式思维"。对此,曼海姆通过分析"意识形态"和"乌托邦"这两个既相联系又相区别的概念,向我们指出:虽然在文明历史的任何时期人们都会有各种超越现存秩序的观念,但这并不意味它们是作为乌托邦在发挥作用。相反,如果"它们是有机地、和谐地与其所处时代特有的世界观结合成为一体,它们就都是有关这个生存阶段的适当的意识形态"。而"当一种心灵状态与它在其中发生的那种实在状态不相称的时候",我们才可称它为乌托邦。换句话说,意识形态是这样一种虚幻意识,它是那些"进行统治的群体"通过制造某些超越现实的观念来掩盖现实,以达到维护现存秩序,稳定社会的目的①;而乌托邦是通过表达一种与现实相对立的虚幻意识,来达到"破坏和变革某种既定社会状况"(曼海姆,2001:228—229、45)的目的。

这两种思想形式的特点使它们在近代以来的社会政治和伦理思想发展中扮演了重要的角色。意识形态的"虚假性"使对立的社群把揭露对方意识形态的虚伪作为政治斗争的重要手段,发展出意识形态分析方法,从而使意识形态斗争成为反对现实不合理,或者主张自己权利,寻求社会公正的思想批判武器。而"马克思主义理论,第一次把特定的意识形态观念和总体性意识形态观念结合了起来",使"运用意识形态分析揭露其对手那些隐秘的动机,确实有时似乎是富有战斗精神的无产阶级所特有的权利"。然而,在现代,"追溯资产阶级思想的意识形态基础并因此而败坏其名声"的意识形态分析方法,"已经不再是社会主义思想家们专门具有的特权"。作为现代政治思想斗争的"一种过于重要的武器","坚持任何一种观点的群体,都运用这种武器来反对其他所有的群体"(曼海姆,2001:84—85)。

在现代福利思想的发展中,意识形态分析发挥了重要作用。各种福利思想彼此消彼长的背后,自由主义、保守主义和社会主义等意识形态观念的斗争,正是通过互相揭露对方的价值观和利益动机,赋予了福利思想意识形态的内容,使之对现实的社会状况保持一种政治批判的性质。而乌托邦思想,正像人们所承认的那样,"令人鼓舞的理想具有一种潜力,它能最终推动人们把理想变成现实"(赫茨勒,1990:258)。作为一种道德力量,乌托邦思想并不是没有根基的虚幻意识,而是既定的社会历史和现实秩序转化的结果。"现实秩序产生了各种乌托邦,而这些乌托邦接下来则打破现存秩序的各种纽带,使它沿着下一种生存秩序的发展方向自由发展"。因此,乌托邦和现存秩序之间存在着一种辩证关系。这种辩证关系使乌托邦能够将代表特定时代人们所欲所愿的各种倾向——这些倾向是尚未得到满足或实现的——以观念和价

---

① 在《德意志意识形态》里,马克思和恩格斯对意识形态的看法即是这样,它是统治阶级有意无意地歪曲事实,对真实世界的颠倒的映象。见马克思、恩格斯:《德意志意识形态》,人民出版社1961年版,第19—20、27—28页;参见曼海姆:《意识形态和乌托邦》,艾彦等译,华夏出版社2001年版,第45页;李明政:《意识形态与社会政策》,洪叶文化事业有限公司(台湾)1998年版,第20—21页。

值的形式表现出来,"变成摧毁现存秩序的各种界线的爆炸性材料"(曼海姆,2001:236),用以否定现实的不合理。社会福利作为一种批判性社会理想,正是借助于其中所包含的乌托邦思想,形成对实有世界的道德张力。我们说福利哲学要发展出一种反思和批判性思想来阐述社会福利作为一种社会理想价值对现实不断进行超越,也就是在乌托邦思想不满于意识形态对现实的掩饰和控制,不断追求超越得到的努力中,发掘出福利思想所包含的关于人类福祉的理想境界。对我们的实践来说,这种理想境界是一个不断向后推移的目标,但是它却照亮着我们的前方,使我们不致迷失在各种需要冲突的现实生活中。

**五、作为社会福利研究理论预设的社会福利哲学**

在上述的讨论中,我们分别对福利哲学性质、对象及其价值论和方法论问题进行了探讨。笔者希望通过这种探讨来说明福利哲学与一般社会福利研究的不同,同时,也希望通过这种讨论,来说明福利哲学对社会福利做一种批判性社会理想表达的可能性,以及使用这种批判性思想去分析我们时代所拥有的各种福利观念的必要性。以此来反对那种仅仅把社会福利问题看作是政策性或操作性研究的实证主义。为建构一个总体性的社会福利理论、促进社会福利的学科化提供思考的空间。

笔者认为,用"福利哲学"这个名词来表征它超越于实证经验研究的性质,表达了这样的认识:社会福利不是一种单纯的救助弱者,或者为满足社会所有成员的基本需要而采取的行动。社会福利对现代社会的政治和道德进步的影响、对人类行为基本价值取向的判断、对增进人类福祉、促进人性完善的社会理想的追求等方面的意义,远远地大于这些所谓的实际功用,而目前的研究并没有将这些意义发掘出来。这反过来又影响了我们对社会福利的应当如何实践的认识。福利哲学就是针对这些被传统社会福利研究视为"后设理论"的问题,为社会福利的研究与实践的发展建构更广泛的理论基础。因此,福利哲学并不像我们通常理解的那样,是一种"部门哲学"或"应用哲学"。它是一种对社会福利作总体性研究的理论,它要将社会福利问题放到人的发展和社会进步的总体框架下,对影响这个总体目标的各种福利思潮和我们时代流行的福利观念作出批判性的分析和理解。从这一立场出发,福利哲学是一种总体性社会研究理论①，它要通过对社会政治和道德领域的广泛探索来建构起符合时代特征和人类共同利益的社会福利观，为人们的实践提供政治和道德的支持。

然而，囿于不同群体所处的社会情境，人们在社会理想及其意识形态上总是存在不同程度的对立，并形成互相冲突的福利观念。福利哲学又必须具体回答社会政策和社会福利实践提出的理论问题，要处理各种棘手的政治道德冲突造成的混乱，对各种福利观念的对立作出某种价值选择。这样，持不同政治道德立场的福利理论就必须要建立自己的一以贯之的规范理论，为自己的价值选择做出辩护。因此，福利哲学又必须针对社会福利领域的特殊问题作概念的讨论，如资源与需要、福利的全民性与选择性、专业化与民间自助等，发展一套关于社会福利的哲学理论。福利哲学在这个层面的讨论就属于应用哲学的范畴。

社会福利哲学的研究属于总体性社会理论的范畴，这就是通过分析影响、制约人们的福利观念的政治和道德概念分析，揭示福利哲学作为一种追求社会福利的人文理想价值的方法，对现实社会存在的种种缺陷的批判意义。但是，福利哲学的这两个方面是无法截然分开的。当我们运用思想和社会情景的分析方法，对社会福利所涉及的政治、道德问题进行分析时，我们不可能完全摆脱有关的规范理论去做不偏不倚的价值判断。关于社会科学研究的"价值无涉"论，不过是实证主义的"科学幻想"。而且，规范性研究也有助于总体性社会理论在发展中避免陷入"宏大理论"的抽象性陷阱。

把福利哲学当作总体性社会理论来研究，是一种新的探索，也是需要通过不断的研究才能得到发展的学术事业。实现社会福利研究学科化的基础在于福利哲学的建立。但是，在这一范围里，存在许多基本理论的和意识形态的分歧，政治学和伦理学的许多基本观点上老的对抗仍然在发展着，新的冲突又不断出现。要想对社会福利研究所涉及的各种理论问题做出明确的论断，是不明智的，也是不可取的。不过，一种批判性的理论思考和总体性研究的方法，却有助于发展已有的理论与经验，与时俱进地建构新的理论来规范社会福利的研究与实践，使我

---

① 有关这一结论的分析，参见拙作《社会正义、公民权利和集体主义——论社会福利的政治与道德基础》，社会科学文献出版社 2007 年版，第 29 页，注释。

们能够把当代社会福利问题放到一个更广阔的政治文化背景和人类道德追求的努力中来认识,以提高我们对社会福利问题认识的自觉性,同时,也为进一步从学科建设的角度研究社会福利理论奠定基础。

## 【参考文献】

阿多尔诺:《否定的辩证法》,张峰译,重庆出版社1993年版。

Barry, Norman, *Welfare*, Bukingham: Open University Press, 1990.

C.赖特·米尔斯:《社会学的想像力》,陈强、张永强译,生活·读书·新知三联书店2001年版。

戴维·米勒:《社会正义原则》,应奇译,江苏人民出版社2001年版。

丹尼尔·贝尔:《意识形态的终结》,张国清译,江苏人民出版社2001年版。

Forder, Anthony, Terry Caslin, Geoffrey Ponton, Sandra Walklate, *Theories of Welfare*, England: St. Edmundsburry Press, 1984.

J.范伯格:《自由、权利和社会正义——现代社会哲学》,王守昌等译,贵州人民出版社1998年版。

Kathleen Jones等:《社会政策要论》,詹火生译,巨流图书公司(台湾)1987年版。

卡尔·曼海姆:《意识形态和乌托邦》,艾彦译,华夏出版社2001年版。

李明政:《意识形态与社会政策》,洪叶文化事业有限公司(台湾)1998年版。

理查·罗蒂:《哲学和自然之镜》,李幼燕译,商务印书馆1987年版。

马尔库塞:《理性与革命》,程志民等译,重庆出版社1993年版。

马克思:《〈政治经济学批判〉导言》,载《马克思恩格斯选集》第二卷,人民出版社1972年版。

马克思、恩格斯:《德意志意识形态》,人民出版社1961年版。

欧力同、张伟:《法兰克福学派研究》,重庆出版社1990年版。

钱宁:《超越知识论的真理观——后现代哲学对知识论真理观的批判及其意义》,《云南大学学报(社会科学版)》2003年第2期。

钱宁:《从人道主义到公民权利——现代社会福利政治道德观念的历史演变》,《社会学研究》2004年第1期。

乔·奥·赫茨勒:《乌托邦思想史》,张兆麟等译,商务印书馆1990年版。

尚晓援:《"社会福利"与"社会保障"再认识》,《中国社会科学》2001年第3期。

韦伯:《社会学的基本概念》,胡景北译,上海人民出版社2000年版。

一番ク濑康子:《社会福利基础理论》,沈洁、赵军译,华中师范大学出版社1998年版。

周永新:《社会福利的观念与制度(增订版)》,中华书局(香港)1998年版。

# 从人道主义到公民权利
## ——现代社会福利政治道德观念的历史演变*

在现代社会福利的理论与实践中,公民权利观念的确立是社会福利思想的重大变革。它把社会福利从一般的道德要求提升到了政治道德的高度,使福利脱离了慈善救济的人道关怀的局限性,变成人人拥有的经济与社会权利。在公民权利的政治理念下,人们把享有社会福利保障当作自己的应有权利,救助贫病不必再借助于人性的同情与怜悯。所有社会成员都拥有了政治上和道德上的平等地位,这就改变了社会福利的慈善救济性质,在消除福利救助中的社会歧视方面迈出了重大的一步。可以这样说,作为公民权利的社会福利观的形成,将现代社会福利与传统社会福利从根本上区分开来。它充分体现了现代社会追求平等自由和正义的理想,并赋予社会福利将人从生活的局限中解放出来的意义。现代中国正处在社会福利制度的

---

\* 原载《社会学研究》2004 年第 1 期;《中国社会科学文摘》2004 年第 2 期转摘。

重大改革时期,理论研究不足对社会福利改革的实践产生了巨大制约。因此,研究社会福利思想从人道主义到公民权利的发展,对我们深入了解社会福利在现代社会中的地位和作用,对中国正在进行的社会福利制度的改革,将起到理论建设的作用。

## 一、人性论与自然权利的福利思想

从某种意义上说,权利是一定社会的政治、道德观念的产物。但是,人们的政治、道德观念要受到社会的经济关系和人们对他们之间相互关系认识的影响和制约。归根到底,权利反映的是人们在社会生活中形成的各种利益要求。这些利益要求既包括直接的经济利益,也包括对人们实现他们的完整的社会生活有重大意义的法律、政治、文化和道德利益。它们经过特定社会的道德观念和政治观念的审查论证,以一定的法律或社会认同的形式确定下来,使人们获得保护他们自己利益的能力和手段。

弗利登(Michael Freeden)指出:"当我们说人类或某些群体具有权利时,我们不仅坚持着这样的观点(基于我们并不完美的经验性观察),即人们是一种富有生命力的存在,他们有着需要表达和被保护的重要属性。同时,我们断言(形而上学的或道德的)它们是不寻常的重要对象,如果他们的成长不能被保护和鼓励的话,我们所知的世界将不可想象。"(弗利登,1998:15—16)从这一点来说,权利同人类的自由、平等和幸福有着密切的联系,它在本质上就是为保护人们生活的安全和幸福而被确认的。因此,权利同社会福利是紧密相连的,福利是人们作为社会性存在的一种权利,而权利是对反映人们的社会生活具有特殊重要性的基本需要和利益的社会福利的保护。正如马歇尔所指出的:"任何法定的权利都会与福利必然具有的直接的或间接的性质存在着关联,因为权利存在于那些可以被期待带来福利的利益,以及就平均的计算而言,那些将会带来福利的利益。"(T. H. Marshall, 1976:52)因此,权利是作为社会福利的政治基础而与社会福利问题发生联系的。人类的权利本质是福利权利,而福利权利的现代理论形式就是公民权利。

但是,现代社会所达到的对权利性质的这种认识是经历了一个过程的。马克思对资产阶级市民社会的权利理论或人权理论的政治经济

学批判已经向我们指出,人权是市民社会从封建社会中政治地解放出来的结果。"消灭政治桎梏同时也就粉碎了束缚市民社会利己主义精神的羁绊"(马克思,1956:443)。资产阶级通过剥去人身上的所有封建关系而把人还原为自然人,通过阐述人的利己本性来伸张人的权利,保护人的利益。此时福利作为人的权利才被提出来。这样,对权利的道德属性和政治属性的分析帮助我们从两个方面认识了权利思想的演变意义。

权利观念的出现与近代以来个人主义思想的兴起存在着密切的联系(弗利登,1998:105)。以自然人性的假设为前提的自然权利论,用人在自然本性上的平等对人的平等权利做道德论证,阐述了一种基于人性平等的道德权利论。当然,我们说自然权利论主张的是道德权利,并不是说这种权利论与政治无关。自然权利论也是一种政治主张的表达,只不过它是将政治权利的合法性置于道德的和人性论的基础上,以表达人们对自己的自由和幸福拥有绝对权利的个人主义理想。然而,这种个人主义的权利理论对人性的研究采取了静态的方法。它用人性的不变性来看待人的权利,以自我中心主义的态度建构人类相互间——个人与社会、公民与国家——的权利关系,使得自然权利理论不可避免地包含利己主义的成分。这种利己主义的基本要点是:人人都享有天赋的自由、平等权利,不受约束的自由和自主地寻求个人需要的满足是实现个人权利的保证;因此,个人必须对自己负责,而且也只能对自己负责。

然而,我们知道,人性论既能够发展出个人主义、利己主义的价值观和伦理思想,也能够发展出人道主义、利他主义的价值观和集体主义的道德理想。既然人生而平等、自由,那么我们就不能容忍一部分人因为地位、财产、收入或其他社会的原因而遭受非人的待遇,而另一部分人则过着优裕的生活。因而,自然权利观也会产生出人道主义和利他主义的道德要求,并进而寻求集体主义的解决方案。社会福利的理念与福利权利的思想从其道德根源来看,正是出自人道主义的考虑。

以人性论为基础的自然权利论,包含了两种互相排斥的对立因素:自我中心的利己性和人道主义的利他性。这种道德观上的对立所形成的内在张力,在其他社会经济和政治与文化因素的作用下,发展出两种截然对立的现代权利理论:个人(自由)主义的消极权利理论和集体主义的积极权利理论。前者否认任何福利权利,主张福利应该完全由个人自己负责的自由主义;在自由主义看来,最大限度的个人自由是个人福利的最有力保障,完全的市场经济使每个人都能发挥自己的能力来使自己幸福,任何为了福利的需要而限制市场自由的做法都是不能容忍的;放任自由的市场和"守夜人"式的国家是保护个人自由的最好方式。后者则认为权利是福利的社会保护装置,社会应该采取有效的措施促进人的权利的发展,以使个人福利得到最有效的保护,避免市场失灵损害个人的权利;这种认识导致了权利的集体主义观念;在现代社会,福利国家正是通过国家承诺的责任,为个人提供有效的福利保护手段。

现代权利理论在上述问题上的对立,反映了人们在权利价值观上的对立。对立的焦点在于权利纯粹是个人的还是包含了集体、社会或国家的要素。个人主义认为权利是关乎个人自由的概念,只有个人享有充分的自由选择的权利,他才能对自己负责,并且具有主动性。而集体主义认为,权利是关乎人的福利的概念,它必然地要与集体联系在一起。它通过平衡个人利益,调节个人利益对集体目标的挑战与竞争来保护人们的福利需要。所以,权利只能存在于由人们的相互关系构成的社会中,存在于那些规范人们行为的社会规则中。然而,不管是个人主义还是集体主义的权利理论,不论它们是如何的对立,它们都有一个共同点,这就是都放弃了自然权利说那种抽象地、简单化地、脱离现实社会地看待个人和权利的形而上学的人性论立场,转而从现实社会本身的结构,从具体的社会人性的角度看待权利。

对此,弗利登指出:在历史上,权利的出现是与个人主义的兴起紧密相连的。然而,随着个人这个概念本身经过数次重要改变,附属于个人的权利概念的内涵也相应地发生了变化。在这种变化中,虽然作为分析单位的个人被保留下来,但在三个方面具有了更多的复杂性:一是人性的多面性被认识到,使我们能对人的需要和能力进行全面评估,权利理论也因此而得到发展。二是由于进化论思想深入权利理论,使我们能够从发展的角度看待人的能力,而不是仅仅停留在不变的人性和天赋权利的认识上;于是,我们对权利概念的理解范围扩大了,不再按照"不对人的行为进行干预的旧观念",仅仅把自由当作"公认的权利"而排斥那些对人类生活幸福和发展有重要意义的福利权利。三是对社

会结构的分析帮助我们更深入地了解了人与社会的互动关系,使权利理论越来越清楚地认识到群体的作用,认识到"自由仅是社会生活的一个方面,互相帮助与互相克制同样重要";提倡将个人看作是相互作用的而不是完全孤立的社会结构的思想,使权利的集体主义观念也得到更多人的认可(弗利登,1998:105—115)。

权利理论的这一演变对社会福利思想的发展产生了深刻的影响,它使人类对社会福利的认识,从权利的理论形态来说,经历了从人道主义到公民权利的发展;而从实践的模式来看,则是由慈善救济演变为制度福利。

## 二、人道主义对福利思想的贡献与局限

从人道主义到公民权利的发展,是人们对社会福利的关注和诉求,从在人权形式下的道德责任和人道主义关怀,演变为把国家、社会或集体向其成员,特别是那些处在极不利地位的弱势群体提供福利保障或其他的服务,使他们能够行使权利来实现自己的生活目标,看作是它们应负的政治责任和社会责任。人权本质上是一种道德权利(俞可平,2000:107),它试图超越法律和政治规范来看待人类的基本价值和目的,挑战现实的政治法律制度,或者改变它们(唐纳利,2001:9—10)。自然权利理论所主张的人权来源于人的道德性。这种人性不是人的"声、色、食、欲"之需要,"人们并不是为了生活而'需要'人权,而是为了一种有尊严的生活而'需要'人权"(唐纳利,2001:13)。所以,人权是一种人道主义的要求。

按照哲学人类学的解释,人道主义就是关于人性的道德学说,它把人看作是平等的、自主的个人,人有权利得到社会平等的关心和尊重。依据这样的观念,17、18世纪的政治道德哲学把人道主义当作检验统治阶级和政府的政治合法性的武器,并以此来挑战国家的社会福利制度和政府的社会政策。而统治阶级也把改善劳动阶级的生活状况,对穷人实施某些有限的救助,当作自己社会政策的主要目标来推行。这样,以人道主义的道德动机为出发点,以维护人的平等和尊严为目的的人权理论(关于人的自然权利的理论),就成为19世纪以前社会福利理论与实践的主要政治意识形态依据。在这种人权观念的支配下,对遭遇不幸的人们实施人道主义的救济,提倡举办各种慈善事业来帮助

那些陷入困境的穷人就成为西方各国的社会政策与社会福利制度的主要选择。

人道主义是近代资产阶级反对封建主义和宗教神学统治的一面伟大旗帜。作为资产阶级革命的意识形态，它对人的尊严和自由、平等的推崇，一方面张扬了人性的高贵和人类价值与目的的重要性，使人有尊严地、幸福地生活成为一种人权的要求，一种福利权利。另一方面，它也鼓励了个人自我中心主义意识的膨胀，使个人主义和利己主义成为具有政治"合理性"和道德"合理性"的要求。人道主义这两方面因素的相互作用，对工业革命时期的福利思想和社会福利制度产生了深刻的影响。

从英国的新老《济贫法》的实施来看，它们一方面强调把对穷人施以援手看作是社会和政府的责任，另一方面它们又站在资产阶级个人主义的立场上，强调个人应对自己的幸福承担责任，贫穷是个人的失败等，反对把"体健的穷人"当作社会救助的对象。社会福利只是作为人道主义的慈善救济措施有限地提供给"失能者"，至于18、19世纪工人阶级的普遍贫穷化，则被阶级化的偏见认为是"沦为贫穷是人类的失败或过失所造成，是'一种个人的罪恶'而不应该予以保护或救济"（林显宗、陈明南，1997：53）。

人道主义的观念在实践中表现出来的这种矛盾性，揭示了它作为资产阶级意识形态的局限性。在一个阶级对立不断发展的社会里，一般的、抽象的人性要求和道德理想虽然具有批判和启蒙的意义，但它却不可超越于阶级利益之上追求普遍的人类权利，它对现实社会问题的认识与规范性解释，也不可能超出其意识形态的要求。它只有阶级化为某一特定阶级的道德要求和政治要求，服务于它的目的，才能成为具有规范和指导意义的行动准则。

因此，以人道主义观念为基础的自然权利理论，虽然是一种道德权利，但是它却将人的权利等级化，使之成为承认平等的不平等权利。这种不平等在社会福利的实践中就表现为福利制度的实施对穷人的排斥和"标签化"效应：福利是作为对失败者的救济和慈善施予穷人的，人们一旦接受了福利救济，就被标签化为"无能者"，被主流社会鄙视为"不正常的人"而加以排斥；而接受福利救济，对个人来说，也就意味着一种耻辱或烙印（stigma），是一种以牺牲个人的尊严和人格为代价的

从人道主义到公民权利

生活保障。于是,人道主义的理想在现实中就异化为非人道地对待人的所谓"剩余型"或"残补型"的社会福利制度,表现为有产阶级对无产阶级、财产对人性尊严的歧视与排斥。

人道主义理想的异化表明,仅仅从抽象的人性和道德权利的角度来鼓吹人的平等、幸福并不能使人的福利权利得到保障,相反,它可能造成一种虚假意识形态对社会的不平等和不公正现象的掩饰。要消除自然权利中的人道主义幻象,只有采取政治行动,改变不合理的经济、政治关系,让平等权利从自然的道德要求变成社会的政治、经济制度,从资产阶级的思想精英们的政治理想变成广大劳动阶级能够合法享有的经济和社会权利。这一切,只有在工人阶级作为独立的政治力量崛起之后才有可能。从人的权利发展演变的历史过程来看,"虽然约翰·洛克与生命、自由和财产权的简表在杰弗逊手中扩展为生命、自由和追求幸福的权利,可是,只是随着工人阶级上升为一支有力的政治力量,经济权利和社会权利的思想才开始开辟其实际道路,这样的政治变化也是与有关尊严的生活的含义和必要条件的心思联系在一起的(中心思想很大程度上是由早期工业化的社会和经济掠夺所促成的),是与人权主体是谁的思想变化联系在一起的,尤其是与那种无产者有权利拥有与有产者同样权利的不断坚持联系在一起的。因此,到20世纪中叶,在17和18世纪得到广泛承认的惟一的经济权利——财产权,已经基本上被广泛的经济、社会和文化权利所代替,它们与公民权和政治权利是完全平等的"(唐纳利,2001:23—24)。

因此,在人道主义的人权福利思想向公民权利福利思想的转变过程中,无产阶级同资产阶级的阶级斗争,以及争取社会公正与平等的社会主义运动发挥了极其关键的作用。人道主义及自然权利思想的早期倡导者大多是作为政治反对派来反对封建专制,争取政治权利。但是,随着他们逐渐摆脱了政治反对派的立场,这些思想也逐渐远离其最初的出发点,变成进一步社会改革的阻碍。抽象的人道主义要求和脱离社会的自然权利的主张在工人阶级政治上不断发展的情况下,已经不能适应19世纪经济和政治关系的变化了,新的因素正在促使人们发展一种新的理论来表达人的权利观念。

从历史发展的轨迹看,在封建社会重商主义对经济的控制和传统贵族政治统治的社会中,人道主义和普遍的自然权利是新兴的资产阶级的强大武器。它们被用来帮助资产阶级摆脱传统的限制,进行资本积累活动,作社会和政治动员。可是,"资产阶级政治权力一旦确立,自然自由的观点就主要被用来防止甚至防范较低阶级的崛起了"(唐纳利,2001:23—24)。这时的矛盾焦点是工人阶级的权利(经济和社会权利)同资产阶级的权利(财产权)的斗争,工人需要经济和社会权利来保护自己的利益不受侵害,而资产阶级则用财产权利来保护自己的统治地位。在这种政治博弈的过程中,要求平等和公正的社会福利实践,不断扩大劳动者阶级的经济和社会权利,同时也不断对资产阶级的财产权加以限制,逐渐形成了现代社会以社会(福利)权利为核心的公民权利理论。

### 三、公民权利与社会福利的制度化

公民权利观念的形成是现代社会政治发展的最重要成果之一。它标志着权利理论突破了19世纪资产阶级以狭隘的财产权为中心的自然权利观,以及把人的权利仅仅理解为法律形式上的平等权利的片面性,使政治权利和社会经济权利结合起来,同时也为使权利成为表达人类社会公正理想的有效方式奠定了基础。

权利是一种资格(entitlement),"这种资格是具有特定力量的要求(claim)的基础"。它能帮助我们在权利的拥有者和责任的承担者之间建立特定的联系,从而使我们(作为权利的拥有者)能够向国家、社会、集体或其他任何的责任承担者提出权利的要求。因此,"拥有权利就被赋予力量来坚持权利要求,这种要求通常比功利、社会政策以及人的活动的其他道德或者政治基础更加重要"(唐纳利,2001:3)。而作为现代社会的基本政治观念,公民权利则是这样的资格:在一个政治性地组织起来的社会或民族国家中,公民身份(the status of citizenship)使个人有资格要求社会或国家对他承担责任,使他能够享用各种社会进步带来的好处。换句话说,公民权利是指这样一种个人和社会(国家)的关系,个人被赋予正当的理由向社会(国家)要求得到某种能够保证自己和其他社会成员一样的地位和待遇,以使他获得一种自由与合法支配某些社会资源来满足自己需要的能力;而对国家来说,则要承担起保证个人有充分的自由来进行他作为一个"私人"和"公民"(社会成员)所需要进行的正常活动的责任。因此,公民身份创造了一个以公民权

利为中心的权利关系领域——一个支配与被支配的互动领域,而公民权利则是从权利拥有者出发,指向权利的对象,即被该权利赋予义务或责任的那些人或体系。

公民权利包括法律权利、政治权利、社会权利和参与权利(雅诺斯基,2000:39)。马歇尔是第一个系统阐述公民权利理论的福利思想家。他在阐述公民权利的形成时曾经指出:公民权利是一个逐渐演变的过(R. Pinker, 1995:110)。他从英国现代政治发展的情况出发,按照发展的先后顺序,将公民权利分别以法权利、政治权利和社会权利为特征逐渐显现出来(雅诺斯基,2000:8—9)。平克在说明马歇尔的公民权利思想的来源时指出:"马歇尔发现这些权利起源于18世纪,但是也提到它们在17世纪的法律条文里的具体形式公民身份的政治要素是既作为代表又作为投票人'在权力的运作中参与其中的权利',而社会的要素包括'从最低限度的经济福利和安全的权利到充分地享有社会遗产和按照流行于社会的文明化了的人的生活标准的权利'的整个系列。"(R. Pinker, 1995:104-105)

从法律权利到政治权利再到社会权利,公民权利才得到完整的体现。因此,社会权利是公民权利的最终实现。在公民权利的演变过程中,最初的形态是法律权利,它表现为18世纪对人身自由的保护,包括言论、思想自由及接受公平的司法审判的权利。19世纪的公民权利主要形式是政治自由权,它包括公民的选举与被选举的权利。而在20世纪,社会权利作为公民权利的主要内容既包括了基本生活保障,也包括受教育、医疗、养老等方面的保障,以便人人都能过一种体面而有尊严的生活,而且还包括缩小社会贫富差距,保证每一个人有机会在社会与文化上发展,以及促成社会正义等目标。

从公民权利思想的发展可以看出,公民权利的思想虽然早在17—18世纪就已经萌发,并且确定了以人的自由作为基本的目标,但是它的实现却依赖于人的社会权利的确立。社会权利观念的形成是对19世纪以来人们所追求的福利权利的肯定。它勾画出了一个以全方位的福利权利保障为条件的人的自由实现的蓝图。因而,社会权利是以社会福利的实现为基本目标的普遍人权的表达。它与人道主义的权利理论和福利思想的根本区别就在于它是否摒弃了那种仅仅把社会福利看作人性的要求和道德权利的主张,是否摒弃了带有严重阶级偏见的以财产权为中心的等级化权利思想,是否摒弃了那种把福利视为人道主义救济和慈善之举的统治阶级的偏见对弱势群体或边缘人群的排斥,从法律、政治和社会平等的立场肯定了福利作为公民基本权利的合法性与合理性。从这一特点来看,社会权利又是包含了法律权和政治权在内的公民权利的全面实现。

  以社会权利为主要内容的公民权利理论也是19世纪以来社会主义运动反对资本主义社会的阶级对立与社会不平等的重要结果。它把社会主义的一些重要思想包括在了权利理论中,使人的权利不仅仅指那些消极的个人权利,也包括积极的权利,即那些与国家的义务或责任相关的权利。而这些权利在传统的个人主义权利理论中是完全被排除了的。正如范伯格所指出的,1948年联合国大会通过的《世界人权宣言》与18世纪的人权宣言之所以不同,就在于后者几乎只涉及那些不受他人干涉的自然权利,而这些权利仅仅是个人的消极权利;而联合国的宣言既包括了那些与公民的政治活动和刑法程序有关的旧式的否定(消极)权利,也包括了新的"社会和经济权利",这些权利关系到他人(通常是国家的)对个人的肯定(积极)的义务(范伯格,1998:138)。在《世界人权宣言》的人权一览表中,它们要求国家或社会履行其对公民(个人)的福利责任(托马斯·弗莱纳,1999),因而使得福利权利成为人的基本公民权利。进一步比较人道主义与公民权利在政治观念上的差别我们就会看到,公民权利对人道主义的超越,也是社会福利思想中政治观念的重大转变。正像弗利登所指出的:"权利的本源存在于建立起来的规则中权利应当被看成是由人们坚持主张的合法的或形式上应当给予他们的公正的强烈要求。而不是一种存在于文明社会中的出于人道的和宽容的表示。"(弗利登,1998:8)这就是说,人道主义的宽容与仁慈虽然也是人性在社会生活中的表现,但是它们却不能使我们获得合法的权利来保护自己的利益。人们的利益关系不能靠慈善和宽容来调节,而必须通过一定的政治法律制度所确定的人们之间的权利关系来调节。人们在社会活动中结成一定的社会关系,建立起相应的经济、政治和文化的联系,形成了一定的权利与义务的关系。通过对权利和义务适当方式的分配,建立起个人与他人(国家、社会或某种共同体)的权利关系。因而,权利只能产生于人们的社会生活特别是经济生活中。

从人道主义到公民权利

权利本质上是社会利益关系的约定与制度规定,它只能起源于人的社会生活并与具体的社会经济、政治制度相联系。试图从超越社会之外的自然权利中寻找社会福利的根据,如同在沙丘上建宫殿,尽管设想是美好的,但却找不到坚实的基础。以自然权利为基础的人道主义福利观诉诸人性和人的道德要求,试图从人的自然的消极权利中引申出福利权利,只能产生出个人主义的福利权利而绝不能形成社会福利的理想。因为后者只有在权利的集体主义观念中,在人与人相互依存的共同体意识以及个人与社会的互动关系中才能产生。对于前者来说,个人权利不能受他人的干预,自由选择的权利"乃是构成个人幸福的核心因素"(弗利登,1998:81)。这种个人权利的排他性决定了它只能把福利当作同情、宽容和慈善施与他人,而不能从社会原因方面解释贫困、剥削、贫富差别和阶级的不平等等社会现象的存在,更不能把社会福利看作是消除这些社会不平等现象、实现社会正义并促进人的自由和解放的积极措施,至多只是把它看作是救助穷人的慈善事业。

在存在阶级对立和阶级剥削的情况下,人道主义的福利思想甚至会成为深化阶级剥削和压迫的更巧妙手段。它通过慈善救济来帮助穷人摆脱一时的困难,通过提供某种最低生活保障来防止穷人因陷入困境而铤而走险,软化工人阶级对资产阶级的对立情绪,使他们受到的剥削和屈辱没有痛苦,也不残酷,"以便使他们成为操纵者手中的驯服工具,成为达到操纵者目的的有用手段。这样一来他们自己的所有重大目的全都随之被抹煞掉了。一旦人们处于这种情况之下,由于接受了剥削者的形象,并且将它内在化为自己的形象,他们也就意识不到自己是受剥削和被屈辱了⋯⋯很清楚,'慈善'和'人道'虽然足以满足动物的权利,对人类来说却是不够的。所以,我们必须赋予人类另外一种我们有意不给动物的权利。这样一类权利就是更高一层次的尊重,一种不可侵犯的尊严"(范伯格,1998:141)。

由此我们可以说,通过社会权利的要求,公民权利表达了这种对人特有的尊重。人道主义的福利思想之所以是对人类重大目的的抹煞,从根源上说,就是因为它在理论上总是试图脱离社会阶级关系这个社会不平等的基础来谈论人的权利问题,而在实践中它又是站在资产阶级的立场上,用同情、怜悯的眼光看待工人阶级的贫困、受剥削状况,用济贫的方式来平衡统治阶级的利益和被统治阶级的权利之间的冲突,通过各种福利措施的实施,让穷人忘却痛苦,使社会福利成为减轻痛苦、缓和社会矛盾的镇静剂。

当然,我们这样评价人道主义并不意味它是毫无价值的东西。人道主义在历史上是有重大影响的思想,在现实社会生活中,它对人类追求的各种经济目标和政治目标也是一种重要的道德调节力量。一个没有人道主义理想的社会将是一个冷漠和血腥的社会,没有人性的社会。从历史的角度看,人道主义是公民权利形成的思想前提。人道主义对人性平等、自由的理解,给予西方社会政治发展以巨大的道德动机。权利理论从自然权利到福利权利的演变,人们对公民权利的要求从自然法权到政治权、再到社会权的深化,在某种意义上,不仅是西方社会平等、自由和民主的政治要求的胜利,也是人道主义的平等、自由和博爱理想的胜利。进一步说,对推动公民权利和社会福利的发展,特别是在20世纪作为这两者有机结合的福利国家的产生与发展有重大历史作用的社会主义思想来说,人道主义是使它成为19世纪以来具有广泛政治影响的社会运动的主要道德因素。但是,尽管如此,人道主义却不可能承担起人类幸福的全部道德责任,它对人类权利的道德启蒙作用和对人类福利的普遍要求,只有在与社会经济和政治要素相结合的过程中,才有可能成为公民权利的道德根据。

公民权利的理论推动了全民福利制度的建立,为福利国家的发展提供了直接的政治道德根据。在公民权利的理念下,个人对国家拥有了福利的要求权,而国家也必须建立福利保障制度来履行其对公民的福利责任。公民权利使穷人或社会的弱势群体的权利得到了保障,追求社会平等和社会正义成为社会福利至上的政治道德目标。可以这样说,公民权利福利观的确立,推动社会福利摆脱了慈善救济对穷人的标签化处理方式,使福利援助不再是一种屈辱,一个贬损人格的过程,而是成为保护人和发展人,推动社会平等与民主发展的制度保障。然而,公民权利作为社会对个人生存、发展和追求幸福权利的承认,也存在着过分强调个人权利和集体责任、忽视个人责任和对集体的义务问题。因而在推动公民权利的发展过程中,普遍的福利制度也暴露出诸多缺陷。比如人们在享受社会福利带来的好处时降低了工作动机,并把福利当作"白吃的午餐",形成福利依赖;社会福利制度的科层化导致了官僚主义和低效率,以及造成庞大的财政负担,等等。所以,在20世纪

70年代,当福利国家发生财政危机时,不仅右派主张抛弃福利国家,取消社会福利,左派也掀起了批判福利国家的浪潮。一时间,公民权利的福利观受到各方的质疑。超越或重新理解公民权利成为社会福利理论与实践的重大课题。

【参考文献】

弗利登:《权利》,孙嘉明、袁建华译,桂冠图书公司(台湾)1998年版。

J. 范伯格:《自由、权利和社会正义——现代社会哲学》,王守昌等译,贵州人民出版社1998年版。

杰克·唐纳利:《普遍人权的理论与实践》,王浦劬译,中国社会科学出版社2001年版。

林显宗、陈明南:《社会福利与行政》,五南图书出版公司(台湾)1997年版。

Marshall, T. H. , "The Rights to Welfare," in Timms, N. & D. Watson, eds. , *Talking About Welfare: Readings in Philosophy and Social Policy*, London: Routledge & Kegan Paul, 1976.

马克思:《论犹太人问题》,载《马克思恩格斯全集》第一卷,人民出版社1956年版。

Pinker, R. , "T. H. Marshall," in George, V. & R. Page, eds. , *Modern Thinkers on Welfare*, London: Prentice Hall/Harvester Wheatsheaf, 1995.

托马斯·弗莱纳:《人权是什么?》,谢鹏程译,中国社会科学出版社1999年版。

托马斯·雅诺斯基:《公民与文明社会》,柯雄译,辽宁教育出版社2000年版。

俞可平:《权利政治与公益政治》,社会科学文献出版社2000年版。

# 社会福利中的政治道德问题与集体主义价值观*

以追求社会的公正为己任的社会福利,作为现代社会的一种政治道德理念和制度,是意识形态争论不休的热点问题。在各种意识形态观念的对立与冲突中,集体主义的价值观对社会福利的发展具有特殊的重要性。本文将通过分析现代社会福利中政治道德问题,说明各种意识形态价值观对社会福利发展的影响,并提出集体主义价值观为核心的社会福利观,为社会福利理论研究提供创新的理论基础。

## 社会福利的概念及其政治道德根源

社会福利是现代社会广泛使用的一个概念。根据日本学者一番ク濑康子的解释,社会福利"泛指解决有关'福利'问题的各种社会方法和政策"(一番ク濑

---

\* 原载《思想战线》2003年第4期;中国人民大学复印报刊资料《社会学》2003年第11期转载。

康子,1998:1)。但是,仅仅这样解释是不足以帮助我们掌握社会福利的意义和价值的。因为,福利也涉及人们的主观感受和实际的生活状态,并且和各种社会事项相联系。考察这个概念的基本含义,对我们厘清社会福利同我们生活的关系是非常重要的。

福利首先是一个同人的生活幸福相联系的概念。在英语里,"福利"(wel-fare),是由"well"和"fare"合成的,意思是"好的生活"。但什么是"好的生活"却仁者见仁,智者见智。它既可以指物质生活的安全、富裕和快乐,也可以是精神上、道德上的一种状态;同时,它还与社会政治相关联,既被看作是一种国家治理的状态,又被看作是调整社会关系的手段。所以,"福利不单单表现为心情等主观因素,而是作为人们主动追求人间幸福生活权利的基础、机会和条件,以及在日常生活中所做的各种必要的努力"(一番夕濑康子,1998:2)。

从"社会的"角度来看待福利概念,就更超出了个人幸福的范畴,它要求在社会的层面上解决如何使人们过上一种"好的生活"。它涉及社会如何帮助人们幸福生活,需要通过什么样的制度和政策来安排保证他们生活得幸福;社会的财富、机会和各种物品如何在社会成员中进行分配等问题。因此,社会福利是指通过政府、国家或社会向人民提供各种物质的和技术的服务,以保障他们的生活安全和幸福,促进他们的发展,并维护社会的平等与正义的制度、政策、措施和各种活动。当我们就上述问题背后的价值观和原则进行讨论时,就会发现我们实际已经进入了政治和道德的领域。

就其一般意义而言,社会福利是假设不虞匮乏、充分就业、安全、健康、快乐、受教育、社会平等及有序地生活等有关人类幸福的事项的实现,是社会的正常状态;而贫困、疾病、失业、无知、懒惰和犯罪则是反福利(diswelfare)的社会病态。消除这种病态,恢复及发展社会的正常状态是现代国家治理和社会发展的主要目标。在这个意义上,福利是社会政治不可或缺的组成部分。一个国家要达到一种好的治理状态(国家的善),一个社会要保持和发展其正常的状态,必须要制定合理的社会福利政策,要建立起符合本国实际、能够保障人民的权益和基本需要满足的福利制度。因此,社会福利是作为现代社会国家治理的主要政治构件,成为社会政治的组成部分之一。

社会福利又是一项需要道德支持的普遍的社会事业。它相信实现社会的普遍福利状态是一种"社会的善",并且和每一个人的幸福紧密联系的事业。它需要人们的参与,需要发挥人与人之间互相关怀及互助精神才能实现。在这个意义上,社会福利既是一种人道主义和利他主义的理想,又是一种制度,是一定社会为达到一定的福利目标而建立的某种制度实体,或者社会(包括政府和民间的组织)对个人承担的"制度化的集体责任"(尚晓援,2001)。一种社会类型或政治制度决定着福利制度的性质和社会福利的实现方式,而一种价值观或社会道德的追求,则决定着社会福利的价值取向及带来的影响。

在社会福利的道德根源上,人们通常认为,社会福利的道德伦理源于宗教关于神对人要行善的道德命令,"慈善"即源于这种道德要求(周弘,1998:29—34)。世界各民族的宗教典籍里都保留着大量的关于福利的道德论述。但是,源于宗教的"慈善"观念,受"救赎"思想或"来世报应"观念的支配,主要是借助于神谕而行善,其中既有作为神的旨意的道德命令,也有通过"行善"而"积善",为"赎罪"或升入"天堂"购买门票的含义。可以这样说,以宗教道德为主导的早期社会福利实践,从道德动机来看,在"救赎"和"来世报应"思想的支配下,既有作为使命来践行的利他主义追求,也有希望通过善行来"赎罪"或"积善"的利己主义考虑。在神学的语境下,"慈善"作为社会福利的实践形式,表达了人们对友爱、互助和团结的道德追求,以及通过"神道"而改善穷人的不幸命运,追求社会平等和公正的政治想望。①

宗教的慈善道德包含了神道掩饰之下的人道主义思想。但是,由于要服从神圣的目的,这种人道主义只有在世俗化了的慈善的目的之后,才有可能成为人性的要求并朝着追求世俗幸福、追求自由、平等和社会公正的福利道德的方向发展。文艺复兴和资本主义工业制度建立以后,神道的福利道德观在不断的"祛魅"过程中隐退,而人道的福利道德观逐渐主宰了社会慈善事业,慈善开始在真正社会福利的意义上

---

① 《新约·路加福音》说,神"叫有权柄的失位,叫卑贱的高升,叫饥饿的得饱美食,叫富足的空手回去"(第一章)。"有两件衣裳的,就分给那没有的;有食物的,也当这样行"(第三章)。"耶稣举目看着门徒说:'你们贫穷的人有福了,因为神的国是你们的;你们饥饿的人有福了,因为你们将要饱足;你们哀哭的人有福了,因为你们将要喜笑……。当那时,你们要欢喜跳跃,因为你们在天上的赏赐是大的,他们的祖宗待先知也是这样'"(第六章)。可以这样说,基督教就是通过这些福利思想的传播而传播了关于幸福、平等和公正的道德理想。

发展。

在18—19世纪,作为社会福利的慈善,主要集中于对工业化造成的农村破产,人口向城市集中而造成的贫困问题上。它的主要工作理念是"济贫",即把救济穷人作为主要工作,防止这些人因为失去基本生活来源而铤而走险,危害社会。在道德价值判断上,人们通常把受救济的人看作失败者和无能者,是个人品格的缺陷导致他们在市场经济的竞争中失败或落伍。因而,这时的社会福利是在《济贫法》①框架下的慈善救助活动。为了避免对福利产生依赖,培养懒惰的习性,慈善救济强调受助者的资格,并提出了相应的道德标准。

比如体健的穷人必须证明他们没有工作不是有意而为,因而必须调查他们的财产状况,以确保"人们不易对贫穷救济产生依赖,并确保服务只提供给贫民"(弗里德曼,2001:154);对乞丐和有不良行为的人要采取强制措施纠正其行为,否则不予救助。换言之,济贫式的福利"不应帮助那些伪善、懒惰的人。救济那些不值得帮助的人就等于是剥夺了那些真正应获得救助的人之权益"(麦卡洛夫,2000:120)。区别"值得救助的穷人"和"不值得救助的穷人",就成为社会福利的道德判断的原则。在这种"资格审查"制度下,慈善救济给受助者打上了强烈的社会"烙印"(stigma),这就是要得到救助,受助者必须证明自己品行端正,符合救济的道德标准。于是,救助变成了道德歧视,福利与其慈善的宗旨发生了背离。

慈善救济之所以出现这种道德上的悖论,隐藏着它深刻的政治动机。从政策设计来讲,它是一种"补缺型"(residual)②的选择性福利。它所指涉的对象不是全体社会成员,而是"穷人",即那些缺乏基本生活保障,必须有人给予协助的弱势人群。选择这样一种政策,在意识形

---

① 在社会福利制度的发展过程中,英国的新老《济贫法》代表了社会福利在早期的两个发展阶段。1601年颁布的《伊丽莎白济贫法》是近代资本主义发展史上一个关于社会福利的法律,它首先把贫困当作道德上应予谴责,而在政治上则要加以纠正的社会问题来看待;但是,它把福利的责任主要归为地方的责任,提倡由社区或民间的力量来为贫民提供救助,它基本上主张对无家可归的流浪者和找不到工作的贫民实施惩罚性措施,以减少贫民的数量。19世纪中叶颁布的新《济贫法》是对老《济贫法》的修订。它在原有规定的基础上,作了某些修订,增加了国家救助的内容。我这里的分析,就是以新《济贫法》为对象。

② 也称作"剩余型"或"残余型"福利。中文对"residual"的不同译法,参见尚晓援:《"社会福利"与"社会保障"再认识》,《中国社会科学》2001年第3期。

态上,与19世纪主张自由放任的自由主义经济理论是一致的。这种经济理论认为,市场经济是靠自发性加以调节的,任何人为的干预都会破坏这种自发秩序,因此,它主张政府只能扮演"守夜人"的角色。

市场竞争必然会导致一部分人的失败,但是,如果因此而试图通过国家干预来避免这一部分人的不幸,那就会使市场失去竞争力。竞争"作为协调人类各种努力的工具","它给予每个人一个机会,去决定某种职业是否足以补偿与其相关的不利和风险"。① 削弱这种能力,就是对人类福利的破坏。政府不应该承担满足各种福利需求的责任,而应该由市场的自发性及个人竞争能力的提高来解决。因此,自由主义反对任何主张集体责任的社会福利,而把个人的责任当作首位的东西。正是这种放任自由的政治经济学,决定了政府只能在最低限度上为穷人提供"剩余福利",使选择性的慈善救济必然带有道德的歧视;人道主义的关怀也倾向于使人感到耻辱性的怜悯与同情。

问题不仅仅在于道德上的冲突。从政治的方面来看,基于慈善的社会福利思想及其社会政策上的补缺型福利模式,主要的功能是针对工业化和城市化造成的大量农民和失去生活来源的城市贫民而采取的政治措施。所以,就政策导向而言,补缺型的社会福利是以问题为取向的社会控制措施。它有选择地向那些陷入困境的穷人、老人、伤残人、精神病人提供最低的人道主义救助,免得他们因为失去基本的生活保障和照顾而给社会带来政治上的麻烦。

这种补缺型的福利模式实质上是自由主义的社会政策主张,它的政治动机就是希望在最小干预的水平上,最大限度地维护社会秩序,以保护自由市场经济。以《济贫法》为代表的补缺型社会福利制度,最充分地表达了这种政治动机。正如麦卡洛夫(David Macarov)所指出的,"制定济贫法的一个最主要的动机,即是要减少成群结队的流浪乞者所产生的威胁……济贫法最初规划的目的决非在提供一个基本的社会安全保障,而是被设计成为一种管制的措施。实施济贫即是为了要减少贫民因饥饿产生绝望,进而爆发潜在性危险行动及接续的社会动乱"(麦卡洛夫,2000:148)。换句话说,国家实施福利计划,目的是为

---

① 弗·冯·哈耶克:《通往奴役之路》,王明毅、冯兴元等译,中国社会科学出版社1997年版,第40—41页。

了换取人民对它的忠诚和信任。

与自由主义的社会福利观相对立的是社会主义。它主张社会福利应该是对抗资本主义商品化过度发展的政治手段。国家在保护每一个公民的基本权益不受侵害方面,不仅负有道德的义务,而且应承当政治的责任。因而,通过政府干预社会财富的分配,用再分配的方式来使社会"去商品化"(de-commodification),以避免社会的两极分化,就成为社会福利的主要目标。随着社会福利从慈善救济到制度福利,福利的观念由人道主义转向公民权利,福利作为公民权利、作为社会平等和社会正义的要求,也从经济生活的层面上升到政治生活的层面。福利国家就是在这种政治动力的推动下产生的。

福利国家的产生和公民权利思想的形成,使社会福利变成了现代政治争论的重要内容,意识形态上的斗争也日益尖锐。围绕着自由和平等、权利与责任的问题,自由主义和社会主义展开了旷日持久的较量,社会福利价值观的问题也日益成为理论与实践必须解决的问题。分析个人主义与集体主义的对立与争论,对我们理解现代社会福利中的政治道德问题,并从价值观层面加以解决,对发展社会福利的理论与实践具有重要意义。

## 社会福利价值观中的个人主义与集体主义观

在各种不同的社会福利思想中,基本的对立是个人主义福利观与集体主义福利观的对立。个人主义福利观是把福利看作有关个人动机与需要的东西,因而反对为了平等和社会公正的目的而采取的福利措施。在它看来,追求平等和公正,必然会使一部分人的所得被另外一些人所占有,这种以损害一部分人的利益来满足另一部分人的需要的做法,"其结果就一定是他们在实际地位上的不平等"(哈耶克,1997:104)。与此不同的是,集体主义的观点把福利看作集体的责任,认为个人在应对各种自然和人为的不测面前常常是无能为力的,为了适应社会的变迁和各种新的情况,人也需要不断发展自己,而这一切都需要集体的协助。因而,需要发展社会的福利功能,以保证每一个社会成员在基本社会生活需要的满足、个人能力得到应有的发展,以及公民权利的实现等方面得到公平的对待。

社会福利思想中个人主义与集体主义的对立,在社会理论的范畴内,既表现为在道德选择上是强调个人责任还是强调集体责任的问题,也表现为政治上个人的自由和权利与社会的平等和公正谁更为根本的问题。因此,当我们进一步追问社会福利思想对立的政治和道德根源的时候,我们就发现,在社会福利的领域里,思想观念上的对立与冲突,以利己主义和利他主义、功利主义和人道主义、市场经济的自由放任论和福利国家论、自由主义和社群主义,以及资本主义和社会主义等多种思想冲突的形式展现在我们面前。社会福利思想因此也成为一个充满意识形态斗争的领域。

从公平与效率的关系来看,个人主义的福利价值观主张效率优先的原则。在它看来,社会是一个竞争的体系,而经济的本质就在于竞争。在市场经济中,只有发挥个人的最大效能并使他的个人利益得到最大限度的满足,才能使社会保持活力。而个人能力的最大发挥也是其幸福的保证,它使"劳动者所达到的物质舒适、安定和个人独立的程度"①即福利的水平,超过了任何极权社会或集体主义社会(弗里德曼,2001:12)。在这种社会里,人们不考虑个人的责任而只关心如何从集体那里得到更多的福利。因此,从道德选择上来说,效率强化了个人责任,它优先于公平。然而,在主张福利集体主义的观点看来,片面追求效率的社会是不平等的社会。

从政治争论的方面看,个人主义和集体主义关于平等和自由谁更优先的争论,在现代社会福利的意识形态冲突中表现得更为激烈。如同德沃金所说的:"假如平等的关切是政治正当性的一个前提——多数人有权实施法律而不顾那些认为这些法律不明智甚至不公正的人的前提——那么对于平等的关切要求什么这个问题,我们就不能置若罔闻。"(德沃金,2003:3)因此,如果一个社会不能在维护基本人权——基本生活需要、教育、医疗、养老等方面使人们拥有平等的权利的话,那么这个社会就是不公正的。

个人主义的政治理论形式是自由主义。对于自由主义来说,如何保证个人最大的自由以使他能充分运用自己的潜能,应该成为衡量一种政治制度是否合理的根本原则。对此,弗里德曼指出:"自由主义哲学的核心是:相信个人的尊严,相信根据他自己的意志来尽量发挥他的

---

① 弗·冯·哈耶克:《通往奴役之路》,第23页。

能力和机会,只要他不妨碍别人进行同样的活动的话。"(弗里德曼,2001:188)对自由主义者来说,重要的是"把自由作为第一个考虑因素的出发点","至于个人如何使用他的自由,它属于个人伦理和哲学的范畴"(弗里德曼,2001:14)。比如,如果把对穷人的救济看作是个人的事而不是政府的责任,那么,这种"旨在于帮助较不幸的人的私人慈善行为"就被"看作为正确使用自由的一个例子"(弗里德曼,2001:188)。相反,如果由国家以再分配的方式来实行福利制度,改善穷人的贫困状况,那就是用强制代替自愿。这是对自由主义原则的根本破坏。在自由主义的政治哲学看来,20世纪的福利国家就是为了平等而牺牲个人自由的最有力证据。福利国家的集体主义倾向,使"福利而不是自由成了民主国家的决定性主张"。对诸如哈耶克之流的自由主义者来说,"由于认识到对个人主义的内在的威胁,……他们担心:继续集中控制经济活动会造成《通往奴役的道路》"(弗里德曼,2001:12)。

集体主义和个人主义在社会福利问题上的这种对立,反映了政治道德领域斗争的意识形态性。但两极对立的形式来表达社会福利的理论特征,并不表示二者之间就是绝对的互相排斥、彼此否定的关系。在社会经济与政治关系的历史发展中,思想意识形态上的两极对立,往往会因为新的因素的出现而发生变化,并通过一系列的中间环节而形成你中有我、我中有你的包容关系。就像弗里德曼指出的那样:"19世纪的自由主义者把扩大自由认为是改进福利和平等的最有效的方法。20世纪的自由主义者把福利和平等看作为自由的必要条件或者是它的替代物。以福利和平等的名义,20世纪的自由主义者逐渐赞成,恰恰是古典的自由主义所反对的国家干涉和家长主义政策的再度出现。"(弗里德曼,2001:7)

老一代平等主义者认为,一个政治共同体负有向全体公民表示平等关切的集体责任,但解释平等的方式却忽略了公民的个人责任。新老保守主义者都坚信这种个人责任,但他们对个人责任的解释却使集体责任受到了漠视。从这两种错误中进行选择非但没有吸引力,而且没有必要。如果接下来的论证是充分而有力的,我们就能得到一个有关平等和责任的完美说明,它对双方都给予尊重(德沃金,2003:7)。

区分社会福利思想的各种形式,并不是因为这些思想主张本身是绝对的,而是因为我们需要了解他们各自的主张所依据的事实是什么,他们在什么地方、多大程度上能够代表人类对自己所经历的生活的福利需求与福利理想,以此来确定我们需要用什么样的社会福利理论来指导我们的社会福利实践。因此,我把上述社会福利思想形式看作是人类对自己的福利理想和福利状况的不同表达,是基于人们在处理个人和社会这一基本关系上所做出的价值选择。由于价值观的基本类型或是集体主义,或是个人主义,所以人们在价值选择上要么倾向于前者,要么倾向于后者。虽然在基本价值观的选择上,我们不得不采取"非此即彼"的立场,然而,作为一种规范性的理论,各种社会福利思想却不像一元理论的追究那样,具有一种刚性的不可调和性。因为,在实际的生活中,一方面,出于利益的考虑,人们最可能选择个人主义的价值观,而另一方面,人们也需要彼此的合作和友谊来满足一些非经济利益的需要。于是要坚持一种绝对排他的个人主义立场,几乎就等于把自己放逐到社会之外。

对这一问题的最好说明就是自由主义的理论。尽管自由主义是典型的个人主义理论,但是它却同样产生出罗尔斯的正义论这样带有浓厚福利集体主义色彩的平等主义理论(贝尔,2002:12—14)。罗尔斯所谓处境最差者获益最大的分配正义原则,说的就是要通过实行差别原则来减少社会的不平等,让社会地位最低的人得到均等的机会(罗尔斯,1988:79)。这种追求社会正义的理论也得到社群主义的赞同。而社群主义者米勒(David Miller)就试图在批判综合当代政治哲学的基础上,融合自由主义、社群主义和社会主义,建构以需要、应得和平等为基础的社会正义原则(米勒,2001:30)。

即便是社会主义,也同自由主义和功利主义有着千丝万缕的联系,它关于自由和平等的社会理想,以及追求最大多数人的最大幸福的政治主张,多少都带有自由主义和功利主义的印记(朱高正,1999)。而社会主义的人道主义思想,更是源于激进自由主义对工业化资本主义的异化的批判(马克思、恩格斯,1972:253)。可以这样说,正是近代以来的各种社会思潮,从政治和道德的方面对资本主义和工业化过程中出现的种种社会问题的反思、批判,为社会福利思想的形成与发展奠定了重要的基础。

社会福利在本质上是集体主义的,只有在集体主义价值观的基础上,社会福利才能得到实践与发展。但是,从个人主义和集体主义在社会福利问题上的争论中我们看到,僵死的意识形态对立实际上反映了人们对社会福利的理论与实践认识的片面性。因此,克服这种片面性,汲取其中有助于社会福利理论发展的政治道德因素,对于科学地阐述社会福利的政治道德本质,建构一种符合我们时代发展的福利集体主义价值观,是非常必要的。

**社会福利价值观中的利他主义**

社会福利是一项具有解决社会问题功能和表达社会理想、促进社会平等与社会正义功能的事业。就道德动机而言,社会福利是利他性的和人道主义的活动。利他主义是指个人层面上帮助别人的概念,即给别人带来利益,"而不预期会有外在的报偿可得",其中包含了"一种不自私地为他人谋福利的精神"。而人道主义是就社会整体而言的利他主义,它通过国家、社会或集体对其人民或成员的关心与帮助来促进人类幸福的实现。社会福利就是将这种关心和帮助变成个人、团体、国家或社会的实际活动而表现出来的(麦卡洛夫,2000:184—185)。

R. 平克(Robert Pinker)在区分福利价值观中的利他主义和利己主义时指出:社会福利的制度化模式把以集体主义的社会政策形式的干预看作是政府行为的最可想望的结果。这种模式安排优先考虑的事情和配置资源,是按照社会市场福利伦理学的需要标准进行的,而这种福利伦理学认为,良好公德的特征是个人或群体单方面让渡权利给其他的人或群体。单方面让渡构成了利他主义的主要特点。对比起来,社会福利的补缺模式(the residual model of social welfare)认为,自助的个人主义方式是道德上值得赞美的行为。它按照价格标准,以及市场经济工作伦理的有效需求的判断来安排优先考虑的事情及配置资源,这种工作伦理把基于互惠性和对等转让的交换关系看作是良好公德的突出特征。这种交换关系发生在受经济利益驱动的市民之间,他们正在进行的活动出于自利——虽然它会受到其他因素的启发——但不大可能是利他主义(Pinker, 1979)。

在这里,平克把社会福利的集体主义本质归结为利他主义,以此同利己主义福利观的个人主义相对立。但是,我们知道,单纯的利他行为并不能直接产生集体主义,人道主义也可以是个人主义的价值观所欲之事。从利他主义的根源来看,我们可以将之概括为三种情况:其一是来自个人的价值追求,人们的研究发现,利他主义的行为很容易从个人的安全感、追求自我实现的价值,以及自信或对自我的肯定中产生;其二是来自"'公民为他人服务'的传统,或是对社区的承诺"(麦卡洛夫,2000:185),这种传统或承诺起源于集体生活或互助的经验,在公社或社区的环境里,乐于助人不仅是一种美德或责任,也是一种生存的需要;其三是宗教的教义,行善或为他人而献身,既是对神圣生活的体验,也是提高生命价值,进入永恒世界的必要修行,虔诚的宗教信徒往往表现出极大的利他主义牺牲精神。

在这三种情况里,我们都可以看到个人主义与集体主义的复合要素对利他主义行为产生影响。因此,如果我们要想理解社会福利为什么是集体主义性质的,仅仅从利他主义的动机来认识是不够的。集体主义是人们对互相依赖的社区或群体生活体验的升华。在集体主义的观念里,互助是一个基本的概念。它不仅是说人们之间应该互相帮助,而且也意味着这样的预期:一个人在帮助了别人以后,自己也可以获得帮助。所以,集体主义不是产生于纯粹利他主义动机的神圣信条,它也是人们基于实际生活的需要的信念。既是利己的,也是利他的动机,构成了集体中互助合作的基础。如果我们仅仅是把利他性当作集体主义的本质,那么我们就很难理解集体的互助合作性;同样,如果我们把利他主义当作社会福利存在的唯一道德动机或道德根据,那么我们就很难区分助人和依赖之间有何不同,个人主义所强调的自助式福利,或者反社会福利的自由主义就成为不证自明的真理。

在社会福利的争论中,个人主义的福利哲学对福利的集体主义最有杀伤力的批评,就是实施制度性的社会福利,会造成人的依赖性,而社会福利在一些人的观念上也变成了"白吃的午餐"。事实上,西方发达国家在20世纪大力推行的福利国家制度,也确实在一定程度上降低了人们的工作意愿,使"政府必须不断从勤快人那里索取东西送给懒汉"(德沃金,2003:2),造成了福利国家的危机。社会主义国家由国家包揽的福利供给,不仅没有起到调动职工积极性的作用,反而使社会陷入"铁饭碗"和"大锅饭"的平均主义怪圈。作为一种反思和批判的社会福利哲学,如果不能有效地解决福利依赖的问题,我们就无法将集体主义的福利观坚持到底。而福利的集体主义理想之所以长期受到主张放任自由的个人主义的攻击,其根源也在于前者只强调集体的责任,忽视了个人对自己负责的意义,其政治上和道德上必然遭到质疑。

依赖性的福利集体主义暴露出的种种缺陷,向社会福利的理论与实践提出了个人福利责任的问题。所谓个人福利责任,就是强调在发展制度性的社会福利时,不仅仅是要求集体要对个人的生活保障承担政治的和道德的责任,同时也要强调个人在发展集体福利方面的能动作用。要使社会福利的集体主义在道德上和政治上成为最可想望的事情,就应该避免那些导致人们失去工作动机的依赖性,吸收个人主义福利观中"自助助人"的积极因素,在满足人们的福利需要过程中,引入个人的责任的要素,使集体主义的福利制度产生"助人自助"的效果。

所谓"助人自助",是把利他性的助人过程与使人通过帮助而获得自立的能力结合起来的社会福利理念。这个过程通常被看作使人"增能"(empower-ment,在某些情况下,也翻译成"充权")的过程。它不仅是对个人应付困难和生活危机的能力,以及生活信心的培养与提升,也是树立个人责任心,培养对自己负责的意识的过程。集体主义的社会福利目标固然是谋求人们的幸福,特别是弱势群体的幸福,但是这种幸福不是靠单纯的给予或者获取得到的,它必须有付出,必须有个人的努力才能实现。传统的集体主义福利观往往把福利看作是集体对个人的承诺,而忽视了福利的个人责任,结果制造了许多福利的陷阱。社会一旦陷入福利依赖的陷阱,带来的不仅仅是个人的自我责任能力的降低,它也会削弱整个社会的道德能力,降低人们的道德水准,使社会失去必要的工作动力。

现代社会中,给予性福利带来的太多问题已经使人们对此产生了高度的警惕,随着福利国家陷入危机,那些反对福利国家的新自由主义者不仅把它看作是财政上、社会政策上的失败,同时也把它看作是道德上的失败。为了避免以意识形态上的纯洁性指导的集体主义福利观带来的上述问题,吸收当代政治和道德哲学中有价值的因素,建构一种复合的集体主义的社会福利理论,对我们在当代复杂的经济、政治和文化背景下,解决社会福利的理论与实践难题,是非常有助益的探索。

**复合集体主义的社会福利价值观**

工业革命以来,人类社会一直把追求物质生活的富裕当作奋斗的目标,并且把经济的增长当作衡量社会进步的尺度,而科学技术的进步则被看作实现人类幸福的唯一依靠。可是,资本主义发展所带来的社会矛盾却造成了社会的不稳定、贫富分化和阶级对立。为了避免社会的矛盾冲突危害基本的社会秩序,那些信奉个人主义价值观、鼓吹自由放任市场经济的自由主义者,也不得不在个人自由和社会安全之间寻求平衡,把社会福利当作防止因贫穷导致社会动荡的工具,建立起了现代社会保障制度。而对于把资本主义当作不合理制度的社会主义者来说,社会福利不仅是保障社会安全的工具,也应该是促进社会的平等和自由、实现人类幸福的条件。因此,他们把社会福利当作避免贫穷,保障穷人或弱势群体的基本生活需要,防止一些人因为社会变迁或某些意外而导致生活水平下降的措施,并把建立完善的物质福利保障体系当作可想望之事来追求,在西方发达国家形成了以集体主义价值观为导向、社会民主主义的政治制度作保证的福利国家制度。

然而,福利国家在其发展中并没有像其设计者当初所设想的那样,在寻求生活的安全保障时,要医治社会的贪婪、疾病、无知、贫困和懒惰等五大恶魔,并促进人的自由、进取精神和对自己生活负责的态度的发展(Pinker,1979)。相反,"福利制度一经建立,便成为一套具有自身逻辑的自主系统,而不管能否达到设计者期望的目的"(吉登斯,2000:119—120)。社会福利的异化背离了它的初衷,还产生了新的社会问题——发达国家的"福利病"。因而,当福利国家爆发财政危机,人们的生活态度由物质主义向后物质主义的转变等一道,使西方社会主张个人主义的新自由主义和保守主义思潮抬头,社会民主主义、福利集体主义受到贬抑甚至摈弃。在东方,社会主义的发展也遭遇了前所未有的挫折,东欧剧变、苏联解体,使社会主义的价值观受到冲击。中国也由计划经济转变为市场经济,并且在破除平均主义和"铁饭碗"的过程中,改革了国家包揽的福利体制。这一系列的重大变化,向传统福利观提出了尖锐的挑战,并使传统福利体制失去了它存在的合理性。

社会福利在20世纪后期遇到的挑战与变化,暴露了传统福利集体主义价值观的不完善性及人们对社会福利的误解,提出了改革传统福利制度中某些不合理性的必要性。然而,在西方福利国家的改革中,主张国家干预的凯恩斯主义被以哈耶克为代表的主张放任自由的新自由主义所取代,用个人主义价值观来否定集体主义,并没有解决基本的社会问题,相反,一些社会问题更加激化。就像《不安全的时代》的作者所描写的那样,我们正处在一个不安全的时代,自由放任的资本主义和主张对经济实行民主控制的社会民主主义之间的斗争,在意识形态上的不可调和性更加剧了这种不安全性。自由放任主义代表的是金融利益,社会民主主义则代表老百姓的利益。"从经济方面讲,社会民主主义最根本的特点是'安全',而东山再起的自由市场恰恰毫不掩饰地排除这一基本经济特征"。不过,自由市场并不绝对地不要安全,它是"以牺牲大多数人为代价,为金融利益提供了安全。每逢自由市场制度经历周期性危机时,一切调整和风险的负担总是被转嫁到大多数人身上"(埃里奥特、阿特金森,2001:1)。20世纪70年代以来的所谓西方福利国家的改革破坏了以劳动为生的人民的安全,他们失去了保障,生活被各种各样的担心所控制。在这种情况下,"资本是自由的,而劳动人民反而被国有化了"(埃里奥特、阿特金森,2001:2)。

  20世纪90年代以来,社会民主主义试图用超越左与右的对立的"第三条道路"来克服自由放任主义造成的社会的不稳定。但是,它是采取妥协的方式来解决资本自由带来的问题,主要是"为迎合国际资本主义"而"亲近商业利益"的行为,不仅没有带来它向人们许诺的繁荣,反而造成全球经济的长期不稳定、贫富悬殊和相对贫困不断扩大等一系列问题,使人民的生活更加无保障,社会陷入四分五裂的状态(埃里奥特、阿特金森,2001:21)。这些政治观念的变化和经济改革的实践所带来的后果说明,市场经济对社会公正具有天然的排斥性,平等仍然是社会理论必须关注的问题;福利集体主义作为保证社会公正的基本价值观,仍然是值得我们追求的主要社会理想。当然,我们在这里强调集体主义的基本价值观,并不是要毫无保留地接受传统集体主义的观念,更不是回到前资本主义社会地方共同体的那种依附性当中。毫无疑问,集体主义的观念也存在许多需要反思的地方。以集体的名义抹杀个性,是传统集体主义的主要问题之一。它带来的危害是个人在集体中失去自主性,容易盲从;缺乏民主是传统集体主义的又一重大缺陷,在没有制约的情况下,掌握权力或控制资源的人往往会以集体的名义对其他成员实施控制,产生集体内部的奴役和专制。当一个集体过于强调集体利益或者要求个人必须绝对服从集体时,集体意志就变得官僚化,集体就会陷于僵死、无活力的状态。在现代社会条件下,要发展集体主义的价值观,并使它成为社会福利的基本价值观,就必须革除这些致命的弱点。我们对复合的集体主义社会福利观的主要要点的阐述,就是力图用现代观念来克服传统观念里的问题,使之不仅在道德上,而且在政治上成为我们时代值得想望和追求的事。

所谓复合的集体主义社会福利理论,就是在改革传统的"消极福利观"(negative welfare)的基础上,发展一种"积极的福利观"(positive welfare)(吉登斯,2000:121)来适应我们生活的变化。这种积极的福利观的要点在于:第一,培养个人的福利责任,使每一个人以一种对自己负责的精神来对待他的需要,而不是把集体福利当作"白吃的午餐",等待别人或社会来改善自己的福利;同时,也要充分动员各种社会资源,发挥各方面的作用,令它们对社会福利有更积极的贡献。

第二,这种福利观也是对福利体制的官僚主义的否定。福利国家"从摇篮到坟墓"的福利制度创造了庞大的科层制机构,一方面使社会福利变成少数人垄断和操纵的权力体系,使社会福利机构成为臃肿庞大而缺乏效率的官僚机器;另一方面,庞大复杂的行政官僚架构也把社会福利部门变成了特殊的利益集团,使其成员常常忘记社会福利的宗旨,而把自己的利益放在了首位。因而扭曲了社会福利的宗旨,造成了福利的异化。

第三,这种福利观主张建立个人责任与集体责任的良性互动关系,并以此来推动社会的互助合作精神的发展;它既重视个人成就和经济竞争力的培养,同时也强调集体主义和团结的重要性,它相信,一种个人责任和集体责任相结合的社会福利制度,将更有助于社会的可持续发展和人的成长。

第四,这种福利观对集体的理解,不仅是国家、社会,也包括家庭、社区或社群等传统的福利单位,强调他们在社会福利制度中具有不可替代的重要性,把恢复他们的福利功能,重建被工业制度和专业化的劳动分工破坏了的人际关系,克服由契约关系和功利主义带来的冷漠、疏远等人的异化看作是实现人的幸福的保证。

第五,复合的集体主义福利理论是一种超越唯物质主义福利观的后物质主义福利思想,它把人类随着社会物质文明的发展而对精神方面的需要日益增加这一新的趋势,放入福利关怀的范围,把人的自由和全面发展作为终极目标来追求,鼓励人的进取精神,培养他的自立意识,使之不会因为基本的社会安全保障的实现而停顿下来,也不会因为利己需要的满足而损害他人及后代的幸福。总之,复合的集体主义社会福利思想是在广泛吸收当代社会理论成果基础上,反映社会生活的变化和经济与文化的发展趋势,把集体主义当作社会福利的政治和道德源泉,提倡互助合作中的人的独立性,在个人与集体的互动中实现社会福利的目标。

归纳上述观点,我们把集体主义看作社会福利的本质,就是在道德上反对个人主义,反对它用原子论的眼光看待个人与集体的关系,把个人看作绝对自由运动的实体,无条件地独立于集体的个体。这种假设个人的绝对独立自主性的观点,从伦理学的观点看,就是把社会归结为单个人的机械组合,人与人的关系仅仅是个人利益的需要连接起来的利用关系。如果说集体或社会对个人有意义的话,他们不过是实现个人利益的场所。个人主义有它积极的方面,这就是它能激发个人的动机,使人们产生进取精神,同时,它也能使人不墨守成规,不迷信权威,富有创造性。但是,因为它的前提的虚假性,这些积极的方面也会变成具有破坏力的因素,对社会造成危害。

总之,对于复合的集体主义理论来说,它反对个人主义不是要把有关个人的积极能动性和自主性的方面去掉,而是要去掉它的利己主义伦理要求,去掉原子论的逻辑假设,用民主参与的及互助合作的集体主义道德来规范社会福利的运作,令人有充分的自由来承担自己的福利责任,并通过责任的确立获得享受福利的权利。"没有责任就没有权利"(吉登斯,2000:68),集体对个人的福利承诺同个人对集体应尽的义务必须结合起来,才能使集体主义在现代社会变化的复杂性中,保持其在社会福利的理论与实践中基本价值的地位和规范作用,并成为社会福利的积极的政治道德源泉。

【参考文献】

安东尼·吉登斯:《第三条道路——社会民主主义的复兴》,郑戈译,北京大学出版社、生活·读书·新知三联书店2000年版。

戴维·麦卡洛夫:《社会福利:结构与实践》,官有垣译,双叶书廊有限公司(台湾)2000年版。

戴维·米勒:《社会正义原则》,应奇译,江苏人民出版社2001年版。

丹尼尔·贝尔:《社群主义及其批评者》,齐世明译,生活·读书·新知三联书店

2002年版。

弗·冯·哈耶克:《自由秩序原理(上)》,邓正来译,生活·读书·新知三联书店1997年版。

拉里·埃里奥特、丹·阿特金森:《不安全的时代》,曹大鹏译,商务印书馆2001年版。

罗纳德·德沃金:《至上的美德——平等的理论与实践》,冯克利译,江苏人民出版社2003年版。

马克思、恩格斯:《共产党宣言》,载《马克思恩格斯选集》第一卷,人民出版社1972年版。

米尔顿·弗里德曼:《资本主义与自由》,张瑞玉译,商务印书馆2001年版。

Pinker, Robert, *The Idea of Welfare*, London: Heinemann Educational Books Ltd., 1979.

尚晓援:《"社会福利"与"社会保障"再认识》,《中国社会科学》2001年第3期。

一番ク濑康子:《社会福利基础理论》,沈洁、赵军译,华中师范大学出版社1998年版。

约翰·罗尔斯:《正义论》,何怀宏、何包钢、廖申白译,中国社会科学出版社1988年版。

周弘:《福利的解析——来自欧美的启示》,上海远东出版社1998年版。

朱高正:《自由主义与社会主义的对立与互动》,《中国社会科学》1999年第6期。

# 论公民权利的社会福利理论价值及其局限性*

现代社会福利的主要特征是把福利当做权利赋予每一个社会成员,从而使社会福利的理念摆脱了早期的慈善式的济贫观念,发展成了公民权利的政治道德理念。公民权利的思想在社会福利实践中的贯彻执行,在维护人的基本价值尊严和社会正义、促进人的发展特别是穷人的发展方面,产生了巨大的推动作用。它也成为国家权力合法性的主要依据之一。政府要赢得人民的支持,要取得自己的政治合法性,就必须维护和服务于人民的福利权利,必须保证每一个社会成员在基本的社会福利供给方面得到平等的对待。可以这样说,公民权利福利观的确立,将个人生活的安全和幸福与国家的政治建构和责任紧密地联系在一起;也把对福利问题的理解从简单的经济学计算,变成了需要通过对复杂的经济—政治关系分析才能得到正确解决

---

* 原载王思斌主编:《中国社会工作研究》第二辑,社会科学文献出版社 2003 年版。

的政治经济问题。因而可以这样说,现代社会福利问题如果离开了公民权利思想将无法得到正确的理解。

然而,公民权利思想在现代社会福利的发展中也提出了许多理论与实践方面的问题。从理论方面讲,公民权利仅仅是作为保护个人要求权利的工具来帮助人们实现他们对社会平等和正义的诉求,还是应该鼓励公民更积极地参与发展社会福利的过程来满足他们对福利的需求,这不仅是对公民权利如何界定的问题,也是关乎社会福利发展方向的问题。正是在这样一个至关重要的问题上,马歇尔的公民权利的社会福利理论存在重大的缺陷,它把公民的社会权仅仅看做是福利的要求权(雅诺斯基,2000:41),从而使公民权变成国家对个人的单方面福利保护权。这一理论的缺陷在实践上导致了人们的福利依赖、缺乏工作动机和责任感,也导致了福利国家的福利陷阱。而当人们仅仅把福利看作是一种个人权利,而没有把它同时也看做是个人的责任时,公民权利的社会正义性质就发生了改变,平等的追求也变成了只讲权利不讲义务的平均主义。因此,当福利国家陷入危机以后,新自由主义的思想家对福利国家的批判与攻击,以及保守主义的政治家对社会福利制度的改革,形成了整个社会福利的思想与实践向右转的潮流。所谓全球性的社会福利改革浪潮,不仅仅是对以往以公民权利为基础的社会福利理论与制度的缺陷的清算,也越来越朝着否定公民权利基本价值取向的方面发展。在这样的形势下,如何看待公民权利的社会福利思想基本的理论价值与缺陷,对在社会正义与平等的价值观遭受严重怀疑的时代坚持公民权利的正确价值方向,发展民主、平等和社会正义的社会福利理论和实践,维护社会福利的集体主义价值思想,是一件极有意义的工作。

本文试图通过对公民权利思想的分析,来认识其理论的价值和局限。而这种分析所依据的方法主要是建立在社会正义的理想价值之上的。在本文看来,公民权利是社会福利哲学表达社会正义理想的一种方式,它必须以社会公正为目的,才能成为政治上和道德上可向往的东西,成为对社会福利实践具有规范的力量。因此,它应该置于社会正义的框架之下,从而得到正确的解释。作为社会公平的正义是这样一种政治道德要求:它不仅要求权利和义务的平等,以及由社会合作产生的利益分配的方式(罗尔斯,1988:5),更强调人在其中所获得的成长与自由。换句话说,正义是一种激发人超于自我功利目的性的情感,它只有将个人与集体的需要相结合,在对人的道德目的的追求中,平衡权利与义务的关系,才能帮助人超越个人权利与责任关系的计较,去发展人的能力与需要,促进人的成长。然而,公民权利的理论价值却因为它在福利国家实践中的种种限制,而掩盖了它追求社会正义的目的性,变成仅仅关注个人权利的工具性概念。据此,本文以社会正义作为理解公民权利理论的线索,分析其理论的价值与局限性,以此说明公民权利对社会福利与社会正义的意义。

### 一、福利国家与公民权利

现代社会福利发展的中心问题是怎样避免由于商品化的发展而使人类幸福完全依赖于人与金钱的关系,缓解社会阶级分化所导致的利益冲突和贫富对立。商品化是资本主义生产的基本特征。资本主义商品生产最突出的特点是将人类的需求和劳动化也商品化了。然而,"欲求与人类两者商品化的结果,可能会启动资本主义积累的引擎,但它也削弱了个别的劳工"(埃斯平-安德森,1999:60)。这种彻底的商品化一方面引起了资本的高度集中,使私有财产的积累和集中发展到前所未有的程度;另一方面则造成了社会大众普遍的无产阶级化,创造了一个庞大的工薪阶层。资本的运作需要一个自由竞争的市场,而在自由的市场竞争中,资本往往处在主动选择的位置;劳动者则只是作为被选择的对象而处于依附地位,只有适应市场的需要,他才能够获得生活与发展所需要的东西。在这样的情形下,人类的生活和幸福日益依赖于人与金钱的交易关系。

但是,市场对商品生产和社会需求的调节作用并非总是灵验的,"看不见的手"往往是按照自发性的商品生产规律来调节生产和人们的经济活动。如果我们把人们的全部生活希望和福利需求寄托在放任自由的市场机制上,那么"市场失灵"就会给那些靠薪金生活的劳动者带来灭顶之灾。从这点来看,一方面,福利国家正是作为资本主义社会纠正市场偏差对劳动者阶级的福利的破坏作用而产生的,它试图通过国家或社会的干预来调节市场偏差、保障人们的基本福利需求;另一方面,福利国家也是对资本主义社会阶级分化和社会阶层化所带来的矛盾、冲突的调节与缓和。在资本主义制度下,自由竞争的市场经济和商品化的发展导致了少数人对资本的垄断和无产阶级的贫困化发展,也导致了社会的阶层化。资本主义社会的各种社会矛盾基本上都源于这种阶级分化和社会阶层化所产生的利益冲突。通过国家实施的福利措施,可以起到保护穷人利益、防止社会矛盾激化的作用。换句话说,福利国家是作为西方社会去商品化(de-commercialization)的努力而出现的,它试图通过公民权利的确定和扩张,来抗拒自由放任的市场经济带来的社会和人的商品化,以及阶级分化和对立造成的贫富差别和社会不稳定,从而达到社会的公平正义。

　　因此,在某种意义上,福利国家的出现是19世纪以来主张民主和平等的社会主义思想的胜利。因为对于无产阶级来说,在19世纪,主张普遍的民主和社会平等是社会主义反抗资产阶级的财产权、争取无产阶级合法权利的主要政治武器。而对于主张财产自由权利的自由主义者来说,民主就像荷马史诗里的英雄阿基里斯的脚踝一样,是他们所要捍卫的财产权的致命克星。然而,只要资本主义仍旧是小规模产业主的世界,财产所有权本身就无须畏惧民主所可能带来的影响。但随着工业化的过程,无产的普罗大众出现了,对他们而言,民主只是用来削弱财产权的一个工具。自由主义者最惧怕的正是普遍的选举权,因为它们可能政治化了资源分配的斗争、扭曲了市场,并助长了无效率的蔓延。许多自由主义者发现,民主攫取或摧毁了市场(埃斯平-安德森,1999:23)。

　　但是,正如社会主义不等于福利国家一样,福利国家也不是社会主义的必然产物。社会主义是一种社会政治运动,它虽然包含了为工人阶级争取福利权利的要求,但它的目的不是社会福利,也不是一般意义上的平等权利。一种社会的福利状态只是作为人的解放与发展的一般条件,争取劳动者享有与其他社会成员同样的政治权利也只是实现他的经济上彻底解放的必要条件。要使人摆脱资本的控制得到彻底解放,并在此基础上实现社会的公正和平等,只有通过变革社会不合理的经济、政治制度才有可能。而福利国家则是在承认现实基本经济、政治制度的合理性的基础上,作为纠正放任自由的市场经济偏差的一种制度安排,或者说是国家如何干预市场,以避免过度的市场竞争所带来的社会贫富分化和阶级对立破坏基本的社会稳定。

从更深刻的政治经济根源来看,虽然福利国家理论和社会主义都对资本主义矛盾、工业化和政治权利等问题给予了关注,但是福利国家是以公民的社会权利为核心的如下这样一种制度建构。

第一,它把社会权利看做是如同财产权一样的法律和政治地位,通过将社会权的基础建立在公民权利之上,赋予了公民权利以"个人去商品化的地位以对抗市场的力量"。"去商品化是出现在当服务被视为一种权利时,以及当一个人不必依赖市场而能维持其生活时","如果社会救助或保险的存在并不能实质地消除个人对市场的依赖,则未必能够带来明显的去商品化效果"。(埃斯平 - 安德森:1999:38—39)由于去商品化的权利呈现出不同程度的发展,所以现代福利国家表现出不同的类型。

第二,福利国家是一个阶层化的社会体系(埃斯平 - 安德森,1999:41)。虽然公民身份赋予个人平等的地位和权利,但是,大多数研究者都忽视了福利国家这样的问题:公民权利的实施也会导致社会的阶层化。因为,随着社会财富的增加、技术的进步以及中产阶级的成长,人们对基本福利的需求就会发生变化,一些人会在基本福利之外寻求更好的附加福利,而另一些人则可能成为社会福利的依赖者。前者就成为优势阶层,而后者则成为弱势阶层。此外,处在不同地位的人也会因为他们的福利需求不同而形成不同的利益集团。在社会政策的作用下,他们也会因为各自所享有的权利不同而被阶层化为不同的社会阶层。在福利国家里,人们往往用社会的阶层化来取代阶级划分,从而把资本主义社会内部的阶级斗争转化为阶层之间的权利和社会资源分配的斗争,这一转变就极大地避免了那种水火不相容的阶级斗争和社会革命的发生。

第三,福利国家不仅仅是从公民权利的赋予来理解的社会政策的决策机制,它也是将国家、市场、社区和个人结合为一个体系的社会措施。它将这四者看做是可以在人类福祉的实现中扮演相应角色的福利要素,通过一定的社会政策加以整合,就可以使它们结合成一种社会福利体制。现代福利国家正是在对这些福利要素的整合中发展起来的。

从上述三个方面的情况可以看出,福利国家主要是作为福利制度被建构的。"作为一种社会保险制度,福利国家一直是主要根据外部风险组织起来的。"①但是,由于不同国家的历史与文化的差异,以及它们的政治经济发展的不同,福利国家也就具有了不同的形态和内容。认识不同类型的福利国家及公民权利在这些国家的实现情况,对我们掌握公民权利的福利理论是非常必要的。

## 二、福利资本主义的三个世界

埃斯平-安德森(1999)对各种不同类型的福利国家的分析,解释了公民权利在现代资本主义社会的实现情况。其从欧洲的经济、政治文化传统出发,以三种不同意识形态的区分为依据,建构了三种福利国家的理论假设。在这些假设里,不同历史文化传统和社会情况的资本主义国家,依据它们各自所遵循的政治经济学原则,以及国家、市场、社区和个人等四个要素的关系,形成了所谓自由主义的福利国家、组合主义(保守主义)的福利国家和社会民主主义的福利国家等三种福利资本主义体系。

这三种福利资本主义体制在公民社会权利的实现和去商品化程度上所表现出来的巨大差异,一方面显现了它们对待社会公正和平等不同的政治和道德立场;另一方面也告诉我们,福利国家在对待公民权利和去商品化的能力方面,也存在诸多的局限性。空泛的公民社会权利的主张,不仅会模糊我们对福利国家的认识,而且会使我们对福利权利的理解,产生极大的扭曲。因此,分析福利资本主义的三种形态,将使我们了解公民权利作为社会福利政治基础的局限,并对福利国家的政治道德本质有更清晰的认识。

从自由主义的福利国家来看,由于它所信奉的政治经济原则是放任自由的市场经济,主张经济与政治区分开来,把经济看做是"私人领域",而政治是"公共领域"的事(高夫,1995:61)。国家作为代表社会"共同利益"的机构,就是要保证个人政治上最大限度的自由和平等,以使他们能自主地追求自己的目标。在社会政策的安排上,它"是以资产调查式的救助、有限的普遍转移或有限的社会保险规划为主导。给付主要是迎合低收入、依赖国家的案主群的需要,这通常意指劳工阶

---

① 安东尼·吉登斯:《超越左与右——激进政治的未来》,李惠斌、杨雪冬译,社会科学文献出版社 2000 年版,第 158 页。

级"(埃斯平-安德森,1999:45)。在这样的社会福利模式里,社会政策的制定是按照自由主义的工作伦理规范,即个人应对自己的收入和生活幸福负全部责任,自主的工作动机和勤劳是个人福利的最大保障。因而,社会福利对个人生活只是一种边缘性的需要,防止个人因为选择福利而丧失工作动机就是社会政策应该加以限制的。社会福利应该是促进自由竞争的市场机制的成长和完善,社会政策必须服务于经济政策的需要而不是相反才是可取的。

自由主义福利国家的基本政治主张是个人自由,最大限度地发挥市场自由竞争的机制,最小的政府干预就是这一种福利资本主义体系的政治特征。因此,在公民权利的实现上,它只强调法律和政治上的权利,而对社会权利的范围进行严格的控制,福利的增长依赖于个人的工作表现。结果,这样的福利国家体制将公民权利的去商品化效果降到最低程度。

组合主义(保守主义)的福利国家在对待市场效率和商品化的态度上与自由主义截然不同。它基本上不赞成自由主义所坚持的市场效率与商品化,但是,它也不对公民的社会权利给予严肃的对待,而且把权利看做是附属于阶级与社会地位的。这种类型的福利国家所关注的是如何保存既有的社会阶级结构和地位分化,以及如何保护传统价值与文化在工业化和技术革命不断深入的条件下不遭破坏,并且继续成为维系社会团结与稳定的基本纽带。因此,它一方面强调国家对社会福利的主导作用,通过建立完善的国家组织来代替市场成为福利的供应者,而使"私人保险与职业上的附加给付扮演相当边缘的角色";另一方面,它也强调保存传统的家庭关系,主张充分发挥家庭和社区的福利功能。因此"社会保险常排除没有工作的家庭妇女,而家庭给付则以鼓励母性为主……只有当家庭服务其成员的能力耗空时,国家才会进行干预"(埃斯平-安德森,1999:46)。

社会民主主义的福利国家奉行的是普遍主义的福利原则,它把公民社会权利的实现当做基本的政治目标,追求最大限度的社会平等,以消除商品化给人带来的种种不利影响。这种社会民主的福利体制既反对自由主义用市场竞争原则来代替社会正义,也不赞成组合主义强化家庭福利功能的做法。在它看来,将人从市场和传统家庭的限制中解放出来,使人能够得到独立发展是社会福利的真正目标。因此,在这一福利体制下,社会福利的供给不仅是事后的救助,更重要的是事前的预防。它"不是等到家庭能力已经耗空了之后才给予帮助,而是先发制人地将家庭关系的成本社会化"(埃斯平-安德森,1999:47)。换句话说,它不是等到社会问题发生以后再来解决问题,而力求在事前预防社会问题的发生。在这样的福利国家里,福利与工作是高度融合的:它不仅要承担全部的社会服务责任,而且还要提出充分就业的保证,以使工作的权利与所得保障的权利具有同样的地位。可以说,现代社会以公民社会权利实现为目标的社会福利思想,在社会民主的福利国家得到了最充分的体现。

由此可见,在这三种类型的福利国家里,真正认真对待公民权利,并把公民权利的实现当做社会福利目标的只有社会民主主义的福利国家。但是,就是在社会民主的福利国家里,公民权利理论也暴露出它的局限性。比较三种福利资本主义体系,我们可以看出,现代社会福利问题的主轴是围绕着如何看待公民权利而开展的。对于自由主义的体制来说,公民权利仅仅是一种"基本的、'消极的'自由公民权,例如财产权、法律面前的自由、政治代表权等"(霍姆伍德,2002:13)。这种形式上平等的公民权利所关心的只是如何确保人的自由,以便它不受干预地最大限度发挥人的自我选择的能力,以在公共生活领域实现政治民主。然而,对于实现经济民主有重要意义的社会权利,自由主义理论却以"私人领域"为借口加以排除。正如诺齐克指出的,权利是对人所要采取的行动的边际约束(side constraints)(诺齐克,1991:38)。如果国家用强制手段来迫使一些公民帮助另一些公民,或者禁止人们从事推进他们自己利益或自我保护的活动(诺齐克,1991:1),那么国家就破坏了公民个人的自由权利。因此,在自由主义的福利国家中,公民的自由权(法律权利和政治权利)与社会权是互相排斥的,因为,"社会权利是公众干预私人领域,以支持公民对维持经济生计和社会存在的要求"(雅诺斯基,2000:41),它涉及私人生活的领域,过多的社会权将会使个人自由受到限制。

而对于组合主义的福利体系来说,公民权利却是与阶级地位划分相联系的等级化体系。在这个体系里,公民权利实际上被等级化为不同阶级的特权,形成对不同阶级的不同对待。组合主义有多种表现形式,但它的共同原则建立在"地位认同、义务的与排他性的会员资格、互助主义及垄断代表性等的同胞之情上。而在进入现代化资本主义之后,组合主义通常是建立在职业性的团体结社之上,试图维持其传统认知的地位区分,并以此作为组织社会与经济之间的关系"(埃斯平-安德森,1999:92)。因此,在这一类的福利国家中,建构无数种地位分化的社会保险方案已成为一种传统,而每一种方案都是用来应付相应的案主群的特别设计。① 组合主义的福利国家的政治基础是融合了家族主义、国家主义的行会制度和君主专制传统,以及天主教教会的社会改革主张。因此,它们对强调政治和法律的自由权利的自由主义往往采取限制的态度,而在此前提下,"一个宽厚的独裁者也可能在他的统治中只给人民以有限的法律权利,而在收入再分配系统方面却给予人们以广泛的社会权利"(雅诺斯基,2000:12)。相比之下,社会民主制的福利国家不但给予社会权利以公民权利的核心位置,而且也强调了公民权利的其他方面,承认法律和政治上的平等与自由对保障公民社会权利的重要性,把政治权利与社会经济权利、自由的原则同民主平等的原则在追求社会公正的社会民主主义旗号下结合在一起。因此,社会民主的福利体制体现了"自由主义与社会主义奇妙的融合"(埃斯平-安德森,1999:47)。公民权利的福利思想,主要就在这样的福利国家得到体现。

### 三、"公民身份"及其理论局限

公民权利的社会福利理想在社会民主制的福利国家里得到了实现。这不仅是因为马歇尔提出的法律权利、政治权利和社会权利在这里都得到了实现,而且在它的实践中又发展出第四种公民权利——公民参与权。这种权利赋予了公民私人参与经济和社会事务的行动权利,"正像政治权利是公共行动权一样,参与权利是国家保证的私人行动权。它包括个人和群体通过他们对市场、组织和资本的某种监控措施,参与四方决策的权利"(雅诺斯基,2000:41)。正是这种权利的形

---

① 比如在意大利,它有超过120种的以职业划分为前提的福利年金方案,分别代表不同阶层与利益集团的权利要求,形成一个世界上最复杂的年金体系。在这个体系里,不同职业群体的需求与利益都能得到反映。而在法国、德国和奥地利这样的组合主义福利国家里,根据不同职业在国家体系里的地位而形成的年金或其他社会保险方案或多或少包含了各自的福利特权(参见《福利资本主义的三个世界》)。

成,弥补了马歇尔公民权利注重保护要求权而缺少个人参与的不足。而社会权和参与权的确定,不仅使福利国家摆脱了福利个人主义的自由主义传统而转向福利集体主义,使劳动者阶级对社会经济权利的要求和国家干预市场的政策合法化,而且使社会福利具有了更深刻的政治含义——国家或社会向个人提供福利保障不仅是公民的权利,也是个人去商品化的努力从公共生活延伸到私人生活、促进人更全面发展的必要条件。通过普遍的社会福利的实施,社会民主的福利国家将个人、市场和社会高度地融合在一起。

但是,就是在这个公民社会权利得到充分实现的体制里,公民权利的社会福利观的局限性也最充分地暴露出来。马歇尔的公民权利理论把公民权分为法律权利、政治权利和社会权利(雅诺斯基,2000:8)。但他对公民权利的分析主要以西方社会的发展和个人权利的扩大为线索。在他看来,以个人权利的扩大为基础的公民权利是在西方社会发展的历史中逐步实现的。其主要经历了这样三个阶段:宗教改革之后出现的个人自由信仰宗教的权利,在资产阶级取代封建阶级以后人们取得的政治权利,以及在社会福利制度化之后人们获得的社会权利。这就是视社会福利为一种权利(詹火生,1988:3),而不仅仅作为仁慈和怜悯施与穷人。社会权利的出现,标志着公民权利思想的完成,也标志着社会福利作为基本的个人权利在国家政治层面得到了认可。

马歇尔的公民权利理论是以国家为核心的理论(雅诺斯基,2000:10),他把公民权利的形成看做是国家政治发展的产物。这从积极的方面来说,就是从公民身份的角度,确认了个人生活的幸福与国家或社会责任之间的关系,从而为国家干预市场、避免没有财产或失去经济来源的人陷入生活困境提供了政治保证。因而,公民权利的福利观也是对放任自由主义把福利看做个人责任的观点的否定。它突出了福利的集体责任,并把社会福利的实现当做国家不可推卸的政治责任。然而,马歇尔的公民权利理论也存在明显的局限性。如同上面提到的,它不是把社会福利的实现看做是建立在公民积极参与的基础上,而仅仅是就国家与个人的一般权利与义务关系的平衡来看待公民义务,如公民在享受其权利时,也应该承担包括纳税、服兵役及对国家的其他服务(雅诺斯基,2000:8—9)。但是,这并不是把公民积极参与当做实现社会福利的必要政治条件。相反,它可能使人们在对待自己的义务方面采取消极的态度。比如,人们要求防止犯罪以避免自己身受其害,但他们又不愿意防止犯罪的措施影响自己的活动自由;人们也希望享受更多的政府补贴和其他福利服务,但却不愿为此承担更多的纳税义务。所以,就其理论的内在矛盾来看,公民权利的福利思想的一个突出问题是权利和义务的分离。马歇尔关于公民社会权利的论述尽管是站在中间道路的立场上(Pinker,1995:103—104),试图将自由主义和社会主义、个人主义和集体主义相调和,但是社会权利却使个人的权利要求同义务分裂开来,即强调国家对个人的福利责任而没有对个人应该承担的责任作出说明。因而,社会权成了个人对国家的单方面福利要求权。在这种权利观念的支配下,人们把权利看做仅仅是满足自己需要的媒体,而没有将它同相应的义务相联系,结果是在公民权利的不断扩张中,"对实现这些权利所需要的义务和责任却保持沉默"(雅诺斯基,2000:1—2)。

造成这种情况的原因首先是公民权利理论内部法律与政治权利的个人主义性质同社会权利的集体主义性质的冲突。从起源上讲,近代以来公民权利首先作为维护财产自由的个人权利在法律上体现出来,接着形成的政治权利也基本上是作为消极的公民权利用于"保护公共秩序和私有财产"、保护私人生活不受公共干预。从本质上说,法律和政治的权利"信奉保护私有财产而否定一切其他经济和社会权利"(唐纳利,2001:81;雅诺斯基,2000:24—25),它们是与市场原则共存的。与此相反,社会权利本质上是对个人权利,特别是保护私有财产的自由权利的限制和否定,是反市场原则的。它要求通过公共的干预,来解决私人财产由于无限制的积累所造成的社会不平等和贫困等社会问题。因此,社会权是福利权,是福利集体主义价值观的政治表达。然而,社会权利的实现并不是无条件的,只有在个人需要与社会需要一致的前提下,国家对市场的干预才是合理的、有效的;如果两者之间的需要不一致,或者说把国家对公民的福利承诺当做"白吃的午餐"来对待,那么社会权的实施将会削弱人们的工作动机,形成福利依赖。而要做到个人需要与社会需要的一致,就必须把公民的权利与义务有机地结合起来。

权利和义务的分离又与公民身份理论本身的缺陷有直接关系。作为解释公民法律、政治和社会权利的理论架构,自从马歇尔对公民身份做了精心的说明后,就成为各种解释公民社会和公民权利的社会科学理论广泛使用的概念。① 但是,由马歇尔所制定的公民身份的理论传统一直存在一些重大的缺陷。他对公民权利的分析是线式的,这种进化论式的演绎以英国的社会历史发展为依据,这就使理论本身带有简单化的问题。因为,公民身份是涉及公民的权利与义务关系的问题,而人们对权利与义务的关系的理解和它们所包含的具体内容规定,要受复杂的社会经济与文化环境的制约,以及不同国家政治制度的影响。埃斯平-安德森对福利资本主义三个世界的分析就向我们展示了这种多样性。它不仅提出了三种对福利国家的基本解释架构,而且指出了每一种类型中,不同的国家又存在许多具体差别,因此很难用一种普遍的理论加以解释。在这种情形下,弄清公民权利与义务的性质对于澄清两者的关系是首要的。

公民权利的观念是作为消除社会排斥、实现社会公正的举措而得到现代社会认同的。社会排斥是社会的商品化和市场竞争造成的个人与社会的脱离,特别是个人与劳动市场的脱节(德莱威,2002:147)。公民权利的去商品化功能就在于通过政治赋权,运用政治和行政的手段对自发的市场力量进行干预,以校正市场偏差,维护社会的公正与平等。然而,公民的权利是与其所承担的义务相联系的,公民权利的赋予确认了一个人的公民资格,但并不等于这种权利的实现。权利的赋予仅仅是获得一种形式的公民身份,要使这种身份具有实质的意义,还必须承担起公民的义务。义务是责任,这种责任既是指公民要为自己的生活和幸福负责,正确地运用权利来实现这一目标,也是指公民要对他人的幸福和社会的繁荣承担一定的责任,并使个人的权利目标与社会的需要相一致。如果只是站在个人的立场上,或者像自由主义者所主张得那样,把权利片面地理解为天赋的个人自然权利,义务的观念就没有立足之地。

---

① 在马歇尔的影响下,20世纪60—70年代,公民理论研究成为社会科学研究的热点,如达伦道夫(Ralf Dahrendorf)、本迪克斯(Reinhard Bendix)、伦斯基(Gerhard Lenski)、帕森斯(Talcott Parsons)等著名的社会学家都对此做过专门研究。20世纪80—90年代,公民权利与义务的问题又受到重视,吉登斯(Anthony Giddens)、埃斯平-安德森、特纳(Bryan Turner)、卡尔伯格(Stephen Kalberg)、萨默斯(Margaret Somers)、斯廷伯根(Bart Van Steenbergen)等一大批社会学家针对福利国家的改革对公民理论进行了深入研究。

论公民权利的社会福利理论价值及其局限性

马歇尔的公民身份理论之所以有缺陷,根源就在于他的社会权利说虽然是以福利集体主义为着眼点,然而它的基础却是个人主义的。个人主义"在道德和道义论方面的重点显然是在于个人及其被动权利",而社会权利和群体权利往往会违背自由主义立足于个人的原则,除了在有限的范围内(诸如纳税、不伤害他人、忠诚于国家和服兵役等基本的法律义务),义务是不被强调的。"社会权利和参与权利则往往难以纳入自由主义理论,因为这些权利需要有更广泛的义务才能使之得到充分行使"(雅诺斯基,2000:25)。从这一点来说,要达到权利和义务的平衡,就需要有一种更深刻地阐述两者关系的政治、道德理论来克服个人主义原则的片面性。这一点,我们只有在集体主义的理论中才能找到。

公民身份理论中关于权利和义务关系的个人主义与集体主义观念的冲突,又暴露了它的另一个重大理论缺陷:试图用公民身份的概念来掩饰、取代阶级分化的概念,模糊阶级地位的差别和阶级斗争对社会福利发展的影响,以所谓的政策分析来代替思想体系和经济、政治关系的分析,把社会正义的实现看做是客观政策调整过程,完全抹煞了社会福利中思想、价值和世界观的作用。这种非意识化的思想取向,导致了马歇尔及许多福利理论家在对待公民身份与福利国家的问题上,把社会福利同社会的经济、政治和文化区隔开来,采用功能主义的或社会工程的方法排除社会福利或社会政策中的主观价值,使公民社会权利这一出于深刻的政治和道德动机的福利集体主义的重大主张,被政策化为靠官僚机构的行政人员或政客来操作的工具。而作为现代社会维护社会正义局面的主要政治、道德举措的社会福利则在这种科层化的操作主义运用中,沦为选票政治的加权筹码。

丹尼尔·贝尔所谓"意识形态的终结",正是对福利国家和公民身份的技术化或形式主义化的政策取向的最好总结。在他看来,如果说19世纪的意识形态是普世性的、人道主义的,并且是由知识分子来领导的,那么20世纪的大众意识形态则是地区性的、工具主义的,并且是由政治领袖创造出来的。前者的驱动力是社会平等和最广泛的自由,而后者的驱动力则是发展经济和民族繁荣(贝尔,2001:463)。同样,曾经被保守主义视为"通往奴役之路"的福利国家,随着意识形态的终结,也被笼统的政治共识——"接受福利国家,希望分权、混合经济体系和多元政治体系"(贝尔,2001:462)所动摇。因此,既然资本主义已经发展到能够运用政策和技术的方法处理社会问题和各种利益冲突,那么,所有意识形态争端也就寿终正寝了。

用公民身份来掩饰人们社会阶级地位的区别,用普遍主义的、制度化的福利来证明福利国家无阶级差别的社会平等和正义的理想,所有这些都不能克服忽视义务的公民权利理论的局限性。正是公民权利与义务相分离的内在矛盾,导致了福利国家在其实际的发展中不断暴露出它的弊端,以致自由主义攻击福利国家破坏了人们的工作伦理,降低了他们的工作动机,造成了人们对福利的依赖,使个人丧失了自主性并破坏了自由的原则等。而福利国家的运作也暴露出种种的问题:像社会服务的平均化和官僚化,导致一些需要帮助的人得不到应有的照顾,而另一些人却在享受"白吃的午餐";政府支出的过度膨胀但工作效率低,有限的福利资源不能得到有效的运用;公事公办的官僚作风盛行,服务缺少人情味;过度膨胀的国家的福利行政行为抑制了市场经济的发展,导致经济增长的缓慢,国家财政负担加重甚至出现财政危机,以致在20世纪70年代,福利国家变成了低效、无能、没有活力和社会压抑的代名词。西方国家政治上的右派攻击它破坏了自由秩序的原则,"左"派则把它当做实施政治欺骗和瓦解工人阶级的阶级意识的工具。福利国家陷入财政危机、信任危机和价值危机的重重困境之中。

因此,从公民权利与义务的矛盾来看,福利国家对公民权利的过度保护造成了权利与义务关系的失衡,而个人主义与集体主义价值观的对立又使法律权、政治权同社会权难以有机地结合在一起。所以,尽管马歇尔强调它们三者是相依相伴的,然而,"受制约于公民权和政治权共存的市场原则,它们之间又处于'交战'状态"(霍姆伍德,2002:14)。它使作为校正放任自由的市场资本主义弊病的福利国家采取了对公民社会权利的全面福利保护的政策,试图以国家干预市场的社会再分配方式来平衡市场与社会的关系。可是,在总体的资本主义私有制所包含的经济、政治冲突的根源没有根本消除的情况下,或者用马克思的话来说,在劳动没有成为人的第一需要、没有变成自觉自愿的活动的前提下,这种福利集体主义的策略并不能达到消除矛盾的目的,只能被看做是一种"免费午餐"。换言之,普遍的社会福利没有转化为人们自觉自愿的工作态度,没有激发人的工作热情和主动性,没有成为人的自我发展和培育他的社会责任感的条件,而仅仅成为一种"不要白不要"的待遇和利己的"享受"。因此,超越公民权利的政治和道德局限性,探讨公民社会权利的福利观的更可靠的社会基础,就成为20世纪80年代以来公民权利理论发展的新方向。

**四、发展公民权利的新思路**

在20世纪80年代,福利国家危机论引发了新自由主义对福利国家的全面否定。它把福利国家的危机看做西方社会的危机,主张重建放任自由的市场体制,恢复个人主义价值观对社会生活的主导作用。对它来说,"市场交换关系是抗衡国家官僚与强制行为的经济自由系统"(霍姆伍德,2002:15)。诺尔曼·巴利指出:在社会福利的实施中,为了社会的正义或平等,福利国家把个人的需要当做社会服务的前提,用社会权的概念加以表达,以抗衡市场活动的自发性。但是,需要不仅是国家干预的前提,也是市场交换的基础。在市场系统中,需要通过个人的选择来表达,是一种自愿行为;而在国家干预中,需要却被纳入一个非自愿的政治过程中。因此,问题不在于是否应该考虑人的需要,而在于是自愿和自由地满足,还是采取强制行为。因此,对自由主义来说,竞争性的市场交换展示了最大的公正和个人需要,它表明自由和强制行为的区分才是市场体制和福利国家体制的正确区分(Barry,1990:69—70)。巴利的话向我们暗示了自由主义福利思想的基本观点,应该用市场所提供的自由和效益来取代无所不包的福利国家的所有强制行为。而公民的社会权利正是在国家的强制行为中实现的,抛弃福利国家的强制,就必须抛弃构成福利国家的重要政治基础的公民权利理论。

新自由主义对福利国家特别是社会民主的福利国家的全盘否定,又一次把回避意识形态争论的福利国家推到了意识形态争斗的中心。面对新自由主义的挑战,以吉登斯为代表的新社会民主主义做出了积极的回应。在吉登斯建构的"超越左与右"的第三条道路的政治图像中,老社会民主主义的社会福利主张同新自由主义的市场取向的个人主义福利观的对立不是绝对的,随着社会主义在苏联和东欧的历史尝试的失败,"两极化时代的过去,大多数国家已经没有与其针锋相对的敌人。面临着危险而不是敌人的国家不得不到与以往不同的地方去寻找合法性的资源"。因此,"超越'把国家当敌人'的右派和'认国家为答案'的左派",重构国家并重新理解福利国家的起源与本质,就成为第三条道路解决现代福利制度困境的主要纲领(吉登斯,2000:74)。

　　吉登斯认为,第三条道路的福利主张建立在一种混合经济的基础上,它吸收了老社会民主主义与新自由主义的经济观点。他说:"古典的社会民主主义主要关注于经济安全和再分配,而把财富创造视为一件不太重要的事。新自由主义者则把竞争和财富创造放在首位。""第三条道路"政治认为两者都具有十分紧迫的重要性,给予它们同样的重视。因此,这种新型的混合经济的主要特点就是"试图在公共部门和私人部门之间建立一种协作机制,在最大限度地利用市场的动力机制的同时,把公共利益作为一项重要的因素加以考虑"(吉登斯,2000:103—104)。

　　从这种混合经济的立场出发,吉登斯重新阐述了"没有责任就没有权利"的公民权利理论,来作为其积极的福利概念的基础。在他看来,要超越公民权利的福利国家理论及实践的局限性,必须要确立建立在生活政治和能动性政治基础上的积极福利的概念。所谓生活政治是指政治应该关心人们日常生活行为和观念的变化,鼓励人们采取积极的态度来改变自己的生活方式,以控制人为的不确定性带来的风险,而不是只注意对外部的不确定性带来的风险进行控制。能动性政治则是强调人必须在积极的行动中克服不安全的因素,预防各种风险的发生。

　　吉登斯指出,从福利国家的经验教训来看,"实际上,大部分福利措施的目的是解决已经发生的事,而不是切断事情发生的根源,这是'国家失效'的主要原因"。因此,"第三条道路"主张用生活政治和能动性政治的方法来"切断事情发生的根源"和"从根本上治疗"①,以解决福利国家那种"自上而下的福利分配制度"和仅仅立足于"保护和照顾",而"没有给个人自由留下足够的空间"(吉登斯,2000:117),使个人不必为自己的和集体的福利承担责任的弊端。在它们基础上形成的积极福利概念,就是要克服强调权利轻视义务的福利片面性,以一种积极的态度来面对我们生活中的不确定性和风险,最大限度地发挥个人的能动作用而不是等待社会的救助。因而,积极的福利不光强调公民

---

　　① 安东尼·吉登斯:《超越左与右——激进政治的未来》,第158—159页。

的福利权利,它也强调个人责任,并且倡导"公民个人和政府以外的其他机构也应当为这种福利做出贡献"。从社会政策的层面来看,这种积极的福利不仅关注人的经济利益,更关注人的心理利益的培育。它要求在可能的情况下,尽量投资在人力资本上,以培育人的能力,而最好不直接提供经济资助,以避免产生福利依赖。"从更一般的意义上讲,我们应当认识到,福利供给的重组应当与积极发展公民社会结合起来"(吉登斯,2000:121—122)。让公民社会在提供福利服务上发挥更大的作用,使自上而下的分配福利资源的做法让位于更加地方化的分配体制,这就是用福利社会代替福利国家。

吉登斯对福利国家体制改革的阐述,远远地超出了马歇尔公民权利的福利思想。它提出了社会积极参与福利计划的新思路,来克服单纯的国家福利带来的种种弊端,这对促进社会福利的发展无疑具有重大的意义。但是,如何使一种权利和义务相结合的福利思想成为具有实际指导意义的规范理论,不仅是一个操作性的问题,还要涉及意识形态的重大争论,以及价值观和道德立场的问题。在这一方面,吉登斯试图以所谓"超越左与右"的对立的方式,对这个问题作调和式的解决,在实践中是无法推行的。正像《不安全的时代》一书作者指出的:

> 我们所处的时代,自由放任的资本主义和主张对经济实行民主控制的社会民主主义之间正在进行一场重大的斗争。前者代表的是金融利益,后者则代表老百姓的利益。这两种意识形态之间的矛盾是不可调和的。从经济方面讲,社会民主主义最根本的特点是"安全",而东山再起的自由市场恰恰毫不掩饰地排除了这一经济特征。假如社会民主不能带来安全,那么它就一文不值;自由市场要是能够为人们提供安全的话,那就不是自由市场了。(埃利奥特、阿特金森,2001:1)

因此,吉登斯的"第三条道路"看起来是一种通过提倡个人责任、自主性和工作福利来克服福利国家和公民权利理论的局限。但是,在实践过程中,它却只能通过向"右"靠拢来消解社会民主主义所主张的公民权利、社会平等和社会正义的政治道德主张,以牺牲人民的经济安全来实现所谓福利国家的改革。换句话说,他的所谓"激进政治"的主张,实际上是用个人主义的价值观取代福利集体主义的社会平等和社会正义的价值观。而我们知道,公民权利作为一种政治上和道德上可想望的事物,其基本的价值在于它赋予了所有的人平等的经济、社会权利,这种权利不能以任何理由被剥夺。公民权利的社会福利理论之所以在福利国家的实践中出现这样那样的问题,暴露出种种的局限性,根本的原因在于福利国家的创建是受人们现实的政治动机的支配,为了一种阶级的政治利益而采取的策略。正像吉登斯自己所看到的,"福利国家"这个概念的形成,"它的起源远远背离了左派的理想。实际上,创立福利国家的目的之一就是要驱散社会主义的威胁"(吉登斯,2000:115)。而贝弗里奇于1907年到德国考察其社会保险制度,其中的一个主要目的,就是探讨怎样避免社会主义对资本主义的攻击。

从另一个方面看,公民权利和福利国家也同现代国家的历史相联系。"现代国家是在战争的严酷考验中逐渐形成的,而且,战争和战争准备影响国家制度的许多方面。国家创设公民权和福利项目的主要目的就是拉拢人民并获得他们的支持"(吉登斯,2000:75)。这样的政治动机显然是公民权利的社会福利追求带上了机会主义策略的印记。正是这些政治动机导致了福利国家和公民权利理论的政治道德追求的分裂,使它们的政治目的与道德前提相脱离。

就此而言,在公民权利的社会福利主张制度化的过程中,虽然社会福利是源于慈善救助和人道主义的追求,有其深厚的利他主义的道德基础。然而,在制度化的过程中,特别是作为公民权利被政治化以后,社会福利的道德本质就被政治的要求和"日常惯例"的工作深深地掩盖了起来。"在福利制的实践中'对规则的程序化执行,已经取代了道德的评估'"(鲍曼,2002:92),以致它的道德基础反而无人问津。这种对道德本质的忽视,不仅导致了福利实践的盲目性,而且也使人们对社会福利形成了极大的误解。这里面既有把福利视为"免费午餐"或个人的"当然权利"的认识错位,也有把福利当做破坏人的进取精神和工作动机的消极因素的自由主义批评,还有"第三条道路"用工作福利代替社会福利,以适应经济全球化发展对个人福利影响的主张。这些不同的认识和态度,反映了当前社会福利面临的种种道德困境,如果不将它回归到应有的道德基础上,社会福利就将陷入更大的危机。

进一步说,尽管公民权利理论在社会福利的实践中暴露出种种的缺陷,但是它所包含的民主、平等和社会正义的政治道德理想对于现代社会福利的发展,对于保护人民的基本生活安全,抑制全球化的市场经济对人民生活幸福带来的负面影响,仍然具有基本的价值。而对于正在发展社会主义市场经济的中国来说,发展一种以集体主义价值观为基础的公民权利理论,具有更重要的政治道德意义。在完成了计划经济向市场经济的转型之后,是把人民的生活安全和幸福完全交由市场来决定,还是通过国家给予保障,这是中国社会福利发展面临的重大选择。维护每一个公民的基本权益和福利需求,维护社会平等和正义的局面,而不是牺牲他们的利益来迎合市场的要求,应该是社会主义国家责无旁贷的职责。但是,这并不意味着公民可以不承担责任,走西方福利国家的老路。因此,认真研究福利国家的历史经验教训,借鉴和吸收公民权利的福利思想成果,对于建构中国特色的社会主义福利理论,指导市场经济条件下的社会福利实践将会起到积极的作用。

【参考文献】

安东尼·吉登斯:《第三条道路——社会民主主义的复兴》,郑戈译,北京大学出版社、生活·读书·新知三联书店 2000 年版。

Barry, N., *Welfare*, Bukingham: Open University Press, 1990.

丹尼尔·贝尔:《意识形态的终结》,张国清译,江苏人民出版社 2001 年版。

古斯塔夫·埃斯平-安德森:《福利资本主义的三个世界》,古允文译,巨流图书公司(台湾)1999 年版。

杰克·唐纳利:《普遍人权的理论与实践》,王浦劬译,中国社会科学出版社 2001 年版。

Ian Gough:《福利国家政治经济学》,古允文译,巨流图书公司(台湾)1995 年版。

拉里·埃里奥特、丹·阿特金森:《不安全的时代》,曹大鹏译,商务印书馆 2001 年版。

罗伯特·诺齐克:《无政府、国家与乌托邦》,何怀宏等译,中国社会科学出版社 1991 年版。

Pinker, R., "T. H. Marshall," in George, V. and R. Page, eds., *Modern Thinkers on Welfare*, London: Prentice Hall/Harvester Wheatsheaf, 1995.

齐格蒙特·鲍曼:《个体化社会》,范祥涛译,上海三联书店 2002 年版。

史迪芬·德莱威:《福利改革在哪里别第三条道路?》,朱凡希译,载欧阳景根选编:《背叛的政治——第三条道路理论研究》,上海三联书店 2002 年版。

托马斯·雅诺斯基:《公民与文明社会》,柯雄译,辽宁教育出版社 2000 年版。

约翰·霍姆伍德:《重谈公民和市场:新自由主义和"第三条道路"》,朱凡希译,载欧阳景根选编:《背叛的政治——第三条道路理论研究》,上海三联书店 2002 年版。

约翰·罗尔斯:《正义论》,何怀宏、何包钢、廖申白译,中国社会科学出版社 1988 年版。

詹火生:《社会福利发展之研究:从经验到理论建构》,载古允文等译:《社会福利发展:经验与理论》,桂冠图书公司(台湾)1988 年版。

# 论全球化背景下社会福利理论的价值取向
## ——对新自由主义和"第三条道路"社会福利思想的反思*

社会福利是一个不断受到各种历史的和现实社会的政治和道德意识形态的审查和拷问的领域,也是一个具有高度政治经济敏感性的领域。一旦经济和社会政治形势发生波动,首先遭受冲击的就是社会福利制度。这一点在20世纪70年代西方福利国家危机发生后,新自由主义对福利国家及其所包含的意识形态根据——社会主义、集体主义和社会民主主义——的全面攻击,以及西方国家对社会福利的大幅削减而最充分地表现出来。然而,如果说过去关于社会福利的争论和修改还主要是在意识形态和社会政策的调整上的话,当今世界迅速发展的经济全球化浪潮,却在根本上动摇着福利集体主义的价值基础,并且对社会福利的

---

\* 原载《云南大学学报(社会科学版)》2005年第1期;中国人民大学复印报刊资料《社会学》2005年第6期转载。

合理性提出了根本的质疑。

对社会福利制度及其价值观的冲击来自两个方面:一个是鼓吹市场原教旨主义的经济自由化思潮,另一个则是资本的自由流动对国家治理的冲击,极大地削弱了各国政府对人民的社会保障能力。资本的自由流动也瓦解了民间社会关系——社区团结和社会网络,并且造成了社会的个体化和个人的原子化。可以说,全球化时代是一个经济自由化和社会个体化的时代,在这两者的双重作用冲击下,社会福利的传统政治道德基础正在被瓦解,人民的生活陷入空前的不安全状态。如何解决这个问题,或者寻找社会福利发展的新出路,就成为当代社会福利理论的焦点问题。本文试图通过对当代社会福利发展有重大影响的新自由主义思潮和社会学理论的分析,对全球化时代的社会福利问题及其价值取向给予理论的说明。

## 一、全球化与市场原教旨主义

鼓吹市场原教旨主义的新自由主义,把经济全球化看作是资本获得全球性自由的强大推动力。在它们的意识形态里,"守夜人式的国家"是最好的国家,因为它的政府只是按照一定的法律管理国家,绝不干预市场活动。按照什么样的法律呢?它们认为,最好的法律就是符合经济运行规律的法律。在全球化的条件下,"维持自由贸易、资本流动和货币自由兑换,需要法律和政治双管齐下。在法律的层面首先必须贯彻最惠国待遇原则,保证不歧视外国的商品、服务、财产和合同。在政治层面,政府的政策必须合乎这些法律的、经济的原则"(萨丽,2003:17)。这就是说,资本可以跨越国家的界限和权力,这样才能保证经济自由充分发挥其潜力。所以,古典自由主义者认为,民族国家范围中的基本的经济自由即私有财产以及契约、交易、联合的自由,必须相应地辅之以"国际性"经济自由即自由进行跨国贸易,资本自由跨国流动,自由兑换货币。没有这些相应的国际经济自由,国内的经济自由就不可能充分发挥其潜力,更进一步说,它也不可能长期维持下去。对这种市场原教旨主义来说,"赋予全球市场以自由的支配权是顺理成章的,因为它们与所有的市场一样都是解决难题的机制,而且会趋于均衡"(吉登斯,2000:155)。但是,这种全球范围内的市场原教旨主义把资本的自由流动和利润最大化当作根本目的,对世界各国的经济、政治和文化产生了巨大的消极影响。它使经济全球化变成了全球市场化,从而最大限度地解放了资本。这样,经济全球化成了跨国公司的老板和股东们的欢宴;它也使"资本主义世界经济的核心国"与其他国家的力量对比越来越悬殊,结果是少数几个经济最发达的国家"占享了资本主义世界经济整体扩大及发展的主要成果"(沃勒斯坦,2001:15)。而对于穷人和发展中国家来说,全球的市场化则使他们的处境更加艰难。他们从中得到的最少,而遭受的损害最大;与此相反的是,富人和富国则成为全球化的最大受益者。在这样的情况下,全球化带来的不是平等和社会正义,相反,它必须以不平等和贫富间巨大的差距的存在为前提,才有可能使资本赢利。所以,主张市场原教旨主义的新自由主义反对平等、反对集体主义。对它们来说,不平等是合理的;不受集体保护地自由流动的个体的存在,才使资本自由流动有了客观的可能性。对此,哈贝马斯说得非常精辟:"新自由主义主张通过解除国家的互助共同体关系把个人释放出来,使他们进入不受控制的世界市场的'自然狩猎区'。"(哈贝马斯,2000:89)可以这样说,鼓吹市场原教旨主义的自由经济思潮在经济全球化的发展中,对主张社会福利的集体主义和社会主义价值观,构成了严重的威胁。

鲍曼在描述后现代社会的境况时指出,后现代社会是一个个体化的社会,由于资本自由运动的作用,全球化使得越来越多的劳动者由长期雇佣者变成短期雇佣者,他们的命运和前途也变得越来越无法预测和控制。"劳动力的雇佣变成了短期行为,被剥夺了稳定的(更不用说由保障的)前景,因而变得支离破碎。"①资本的自由流动使传统的资本和劳动力之间的互相依赖关系被打破了;"资本和劳动力之间解除约定。……现在,凭借过去梦所未见的新的自由移动,资本已经摆脱了对劳动力的依赖。其再生和发展已基本独立于它和劳动力之间任何狭隘的特殊约定的延续"②。摆脱了对劳动力依赖的资本,实际上就把劳动者置于无能为力的境地。

在全球化时代,资本的自由流动也造成了一个流动的权力体系。"不受约束的权力在不做准备或没有任何警告的情况下可以随时见机

---

① 齐格蒙特·鲍曼:《个体化社会》,范祥涛译,上海三联书店2002年版,第13页。
② 同上书,第14页。

行事,可以自由地利用它,而且可以不顾及后果"(鲍曼,2001:9)。并且由于它的"灵活多变、漂泊不定、难以捉摸",它使得那些固守疆土的民族国家和地方性组织、机构等互助共同体几乎没有能力来与之对抗。资本的自由流动将民族国家的中央和地方政府的权力置于一种软弱无力的境地,使它们感到与全球性资本进行的是一场无法取胜的战斗,如果政府想要提高人民的福利,改善地方的生活状况,它们只有去讨好资本,用乞求哄骗的方法快速地引进资本,让它感到它能在自己的理性范围内自由地活动(所谓创造投资环境大概就属于这一类的方法);结果是跨国资本"实行统治,但又不用承担可恶的行政性、管理性和福利性的日常工作"(鲍曼,2002:19)。

资本无限制的自由流动和全球范围的市场原教旨主义,也在破坏着福利集体主义的道德基础。经济全球化瓦解了人们基于某种文化传统和民族认同而形成的道德情感纽带,把人变成那种为适应资本的全球流动和市场自由竞争需要的利益个体。在这种情况下,每个人都只能为自己负责,只能成为一个个体,一个"为自己的人"。在这样的情景下,集体对个人的意义变得微乎其微,个人主义则似乎可以大行其道。

对于这种把人从他所属的社会系统中分离出来的现象,吉登斯称之为"脱域"(disembedding)。他说:"所谓脱域,我指的是社会关系从彼此互动的地域性关联中,从通过对不确定的时间的无限穿越而被重构的关联中'脱离出来'。"①现代社会的两种脱域机制:象征性标志的产生和专家系统的建立。而这两种现代性制度又都依赖于信任(trust)。对于前一种脱域机制来说,最具普遍意义的象征性标志就是货币。现代货币经济的发展使"货币本身"独立于它所代表的商品,如同存储在计算机中的数据一样,以纯信息的形式显现出来。而信任在这里作为一种抽象的能力(不是局限于对具体事物或人格的认知,而是对象征性标志的信任),它把货币当作了可以将一切人——熟人和陌生人、谋面的与从未谋面的人——联系起来的东西和可靠的力量,而不用考虑在特定场景下从事交换活动的个人或团体的特殊品质。而从后一种脱域机制来看,"与象征标志一样,专家系统以同样的方式脱域,即通过跨越伸延时—空来提供预期的'保障'"②。"它把社会关系

---

① 安东尼·吉登斯:《现代性的后果》,田禾译,译林出版社2000年版,第18页。
② 同上书,第21页。

从具体的情境中直接分离出来"①,从而使人可以不依赖于具体的社会关系而成为独立的人。

脱域使人从特定的社会关系中解放出来。但鲍曼指出,脱域在早期现代性里是为了"重新嵌入"(re-embedding),即从僵化了的社会等级结构里脱身出来,紧随某个正在形成的社会阶层的生活模式,加入到其中去,成为它的一员。但是,在晚期现代性或者流动的现代性里,"重新嵌入"却不可能。因为流动性使脱域出来的人必须"不断地移动,没有'完成'的希望,没有休息,没有'成功'(arriving)的快意,没有可以使人消释疑虑、停止担忧因而放松地到达目的地的满足感。在被'脱域了'的个体所走的路的尽头,见不到'重新嵌入'的希望"。在流动的现代性中,脱域了的个体成了公民最坏的敌人。公民希望通过国家的安康来使自己幸福,"而个体对'公共事业''普遍的善''良好社会'或者'公正社会',倾向于冷漠、怀疑或是警惕"。除了让个体得到满足以外,"公共利益"就什么也不是(鲍曼,2002:49—55)。这就是全球化时代人的状况。

全球化制造了像跨国公司这样的流动的超级权力体系,也使脱域的个人无法再"重新嵌入"到某种特定的社会关系中去。这使得我们传统的国家观、民族观、社会历史观及价值观都面临严峻的考验。在这样的情形下,以公民权利和集体主义为基础的社会福利理论与实践也遭遇到最严重的挑战。然而,正如历史一再告诉我们的那样,人类社会任何一次的大混乱、大动荡,都意味着一个新的历史开端的发生。而在这种历史转折中,人类的基本价值观和理想不仅不会因此而消失,相反,它会以更加明确和清晰的形式保存下来,并且为人类的进步与发展提供持续的道德支持。

自20世纪80年代以来,西方福利国家的危机和接着发生的苏联、东欧国家社会主义的失败,使以社会正义、集体主义和公民权利为理论旗帜的社会福利事业遭遇到独步舞台的新自由主义的强力阻击。曾经被视为社会平等象征的社会福利制度,如同柏林墙一样,几乎在一夜之间倾塌了。自由是首要的,为了自由可以牺牲保障成为主流意识形态的选择。

---

① 安东尼·吉登斯:《现代性的后果》,第25页。

然而,似乎一路高歌的新自由主义很快又遇到了难以克服的问题:资本的自由流动造成了一系列全球性问题,使得它所竭力抹杀的集体主义、社会福利和社会正义等,不仅仅是作为国家范围内的问题,也作为全球范围的问题而重新成为讨论的中心。各种追求全球性福利的思潮——人权运动、女权主义、绿色和平运动等,以及谋求发展和国家之间政治经济关系平等的呼声,对各国政府制定本国的社会福利政策和福利的价值选择产生着不可忽视的影响和制约;国际资本跨国界流动对一个国家或一个地区的福利状况所产生的影响,一方面,国家的福利保障功能在弱化,社区的社会支持网络随着社区的瓦解也遭到破坏,人民的生活安全受到严重的威胁;另一方面,社会不公正现象在全球范围的蔓延,使人们要求社会正义、遏制不平等发展的努力,不仅仅局限在国家社会的范围内,也扩展到全球社会中。对社会保障的要求,也不仅仅是在直接的生活福利方面,还扩展到生态安全、代际正义与可持续发展等社会福利与社会正义的深层问题,形成所谓福利问题全球化的趋势。

## 二、"第三条道路"的福利观及其问题

全球性福利问题的提出,使人们对为了自由而牺牲保障的新自由主义福利意识形态提出了普遍质疑,各种"纠正"市场原教旨主义偏差的福利改革主张也纷纷出笼。在这种新的福利改革思潮中,"第三条道路"提出的以工作福利代替社会福利的改革,"从福利转向工作计划"(welfare-to-work schemes)(吉登斯,2002:45),最充分地反映了20世纪90年代以来的社会福利理论与实践的动向,也是所谓代表西方中左派的新工党对经济全球化对社会福利和社会正义的冲击所做出的回应。这种福利改革的基本策略是兼收并蓄左派和右派的社会福利政策,"在战后社会民主与撒切尔保守主义之间探索出一条中间道路"(德莱威,2002:147)。对此,吉登斯的表述是:古典的社会民主主义主要关注于经济安全和再分配,而把财富创造视为一件不太重要的事。新自由主义者则把竞争和财富创造放在首位。"第三条道路"政治也十分重视所有这些因素。考虑到全球市场的性质,它们都具有十分紧迫的重要性。但是,如果人们都沉溺在纷乱的经济漩涡中随波逐流,所有这些因素将都得不到任何发展(吉登斯,2000:103)。

因此,应该采取一种积极的社会福利政策来激励社会公正和社会平等,形成包容性的社会环境来改变社会对穷人的排斥性。就当前的社会福利问题来说,根本的问题是由于"把属于某些群体的人排除在社会主流之外的机制",社会正变得越来越不平等。但是,消除这种不平等并不是靠实行某种再分配的社会政策,为穷人提供基本的安全保障。而是采取积极的福利政策,通过发展就业机会及充分就业来使人们的生活得到保障。吉登斯指出:"我们不应当把对福利国家的改革简单地理解为营造一张安全的大网。只有一种造福于大多数人口的福利制度才能够产生出一种公民的共同道德。"(吉登斯,2000:108、112)按照这一思路,建立一个包容性的社会,让每一个有劳动能力的人都有机会就业,就成为首要的社会目标。

所谓"包容性"意味着公民资格,意味着一个社会的所有成员不仅在形式上,而且在其生活的现实中所拥有的民事权利、政治权利以及相应的义务。它还意味着机会以及在公共空间中的参与。在一个工作对于维持自尊和生活水准而言处于至关重要地位的社会中,获得工作的可能性就是"机会"的一项重要含义(吉登斯,2000:107)。

但是,问题是在全球化的背景下,资本的流动性并不是由国家所控制,创造充分就业的局面仅仅是一种可能性,实际的实施则又是另一种情况。在无利可图的情况下,资本并不会为没有工作机会而依赖福利的穷人去创造就业机会。在另一方面,资本主义创造了一个消费社会,"在一个消费者而不是生产者被认作经济繁荣的驱动力量的社会中(我们正指望'由消费者带动的'复苏把我们从经济困境中拯救出来),穷人是毫无价值的消费者:他们不受市场哄骗的任何诱惑,他们没有信用卡,也丝毫不能依赖于银行透支,他们所需的商品几乎不给或完全不给商人带来利润"。他们是一些被"弃于游戏之外的人"。对他们来说,任凭怎样地驰骋想象,都不可能被资本当作"有用的人"来看待。①因此,把工作放在第一,从福利转向工作,使人们承担更多的责任而不是享受福利来适应经济全球化对社会福利的挑战,这一"第三条道路"的福利改革的核心,本质上就是将新自由主义的福利改革模式引进社会民主主义的福利政策,用自由主义一贯鼓吹的工作伦理取代福利道

---

① 齐格蒙特·鲍曼:《个体化社会》,第86页。

德,"将福利制转变为工作福利制",以便和新自由主义的原则相一致。所以鲍曼指出:"将福利制度改为工作福利制",以便使福利国家成为摆设的各种计划,并不是改变穷人和不享受特权者的命运的措施,而是意在通过重新进行阶层划分这一雕虫小技,把这些人从社会和道德问题中消除出去的统计学意义上的演习。①

从这一点来看,标榜超越了左与右的对立的"第三条道路",实际上不过是"利用社会民主主义的名义,为把新自由主义提到议事日程上来,以赢得广泛支持"。因为在它看来,"社会民主主义和社会主义核心价值具有持续的号召力,'第三条道路'利用了社会民主主义和社会主义的名义。它的作用是讽刺、破坏和抵消社会民主主义和社会主义的核心价值,并且增强新自由主义工程的霸权"(坎马克,2002:186)。对此,吉登斯也直言不讳地说:社会主义或者共产主义已经消逝了,但它们的幽灵仍然缠绕着我们。我们不能简单地放弃推动它们前进的那些价值和理想,因为这些价值和理想中有一些是为我们的社会和经济发展所要创造的美好生活必不可少的。目前我们所面临的挑战,就是如何在社会主义经济规划已经失信的地方使这些价值再现其意义(吉登斯,2000:2)。

可是,如何再现社会主义的价值?从表面上看,他仍然使用社会民主主义的语言,如团结、安全、权利、自由、平等、社会正义、共同体、再分配和福利等,但却赋予了它们新的含义。这就是用新自由主义的个人主义价值观改造社会民主主义的传统,把集体主义变成合作的个人主义。用坎马克的话说就是"个人主义是团结,责任是社会正义,危险是安全,企业是共同体,包容是平等,风险是自由,机会是再分配,自助是福利,新自由主义是社会民主主义"(吉登斯,2002:192、200)。这样,吉登斯提出的所谓超越"左"与右的"第三条道路",就不是他所宣称"中间道路",而是向新自由主义的靠拢,把新自由主义的个人主义价值观移植到社会民主主义的理论中,从而实现了对社会民主主义的个人主义改造。

当然,我们这样说,并不意味着"第三条道路"毫无价值可言,不值得我们认真对待。恰恰相反,我们认为,"第三条道路"的思潮之所以

---

① 齐格蒙特·鲍曼:《个体化社会》,第87页。

能够在全球化时代的社会福利理论与实践中产生巨大影响,其中有着值得我们思考和借鉴的东西。第一,它充分地认识到了市场经济在全球化时代所具有的强大影响力。在目前的资本主义世界体系中,主导全球经济的是市场化的运作方式。正如中国要搞社会主义的市场经济一样,包括社会主义在内的所有经济模式,如果不能有效地利用市场,那么它就不可避免地会被淘汰出局。因此,在承认市场经济作为一种经济活动方式的效率的时候,新自由主义作为代表了这一经济模式的意识形态,其所信奉的道德原则也必然成为具有支配性的原则。正像吉登斯所指出的那样:"新自由主义既是一种全球化理论,又是一种直接推动着全球化的力量。"(吉登斯,2000:15)"第三条道路"在意识形态上向新自由主义靠拢,其客观历史条件就在于此。

第二,"第三条道路"在总结老社会民主主义所奉行的福利国家的社会政策的经验教训时,也充分地意识到了福利国家强调公民权利、把保护这种权利放在首位而轻视公民的义务和个人责任的片面性。因此它采取矫枉过正的做法,提出权利与义务相平衡的原则,主张社会福利应该从保护和照顾转向培养个人责任和自助能力方面,通过实施充分就业的政策,用工作第一的伦理原则代替福利第一的人道原则。这比起老社会民主主义仅仅从人道主义的立场出发,强调"国家有义务为受到失业、疾病、残疾或其他福利制度涵盖的风险影响的人们提供慷慨的援助"(吉登斯,2000:119)的消极福利主张来,"第三条道路"的福利政策显然要积极得多。在一定意义上,这种积极的福利政策应该成为未来社会福利发展的方向。

第三,"第三条道路"在关于个人与集体的关系上提出了一些有价值的看法,对我们深化集体主义价值观的认识无疑具有积极的启发作用。在吉登斯看来,在全球化的背景下,个人主义应该被理解为社会反思性的扩大,因为"个人的行动不仅与团体或者国家有联系,还与更全球化的体系有关"。个人在行动上的自主性不仅"不同于利己主义,而且此外意味着互惠和相互依赖"。因此,"我们应该更多的关注个人生活和集体生活被重新组合的条件,它们不仅提供了确定的社会解体形式,而且为启发性团结(generative solidarity)提供了基础"。他指出:在一个解传统化的社会中,增强团结依靠的是积极信任,以及复兴个人和社会对他人的责任感。积极信任是必须争取的信任,无法从现有的社会立场或性别角色中获得。积极的信任肯定了自主,而不是与之对立,而且它是社会团结强有力的源泉,因为服从是自由地作出的,而不是由传统约束强制实施的。①

通过发展这种自主性就能够将个人与集体有机地联系起来,能把在经济自由化和全球化发展中被破坏了的社会团结重新恢复起来。这种强调个人在集体中应有自主性,强调相互间的信任与合作,以及个人的责任的重要性,无疑为我们探讨市场经济和全球化条件下的集体主义价值观及其内涵的发展,提供了重要的思想信息。

当然,我们也看到,"第三条道路"的福利社会的设想虽然力图跳出老社会民主主义和新自由主义的巢穴而另辟蹊径,但在实际上则是试图走左右摇摆的骑墙主义道路。正像吉登斯所坦言的,"第三条道路"虽然从哲学保守主义那里汲取了营养,但是仍然保留了一些社会主义思想的核心价值。② 相关的评论也认为,"由于它支持福利的权利,因而与保守的右派有着明显的区别;但是,它与自由左派也有区别,因为它坚持有条件的权利:福利权必须与福利义务相匹配"(德莱威,2002:155)。这种试图在意识形态的争论上调和折中的态度,很容易在自由和保障的选择中倒向新自由主义的个人主义。正如人们所批评得那样,在欧洲推行第三条道路的福利改革计划中,工党已经放弃了扎根于欧洲社会公正和社会平等的理想。工党政府引进了新自由主义"工作第一"的福利改革模式,而背弃了其社会公正的承诺,使"第三条道路"所构想的"福利社会"屈服于新自由主义的"工作社会";而"由福利转向工作的计划是一个'抛向空中的汉堡包'",这种"麦当劳式的工作"只能是让民众尽可能地糊口,或者让他们回到福利依赖中去。因为"这一计划解决不了根本性的问题:不平等和贫穷,尤其是子女成群的家庭的不平等和贫穷"(德莱威,2002:155—156、160)。在这样的情况下,"工作第一"的原则实际上是将穷人再一次抛到了没有安全保障的境地。因而,"第三条道路"实际上是放弃了福利集体主义的基本原则。

---

① 安东尼·吉登斯:《超越左与右——激进政治的未来》,第13—14页。
② 同上书,第12页。

### 三、多元主义与福利集体主义的价值观

"第三条道路"在意识形态上向新自由主义的靠拢,表明了它在政治上和社会福利的选择上走上了非道德化道路。这成了20世纪80年代西方社群主义与自由主义的争论中对其批评的焦点问题。在社群主义看来,自由主义的根本问题在于它把个人自由置于公共利益之上,否定"公共的善"作为集体认同的道德基础,从而导致了自由主义者对社会福利的非道德化理解。而"第三条道路"试图以工作代替福利,强调个人责任而把社会对个人,特别对视弱势群体保障的责任加以弱化,以减少人们对社会福利的依赖,正是对新自由主义的这种政治和道德主张的积极回应。

然而,正像我们已经指出的,在全球化时代,以这样的方式来让人民适应全球化的冲击,带来的结果却是消极的、不利于人民的。全球化首先是对公共领域和公共权力的瓦解,新自由主义之所以能成为全球化的推动力量,主要的原因就在于它反对以任何社会的或公共利益的名义限制个人自由。而且,它特别反对把民主当作社会的首要原则。因为"如果按照民主制而取得多数的民众决定干涉每一个经济主体按自己的想法处理自己的财产和收入的绝对权利,那么自由和民主就很容易成为不可调和的问题"(安德森,2002)。所以,对新自由主义来说,民主、公共领域、公共权力,以及由它们而来的公共福利都不应该限制个人自由,特别是资产阶级支配个人财产的自由。而对于人民来说,资本绝对的自由就意味着他们绝对的不自由;离开了公共权力的保护,那么他们就只有成为任凭资本支配的劳动力。

从这一点来看,主张社会正义的罗尔斯对自由有着更深刻的理解。在对社会正义的两个原则所作的修正中,他认为,对公平的机会平等的理解,应该"纠正在所谓的自然自由体系中形式的机会平等——职业对有才能的人开放——的缺点",而使"所有人都应该有获得它们的公平机会"。为了达到这一目的,"就需要超越自然的自由体系,而将某些要求强加给基本结构"。这就是说,要让自由的市场体系建立在一定的政治和法律制度的框架内,并用它们来"调整经济力量的长期趋势,以防止财产、财富以及那些特别容易导致政治统治力量的过分集中"(罗尔斯,2001:71—72)。因而,自由和平等是作为两种不可舍弃

其一的政治和道德要素而对各种社会力量和社会关系起着调节作用。而在一个正义的社会,这两种要素应该得到全面的发展和充分的运用,从而使自由和保障的关系协调起来。

因此,自由不是如新自由主义所理解得那样,仅仅是个人自由地支配自己的财产,平等也不是将个人财产和收入平均化。自由和平等是一种参与公共事务的政治条件和能力,"平等的政治自由和思想自由能够使公民在评价社会基本结构及其社会政策之正义的时候发展和运用这些能力"。同时,它们也是人们作为公民约束自我、形成社会认同的道德前提和能力。"良心自由和结社自由能够使公民在形成、修正和理性地追求(以个人方式,或更通常是同他人一起)他们的善观念的时候发展和运用他们的道德能力"(罗尔斯,2001:73)。因而,在一个正义的社会里,提倡和保护公民的基本权利,并在基本的社会结构和一定的社会制度的框架之内发展人的自由,不仅是必要的,也是必需的。

罗尔斯关于"平等的基本自由"的提法,向我们提示了社会福利发展问题的重要性:在当代社会日益发展的全球化趋势中,人们的公民地位日益被削弱,曾经被视为现代国家神圣不可侵犯的公民权利,也随着资本超越民族国家的界限自由流动而不断被剥夺的情况下,"平等的基本自由"作为基本人权的要求,更需要通过社会福利的发展来实现。以公民权利为政治基础的社会福利在抗衡全球化,并通过政治制度和法律制度的建构来维护社会公平的意义,也越来越显示出它的重要性。对社会福利的发展来说,它不仅要体现公民权利和"平等的基本自由"的要求,也更要把反对全球化的不平等发展当作重大的政治正义问题提交给各自政府、各种组织和机构,把社会福利当作中心的政治议题来讨论,以维护和发展社会的平等和正义。对此,佩里·安德森指出:不言而喻,这种平等要从平等地获得保健、教育、居住和劳动的机会开始。在其中的每一个领域,市场都不可能保证普遍获得这些不可缺少的方面的需要(哪怕是最低限度的)。只有公共权力能保证人们普遍获得高质量的治疗、知识的发展、稳定的就业以及对所有人的社会保障(安德森,2002)。基于这一认识,他认为,必须要"绝对地维护福利国家的原则",而且不仅仅是捍卫已经取得的成就,还要扩大社会保障的网络来维护和发展这种平等,以便于社会福利真正体现公民的基本权利。

但是,仅仅从"平等的基本自由"或公民权利的角度来理解社会福利发展的意义还是不够的。因为这仍然是停留在个人主义的立场上,把公民当作"个体的人"来实施政治和法律的保护。① 而这并没有"完全超出资产阶级权利的狭隘眼界"(马克思,1972:12)。这种从"个体的人"的角度来理解社会福利的政治前景,并没有回答个人和社会的关系如何解决,也没有说明公民权利的社会本质何在的问题。从其本质含义来说,把平等和自由仅仅当作"个体的人"之间的关系而用"平等的基本自由"和公民权利来加以规范,实际上仍然是谈论人本主义或人道主义意义上的抽象的人性或人权,它不足以解释现实社会关系中的人何以会处在不平等之中,而社会福利何以作为政治正义的要求而具有合理性与合法性?它只能通过契约关系和契约伦理的建立来假设社会正义与社会福利的必要性,而契约关系,正如人们所熟知的,它至多只是从形式上给予个人平等的地位和机会,如果要贯彻罗尔斯所说的差别原则,那么就会违背契约伦理的精神,就会被看作缺乏责任心。从本质上讲,契约伦理是不承认个体差异的,如果是在个体差异基础上形成的契约关系,那么它就先天地不平等,平等就失去了它在道德上的合法性。所以,从个体的人来讨论平等和自由,以及公民权利的问题,必然否定追求社会正义的社会福利的必要性,最终仍然会落入新自由主义的巢穴。

因此,我们认为,仅仅从政治的角度,从保护和发展公民权利的方面来看待社会福利的前景,是远远不够的。要超越新自由主义,"必须在价值领域发动一次强大的进攻,突出平等原则作为衡量一切真正自由的社会的中心准则"(安德森,2002)。从建立和发展集体认同的价值观入手,形成一种具有多元性追求的集体主义道德观,以此来调节人们的关系、规范他们的行为,为他们相互间的合作与互惠关系提供道德支持。在这里,平等的原则和多元性发展是作为集体主义最重要的原则来看待的。正如我们已经指出过的,机械论的集体主义是把平等看作均一性,既没有差别,也不承认多样性,而是平均,没有个性的同一性。这种机械的团结显然是与现代社会的发展格格不入的,并且常常导致集权和专制。积极的或者复合的集体主义不仅承认个性或多元性

---

① 钱宁:《论公民权利的社会福利理论价值及其局限性》,载王思斌主编:《中国社会工作研究》第二辑,社会科学文献出版社2003年版。

是集体活力的保障,也承认它们是集体发展的动力源泉。① 平等必须是在多元发展中的平等,是人们彼此之间、政治领导人与公民之间,以及管理者与被管理者之间,在互相尊重各自的个性、需要和人格的基础上的平等。也是承认不同的个人之间存在差异,并且允许一定范围内差异发展的平等。②

关于平等和多元发展的集体主义价值观,马克思在《哥达纲领批判》那段著名的话中说得更清楚。"……在迫使人们奴隶般地服从分工的情形已经消失,从而脑力劳动和体力劳动的对立也随之消失之后;在劳动已经不仅仅是谋生的手段,而且本身成了生活的第一需要之后;在随着个人的全面发展生产力也增长起来,而集体财富的一切源泉都充分涌流之后……,社会才能在自己的旗帜上写上:各尽所能,按需分配!"(马克思,1972:12)这就是集体主义所具有的多元主义的力量。凭借着这种多元力量,平等的原则才能成为真正起调节作用的原则。平等也才不会变成少数掌握公共权力的人愚弄人民,迫使人民委身于某种经济权力或政治权力的工具。在这里,集体主义价值观作为一种值得我们想望的东西和社会福利的道德基础,其根据就在于:自从人类由自发的群体性而发展出自为的个体性之后,个别性的巨大发展已经使个人之间的集体合作与互惠成了一种基本的社会需要。阐述一种积极的集体主义道德,既是这种社会需要的要求,也是未来社会福利发展的价值取向。特别是在日益发展、日益失去政治和道德约束的经济全球化浪潮中,社会的个体化和资本的高度流动性不仅迫使民族国家靠放弃它对人民的福利保护责任来迎合资本的要求,也迫使劳动者放弃自己的权利来适应资本的流动性。在这样的形势下,恢复并发展集体主义价值观,用集体主义的力量来抗衡经济全球化对社会福利的破坏,就具有特殊的政治和道德意义。

当然,要保证集体主义能够在平等和多元性原则的调节下得到发展,还必须把集体置于民主的原则之下。在民主制度的建立和民主监督的条件下,保证平等和多元性原则能够起到调节集体内部的分配关

---

① 参见我的另一篇论文《社会福利中的政治道德问题与集体主义的价值观》,《思想战线》2003 年第 4 期。在最后一部分,我对复合集体主义的福利观作了较系统的概括。

② 钱宁:《社会福利中的政治道德问题与集体主义的价值观》。

系和各种需要,从而使集体主义作为道德力量在增进人的幸福,促进人的发展上发挥积极的作用。而在这里,我们要特别地强调,发展集体主义的价值观必须充分吸收历史的经验教训。有许多种的集体主义,包括苏联的社会主义和中国在改革开放前所实行的高度控制的社会主义计划经济,在推行集体主义价值观的时候,摈弃了民主的原则,简单地把集体主义诠释为权力集中、服从集体利益和平均分配生活资料,用机械团结的观念去抹杀个人自主和个性差异,形成了极其僵化的道德教条,不仅使集体主义价值观受到严重扭曲,而且极大地扼杀了人们的创造性,使整个社会陷入平庸和僵化之中。

在今天,经济全球化把资产阶级联合成一个超国家的政治力量。面对全球化的冲击,人民只有在集体主义的旗帜下联合起来,靠着团结的力量才可能保护自己的生活安全,发展自己的生活需要与福利。在这种情况下,集体主义更需要有民主的精神。它将使集体主义具有更广泛的社会基础,从而更能团结人民,克服社会个体化对人们的集体认同的政治和道德腐蚀作用。

对于社会福利的价值取向而言,集体主义所提倡的道德理想,不仅应该在国家的政治发展战略中得到确认,并作为社会政策的基本要求被贯彻;而且它也应该作为维护人的尊严、发展人的潜能、激发人的创造性、促进人的幸福的道德要素,进入人们的生活与工作的实践,变成推动社会进步和人的解放的动力。就此而言,社会福利所包含的人道主义和利他主义的精神,既是使社会福利可能的道德基础,又是使集体主义得以发展的现实依据。发展社会福利,对发展集体主义价值观,丰富其内涵给予了有力支持。正因为这样,我们才能通过社会福利的发展看到集体主义在人的发展和解放中的积极作用,又通过集体主义看到社会福利在全球化时代保护人民的基本权利和需要,发展人的生活领域,为人们提供物质和精神支持的道德意义。

总之,我们认为,在全球化时代,集体主义仍然是必须加以提倡和发扬的价值观。面对资本的自由流动对社区、种族、阶级、阶层、各种人群共同体和国家所表现出来的社会团结的瓦解,必须要重新提倡和恢复集体主义那种互助团结的精神;面对流动的现代性和社会个体化对福利集体主义的社会保障制度的否定和破坏,必须要通过制定更全面的福利制度来遏制全球化对人民生活安全的威胁。而作为集体主义的政治形式,社会主义应该在社会福利的发展中,发挥更加积极的作用。当然,这种社会主义不是僵化的计划经济体制下的社会主义,也不是西方福利国家式的社会民主主义。它在应对全球化的挑战方面,采取开放的和发展的态度,积极促进市场经济的繁荣,以此来增加集体的财富,发展社会公益,扩大社会福利的物质基础;而在另一方面,它把保护人民的生活安全,促进他们幸福当作根本的任务,在发展公民权利的同时,把防止社会两极分化,实现社会正义当作必须维护的社会目标,在集体主义价值观的引导下,创造出有利于个人全面发展和社会进步的政治、道德环境,从而使人类社会的生活更和谐、更有活力、更能应付各种危机与挑战。

【参考文献】

安东尼·吉登斯:《第三条道路——社会民主主义的复兴》,郑戈译,北京大学出版社、生活·读书·新知三联书店2000年版。

安东尼·吉登斯:《第三条道路及其批评》,孙相东译,中共中央党校出版社2002年版。

保罗·坎马克:《吉登斯如同语义工程的"第三条道路"》,王金娟译,载欧阳景根选编:《背叛的政治——第三条道路理论研究》,上海三联书店2002年版。

拉齐恩·萨丽:《哈耶克与自由主义》,秋风译,贵州人民出版社2003年版。

马克思:《哥达纲领批判》,载《马克思恩格斯选集》第三卷,人民出版社1972年版。

佩里·安德森:《新自由主义的历史和教训》,《天涯》2002年第3期。

齐格蒙特·鲍曼:《流动的现代性》,欧阳景根译,载欧阳景根选编:《背叛的政治——第三条道路理论研究》,上海三联书店2002年版。

齐格蒙特·鲍曼:《全球化——人类的后果》,郭国良、徐建华译,商务印书馆2001年版。

史迪芬·德莱威:《福利改革在哪里告别第三条道路?》,朱凡希译,载欧阳景根选编:《背叛的政治——第三条道路理论研究》,上海三联书店2002年版。

伊曼努尔·沃勒斯坦:《发展是指路明灯还是幻象?》,载许宝强、汪晖选编:《发展的幻象》,中央编译出版社2001年版。

于尔根·哈贝马斯:《超越民族国家?——论经济全球化的后果问题》,载乌·贝克、哈贝马斯等:《全球化与政治》,王学东译,中央编译出版社2000年版。

约翰·罗尔斯:《作为公平的正义——正义新论》,姚大志译,上海三联书店2001年版。

# "共同善"与分配正义论
## ——社群主义的社会福利思想及其对社会政策研究的启示*

社群主义是20世纪80年代在批评新自由主义的政治哲学基础上兴起的一股社会政治思潮。它针对过度原子化的个人主义思潮及其对人类社会的销蚀作用带来的破坏,重新探讨公民人文主义(应奇,2003)即积极自由的价值观,试图通过恢复西方社会古老的共同体传统来克服新自由主义所鼓吹的个人主义倾向和道德利己主义。作为一种社会理论,社群主义也是对20世纪80年代以来日益高涨的全球化浪潮的回应。它通过阐述共同体的政治与文化价值来倡导社会的平等和公正,并用社群(community)和地方性力量来抗衡"全球化这个政治与经济进程纠缠在一起的网络"正在制造的"越来越大的不平等"(沃尔泽,2002:12—16)。

---

\* 原载《学海》2006年第6期;《中国社会科学文摘》2007年第2期,中国人民大学复印报刊资料《新思路》2007年第1期转摘。

在关于社会的平等和正义的阐述中,社群主义表达了大量对社会政策的发展有直接和重要启发意义的社会福利思想。其中米勒从人类关系模式的多样性对社会正义原则适用范围的分析与规范,沃尔泽根据社会物品的多样性提出的多元主义分配正义论和复合平等观,为当代社会分配的复杂性和可能的对策思考,提供了有重要思想价值和现实可能意义的哲学论证。

一

作为一种政治哲学,在与新自由主义的论战中,社群主义围绕共同善的理念讨论公共利益和个人利益的关系,阐述了它的国家理论,提出了公共利益优先于个人权利的主张。这种政治理论也被称为公益政治(俞可平,2000:235)。

社群主义的公益理论是围绕着个人与社群的关系展开的。社群主义的公益理论是围绕着个人与社群的关系展开的。在与以罗尔斯为代表的新自由主义的论战过程中,社群主义者指出,罗尔斯认为,"自我"(self)是一个个人占有性概念,自我作为一个"占有的主体"(桑德尔,2001:67),它将自身所具有的各种属性和目的看作是自己先天固有的。因而,自我优先于目的和价值,个人权利优先于"善"(good)。对此,社群主义提出了相反的看法,他们认为,自我不是个人占有性的概念,而是社会占有性的在本体论的意义上,"我们首先是一种社会生物,汲汲于在世俗中实现某种生活形式"(贝尔,2002:84)。社会纽带不仅是一个情感问题,更是一种具有本体特质的构成性力量。

按照这种社会本体论的观点,社群主义认为,在自我与社群关系上,社群构成性地决定自我,并决定了个人总是过着社群的生活。而在社会的权利关系上,他们提出了目的和价值优先于自我,"善"(公共利益)优先于个人权利的主张,与新自由主义展开了一场"公益"对"权利"的思想大论战。在这场大论战中,社群主义提出了放弃"权利政治学",建立"公益政治学"的行动口号,亮出了公共利益优先与个人权利的哲学旗帜,对20世纪80年代以来独霸西方意识形态和社会福利与政策论域的新自由主义提出了根本的挑战。

新自由主义关于权利优先于善的观点,从福利哲学的层面看,表达了这样一种社会福利观:个人权利看作是实现社会福利的前提。只有在个人充分享有自由选择权的条件下,他才会对自己的生活承担起责任。"一个理性的人永远愿意被给予更多的选择机会"(贝尔,2002:155)而不是单纯地依靠社会福利。与此相反,社群主义认为,善优先于权利,并通过对公共利益的首要性的论述,阐释了"共同善"的社会福利思想。麦金太尔指出,善是人类生活的最高目的;人作为一个种类所追求的目标是过幸福的生活,而善所表达的就是人的全部生活中最好的生活。然而,要能够过最好的生活或实现善,必须靠人的共同努力,遵循一定的实践价值观。这种实践价值观就是德性。而所谓德性则"是一种获得性人类品质,这种德性的拥有和践行,使我们能够获得实践的内在利益,缺乏这种德性,就无从获得这些利益"(麦金太尔,1995:241)。

德性存在的基础是以共同利益为纽带的人类共同体。"这种利益是那些所有参与这一计划的人认为是他们所共同享有的"(麦金太尔,1995:190)。在共享共同利益如公共服务设施、医疗、养老和教育服务带来的好处的过程中,人们的精神和性格中也培养起了将共同善当作首要的善的品质。因此,在一个共同体或社群内,人们对共同利益或共同善的追求,为德性的实践提供了基本的社会背景条件;同时,也为人们理解德性作为他们共生共存的社会生活的意义提供了内在根据,并将共同善作为它实践的主要内容来看待。对于德性来说,追求共同善是它的本质性要求,也是个人在共同体生活中应具备的美德。"共同善"的意义就在于:首先,个人生活在社群中。他从社群获得个人生活的目的和价值,并在参与共同的活动的过程中形成心理上的"共生共存感"。其次,共同善是个人利益与群体利益的有机结合,它倡导了一种由"互相信任、合作和利他的原则支配着"的道德价值观。再次,共同的善也是一种规范个人偏好的标准,它规定社群的生活方式,引导公众的偏好趋向于共同善。最后,共同善也是国家和社会的集体责任的确认,它赋予公民个人对福利要求权,为社会福利实施提供了法律和道德的依据。(钱宁,2006:290—291)

除了一般道德的意义外,共同善也通过物化的和非物化的形式表现出来。所谓物化形式的共同善主要以公共利益的形式表现出来。它具体分为非物品形式的公共利益和物品形式的公共利益。非物品形式的公共利益具有如下特性:第一,它们是共享的。当它们提供给社群的某些成员时,其他人也同时享受了这些物品带来的福利。第二,这些利益与每一个成员的利益都是相关的。第三,非物品形式的公共利益还表现出强烈的道德性质。它涉及一些基本的人际关系原则,如平等、利他、诚实、互助精神和为社会奉献。公共利益的这种道德性质,决定了社会成员在使用这部分物品时,不能做占有性的对待,即排斥他人对此类物品的使用。而至于物品形式的公共利益,则是指由公共机构提供给公众或个人的那些利益,即国家或社会提供给个人的福利。如以货币和实物的形式提供教育、医疗和住房等物品,以及向穷人和遭遇意外的人提供救助等。

共同善的非物化形式即是美德(virtue)。它是关乎人们的精神生活健康和幸福的道德福利。麦金太尔指出,就美德是人类幸福的源泉和生活的最高目的来看,它所提供的福利是一种终极性的精神福利。它"不仅维持实践,使我们获得实践的内在利益,而且也将使我们能够克服我们所遭遇的伤害、危险、诱惑和涣散,从而在对相关类型的善的追求中支撑我们,并且还将把不断增长的自我认识和对善的认识充实我们"(麦金太尔,1995:277)。这就是说,本质意义上的社会福利,其更高的境界在于它是否向人们提供了精神成长所必需的那些东西,从而"使我们懂得更多的有关人的好生活是什么"的知识与智慧。

共同善与社群的关系决定了社群对其成员的福利功能。在所有的共同善中,不论它有多少种表现形式,基本的就是安全和福利两大类。从公共利益的形成来看,人类的各种社群,从最古老的社群如家庭和家族、寺院、庄园和城镇,到现代的政治社群如政党、国家,它们都是围绕着共同利益而形成的。对个体的人来说,各种人类社群的基本意义,就是人们寻求安全和福利的场所;而其基本功能,就是为其成员的生活幸福创造基本的条件。如果离开了安全和福利的提供,社群的存在就失去了它的基本价值。更重要的是,社群为人们超越个体利益、关注整体的生活提供了实践的场域。在这个环境里,人们彼此熟悉、彼此关注、彼此依靠、彼此支撑,在直接而密切的交往互动中获得全面的支持和安慰,享受着任何物质福利都无法满足的精神福利。

总之,共同善的理论强调了整体福利的重要性和包括国家在内的各种社群在社会福利发展方面的主导作用。这对我们这个个人主义和功利主义盛行,人们生活追求日益功利化,关心自我和个人利益成为唯

"共同善"与分配正义论

一的目的的时代，无疑是一种积极而有意义的思想，也是重建个人与集体关系，提倡集体福利价值观值得向往的事。但是，如何将这种共同善变成真正促进人们生活幸福的事项，而不是变成某种专权或一些人奴役其他人的"合法性"借口，还需要将善与社会正义结合，使之变成具体的社会政策的议题，才能成为指导社会生活实践的有意义的原则。对此，社群主义的思想家们将共同善的哲学理念与社会政策的现实考虑结合起来，对分配正义原则作了详细论证。

## 二

分配正义问题是一个古老的哲学命题。一个社会或经济体制的分配是否正义，却不是可以靠某种单一原则就可以解决的。在不同的正义环境里，由于人们追求正义的基础不同，其所要求的分配正义也就有根本的差别。从当代的争论来看，新自由主义所主张的正义原则是普遍主义的，他们把个人权利能否实现当作正义的基础，认为所谓的分配正义就是契约关系的正义或形式的正义，只要人们彼此尊重对方的个人自由或权利，平等地看待每一个人的自由，社会正义的目标就实现了（麦金太尔，1995：314）。

与新自由主义的观点相反，社群主义把德性看作是正义的基础，主张特殊主义的正义原则。他们认为，德性不是存在于社群生活之外的某种超验的品质，而是在社群生活中确立起来的。因此，正义的原则是和"应得赏罚"概念相联系的。只有在对共同利益和社会善的共同理解基础上形成的社群生活之中，个人才能够根据这种利益和善的判断来确定自己的根本利益的环境里，"应得赏罚"才是有根据的（麦金太尔，1995：315），正义的观念也才能确立。

沃尔泽在论述他的分配正义理论时指出，分配正义是一种丰富的思想，但同时也是一个复杂的问题。从平等的复杂性来看，可以分为简单平等和复合平等。他分析说，人们通常在三种意义上寻求社会平等：第一，所有支配性社会善都应当重新分配，以便人们能够平等地或更广泛地分享它；第二，所有社会物品的自主分配方式应当是开放的，以便人们在任何分配领域都能得到平等的对待；第三，用某些新群体所垄断的新的善替代当前占据支配地位的善，以便打破现有的统治和垄断。在这里，第一和第三种类型实际是一样的，都是主张简单平等。第一种类型实际上是主张平均分配,试图用对支配性的善平均分配即人人平均占有来打破对这种善的垄断。第三种主张则是一种"轮流坐庄"的平等,虽然它试图挑战现行的统治和垄断的不合理,但它只是针对某种形式的统治和垄断的不平等。结果是"打破金钱垄断将使金钱的支配性无效。别的善就会加入游戏,而不平等就呈现出新的形式"(沃尔泽,2002:176)。而第二种则是复合平等的主张。它充分估计到分配的复杂性,把不同社会善的领域和不同物品的关系看作是自主的,支配它们的分配方式也是各自独立的。在其中,某些人对某领域支配性善的占有,可能会使他们在这个领域形成垄断,但却不会形成"赢家通吃"的现象。比如说一个政治领导人不应使他的政治权力变成经济特权,教授的职位不能作为福利或荣誉给予那些与学术无关的人。

复合平等的主张揭示了分配的现实复杂性。沃尔泽据此提出了以物品意义为依据的三个分配正义原则:自由交换、应得和需要。所谓自由交换的原则是指商品的市场交换领域应遵循的原则。在他看来,"交换是一种互惠关系"。它是以货币为中介的互惠的和讨价还价的过程。只要这种交换是自愿的和非强迫的,人们所获得的物品与他们对这些物品的社会意义的理解相一致,这种交换就是公平的和正义的。而所谓应得的原则是指在共同体内,人们所具有的权利、能力、身份、地位和他对他人或社会所做出的贡献相一致的原则,"表示一种非常严格的权利",它"要求特定物品与特定个人之间有一种非常紧密的联系"(沃尔泽,2002:29)。如果一个人靠裙带关系而占据一个职位,使有能力的人不能得到这个职位,这就是不公平。

沃尔泽认为,分配正义中最为重要的是需要原则。因为,"需要产生了一个特殊的分配领域,其中需要本身就是正当的分配原则"。但是,"按需分配"也是有确定边界和特定内涵的。首先,"按需分配"是以成员资格为基础。成员资格表达了一种权利和义务相统一的要求,它的价值就在于共同供给上。其次,需要也是一个共识的领域。它是在特定社会背景条件下,由共同体的文化、宗教和政治信念指引,按照人们对其共同生活的理解而历史地形成的。因而,任何一个社会对其成员的需要的满足,都有一个确定的标准和模式,都呈现出特有的文化特征。正是这一特点,决定了在需要的领域,分配正义的问题是"根据其成员集体理解的需要来致力于满足其成员的需要"(沃尔泽,2002:105)。

沃尔泽对分配正义原则的分析,看到了正义的基础存在于不同社群的人们对社会善意义的多元主义理解之中,揭示了社会平等的复杂性。但是,把物品的意义当作解决社会正义原则争论的依据,相信正义是这种基于不同利益而人为建构的东西,无疑会陷入相对主义的泥淖;使正义这一概念失去其为人们所坚持的平等理想辩护的力量。对此,戴维·米勒从区分人类关系不同模式入手发展了社会主义理论。米勒所关注的是人们对社会正义的日常思考。他指出,从日常生活的角度看,人类的社会关系是多种多样的。而我们所讲的各种社会物品的分配,实际上就是由人们之间的关系的性质、形式和所包含的内容决定的。只有从人类关系的特殊性来考虑,社会正义的实施或社会正义原则的确定才是可行的。为此,米勒提出了一种阐述社会正义原则的新思路:从人类关系的不同模式来考察社会正义的实施范围,重新定义分配正义原则。

在米勒看来在所有的人类关系里,有三种基本的关系模式,这就是团结性社群(solidaristic community)、工具性联合体(instrumental association)和公民身份(citizenship)。在它们各自的内部,人们所遵循的原则或起支配作用的正义观念分别为需要、应得和平等三个原则。需要的原则是指像家庭、村落、宗教团体、工作小组、俱乐部和职业协会,以及民族等这样一些团结性社群所奉行的原则。"在团结性社群的内部,实质性的正义原则是按需分配"(米勒,2001:27)。如果这种社群不能提供满足其成员需要的支持,或者其成员不能依据其能力为满足别人的需要做出贡献,不能承担相应的责任或尽自己的义务,这样的社群就失去了其正义的性质。不仅如此,需要的正义性还依赖于具体社群所持的伦理信条。它会根据每一个社群或明或暗地所体现的"一种充分的人类生活必须满足的标准意义",对其成员的各种不同需要给予满足(米勒,2001:28)。需要的正义性把维护这种需要当作一个社会或较小的社会团体对其成员的责任,从而体现出社会的正义性。

应得的原则是米勒关注的另一个社会正义原则。他指出,应得与需要在人们的日常生活中常常是相互关联的。有的时候,需要也呈现为应得的要求。不过,从调节人们的社会关系的角度看,两者应有明确的界线。所谓应得原则是指在工具性联合体这样的社会关系模式中,社会的分配是按照每个人的贡献进行的。按劳取酬就是这一原则的基本特征。工具性联合体是一个工作群体。这种模式的典范就是经济关系或企业组织,人们在其中彼此虽然也有团结性的特质,也存在友谊、忠诚和相互的理解等紧密的联系,但主导的关系是工具性的并受功利主义的支配。"每一个人是作为具有用来实现其目标的技术和才能的自由行为者加入到联合体当中来",为了追求相应的赏酬而联合在一起,因此,"相应的正义原则是依据应得分配","当其所得与其贡献相等时,正义就得到实现了"(米勒,2001:28—29)。

当然,应得原则对社会制度的调节并不能决定整个制度的安排。从公民社会的角度看,现代社会是一个政治社会,它的特点是人与人之间的关系不仅以社群团结和工具性联合的方式联合起来,而且以公民身份的方式联合在一起。所谓公民身份是指社会的任何正式成员都是具有"公民地位的一组权利和责任的承担者"。每个公民都具有共同的社会和政治地位,他们享有同等的自由和权利。因此,在政治社会里,"首要的分配原则是平等"(米勒,2001:32)。

但是,在现实的政治关系中,如何平等地分配各种社会的利益,却存在着两种不同的有价值的平等观。一种是分配性的平等,它与正义有联系,即把平等地分配某种利益当作正义的要求。另一种平等观不是直接意义上的分配平等,而是主张社会平等。这种平等也称作地位的平等。它表达的是这样的社会理想:在论及社会的不公平时,它主要不是关于分配的不公平,而是反对不平等、不适当的社会关系的性质。比如,社会分裂成穷人和富人使人们之间不理解、不信任甚至互相反对。

对于这两种平等,米勒认为,第一种平等是通过指出特定的个人所得到的超出他的正当权利的分配来说明不平等的具体表现;而第二种平等则是通过指出不平等的严重性在于整个社会的性质,从而阐释这样的社会理想:一个平等的社会才是正义的社会。没有平等,社会正义也就无从谈起。他指出:"'对于平等的价值是以个人主义的还是以整体论的方式才能得到最好的理解?'这一问题,我的回答是'两者兼而有之'。我们不应当陷入认为只有一种有价值的平等而又必须在对那种价值的个人主义的或整体论的解释之间做出选择的窘境。"(米勒,2001:260)但是,尽管如此,在米勒的心目中,整体论的平等观比之个人主义的平等观具有更高的价值。这是因为仅仅谈分配的平等会使人

"共同善"与分配正义论

们陷入个人应得具体分配上,从而使平等与需要和应得的要求混为一谈,使这一原则难以独立地发挥作用。整体论的平等观之所以更有意义,不仅在于它提倡一种平等主义的社会理想,而且还在于它所提倡的社会平等的理想"更为深刻地植根于当代社会的道德意识之中"(米勒,2001:268),对现实的社会不公平和阶级差别具有强大的思想批判性,能够为建立一个正义的社会提供一种生活方式。而这种力量是分配性的平等所不具有的。

### 三

　　社群主义思想家关于平等和社会正义的探索,将正义问题的哲学分析与社会政策联系起来,对社会政策研究有重大意义。社会政策研究是一种极具现实针对性的活动,同时又是一个需要进行复杂的分析与判断的领域。揭示社会问题的根源,阐明对待这些问题的基本立场与价值观,提供社会行动的原则和方法是社会政策研究的基本职能。要承担这样的职能,必须解决研究的规范性和研究的知识基础与方法的问题。换句话说,社会政策研究应该是知识论、价值论和方法论相统一的领域,与之相关的研究构成了社会政策研究的基础。然而,在现实的研究中,人们却往往忽视了这一点,使社会政策研究产生了重大缺陷。

　　美国社会哲学家范伯格在讨论社会科学研究的"一般规范性问题"时指出,规范性问题要求研究者"放弃中立,投身于人们利益和思想完全受其左右的道德舞台",在那些"相互冲突的实践规范和政策中"决定自己的价值立场,对那些涉及重大决策的基本问题作出阐述和选择(范伯格,1998:4)。在这里,一般规范的讨论除了表明立场、观点和态度的意义以外,还有更深层的价值。这就是阐述一种社会理想并对现行的制度与政策背后所隐藏的理念和价值观作出批判性的理解,以矫正其理论和实践上的偏差。社群主义关于共同善和分配正义理论深刻地体现了这一点。在它的理论家看来,共同善和多元主义的分配正义原则不仅是对生活世界的公平和正义的理想阐述,也是对这个世界的不合理的批判性认识。它所针对的是 20 世纪 80 年代以来,新自由主义的个体主义思想大行其道所带来的社会危害,以及过分强调个人权利与自由而使人们的价值观发生混乱的后果;它对集体主义和社会正义这样一些古老的价值命题作重新阐释,力图恢复日趋衰落的共同体意识并解决困扰当代社会的各种政治和道德问题。显然,这种批判性的思考不仅对社会政治决策具有重大意义,对以社会福利为目的的社会政策研究也有直接的启示意义。

从规范性研究的角度看,社群主义关于共同善的讨论,不仅澄清了个人与集体关系上的社群主义立场,对社群的价值给予了充分的肯定,而且也积极吸收当代社会政治理论的研究成果,在充分考虑共同善所涉及的复杂的社会经济、政治关系的前提下,对社会福利理论研究有重大意义的个人权利与公共利益何者优先的问题给予了明确的回答,规范性地提出了公益优先于权利、德性在社会福利实践中的引导性作用等社会政策研究的理念与假设,建构了一种福利集体主义价值观。

更具有建设意义的是,社群主义对共同善理念的阐述,并不是囿于传统集体主义价值观的局限,用简单平等的观念看待人们对共同善的分享,而是提出了以复合平等为基础的多元正义理念,对人类社会复杂的分配关系作出了规范性解释。在他们看来,只有充分理解人类生活的复杂性,并对其作出有实际意义的分析,平等和正义的概念才能成为具有实际行动导向和批判性价值的规范概念。强调历史文化的特殊性,强调社群的实践和传统对人们的个人情感与判断所发生的具体而不是抽象的影响,倡导特殊主义的多元正义论。所有这些使得社群主义所理解的社会善与社会正义理念更具有可行的研究规范性。

就当前的社会政策研究来看,忌讳福利国家的"福利病",担心在发展社会福利的过程中使公民丧失责任意识,以及在更深层的政治意识上,惧怕发展集体的和公共的福利会导致极权和哈耶克所说的"通往奴役之路"的后果,使我们的理论在很大程度上失去了讨论集体福利和共同善的勇气,变得越来越趋于保守,更多的是认同新自由主义的福利主张,默认各种利益集团对公共利益的公开侵蚀与瓜分,而忽视日益加剧的贫富差别和社会不平等。在这样的社会状态下,理解并承认社群主义思想家们对平等和正义的批判性理解,特别是他们所阐述的复合平等和分配正义的多元主义思想,以一种规范性的理论分析去解决当前社会福利发展面临的重大问题,对促进我们的社会政策研究无疑是一种可选择的路径。

社群主义的政治理论对社会福利与社会政策研究的贡献也在于它对如何实现共同善和分配正义的理想作了细致的、有着逻辑的严密性

"共同善"与分配正义论

的知识论分析。这种分析将关于权利和善的关系的哲学思辨转化成了具有指导行动的原则和纲领意义的知识,为社会正义的实施提供了知识论依据。平等的观念和分配正义的原则分别被与各种社会善(物品)的意义和社会关系的模式联系起来,放到具体的社会情境下加以分析。这不仅提供了解决复杂社会关系中的平等和正义问题,而且提供了在贯彻分配正义原则的过程中平衡个人利益与公共利益的关系、实现社会平等的路径。这比起用"原初状态"的假设和"无知之幕"的遮蔽来保证正义的首要性和中立性的罗尔斯主义,无疑是知识论进步。

社群主义对共同善与分配正义问题的价值论和知识论探讨,也包含了一种方法论的思考和运用。这种方法论的特征,可以概括为反对普遍主义的特殊主义多元论的思想路线。在社会科学研究中,一元和多元、普遍与特殊的方法论之争,一直是一个难缠的论域。社会学家们也试图以价值中立和实证科学的姿态来超越这种争论。而在社会福利研究领域,理论家们通常的策略则是将社会政策定义为"影响公共福利的国家行为"(希尔,2003:13),或者是"有关'救贫''社会安全'和'或迎或拒福利国家'问题的公共对策"(李明政,1998:19)。这些定义主要秉承了蒂特姆斯将社会政策看作"一系列指挥行动实现既定目标的原则"(蒂特姆斯,1991:11)的观点,从社会政策与意识形态的关系和所谓人民的"普遍意愿"来探索社会政策研究的方法,形成了意识形态分析的方法论传统,即所谓自由主义的或社会民主主义的意识形态主导的研究社会政策的取向。

社群主义的社会福利思想也表现出同样的特征。所不同的是,社群主义思想家在坚持意识形态分析方法的同时,也致力于突破这种方法论的局限,发展了不拘泥于意识形态对立的多元主义的方法论。这就是在强调社群在理解社会正义和共同善的基本价值的首要性的基础上,不仅承认人类生活的丰富性所导致的对共同善的理解或意义标准的多样性,而且还力图突破传统方法论的意识形态困局,以一种兼收并蓄的方式将各种现代性的意识形态熔于一炉。它所形成的融汇自由主义、社群主义和社会主义的价值观和方法论的理论,将那种仅仅局限于一种意识形态僵硬立场而排斥其他有价值的思想的教条主义思想,从社会正义理论和社会政策研究方法论中清理出去。这使得他们所阐述的社会正义原则不再停留在空泛的道义论诉求中,而成为能够深入生活世界内部,在性质各异的特殊生活领域中指导生活实践的具体行动原则,显示出多元论的特殊主义方法论独特的魅力和强有力的思想创造力。社群主义正是在这种方法论的突破中,使社群这一古老的观念重新获得人们的认同,并成为人们对抗全球化趋势中的某些社会倾向的重要力量(钱宁,2006:283)。

当然,社群主义的理论也并非完善。首先,在当今社群关系空前复杂的情况下,社群价值观能否承担起生活在更大的政治社会中的人们对共同善的诉求,是它不能回答的问题。其次,多元正义的原则虽然有紧密联系社会政策、接近生活世界的优势,但也不可避免地带来彼此重叠、互相掣肘,进而影响社会公平价值的问题。最后,社群主义的共同体意识虽然具有抗衡全球化对人类福利的破坏的作用,但是它是否会导致狭隘的地方主义和种族主义意识的崛起,也仍然是需要警惕的情况。这是我们肯定社群主义社会福利思想的积极意义的同时,应该注意的。

【参考文献】

A. 麦金太尔:《德性之后》,龚群、戴扬毅译,中国社会科学出版社1995年版。
戴维·米勒:《社会正义原则》,应奇译,江苏人民出版社2001年版。
丹尼尔·贝尔:《社群主义及其批评者》,李琨译,生活·读书·新知三联书店2002年版。
J. 范伯格:《自由、权利和社会正义——现代社会哲学导论》,王守昌等译,贵州人民出版社1998年版。
李明政:《意识形态和社会政策》,洪叶文化事业有限公司(台湾)1998年版。
理查德·蒂特姆斯:《社会政策10讲》,江绍康译,商务印书馆(香港)有限公司1991年版。
迈克尔·J. 桑德尔:《自由主义与正义的局限》,万俊人译,译林出版社2001年版。
迈克尔·沃尔泽:《正义诸领域:为多元主义与平等一辩》,褚松燕译,译林出版社2002年版。
迈克尔·希尔:《理解社会政策》,刘升华译,商务印书馆2003年版。
钱宁主编:《现代社会福利思想》,高等教育出版社2006年版。
应奇:《从自由主义到后自由主义》,生活·读书·新知三联书店2003年版。
俞可平:《权利政治与公益政治》,社会科学文献出版社2000年版。

# 分配正义理论的发展及其对构建有序和谐社会的启示*

在政治哲学和政治社会学的视野中,分配正义是关于社会是否公平和公正地对待每一个成员的权利与需要的理论问题,也是涉及社会的主要制度和政治、经济的安排能否促进社会的有序和谐发展的政治议题。人类社会是一个分配的体系,各种社会物品,如权力、财富、机会、收入、职位等如何在社会成员之间合理公平地分配,如何使人们的利益和负担的分配更有利于社会公正秩序的建立,构成了所谓的分配正义问题。而一个社会秩序的良好和有序与否,从其基础条件来看,就在于人们能否按照某种公正的程序平等地获得其社会生活必需的那些社会物品。就此意义而言,分配正义的问题是稳定与和谐的社会秩序的基础,一个建立起良好秩序的社会就是一个形成了公正秩序的社会。探讨分配正义理论的发展,将使我们对分配正义

---

* 原载《学习与探索》2010 年第 3 期。

问题对构建和谐有序社会的意义产生更为理性和全面的认识。

一、现代社会的分配正义问题

"分配正义是一个源远流长的观念"（米勒，2001：2）。它涉及的是社会的各种利益和负担如何在社会成员中公平地分配的问题。同时，分配正义又是不断地由调节某些社会群体内部的利益和负担向全体社会成员如何分享总量不断增长社会财富（社会善）的发展过程。古代思想对分配正义的理解是一种"差等正义"的观念，它以社会等级秩序的合理性为前提，把正义理解为"某种等级社会的秩序与规范"（钱宁，2007：80—81）。在差等正义观念的调节下，古代的分配正义强调的在诸如"俱乐部和私人团体中对利益的分配"，或者"在政治社群中对荣誉和财富的分配"（米勒，2001：2），而不是现代社会普遍平等意义上的分配正义。这样的分配正义观念维护的是等级社会的关系，它使等级社会中不同阶层和群体在权利和义务、利益和负担方面的分配不平等具有了合法性，并构成了严格等级差别的古代社会秩序。

近代以来，随着民主、自由、平等的资产阶级政治理念的形成和市场竞争的资本主义经济发展，社会平等的要求不断高涨，现代社会的分配正义问题呈现出新的历史特点。一方面是在人民主权和公民平等自由的政治理念成为社会共识的情况下，人们对以公民权利的实现为核心的分配正义诉求越来越强烈；然而在另一方面，经济自由化和激烈的市场竞争却将人类生活引入更加严重的经济不平等当中。在对经济利益的追求成为主导人们社会活动的时代，重视个人权利的个人主义思潮流行和利益主体的多元化，不仅推动着社会多元化和个体化的发展，也使分配正义的理念和价值观面临新的挑战。正如社群主义所言："在人民主权的时代，我们无可避免地要对现存的社会和经济进行批判的评价，特别是要追问它们是否公正地对待个人。"（米勒，2001：4）在追问现代经济政治制度的合理性的过程中，各种政治哲学和社会哲学的理论围绕着如何建立新的社会公正秩序以合理地分配各种"社会善"展开激烈争论，重新复活了社会理论对分配正义问题的学术兴趣。而在有关分配正义的讨论中，针对现实生活利益主体多元化和分配关系复杂化的局面而进行的社会正义原则的讨论，也将现代社会的分配正义问题以各种更深刻的理论形式呈现出来，并为调节错综复杂的社会关系、建构市场经济条件下公平正义的社会秩序提供了理论依据。

在分配正义的现代理论阐述中,新自由主义政治哲学的主要代表人物罗尔斯将分配正义问题与社会主要制度的设计结合起来,探讨了"组织良好的社会"即良好秩序社会的社会正义原则。在罗尔斯的名著《正义论》中,他开宗明义地指出:"正义的主要问题是社会的基本结构,或更准确地说,是社会主要制度分配基本权利和义务,决定由社会合作产生的利益之划分的方式。""把这些因素合为一体的主要制度确定着人们的权利和义务,影响着他们的生活前景即他们可能希望达到的状态和成就。"这个所谓的主要制度就是"政治结构和主要的经济和社会安排",由它们的结合所产生的主要制度"确定着人们的权利和义务,影响着他们的生活前景及他们可能希望达到的状态和成就"。(罗尔斯,1988:5)

按照罗尔斯的看法,分配正义观是作为"确定社会基本结构中的分配而提供的一个标准"。他从亚里士多德关于正义就是人们"对正当行为的稳固而有效的欲望"来解释分配正义在社会基本结构的合理性与正当性,指出:"亚里士多德的定义显然预先假定了一种对什么应当是属于一个人的,什么是他应得的份额的解释。而这些应得的份额,我相信,通常都来自社会制度及制度所造成的合法期望。"(罗尔斯,1988:7—8)因而,分配正义构成了社会公正秩序的主要内容和重要基础。从这样的政治哲学追求出发,罗尔斯提出了以社会契约论为基础的分配正义原则①,这就是著名的自由平等原则和差别原则。他说:"处在原初状态中的人们将选择两个相当不同的原则:第一个原则要求平等地分配基本的权利和义务;第二个原则则认为社会和经济的不平等(例如财富和权力的不平等)只要其结果能给每一个人,尤其是那些最少受惠的社会成员带来补偿利益,它就是正义的。"(罗尔斯,1988:12)

罗尔斯对分配正义决定社会基本结构的正当性的观点,在其《政治自由主义》中进一步表述为"由公共政治的正义观念有效规导的秩

---

① 罗尔斯说:"那些参加社会合作的人们通过一个共同的行为,一起选择那些将安排基本的权利义务和决定社会利益之划分的原则。"参见罗尔斯:《正义论》,何怀宏等译,中国社会科学出版社1988年版,第9页。

序良好的社会理念"。他从个人权利至上的自由平等原则出发;将秩序良好的社会看做:第一,人们普遍认可并接受社会正义的原则;第二,基本的社会结构即主要社会制度和政治制度所组成的合作体系能够满足社会正义的原则;第三,人们能够按照由正义原则所确定的社会的基本制度行事。因而,在罗尔斯看来,一个以个人的自由而平等的权利为前提分配正义的社会,将是一个有着持久而稳定的政治和道德基础的有序和谐的社会。

对于罗尔斯所阐述的以个人自由平等的权利为前提的分配正义理论,遭到了20世纪80年代兴起的社群主义的激烈批评,它针对新自由主义关于"权利(正当)优先于善"(桑德尔,2001:3)的主张,提出了以"共同善"为核心的多元主义分配正义理论。在社群主义看来,"社会被当作这样的有机体,其中每个成员的成功要求其他所有成员的合作,而社会正义的目标则是确定能够使每个人为社会幸福做出充分贡献的制度安排"(米勒,2001:4)。因而,"问题不在于权利应不应当得到尊重,而在于权利能不能以一种不以任何特殊善观念为先决前提的方式,而得到人们的认同和正当性证明"(桑德尔,2001:226)。要达到分配的公平正义,就必须从人类复杂的社群关系入手,在考察人们对各种特殊的"社会善"追求的基础上,构建起由多元正义原则调节的公正社会秩序。对此,社群主义的重要代表迈克尔·沃尔泽(Michael Walzer)从社会物品意义的多元主义理解出发,提出了复合平等的分配正义理论。而另一位社群主义的思想重镇戴维·米勒(David Miller)则从人类关系的多重样式分析中,发展了复合、多元的分配正义理论,为我们理解现代社会社群关系的复杂性与分配正义原则的多元性提供了更有说服力的批判性视角。

## 二、多元正义原则及其对现代社会分配关系的思考

对罗尔斯关于正义即公平的理论,沃尔泽通过物品理论的阐述,区分了"简单平等"和"复合平等"的本质区别,以不同社群中的人们对物品社会意义的多元主义理解为前提,阐述了"复合平等"在分配正义论中的理论和现实基础作用。

在沃尔泽看来,罗尔斯所持的平等主义正义观是一种简单平等的主张,这种主张的特点是把分配不平等看做各种"社会善"或"社会物

品"的分配被一种支配性的善所垄断造成的。"就其分配安排的复杂性而言,我们可以把大多数社会看作是在金本位原则上组织起来的:一种善或一组物品通常都是被垄断的……如果拥有一种善的个人因为拥有这种善就能够支配大量别的物品的话,那么,我就将称这种善是支配性的"。而当某个人或某个社群"随时都能成功地用一种善来对抗所有敌手,那么这种善就是垄断性的"。比如"体力、家庭名誉、宗教或政治职务、不动产财富、资本、技术知识,这当中的每一种在不同的历史阶段都曾经是支配性的;并且,它们当中的每一种都曾经被某个群体所垄断"。一旦某个人或某个群体拥有了这种支配性善,所有好东西就源源不断地到手了。于是,"一种支配性的善经过通常被看起来是一个自然过程而实际上是不可思议的一种社会炼金术而转换成另一种善,转换成许多别的善"(沃尔泽,2002:11—12)。

对这种被称为"赢家通吃"的不公平现象(法兰克、库克,1998),罗尔斯用简单平等的正义论的"差别原则"来解释就变得无能为力。他在没有区分不同物品的意义或社会善的支配地位的情况下试图以打破某些人对某种社会善的垄断来挑战社会不平等,实际上只是追求分配的简单平等。因为当我们打破某些个人对一种支配性的善的垄断,使人们对它形成一种普遍性的平等性占有之后,另一种支配性的善就可能取代原有的支配性善的地位而产生新的垄断。比如,当独裁政体被民主政体所取代,人们获得普遍平等的政治权利之后,另外的社会善如个人受教育水平、财富的拥有甚至个人禀赋与名誉和声望则可能成为支配性的善而产生新的不平等。"在现实中,打破金钱垄断将使金钱的支配性无效。别的善就会加入游戏,而不平等就呈现出新的形式"(沃尔泽,2002:16)。因此,简单平等的局限就在于它只能是暂时打破某种垄断,一旦旧的垄断被打破,别的支配性善又会形成新的垄断。即使国家这样的规制性力量也是一样,"简单平等将要求国家用连续不断的干涉来打破或限制早期的垄断并抑制支配的新形式,但那时,国家的权力自身将成为竞相争夺的中心目标。不同群体将试图去垄断国家权力,将国家用于巩固他们对别的社会物品的控制"(沃尔泽,2002:17),形成新的"赢家通吃"局面。

对于"复合平等",沃尔泽说:"这是一个复合平等的社会。尽管会存在许多小的不平等,但不平等不会通过转换过程而增加,也不会在不同的物品之间累加。因为分配的自主性倾向于产生各种由不同群体掌握的地方性垄断。"这就是说,复合平等不像简单平等那样寻求普遍的均等。由于各种支配性善的存在,垄断是不可避免的现象,问题在于如何限制支配性善的无限制转换造成的普遍垄断。如果一个人因为在奥运会上得了冠军,打破了世界纪录,我们除了给予他各种物质的奖励和社会荣誉之外,还给予他学术荣誉和政治权力,使他成为一个赢家通吃的人,这就是不平等。但是,如果给予他的是前者,尽管得到比其他人多得多的财富和地位,但这种酬劳仍然是公平的。换句话说,复合平等承认在特定领域内为了获得支配性的善而形成的竞争性垄断,但是它是被限制的,不能随意转换为对其他领域的入侵和对其支配性善的占有。如果希望用对一种支配性善的垄断而取得对其他领域的善的支配,这就是专制。"专制是希望用此种手段获取只有用他种手段才能获得的东西"(沃尔泽,2002:21)。而对复合平等的分配正义,"任何一种社会的善 X 都不能这样分配:拥有社会善 Y 的人不能仅仅因为他拥有 Y 而不顾 X 的社会意义占有 X"(沃尔泽,2002:24)。根据这一原则,他从社会物品的意义分析中提出了三个对建立正义的分配秩序有现实指导意义的分配原则:自由交换、应得和需要的原则。

  自由交换是一种按市场法则进行社会物品分配的方式。"在理论上,自由交换创造出一个市场,其中所有物品都通过货币这个中介转换成所有别的物品"(沃尔泽,2002:26)。所谓应得则是以奖惩的方式分配社会善的形式。这个原则与自由交换的不同之处在于,一个人可以因为他的成员资格、知识、才能、贡献或某些被社会认为是善的品质而得到褒奖或酬劳,但是不能用买卖的方式获得。就像我们不能用金钱去买荣誉,用政治权力或投机取巧去换取学术声誉一样。如果这样做,基本的社会秩序就将陷于混乱。而需要则是将"所需的物品根据人们的所需情况而分配给他们"(沃尔泽,2002:31)。需要与人们所持有的社会善即对社会物品意义的解释密切相关。比如,对安全和福利的需要,与某个人或群体作为政治共同体的成员资格相联系。"如果我们不为彼此提供安全和福利,不承认成员和陌生人之间的区别,我们就没有理由构建和维系政治共同体"(沃尔泽,2002:79)。因而按需要分配实际上是共同体成员彼此间的需要交换。

  作为复合平等的主要分配原则,沃尔泽对自由交换、应得和需要的复杂性分析,揭示了物品关系及其社会意义在构建公平正义的社会分配关系中的基础作用,对简单平等观追求均质化的分配正义论给予了有力的批判。在此基础上,米勒以人类关系模式的区分为前提的社会正义原则,在当代全球化和文化多元主义并行存在又互为张力的现实情境中辨析社会基本结构的多重正义关系,为我们从人类关系的重叠建构中把握社会稳定的现实基础,提供了有说服力的根据。

在米勒的社会正义大纲里,社会的稳定取决于调节三种人类关系模式的实质性正义原则:需要、应得和平等的原则,它们对应调节着三种基本的人类关系模式。团结性社群是指有着亲戚关系或共同的信仰或文化的群体,它们存在于家庭、族群和各种社会共同体中。"在团结性社群内部,实质性的正义原则是按需分配。每个人都被期望根据其能力为满足别人的需要做出贡献,责任和义务则视每种情况下社群联系的紧密程度而定"。工具性联合体是人们以"功利的方式相互联系在一起",各种把工作或合作视作获取报酬、升迁或其他这类私人目标的手段的组织也属于这种关系模式。工具性联合的正义原则是依据应得分配。"每一个人作为具有用来实现其目标的技术和才能的自由行为者加入到联合体当中来。当其所得与其贡献相等时,正义就得到实现了"。而公民身份则是指作为政治社会中具有"公民地位的一组权利和职责的承担者"。"公民身份联合体的首要的分配原则是平等。公民的地位是一种平等的地位:每个人都享有同等的自由和权利,人身保护的权利、政治参与的权利及政治社群为其成员提供的各种服务"。(米勒,2001:28—325)

米勒认为,社会正义的这三个原则对我们确立稳定的社会关系和基本的分配秩序具有不可或缺的规范作用。但是,从现实社会的复杂性及人类关系模式具有交叉与重叠的特征来看,每一个人都可能同时生活在三种关系模式中并承担着相应的角色,他的行为也必须受到三种正义原则的规范。从多元主义的立场出发,将现实世界复杂的人类关系类型化为这些相互关联又各自独立运行的基本模式,用一种正义多元论来分析现实社会中实际发生的分配正义问题,从而摆脱罗尔斯式的一般正义论过度抽象和过于简单的分配正义原则无法成为"指导人们日常行为的可操作的理想"(米勒,2001:2)的局限。在讨论具体的分配正义原则对规范人们行为的调节作用时,米勒与沃尔泽一样,坚持复合论的方法论,将特定人类关系模式中社会分配关系的复杂性纳入社会正义的分析框架中进行考察,揭示了不同正义原则在具体分配领域的运用中面临的复杂局面,为实质性地运用这些原则去调节不同关系模式下存在的复杂交错的分配关系,从而规范分配秩序并直接影响基本社会结构的公平正义提供了可能。他指出,在我们将一种关系模式与其独特的正义原则联系在一起时,并不意味着这一正义原则就是唯一的起作用的原则。事实上,每一种关系模式中都存在难以界定的模糊界限,从而影响分配正义原则发挥作用。比如在教育资源的分配上,来自团结性社群的正义要求与来自公民身份的正义要求会发生冲突;而在相互重叠的人类关系中,受自利动机和"联合的模式"的影响,人们对不同正义原则的理解和遵从会出现"差序格局"的反应。"有些关系是这样的,我们不可能不在日常生活中意识到他们;另一些则不大能够直接地看得见,我们需要一种戏剧性的事件才能回想起它的重要性。如果我们从这一角度观察团结性社群、工具性联合体和公民资格,我们就会发现,在正常的环境中,关系的显著性是逐渐降低的。……我们倾向于赋予来自于我们最接近的社群的正义要求以太多的重要性,而对来自于公民身份的要求则赋予太少的重要性"(米勒,2001:4)。

对于正义的追求在日常生活中的扭曲,米勒建议,要建立在日常生活的思考中"能相互协调平衡地得到坚持的三条标准的一种多元主义的正义论"(米勒,2001:44)来加以修正。这种多元正义论不是让不同的群体"被不同的原则所吸引",以至于"群体认同变得非常强烈从而牺牲了范围更广泛的民族认同",而是要达到他们对多重分配正义关系的开放性理解和接近,以克服现代社会认同碎片化所造成的那种人们只关注"他们得到的那块蛋糕有多大,而不是是否有一种公正的程序来切分那块蛋糕"(米勒,2001:293)的狭隘功利主义片面性,从而为我们在现代社会开放的民族认同中建立新的有序和谐的社会关系提供了广阔的空间。

### 三、分配正义理论的应用价值及其对构建有序和谐社会的启示

新自由主义和社群主义关于分配正义原则的讨论,将分配正义问题由抽象的哲学思辨引向对正义原则的日常生活思考,展示了分配正

义理论对规范现实社会关系、建构正义和谐的社会秩序的伦理价值。从分配正义理论的应用价值看,社群主义与以罗尔斯为代表的新自由主义政治哲学关于社会正义的理论争论,将分配正义的讨论直指基本社会结构问题,复活了正义理论对社会分配问题上各种流行的政治和道德观念的批判性立场,对纠正以个人权利至上和强调市场竞争为导向的经济自由主义倾向发挥了积极的作用。20世纪70年代以来,随着福利国家陷入危机,经济自由主义和政治保守主义思想成为主导经济和社会发展的主要力量。以追求效率而牺牲社会公平为主要特征的经济(资本)自由化、财产私有化和极端个人主义思想的普遍流行,导致了"资本是自由的,而劳动人民反倒是被国有化了"(埃里奥特拉、阿特金森丹,2001)的社会不平等迅速发展。在这样的局势下,罗尔斯将正义看做"社会制度的首要价值"(罗尔斯,1988:1),社群主义则力图恢复社会正义作为人类的批判性社会理想的地位,复活公平正义的观念在规范社会分配关系中的作用。这场特色鲜明的争论对唤起人们的良知,采取行动去抑制资本的权力扩张,维护社会平等和公民权利,无疑起到了积极的政治倡导和道德批判作用。

与此同时,罗尔斯将现代社会看作"自由和平等公民之间的一种公平的合作体系",力图"发现一种恰当的分配原则,以便解决基本结构中公民人生前景方面的经济和社会不平等"(罗尔斯,2001:566),突出了分配正义作为克服现代社会经济不平的发展而产生的严重政治和道德问题的价值论意义。而在与罗尔斯的争论中形成的社群主义的正义多元论,通过揭露人们对正义的日常生活思考的扭曲,把罗尔斯关于社会正义的道德形而上学与哲学认识论的阐述,转化成具有实际指导意义的分配正义原则来规范社会分配关系,为人们制定相应的政策,对分配制度进行改革,提供了极富启发性的思想原则。

更具实践伦理意义的是,在经历了改革开放三十年的历史巨变之后,中国社会正面临一场更深刻的社会变革:这就是转变经济发展方式,促进经济社会协调发展,将经济发展积累起来的巨大物质财富变为全体人民人人共享的社会财富,使我们对社会秩序目标的追求由社会稳定转变到社会有序发展的方向,以解决在过去三十年的发展中,随着经济财富的积累社会不平等也开始积累起来的矛盾。在这一深刻的社会变革中,应借鉴当代社会理论所阐述的分配正义原则,建构一种以复合集体主义价值观①为基础的分配正义理论,为伟大的社会变革提供认识论和方法论依据。

我们认为,应按照这种理论路径来建构分配正义与社会秩序的关系。社会秩序是由经济、政治、文化等诸种因素的协调动作而形成的动态过程。合理公平的社会分配不仅可以稳定社会,而且将促进社会的有序和谐。之所以这样说,是因为分配领域涉及的是有关基本的"社会善"即财富、机会、权力与权利等有关人们生活的重要利益的分配,对社会基本关系的确定、个人合理的社会待遇和生活福祉的实现起着决定的作用。正是在这种意义上,现代社会理论把人类社会看作一个由人们的合作而产生利益与负担的分配体系,从基本社会结构和主要社会制度分配基本权利和义务的角度认识正义的主要问题,明确了分配正义问题作为重大的政治道德问题的理论价值,也为我们研究社会秩序的稳定与和谐有序提供了方法论依据。

从我国目前面临的各种社会问题来看,由于分配问题而导致的社会利益格局失衡、社会秩序紊乱,已经成为既影响社会稳定,又不利于社会和谐有序发展的主要社会正义问题。孙立平在分析改革开放以来中国社会发生深刻变化的特征时,将之描述为"从单一中心时代转向多中心时代"的过程。在这一转变发生之前的过去很长时间里,我们都生活在一个单一中心的时代,包括改革开放前的"以政治或阶级斗争为中心"和改革开放后二十多年的以经济建设为中心这样两个单一中心时代。相对于单一中心时代,多中心的时代"在价值的层面上它意味着除经济增长之外的其他价值开始确立,从结构上来说它意味着市场、政府和社会职能的分化以及以此为基础的新的社会运行机制的形成"(孙立平,2006:261)。

面对这样一个价值追求和社会结构多元化的局面,复合平等的原则要求我们要对不同领域的平等原则加以区分,将人们对不同社会善的追求置放于与其相对应的平等原则之下,使我们能够对各种分配关系进行有效的调节。而从复合平等观的要求来理解社会平等,对于防

---

① 笔者认为,复合集体主义是一种在对社会共同善的认同基础上,人与人的合作而产生的团结、互助和平等交往的关系形式。它是一种在民主、平等基础上形成的社会价值观,一种"自由人"的社会合作体系。参见拙作《社会正义、公民权利和集体主义》,第254—269页。

止社会在追求普遍平等的过程中将平等的要求变成平均主义,或者在社会利益格局多元化的时代,用一种平等去反对或侵害另一种平等,具有积极的思想批判价值和社会实践价值。从思想批判的意义来看,复合平等反对简单平等寻求均等化的平均主义,能使我们对中国传统文化中根深蒂固的平均主义思想保持必要的张力;同时,在社会利益格局多元化的时代,复合平等观念也有助于我们对在各种平等诉求的竞争中可能发生的价值冲突和思想混乱给予更多的警惕,防止各种"虚假集体主义"①或极端个人主义对社会价值领域的侵蚀。对我们的社会实践来说,市场竞争和社会利益多元化使社会平等面临新的挑战,运用复合平等原则来规范现实社会的平等实践,令不同实践领域受不同平等原则调节,如在商品交换领域坚持自由交换的原则,在公民权利维护中根据成员资格实行按需分配,而在公共权力和社会职位的占有上则遵循符合社会公认标准的应得原则。这样的平等不仅有助于社会的稳定和有序,而且有助于社会平等的发展。

而就分配正义的要求来看,在价值多元、社会结构多中心化的时代,多元正义论将使我们更加公正地对待不同社会主体(社会阶层、族群、社会团体、行业和工作群体)的利益要求,让人们能够在不同正义原则的调节下有序地活动,从而"影响着他们的生活前景即他们可能希望达到的状态和成就"(罗尔斯,2001:5)。在这里,多元正义原则对主要分配领域中人们的分配关系的调节作用,将使他们的不同利益诉求和相互间的关系在一个有明确边界的正义范围内得到协调,防止特殊正义原则的越界使用而导致的正义冲突,即用一种正义原则去反对或取代另一种正义原则的不和谐现象的发生。观察近年来我们社会生活中的冲突,像野蛮拆迁中公权力对公民权的侵害,经济生活中垄断行业所代表的特权群体与部门利益对公众利益的不正当占有以及公共生活中不同类型的"社会善"——财富、荣誉、政治职位、学术称号等——的越界分配,使得一些不具备相应资格和能力的人仅仅在另一领域所占有的支配地位,就可以轻而易举地在其他领域占有社会善。如把博

---

① 在这里,我把小群体主义或小团体主义看作虚假集体主义的主要表现形式。参见拙作《社会正义、公民权利和集体主义——论社会福利的政治与道德基础》第五章第二节中"各种虚假集体主义批判"部分,第274—278页。

士、教授之类的学术头衔授予有行政权力的官员,把政治职位或重要职务当做酬劳分配给在其他领域取得成功的人士等。我们这样说并不是反对给予那些为社会的进步和人类的福祉做出贡献的人以某种职务和荣誉,而是说当这种分配跨越了一种分配正义的领域时,它们就应当按照这些人将要进入的分配领域的原则行事,从而保证程序上和结果上的正当性。

因而,当我们说分配正义对社会稳定和社会的和谐有序发展起决定作用时,我们不是将分配问题仅仅看作经济发展的成果和物质财富如何在社会成员之间进行分配,而是在一个更广阔的社会空间内,将各个领域的分配分别纳入在其中起支配作用的正义原则的调节范围,从而起到稳定社会结构,促进社会有序和谐发展的作用。

**【参考文献】**

拉里·埃里奥特、丹·阿特金森:《不安全的时代》,曹大鹏译,商务印书馆2001年版。

法兰克、库克:《赢家通吃的社会》,席玉萍译,海南出版社1998年版。

约翰·罗尔斯:《正义论》,何怀宏、何包钢、廖申白译,中国社会科学出版社1988年版。

约翰·罗尔斯:《作为公平的正义——正义新论》,姚大志译,上海三联书店2001年版。

迈克尔·沃尔泽:《正义诸领域:为多元主义与平等一辩》,褚松燕译,译林出版社2002年版。

戴维·米勒:《社会正义原则》,应奇译,江苏人民出版社2001年版。

钱宁:《社会正义、公民权利和集体主义——论社会福利的政治与道德基础》,社会科学文献出版社2007年版。

迈克尔·J. 桑德尔:《自由主义与正义的局限》,万俊人译,译林出版社2001年版。

孙立平:《博弈:断裂社会的利益冲突与和谐》,社会科学文献出版社2006年版。

# 第二编

# 社会政策与社会福利发展

# 社会福利制度改革背景下中国社会工作发展的历史与特色*

## 一、中国计划经济时代的福利制度与社会工作

影响深远的计划经济不仅造就了高度集中的经济体制,也是中国社会福利制度形成的基础,并且产生了高度行政化的、以单位制为基础的社会工作服务模式。对这种福利制度和社会工作服务模式作历史的回顾,是我们探讨中国社会福利制度改革和专业化与职业化社会工作发展的前提,也能为我们分析当代中国社会工作发展特色的形成提供历史线索。

### (一) 中国社会工作①的历史回顾

中国社会工作的起源可以追溯到20世纪初西学东渐的历史。在西方社会学向中国传播的过程中,一

---

\* 本文根据作者在韩国社会福利学会2010年秋季大会中国社会福利论坛上的演讲稿修改而成。原载《社会工作(学术版)》2011年第1期,中国人民大学复印报刊资料《社会工作》2011年第6期转载。

① 由于历史的原因,本文所说的中国社会工作发展,主要以中国内地的情况为线索,中国香港和台湾地区的社会工作发展情况拟另文探讨。

些在华的传教士、西方社会工作学者和实务工作者通过创设服务机构、开办教育,在中国开始了社会工作实务和专业教育。当时的社会工作主要涉及农村社会工作、城市社会工作、医务社会工作等。① 20 世纪 20 年代以后,中国一些著名大学如燕京大学、金陵大学、岭南大学、齐鲁大学等先后开设了比较系统的社会工作专业教育,并且在规模宏大、意义深远的乡村建设运动和救灾救济等实务工作中发挥了积极作用(王思斌,2007)。到 1949 年,中国社会工作教育体系初步形成,社会工作实务在扶助贫困、照顾鳏寡孤独、乡村改造和灾害救助等方面已经产生了一定的社会影响。

中华人民共和国成立以后,为了医治战争创伤、恢复经济、重建社会并迅速实现国家的工业化和现代化,整个国家被高度组织起来,建立了以公有制为基础的计划经济体制和以单位制为特征的集中管理体制。政府不仅在社会运行中居于绝对的支配地位,形成了高度集中的社会管理行政体系,而且牢牢掌握着国家各种资源的动员和分配权,使政府在拥有至上权力的同时,也包揽了全社会的经济和社会责任。政府既是整个国家经济和社会运行的组织者和管理者,也成为社会服务的提供者。在计划经济体制下,中国形成了一个由政府全权负责、行政部门和单位(企业和人民公社)承担具体职责的社会福利制度和行政化社会服务体系。

与此相联系的是专业性社会工作教育与实务随着政府包揽的行政性社会福利体制建立而停止了一切活动。

首先是 20 世纪 50 年代初,中国的大学在向苏联学习按学科专业建设高等教育体系的过程中,停办并取消了包括社会工作在内的大量社会科学的学科专业,原有的专业人员转而从事其他工作②,社会工作教育和研究由此停顿。社会工作实务也因此失去专业支持而变成按照

---

① 在中国最早传播社会工作的是上海沪江大学(原为上海浸礼会学院),该校于 1913 年在上海杨树浦地区创设了从事社会服务的沪东公社,并于 1914 年开设社会学系,开始讲授社会工作课程。参见吴铎、陈良瑾、张昱等:《中国社会工作二十年发展状况分析与前瞻》,载中国社会工作协会组编:《社会工作蓝皮书:中国社会工作发展报告(1988～2008)》,社会科学文献出版社 2009 年版,第 1—38 页;胡杰容:《教会大学与早期中国社会工作教育——以燕京大学为个案》,载王思斌主编:《中国社会工作研究》第七辑,社会科学文献出版社 2010 年版,第 193—226 页。

② 吴铎、陈良瑾、张昱等:《中国社会工作二十年发展状况分析与前瞻》。

政府集中管理的福利制度要求进行活动的行政性社会工作。

其次是计划经济体制建立的过程中,国家对近代以来旧中国形成的经济、社会管理体制进行社会主义改造,以国家经营的方式对包括专业社会服务机构在内的各种社会组织进行改造,民间性的专业社会服务组织和社会工作实务也基本消失了。对民众的社会福利服务转而由政府兴办的民政福利机构,各种具有准政府机构性质的社会团体、群众组织及其行政人员提供。其中,具有浓厚行政色彩的单位制社会的形成,人民日常生活保障与福利服务由其供职的单位具体提供的做法,建构起一个更全面、更系统的非专业行政社会工作体系。

非专业的行政社会工作制度全面取代专业性社会工作制度的做法直到三十年以后的20世纪80年代初才随着国家经济、社会体制的改革与发展,社会工作专业教育的恢复而得到纠正。

(二) 中国计划经济时期社会福利制度

在长达三十年的时间里,中国实行了严格的社会主义计划经济体制,建立起一套由政府集中控制和管理的社会福利体系。这一体系的主要特征是:

第一,政府通过高度集中的行政体系组织和实施整个社会几乎所有福利性、服务性和公益性事业。在集中控制的福利供给模式下,行政体系排他性地将各种资源控制在自己手中,整个社会的几乎所有资源,不管是生活必需品还是就业机会基本上都是由政府进行分派(王思斌,1995)。

第二,单位作为各种经济和社会活动的实体,不仅扮演工作组织的角色,也是基本的社会组织。这些高度行政化的单位组织如企业和事业单位、人民公社等以公有制经济为基础,在本单位财政预算内,按照国家确定的社会福利政策,向单位成员(城镇职工和农村人民公社社员)提供各种日常生活所需的服务,几乎具备了所有社会管理与福利服务的功能,社会基本上单位化了,而单位也基本上变成了"五脏俱全"的小社会。

第三,社会单位化和单位办社会的格局用具有行政控制特征的"单位"取代了自发社会组织的社区,将社会整合成一个高度组织化的结构体系。整个社会福利服务系统的高度行政化,不仅排除了民间福利机构发展的机会,也使得专业性社会工作活动的空间被行政性社会工作挤占了。可以说,从1949年到1979年的三十年时间里,中国建立起了一种与集中计划管理体制相适应的、政府为主体的社会福利服务制度及行政社会工作体系。

作为计划经济时期社会福利服务的提供方式,行政性社会工作在国家倡导的集体主义价值观和为人民服务的理念下为群众提供服务,在保障社会最困难群体的基本生活安全、救灾扶贫、移风易俗、解决旧时代遗留社会问题,帮助人民解决生活困难,实践社会平等,提高人民的生活信心,改善社会风气,营造良好社会道德氛围,减少社会问题发生,振奋民族精神等方面发挥了积极而重要的作用。

(三)行政性社会工作的局限

然而,毋庸讳言的是,计划体制时期的社会福利服务制度和行政化社会工作也存在明显的缺陷。

首先,这种行政社会工作在解决社会问题时存在过度意识形态化的局限。北京大学教授王思斌在讨论行政化社会工作的局限时,将它的主要表现概括为三个方面:一是它在解决社会问题时常常以政治目标为旗帜,注重工作的政治意义而忽视其社会意义,因而总是采取政治动员的方式让群众参与其中,离开了政治运动,由于缺乏社会意识的支撑,社会工作就失去了其活动的动力;二是在解决问题的具体方面,由于社会长期在政治轨道上运行,而社会(具体化为单位)的物质资源相对匮乏,单位和组织常常把思想道德教育作为手段,致使实际问题得不到解决,反而积累了问题;三是行政取向的社会工作主要以社会动员、社会管理的方式解决社会问题,因而在实际的工作中,一般原则常被置于主要地位,而对解决人们面临的具体困难和问题则显得无力(王思斌,1995)。

其次,从事实际社会工作的主体基本上是具有干部身份的行政人员。一方面他们没有社会工作的专业知识和训练,不懂得社会工作助人的专业技巧和方法;另一方面则因为他们身处行政体系之中,科层化的结构限制了他们的行为,使他们对待人们具体、特殊的服务需求只能采取公事公办的方式来回应。僵化的福利体制使他们所能提供的服务缺乏具体问题具体处理的针对性与灵活性,造成社会福利服务中官僚主义、形式主义的盛行。这两方面的问题决定了从事实际社会工作的行政人员只能提供低水平的服务,其服务的效能也无法满足人们日常生活的需要。

最后,单位制社会体制使行政社会工作无力克服社会福利发展中的制度性不平等。社会单位化实际上把单位这种原本是社会的工作组织,变成了具有较完整功能的社会组织。通过单位办社会的方式使各种各样的工作组织,从城市的行政机构和企事业单位到农村的人民公社和生产队变成了相对封闭、自成体系的小社会。在国家经济困难,财政能力难以为群众提供均等化的社会福利服务的情况下,单位实际承担了为其成员提供福利资源和服务的责任。由于中国社会城乡、工农之间经济发展水平和生活条件存在巨大的差别,加上不同公有制形式如全民所有制和集体所有制,行政事业单位和企业单位等之间的差别,政府集中管理的福利供给模式实际上变成了单位福利制。

这种单位福利制一方面使人们必须牢牢地依附于一个单位才能获得基本生活保障,另一方面则因为单位之间在物质资源和财政保障能力等方面的差异,形成了城市与乡村、工业和农业、不同公有制形式之间社会福利水平的"差序格局"(费孝通,1997)。越是在大城市、中心地区或"行政级别"越高的单位,人们获得的制度性生活安全和服务保障就越完善,越是边远乡村或基层单位,获得的保障与服务就越差。"差序格局"使整个社会遭遇到深刻的社会福利发展的体制不平等。而这种状况是行政社会工作模式和高度集中管理的社会福利服务体制无力克服的。

总之,在计划经济时代,独特的社会福利服务体系和行政社会工作在解决中国社会发展中遇到的问题和困难方面既发挥了积极的作用,也带来了一系列自身难以克服的问题。随着中国社会进入到改革开放时代,建立专业化与职业化的社会工作制度来满足社会现代化所提出的福利需求,就现实地提了出来。

**二、改革开放与中国社会工作的恢复和发展**

1979 年是当代中国发展具有重要历史意义的一年。随着政府确定了以经济建设为中心,对内改革陈旧的计划经济体制,发展生产力;对外开放,打破闭关锁国局面,重新融入国际社会,建设现代化国家的国策目标的确定,中国进入改革开放时代。现代意义上的中国社会工作就是随着国家体制的改革进程而走上了当代发展的轨道。

## （一）社会工作的恢复重建

1979年，在结束了"文化大革命"十年动乱的历史之后，政府决定在大学恢复重建社会学学科，而社会工作作为"应用社会学的重要组成部分"①也重新进入大学课程体系之中。1984年，在探索规划中国社会福利事业改革发展的过程中，国家民政部派出第一个内地赴香港社会福利考察团，对香港的社会福利制度和社会工作教育进行全面考察。

在此基础上，1987年9月，民政部邀请国家教育委员会、人事部、劳动部等政府部门以及社会学与社会工作的学者，在北京举办"中国社会工作教育发展论证会"②，论证了专业社会工作对中国社会福利事业改革与发展的必要性，确认了社会工作专业的学科地位，为中国社会工作发展作了政策和组织的准备。由此揭开了政府推动专业社会工作建设的历史。

与此同时，国家教育委员会在1987年公布《普通高等学校社会科学本科专业目录》，将"社会工作与管理"列为本科专业，并批准北京大学、中国人民大学、吉林大学试办此专业。此后，全国各高校纷纷成立社会工作学系，开设社会工作专业。到1996年，已经有19所院校开设了社会工作专业。专业社会工作的恢复重建工作首先从教育领域起步。

在政府的倡导下，专业社会工作的实务也开始了。首先是建立了专业社会工作组织。1991年，中国第一个全国性社会工作专业社团"中国社会工作者协会"（China Association of Social Workers, CASW）成立，次年加入国际社会工作者联合会，成为正式会员。1994年，全国性社会工作专业教育工作者社团"中国社会工作教育协会"（China Association of Social Work Education, CASWE）成立，逐渐吸收了全国所有开办社会工作专业的学校成为团体会员，同时也聚集了全国有影响的社会工作专业教育人士，成为中国最大的社会工作专业教育团体。此外，各地区的社会工作者协会也陆续建立，如深圳市社会工作者协会于1992年成立，上海市社会工作者协会于1993年成立。这些专业组织

---

① 《社会学概论》编写组：《社会学概论（试讲本）》，天津人民出版社1984年版。
② 即中国社会工作教育界所说的"马甸会议"。

的建立对传播社会工作理念,推进社会工作实务,扩大社会工作专业影响力,发展中国社会工作发挥了重要作用。

其次是在民政工作中尝试运用社会工作专业知识和方法解决中国经济体制改革中产生的社会福利和公共服务问题,民政部于1987年提出了开展城市社区服务的工作思路。1992年以后,随着国家经济体制由计划经济向市场经济全面转型,以及政府行政管理体制改革的任务的提出,培育各种类型的民间社会服务组织,发展社区服务,促进社区工作的专业化,以承接企业经营机制改革后转移剥离出来的社会福利职能和政府机构改革后转移出来的社会服务职能,成为促进社会工作实务发展最重要的动力。在这一趋势推动下,各种民办社会服务机构开始出现,对社区工作者进行专业培训,要求社区服务从业人员持证上岗,探索民政工作专业化和职业化,淡化社会福利服务工作的行政色彩,以构建小政府、大社会的社会管理与服务新体制,成为专业社会工作恢复重建后取得的最重要成果。

必须强调的是,中国社会工作的恢复重建工作是在专业社会工作中断了三十年之后开始的,无论是理论知识、专业教育还是实务经验基本处于空缺状态。因而,整个恢复重建工作主要是借助于欧美发达国家和中国香港地区的经验,缺乏中国本土知识和经验的根据。这种情况在一定程度上引起了人们思想认识上的混乱,并引发了本土社会工作(传统的行政社会工作)与从国外引进的社会工作(专业社会工作)孰优孰劣的争论。在这种争论中,当代中国社会工作开始了本土社会工作专业化发展路径的探索。

(二)探索本土社会工作专业化的阶段

1995年以后,随着市场经济体制的全面推进和政府行政管理体制改革的深入,大量社会问题浮出水面,对中国的发展与现代化产生了不利影响。以解决社会问题和增进社会福祉为己任的社会工作如何回应这样的社会需求,就成为中国社会工作发展必须解决的问题。而从政治的方面来说,如何在市场经济体制建立的过程中,转变政府职能,构建起小政府、大社会的社会管理与公共服务格局,将部分社会管理职能和大部分社会服务职能转让给社会,改变政府包揽社会事务、行政机构臃肿、办事效率低的弊端,就成为整个国家行政管理体制改革必须面对的问题。围绕着这些问题探索社会工作发展的中国路径,使社会工作承担起发展社会福利,促进社会进步的责任,构成了这一阶段的主要任务。

在探索社会工作专业化的过程中,虽然在恢复重建阶段已经做了大量工作,人们对社会工作在现代社会福利制度中的地位和作用已经有了初步认识,官方文件中也不断出现社会工作的字眼。但是,要将社会工作纳入社会福利制度,建立适应中国经济—社会变迁的社会工作体系,仍然面临巨大困难。

而从社会工作发展本身的问题来看,尽管国家在政府职能转变的改革中已经提出了建设小政府、大社会的行政管理体制改革思路,长期形成的旧体制仍然在其惯性轨道上继续发挥作用。专业社会工作的发展遭遇着传统的行政性社会工作的抵抗而无法成为社会福利体制的组成部分。因而,这一阶段中国社会工作的发展呈现出以下几个特点:

第一,社会工作教育作为专业化的积极推动者对社会工作的发展起了重要作用。1996年至2005年,开设社会工作专业的高校由不足20所快速增加到近200所,几乎增长了10倍。在中国社会工作教育协会的积极推动下,社会工作教育的专业化和本土化探索取得了显著成果。一是针对高校社会工作专业快速发展中凸显出来的专业教师数量不足、专业化水平不高的现状,组织了大量师资培训,推动了师资队伍的专业化。二是针对专业社会工作实务缺乏本土经验支持的现状,倡导高校教师走出课堂,与社区和相关社会服务机构合作,以建立专业实习基地的形式,组织教师和学生开展实务工作,为开展专业教育积累本土经验,也影响了政府职能部门和社会服务机构的社会工作职业化与专业化进程。三是针对专业教材不足、过分依赖国外及港台地区教材的问题,组织全国高校社会学和社会工作专业教师编写了社会工作主干课程和实务课程系列教材,填补了空白,推动了社会工作专业教材建设。四是组织开展社会工作理论与实务的研究,通过召开国际和国内学术会议、出版《中国社会工作研究》、支持各种学术活动,极大地推动了社会工作研究。五是开展与国外和中国香港、台湾地区高校和学术机构的学术合作与交流,在推动中国社会工作国际化的同时促进了本土社会工作教育的专业化。

第二,在政府积极推动社会管理体制改革和社会福利制度改革的政策影响下,各种社会组织①有了较快发展,各种民办社会服务机构纷纷成立,形成在政府行政体制外社会工作发展的新领域,专业性社会工作在其中得到了一定的发展空间,一批具有职业化和专业化特征的社会工作者开始进入社会工作实务领域。1996年上海市在浦东新区开始探索在社会服务领域引进社会工作制度,支持成立了一个新兴的民间社区服务机构罗山市民会馆,承担起民间机构为社区居民提供日常生活服务的专业工作。1997年,上海市开始将社会工作本科专业毕业生引进社区和社会福利机构从事社会服务,开始了社会工作专业服务本土化的探索。2000年以后,在中央和地方政府有关职能部门的倡导、支持下,全国各地出现了一批专业化的民办社会服务机构,政府办的福利机构中也开始引入社会工作者,在社区、学校、医院、农村、老年人照顾、家庭、儿童青少年、禁毒、司法矫正等领域开展服务,专业化、职业化的社会工作开始出现。②

第三,形成了体制内和体制外、行政社会工作与专业社会工作并存的局面。在社会工作专业教育迅速发展和民办社会服务机构兴起的推动下,中国社会工作在传统行政社会工作和专业社会工作的冲突中呈现出新的发展特点,这就是在传统的社会福利制度开始松动而尚未发生明显的变化,主要的社会资源仍然牢牢控制在政府行政体系手中的情况下,传统的行政社会工作继续存在而专业社会工作开始在行政体系的外围和边缘生长,形成了行政体制内和体制外两种社会工作并存的局面。其中,在实务领域,专业的社会工作借助于新兴的民办社会服务机构开始介入到社会服务中,为人们提供日常生活需要的各种服务。在一些政府的福利机构(如社会福利院、儿童福利院等)和政府支持的非营利机构(如上海市的自强社会服务总社、新航社区服务总站、阳光社区青少年事务中心等)中开始建立社会工作服务制度。形成行政体制外专业社会工作发展并向体制内的机构渗透的局面。在教育领域,在高等教育改革的推动下,高校社会工作专业教育迅速发展,建立专业化、职业化的本土社会工作教育体系,探索中国社会工作专业化的人才

---

① 按照官方的定义,中国的社会组织包括基金会、民办非企业单位和社会团体等三类。其中,民办非企业单位主要是指从事各种非营利社会服务的非政府机构。

② 中国社会工作协会组编:《中国社会工作发展报告(1988~2008)》。

培养模式的要求,推动社会工作专业教师一方面加强和扩大与国外高校的合作交流,不断吸收国际社会工作教育的新知识、新经验;另一方面则走出校园,跨越行政体制,深入社区和社会困难群体,与社区和社会服务机构密切合作,创办实习基地,开展实务,积累本土经验,用专业理念和知识影响社会服务行政体制,形成了理论影响实践,教育推动实务这样一种独特的中国社会工作发展方式。所谓体制内和体制外两种社会工作并存的局面就是在这两方面的意义上形成了。这种局面的形成,对影响和改变政府行政体系和行政化社会工作包揽社会福利服务的格局产生了积极作用。

总之,在探索本土社会工作专业化的路径中,中国社会工作取得了前所未有的进步。但是,这种进步仍然是有限的,面临制度和政策上的重重障碍。要突破这些障碍,仅仅靠专业人士和教育的推动是远远不够的,必须在社会福利制度和政策层面加以突破,才能取得实质性进展。这种制度性难题的解决随着政府构建和谐社会,全面推动国家现代化的经济—社会协调发展的战略目标的确立开始得到解决。

### 三、和谐社会建设与中国社会工作发展的全面推进

2006年是中国社会工作发展进入新时期的转折点。这一年,中共中央作出了构建宏大社会工作人才队伍,促进和谐社会建设的战略决策。① 社会工作作为现代社会福利服务制度的基本要素和社会服务的主要承担者,被纳入国家社会建设和社会福利事业发展的战略规划中,开启了全面推进社会工作专业化与职业化的阶段。在政府的强力推动下,一个以政府主导、教育推进为特色,在行政性社会工作与专业社会工作并存的基本局面不变的情况下,专业社会工作嵌入现有的公共服务和社会管理体制之中开展专业服务的"嵌入性发展"(王思斌、阮曾媛琪,2009)构成了这一阶段的基本特点。

(一)政府主导下的社会工作职业化

当代中国社会工作的发展的一个最显著特点,就是由党中央决策,在政府主导下进行社会工作职业化。

所谓政府主导社会工作发展是指目前在中国社会管理体制和社会

---

① 《中共中央关于构建社会主义和谐社会若干重大问题的决定》,2006年。

福利体制改革刚刚开始,改革的主要推动力仍然是政府。政府和单位在处理社会事务、解决社会问题方面仍处于绝对优势地位的情况下,离开了政府行政体系的支持,其他社会力量无力承担发展社会工作的重任。而政府对社会工作发展主导作用,除了其强大的社会动员能力外,还包括制定政策和制度建构的能力。一旦它作出决策,整个行政系统就会迅速行动起来,释放出巨大的能量,形成全面推进社会工作专业化和职业化的态势。

因此,在中共中央作出建设宏大社会工作人才队伍来推动和谐社会建设的决策之后,社会工作专业化与职业化开始在国家制度层面展开。2007年2月,《民政部关于开展社会工作人才队伍建设试点工作的通知》发布,在全国的社会福利、社会救助、社区建设、残障康复、优抚安置、社会公益类民间组织和家庭生活服务等领域,开展以"普及社会工作知识,储备社会工作人才,明确社会工作岗位,积累社会工作人才评价经验"为目的的社会工作人才队伍建设试点工作(中华人民共和国民政部,2007)。从2007年起,在全国31个省市自治区的411个地区和单位开展了试点工作。到2009年,在各地区的社会福利、社会事务、慈善救助、优抚安置等民政事业单位开发设置了8000多个社会工作岗位,在城乡社区服务机构中开发设置了37000多个社会工作岗位。①

2008年,根据国家人事部和民政部2006年联合颁布的《社会工作者职业水平评价暂时规定》和《助理社会工作师、社会工作师职业水平考试实施办法》,中国开始实行全国社会工作者职业水平考试,在国家制度上将社会工作者纳入专业技术人员范畴。同年10月,国家人力资源与社会保障部、民政部又联合下发了《关于民政事业单位岗位设置管理的指导意见》,明确了社会工作者在民政事业单位专业技术职务系列中的主导地位。2010年,中国政府在制定国家中长期人才发展规划中,将社会工作人才列为优先发展的专业人才,提出到2020年建成300万人规模的社会工作者人才队伍的发展目标。

与此同时,政府在"小政府、大社会"的社会管理制度改革和"社会

---

① 《民政部召开全国机构社会工作人才队伍建设试点经验交流会》,中国网,2010年3月3日,http://news.china.com.cn/rollnews/2010-03/03/content_850498.htm。

福利社会化"的思路指导下,把培育和发展民办社会服务机构当作深化社会福利制度改革、吸纳社会工作人才、促进社会工作职业化和专业化发展的主要举措,进行了政府购买社会服务的探索。例如,深圳市在全市范围内进行了由政府出资购买社会工作岗位,以民间运作的方式,委托民间机构在社区服务、青少年和学校教育、老年人及家庭照顾、社会救助、司法矫正、劳工权益保护等领域开展服务的实践;上海市则在政府主导下,通过创办社会工作服务机构,建立社会工作者职业资格认定、注册管理和岗位配置等方面的制度,在司法矫正、卫生和教育、家庭、妇女和计划生育等领域建立起了社会工作服务体系。① 此外,在中国的其他地区和城市,民办社会工作服务机构建设也取得了进展。上海浦东、宁波海曙、江西万载、长沙天心、成都青羊等地初步形成了促进民办社会工作服务机构发展的配套政策,建立了政府购买社会工作服务的运行机制。②

(二)社会工作教育在推进社会工作专业化中的先导作用

在当代中国社会工作的发展中,作为专业化的先行者,高校社会工作专业的建立与专业化发挥了重要的推动作用。所谓教育推进即是指这样两方面:一是高校的社会工作教育是在没有本土的专业化社会工作实务经验的情况下,率先引进国外专业社会工作教育制度,开始培养专业化的人才培养工作,使社会工作的专业化首先在教育领域开始启动;二是指在社会工作教育制度建立起来以后,由于实务领域的专业社会工作制度没有建立,专业教育缺乏学生实践锻炼的场所,所培养的人才没有相应的就业领域和工作岗位,迫使高校教师走出校园,与政府合作,到基层社区和福利机构开辟实习基地,并且介入实务部门,帮助它们改变传统的行政社会工作服务方式,扮演起专业社会工作实务的推进者角色,直接影响实务部门的社会工作职业化与专业化。

因此,在国家确立了建立社会工作专业服务制度、促进社会福利制度改革和推动和谐社会建设的战略目标后,高校社会工作教育获得了空前的发展机遇,也更积极地扮演起社会工作专业化推动者的角色。

---

① 此处资料引自2010年社会工作国际论坛(深圳)中刘润华、马伊里的相关交流材料。
② 《民政部召开全国机构社会工作人才队伍建设试点经验交流会》。

首先，在 2006 年以后，开设社会工作专业的高校数量进一步增加，由 2006 年以前的不到 200 所学校，增加到 244 所。同时，社会工作教育体系也更加完备。2009 年，教育部将社会工作专业硕士（MSW）列入专业硕士学位研究生专业目录，首次批准了 33 所高校为社会工作专业硕士学位研究生培养单位，并于 2010 年开始招收研究生。2010 年又批准 25 所学校为培养单位，使培养社会工作专业硕士研究生的高校达到 58 所。这标志着高校初步具备了培养高层次社会工作专业人才的能力。

其次，经过了二十多年的探索和经验积累，社会工作教育在人才培养和回应社会需求等方面的能力进一步提高。主要表现在：第一，随着社会工作教育工作者专业化水平的提升，结合本土社会工作实务经验开展教学活动的能力初步形成，以中国经验为基础的教材和教学成果不断形成，使所培养的学生更加专业化，更加适应中国社会福利制度改革和发展的需要；第二，在国家教育制度改革的推动下，教育与政府部门和社会服务机构的合作更加密切，几乎所有高校社会工作专业的教师都采用与社区或社会服务机构合作的方式开展实践教学，丰富了专业教学的内容，培养了社会工作专业学生的实务能力，使他们更加适应社会工作专业化与职业化的要求。

最后，专业教育对社会工作实务专业化的影响力进一步扩大。随着中国经济的持续增长，工业化和城市化不断发展，各种社会问题大量出现。社会分配不公、贫富差距扩大、失业和再就业、人口老龄化、失地农民和流动人口、青少年教育、刑事犯罪、毒品和艾滋病传播等影响社会稳定与发展和人们生活幸福的重大社会问题，靠传统的社会管理方式和行政体系已无法解决，需要通过社会管理体制改革和制度创新来解决。在这样的背景下，政府希望通过发展公共服务，培育和建立各种民间的社会服务组织，建立职业化和专业化的现代社会工作制度使问题得到缓解。而从国际上社会工作职业化的角度看，发展社会服务机构吸纳社会工作者从事专业社会服务，推动职业化进程，也是建立现代社会工作制度的重要途径。因而，作为社会工作专业化的主要推动者，在国内兴起的民间机构发展热潮中，教育工作者也纷纷创办社会工作服务机构，或者担任民间机构的董事长、总干事，或者担任机构的专业顾问、董事，在推动社会服务组织发展和社会工作实务的专业化上发挥了重要作用。

（三）社会福利制度改革和社会工作发展中教育先导作用的原因分析

教育在中国社会福利制度改革和社会工作发展中所扮演的独特角色，是由中国改革开放的特殊历史进程和现实的经济与政治条件决定的。

从历史的角度看，改革开放的发生是在中国经历了极度的混乱，经济建设倒退和社会生活秩序被完全打乱的"文化大革命"之后。国家百废待兴，振兴国民经济，发展科学技术和社会文化事业需要教育发展的支持，使得教育在国家发展中走在了前面；而学习借鉴国际先进经验来培养中国现代化建设急需的各种人才，使教育有更多优先发展的机会。正是这样的历史条件，决定了社会工作专业的发展首先从教育领域开始。

而从当时的经济和政治条件看，由于经济极端落后，发展经济作为国家优先考虑的工作，使得其他社会事业的发展放到次要位置。同样由于发展经济需要稳定的政治环境和集中统一的行政权力作保障，使计划经济时期形成的行政官僚体制得以延续，并在社会资源的控制和分配上实行高度的垄断，社会服务的组织与提供也就只能由行政体制来决定。

这种局面决定了专业社会工作制度不可能在由政府的社会福利部门和企事业单位组成的组织体系完备的行政社会福利体制中建立。因而，当经济有了较大发展，社会问题积累到一定程度，需要通过行政管理系统的改革来加以解决时，实际工作领域中专业社会工作的缺位，决定了高校的社会工作教育工作者必须承担起专业发展的任务，形成了教育推动社会工作专业化和职业化的局面。

**四、中国特色的"嵌入式"社会工作专业化及其发展趋势**

前面已经指出，中国社会工作的发展是在两种社会工作并存，专业社会工作在政府行政部门主导下，通过专业教育工作者的推进不断向行政体制渗透，嵌入到行政社会工作体系中的过程。对于专业社会工作的嵌入式发展，中国学者的解释是：专业社会工作要进入行政性社会工作占主导地位或基本覆盖的社会空间中发挥作用。但是，由于这种空间具有很强的行政性、层级性和自上而下的特点，专业社会工作发挥作用的空间极其有限,只能在嵌入中推进(王思斌、阮曾媛琪,2009)。换句话说,嵌入式的社会工作专业化,是在政府行政体系对主要社会资源垄断性控制的局面没有完全打破,社会福利服务的提供仍然由组织体系相对完备的政府机构及其所属事业单位来完成的情况下发展社会工作,所能作出的历史与现实的选择。从这一基本判断出发,我们看到,当代中国社会工作的发展具有如下特色:

(一)政府主导与专业介入的合作与冲突

所谓政府主导是指在主要社会资源集中在政府行政体系的条件下,如果没有政府对社会工作的职业化与专业化的认同、支持和决策,没有行政力量的介入,社会工作制度及专业性活动就难以获得政治的合法性而进入到既有的社会福利体制中,只能处在体制边缘和外围,难以发挥其作用。所谓专业介入是指在整个国家改革与发展的大趋势下,原有的行政化社会服务体系已经不能适应经济建设和社会建设的需要,必须要进行改革,引进新的专业制度和服务方式来解决。这两方面的情况,决定了政府主导下的社会福利制度改革和社会服务的职业化,需要专业的介入。这就使专业社会工作有了嵌入行政体制,用专业社会工作的理念和方法影响、改造行政性社会工作的空间。而专业的积极介入则有可能促进社会工作职业化与专业化的进程。

但是,这种合作并非两情相悦、没有矛盾。相反由于两种社会工作在体系上、理念上和运作方式上的差异,不可能在短期内弥合。因此,政府主导与专业介入之间的合作又会在不断发生这样那样的摩擦、冲突交锋的过程中进行。这种情况将在一段时期内不断发生。不过,由于中国社会福利制度改革走社会福利社会化和社会服务专业化道路的基本方向已确定,冲突的结果将是行政性社会工作与专业性社会工作结合成新的、中国特色的社会福利服务制度。

(二)依靠制度改革实现社会工作专业化与职业化

中国改革开放的成功经验之一是在高度集中的计划管理体制向市场化、社会化体制转变过程中,依靠执政党对中国社会发展和世界发展总体趋势的判断形成的改革决心和政府行政运作方式进行经济体制、政治体制和社会管理体制改革。这种改革的总体特征是自上而下、制度突破。中国社会福利制度的改革和创新,社会工作专业化与职业化也存在同样的路径依赖。这就是执政党在和谐社会建设的总体发展目标确定后,作出构建宏大的社会工作人才队伍的战略决策,由政府制定发展规划,通过社会福利服务体制转变和社会工作制度建设的制度改革与创新来实施,形成中国特色的社会工作专业化与职业化具体路径。中国社会工作发展在经历了艰难曲折的探索之后才迎来全面推进的时期,充分体现了这种路径依赖的特色。

按照这一路径,政府将改革传统社会福利服务体系,建立现代社会服务体系的制度创新放到了社会工作发展的首位,首先在制度层面确定了社会工作作为现代社会福利体制的重要组成部分,是改善民生、预防和解决社会问题、促进社会福利事业发展不可或缺的制度形式,使社会工作获得了制度的合法性。其次是在制度改革上将建立社会工作制度作为改革传统社会福利服务体制的重要内容加以推行,从服务职责、工作岗位、薪酬待遇、考核评价等方面作出专门规范,使社会工作者获得身份地位的合法性。最后是打破现有的行政管理体系,将一部分社会管理和社会服务的职能转让出来,交给社会,通过鼓励和支持民间力量参与社会服务,培育和发展新型社会组织来承接行政体制释放出来的职能,使专业社会工作介入社会福利服务领域有了更大的制度空间,获得了专业活动的合法性。

总之,通过政府推动的制度改革和创新,打开了全面推进社会工作专业化与职业化的局面,中国社会工作进入到加速发展的时期。

(三)渐进式的社会工作专业化与职业化

当前,尽管在社会福利制度改革的推动下,中国社会工作进入全面发展的加速期,但是,由于中国社会发展"后计划经济体制"(王思斌、阮曾媛琪,2009)时期的特点,需要克服的困难仍然很多,其中主要的问题有三点:其一是行政体制的力量仍很强大,相对完整的社会福利服务行政组织体系仍然靠着历史的惯性继续发挥作用。各种在计划经济时代形成的行政机构和单位组织在改革浪潮的冲击下既感到无所适从,又担心既得利益的丧失。要使它们让渡出一定的空间给新兴社会组织和专业社会工作,会遇到各种阻力。其二是民众在计划经济时代已经习惯于政府行政体系提供的照顾和服务,存在接受服务时的路径依赖,当新的社会服务形式出现时,专业化与职业化的社会工作服务在中国还不为民众所认知,特别是对由非官方的机构提供照顾和服务存在偏见,各种担心和不信任心理会使他们产生不同形式的抗拒行为,间接地制约着社会工作的发展。其三是专业性社会服务机构本身的成长也还处于较幼稚、较简单的初创期,专业化与职业化水平不高,回应复杂社会服务需求的能力较弱,一时无法完全承担起行政体系转移出来的管理与服务责任,并在很大程度上处于对行政体制的依附性生存状态。

鉴于上述问题,中国社会工作的专业化与职业化将在一段时间内依附于行政体制,在社会功能的发挥上处于"配角"而不是主体的地位。因而只能采取渐进式的、在政府体制逐步释放其职能空间的过程中,积累经验、提升能力,形成自己的发展模式。这就是我们对中国社会福利制度改革背景下社会工作职业化和专业化发展的状况与特点的基本认识。

【参考文献】

费孝通:《乡土中国　生育制度》,北京大学出版社1997年版。
胡杰容:《教会大学与早期中国社会工作教育——以燕京大学为个案》,载王思斌主编:《中国社会工作研究》第七辑,社会科学文献出版社2010年版。
王思斌:《我国社会工作发展的新取向》,《学习与实践》2007年第3期。
王思斌:《中国社会工作的经验与发展》,《中国社会科学》1995年第2期。
王思斌、阮曾媛琪:《和谐社会建设背景下中国社会工作的发展》,《中国社会科学》2009年第5期。
《国家中长期人才发展规划纲要(2010—2020年)》,2009年。
中华人民共和国民政部:《关于开展社会工作人才队伍建设试点工作的通知》,2007年。

# "社区照顾"的社会福利政策导向及其"以人为本"的价值取向*

在当代社会福利制度的改革过程中,适应社会政治、经济结构的变化,发展社区照顾,为老、弱、病、残、幼等社会弱势人群提供福利服务与支持,以改变福利供给单纯由国家提供带来的各种弊端,动员各种社会力量参与到福利服务中,并为弱势群体提供多元化的社会支持,对发展社会福利事业,以及在社会剧烈变迁的条件下,为最易受到伤害的社会弱势群体提供切实可靠的支持与照顾,具有重要的实践意义。从世界各国,特别是福利国家社会福利体制改革的实践看,社区照顾作为当前国外社会福利服务的输送模式和社会工作的一个重要发展方向,已经得到普遍的应用和重要的发展。它的出现,不仅代表了社会服务模式的转变,也代表了社会福利观念的重大变化。了解和掌握它所表达的社会福利观的价值和意义,对我们正在发展的

---

\* 原载《思想战线》2004 年第 6 期。

社会工作事业,以及我国社会福利体制的改革、福利输送模式的调整,无疑具有重要的借鉴意义。

## 一、"社区照顾"与社会服务的"正常化"

在当代社会福利的理念里,"社区照顾"是指社区中的各方面成员——家人、亲戚、朋友、邻居、志愿者和社区领袖等组成的非正式网络,协同各种正式的社会服务机构,在社区内对需要照顾的人提供服务的过程。按照英国的健康与社会保障部(Department of Health and Social Security)在《社区照顾的合作》(Collaboration in Community Care)一书中的相关解释,社区照顾在过去以及现在,往往意味着"在"社区照顾(care in the community),它系指对需要被照顾者的服务,是要在家里或社区内提供,而不是在与日常生活隔离的机构内。因而,它包括的不仅是个人,也包括家庭、朋友、工作上的同事,以及社区的广泛网络。以实务的用词而言,即包括:日间照顾中心、成人训练中心、临时收容所、团体之家、庇护所,以及替代或补充其他早先由医院或大型居宿机构所从事的工作场所(史蒂文森,1996:15)。

这一解释区分了社区照顾与机构照顾的不同,根据这种解释,社区照顾实际上是由政府和民间的力量结合,为满足社区居民的需要提供社会服务的一种方法。它包含着两层意思:"在社区内照顾"(care in the community)和"由社区来照顾"(care by the community)。所谓在社区内照顾,就是为了避免过去的大型照顾机构那种冷漠和与世隔绝的程式化的专业照顾带来的负面效应,由政府及非政府的服务机构在社区里建立小型的、专业的服务机构,发展以社区为基础的治疗与服务设施、技术和计划,使所提供的服务更贴近人们的正常生活。如建立社区活动中心、老人之家、青少年之家、日间照顾中心等,为老人、残疾人、不需住院治疗的精神病、慢性病患者、有越轨行为的青少年及父母无法照顾的儿童提供照顾、治疗和教育等方面的服务。而由社区来照顾则是指由家庭成员、朋友、邻居和社区内的志愿人员所提供的照顾。它虽然是非正式的或者说是非专业的、民间的自我照顾的方式,但是却能弥补机构照顾的不足,甚至代替机构照顾的许多功能。我们所讲的社区照顾,在完整的意义上,是"社区内的照顾"和"由社区来照顾"两方面的结合。它既包括由政府、社团及市场化的企业等各种非营利和营利的社会服务机构提供的专业的服务,也包括由社区内的居民提供的非正式的服务。因而,社区照顾不能只注重一方而忽视另一方。

从"社区内照顾"到"由社区来照顾",是社区照顾发展和完善的过程。在这一过程中,社区照顾的发展始终贯穿着一个目标导向——"正常化"的追求。作为机构化的目标,"正常化"是社会工作提倡社区照顾的主要原因。从国外的经验来看,"正常化"的概念首先出现在"用于支持学习障碍者之机构服务的改革"中,它的基本理念是:"尽管失能者①有其问题,但他们却如其他人一般,应有其尊严和权利。"在正常化的社区环境里,失能者不仅可以过一般人的生活,享受他应得的基本权利,比如"一套正常规模的生活,充分的隐私权、正常的与他人社会、情绪和性关系,正常的成长经验、获得适当支薪工作的可能性,以及对影响其未来相关决定的选择和参与"(黄源协,2001:9)等,而且,他也应对自己、对他人、对社区承担他应有的义务,按照自己的能力对社会有所贡献。概括起来说,正常化就是让有照顾需求的人在常人的环境里受到有尊严的照顾;让失能者获得没有"烙印"的服务;让他们在日常生活的环境里恢复或维持其担当一定社会角色的能力,从而回到正常社会。

社区照顾之所以在满足弱势群体的福利需要方面能够发挥积极的作用,还有一个重要的原因是社区结构本身的特殊性。社区是一个社会生活的具体场所,人类生活的意义和价值有很多是由社区提供的。国家和市场虽然能够提供许多人们所需要的物品,但却不能提供全部的公共和私人生活物品。对于像邻里和谐、个人情绪支持这样的物品,国家和市场是无法供给的,而社区恰恰能够满足这种需要。

社区有时能做到政府和市场不能做到的事情,因为社区成员拥有关于其他成员行为、能力和需求的重要信息,社区成员这些信息支持社区行为规范,并充分利用有效的、不会被通常的道德风险和逆向选择问题所困扰的保险安排(伯勒斯、基提斯,2003:134)。正是因为社区具有这样的功能,所以它能解决由于国家的福利供应不足和市场失灵所造成的将穷人排斥在公共生活之外,对他们的需要不了解,以及由于各

---

① 即指那些因为身体、精神、年龄和行为等方面的问题而被剥夺了日常生活权利、丧失了基本生活能力或技巧,需要他人照顾或帮助才能维持最低限度正常生活的人。——引者注

种繁文缛节的规章制度造成的无效援助和官僚主义习气严重等问题,以一种"我们"的方式而不是"他们"的方式来提供支持与照顾,从而使福利的供给更接近于人们的日常生活。

作为社区照顾的目的,我们提倡"正常化"不仅是使失能者在社区里生活,即他们在居住、教育、健康、收入、社交、情感和性关系等方面有相应的机会和资源支持,更重要的是在日常生活中,他们的举止行为和人格为社会所尊重,他们的诉求应得到社会的重视和积极的反应。换句话说,要使失能者能在社区里正常地生活,激发失能者的社会角色,使他们在与社会进行互动的过程中,将个人整合到社会里,实现其与不同人群一同生活,而不是被分割在一个隔离的空间里,同与自己有相同问题的人一起生活。因而,要理解正常化的深刻含义,我们还必须掌握社会角色的激发(social role valorization)和整合(integration)的概念(伯勒斯、基提斯,2003:81)。

社会角色的激发是从个人和社会两个方面来界定"正常化"的最终目的的概念。按照台湾学者黄源协对这个概念的解释,社会角色的激发是指人们对失能者的态度,一方面取决于失能者所展现出的角色是否是社会所期待的,另一方面则取决于社会如何对待失能者;如果失能者展现了社会所期待的角色,而社会对失能者的价值也予以肯定,那么失能者就能够担当起一定的社会角色而过正常化的生活。因此,社会角色的激发目标就在于:"引导个别和社会双方的改变,亦即个人必须对自己需有积极且正面的自我认同;而社会也要能以尊重的态度,提供机会给失能者,并将他们视为一般人,进而激发个人的社会角色"(伯勒斯、基提斯,2003:81—82)。概括起来说,正常化就是要让失能者的潜能得到激发,在个人与社会的互动中恢复或维持其进行正常生活的社会角色。

社会角色的激发突出了正常化追求人的日常生活机能的重要性,而整合作为正常化的策略,进一步揭示了正常化的结构和功能。它们构成了社区照顾理论的两个重要基石,正是这两个概念,显示了正常化作为社区照顾的目的,使社区照顾中包含的对弱势群体的关怀、对个人权利和人格的尊重以及追求社会公平的价值理想成为支撑其工作实践主要的伦理依据。

## 二、"机构照顾"和传统社会服务模式问题

在人类发展过程中,如何照顾和赡养其成员中的老、弱、病、残,以及对那些弱势的、社会处境特别艰难的人们给予必要的关怀与支持,一直是社会福利要解决的问题。工业革命出现以前,上述人群一直是由家庭给予照顾,或者通过亲友、邻里互助,使他们的困难在社区内得以解决。然而,工业革命所引起的社会的变化,一方面,不仅改变了经济结构和人口结构,使老年人口大幅增长,也改变了人们获得收入的方式、居住方式和人际交往的方式,使传统的以家庭为基本单位的照顾赡养模式发生了根本的改变;另一方面,这些变化产生出了大量缺乏家庭照顾的人和新的需要照顾的人群。因而,由国家或社会来担当照顾这些人的生活及其他方面的需要,减少或消除由此而带来的各种社会问题,成了各国政府在推进本国社会发展和现代化过程中必须要解决的基本的社会福利问题。

西方资本主义国家从早期的教会慈善机构办的各种收容院、贫民院,到19世纪以来由政府和各种慈善机构举办的大型福利机构,如孤儿院、养老院,伤、残、病人的安养和无家可归者的收容机构等,形成了一整套的以机构照顾为主的社会福利服务模式。所谓"机构照顾",就是指以专业化、制度化和集中管理的方式在特别设置的院所,为老弱病残和孤寡人员提供生活上、身体上和精神上的照顾与治疗的福利服务机构。

以"机构照顾"的方式解决现代社会因工业化造成的人际关系疏离化、社区解组、社会流动剧烈、核心家庭取代扩展家庭①等一系列社会变迁带来的社会问题,对缓和社会矛盾,稳定社会秩序,帮助失去生活来源或家庭支持的老弱病残孤寡人员摆脱生活困境,起了重要的作用。但是,"机构照顾"也存在重大的问题。首先,它需要巨大的资金支持来维持照顾的"专业水准",这一点就使它随着社会人口的老龄化加快、社会经济结构的变化造成的社会流动加剧及生活水平提高等,变

---

① 英国社会学家蒂姆斯夫妇(Boel and Rita Timms)在他们编写的《社会福利词典》中,将家庭区分为两类:以配偶及双亲子女关系为特征的"核心家庭"和以亲属关系网为特点的"拓展家庭",并认为他们对福利的考虑有重大的区别。参见诺埃尔·蒂姆斯、丽塔·蒂姆斯:《社会福利词典》,岳西宽、郭苏建、刘淑敏译,科学技术文献出版社1989年版,第114页。

成政府财政的巨大经济负担。而机构式的照顾存在严重的官僚主义作风,又使他们不是根据每个受照顾者的具体需要来提供服务,而是根据制度和工作程序的要求运转。这样,"这些机构往往会发展出一种我行我素的生活,强调机构的需求以维持其顺利地运转,而不是服务于居住者的官僚作风。比如,他们有严格的用餐时间,为的是工作人员的方便,而不是居住者的意愿,不是服务于居住者的官僚作风"(史蒂文森,1996:9)。

问题还不止于此。由于"机构照顾"是用公事公办的态度对待每一个受照顾者,住在机构里的人会感到冷漠,缺少人情味。在这样的环境里生活,儿童会因为缺少家庭的亲情和与成年亲人的依恋关系而在情感上、社交上,甚至在智力上受到伤害。"在极端的情况下,即当机构中无人提供任何亲密依恋时,孩子们会如此绝望,以至于变得沮丧、压抑、自我封闭"。而对成年人来说,经过长期的机构式照顾,他们也会变得过分的顺从,过分地依赖工作人员而丧失自立意识和自主性。所以,人们认为,在这些照顾机构里,"似乎存在着一种内在的'控制'而不是'授权'的倾向"。他们的工作人员被训练照顾病人,"其工作很少致力于病人的康复,而更多地集中在照顾和控制这些依从者"(史蒂文森,1996:7—8)。

对那些不得不离开家住进养老院或老人公寓的老人来说,生活在机构里则会因为失去了他们曾经熟悉的和拥有过的一切而产生严重的失落感。正如有人所描述的:"迁进庇护所或居宿之家的老人,不管其原先所居住的环境是否为贫民窟,可确信的是,那种失落的感觉对他们而言是一样大的。在这过程中,他们所必须牺牲的不仅是一个家和邻里,同时也是其一生所拥有的绝大部分,则这种失落感将会更大的。除非他们对其新的生活能有正面的认同,其生活将总是伴随着失落感……"(史蒂文森,1996:8)

对这些老人而言,离开他一生生活的家,就意味着剥夺了他曾经拥有的一切。

社会福利的目的是通过社会提供的帮助,使那些陷入困境或物质生活上、情绪上及身体上遇到某些难题的人和群体,能够克服困难,恢复正常生活。然而,机构照顾也存在着一些问题,使福利照顾产生了南辕北辙的效果。它导致了社会福利的非人性倾向,这就是受照顾者没有自己的选择,不能按自己的意愿表达需要,不能过正常的生活。

机构照顾存在这样一些基本的缺陷,加之维持机构运转的费用随社会发展和提高照顾质量的要求而不断增加,到20世纪50年代,英国的一些有识之士行动起来,提出改革机构照顾的"去机构化"要求。他们认为,由机构照顾的人不仅因为他们身体的或精神的"失能"而被打上了"烙印",作为不正常的人被关在机构的院墙里,而且还因为这种隔离使他们的社会角色被剥夺,在身体或心理的"失能"之后,因为与世隔绝,进一步制造了社会"失能"——没有了正常的社会角色,没有了个人的隐私权和做人的尊严,他们只能在别人的控制下生活。因此,除去机构的控制,让需要照顾的人在社区里过普通的生活,在日常生活的环境里接受治疗和服务,以恢复他们的社会角色,维护他们的基本权利和尊严的"去机构化"主张,就成为推动社区照顾发展的主要潮流。

20世纪70年代以来,石油危机引起的西方工业化国家经济衰退,导致福利国家的财政危机。为克服危机,西方各国都大量削减政府财政支出,减少福利的供应量。特别是20世纪80年代撒切尔夫人执政,保守主义抬头,英国政府大力推行所谓非正式服务和私有化服务的福利政策,鼓励以发展社区照顾来替代由国家提供供应的机构照顾,试图以此改变政府的社会福利主要提供者的角色,减轻政府的财政支出。在英国等欧美国家的推动下,发展社区照顾成了当今各国政府福利政策的导向之一。

### 三、"社区照顾"的价值及其社会福利改革意义

社区照顾作为区别于机构照顾的社会服务方法,它不仅是对机构照顾存在的缺陷的弥补,更重要的是它力图通过"正常化"的追求,以及在社区环境中为失能者提供全方位服务的理念,实现社会工作"以人为本"的价值信念和"助人自助",促进人的发展的工作目标。

所谓"以人为本",是指我们的一切工作的出发点,都必须站在人的立场上,从人的价值和需要出发。但是,强调人的价值和需要并不意味着只是给人以满足,而无须他付出或者说承担起自己的价值和需要的责任。相反,积极的"以人为本"的信念,是倡导人们发展实现自我价值、满足自己需要的能力,使人能超越自我的局限。而在社会服务中提倡"以人为本"的理念,就是要突出社会服务对人的服务,不仅仅是

针对服务对象具体存在的困难或问题，给予具体的援助的过程及效果，而且是一种帮助有问题的或陷入困境的人发现并发展其人生价值，恢复其生活信念与能力的过程。因此，我们强调社区照顾"以人为本"的价值取向，就是强调一个因为身体、心理或者其他方面的原因陷入困境，因而不能正常地与社区、与他人进行互动和交往的人，并不等于他（她）就是一个"无用的人"，或者是一个"无能的人"；他（她）只能被人照顾，只能依赖于专业的服务而被置身于特定的机构里。相反，在社区照顾的理念中，人性的假设是：人是需要社会交往的，在正常的或者说符合人性的生活环境里，全方位的社会互动会更有利于一个陷入困境的人获得它所需要的支持与帮助。进一步的价值论假设是：如果我们将他们看作一个只能由别人来照顾，因而必须置于特殊的环境里加以照顾的人，不仅会使他们陷入失败和无能的境地，而且会使他们带上"社会印记"（social stigma），损害他们的自尊和体面。在这个意义上，社区照顾不是一种单纯的技巧与方法，而是一种价值观和社会理想。

从表面上看，社区照顾的对象是社区内有这样或那样困难或问题的人，实际上，社区照顾是对整个社区的关怀。它通过把社区内的居民动员起来，联系政府和各种专业社会服务机构，结合社区内外的资源，共同为满足社区中的各种服务需求做贡献，体现了现代社会福利为建立一个"关怀的社区"（a caring community）而努力的理念。

作为一个关怀型的社区，它所关注的不仅是那些"有需要的人"，而且是关注整个社区的福利，是要使人们在社区里，通过社区照顾而建立起彼此的信任与合作关系，从而实现社区的和睦、自助和互助。概括起来，社区照顾表达了这样几方面的价值和理念：

第一，主张一种新社会伦理（new social ethics）。它通过加强居民的自愿参与，建立社区中互助互爱的关系，以抗衡现代社会因都市化和个人主义泛滥带来的人与人的疏离和文化上的孤立。

第二，主张政府与社区建立伙伴关系。两者应该携手合作，相辅相成，互补长短，而不是各自为政或互相代替。通过这种合作提高社区的福利。

第三，在社区照顾上，不应该把机构照顾和社区照顾对立起来，而要把机构照顾、家庭照顾和邻里互助结合起来，为有需要的居民提供有效的服务。

第四,社区照顾的目标是协助受照顾者融入社区,恢复其正常的生活能力,使他们在社区里建立起自己正常的生活方式和社会交往关系。

第五,改变受照顾者单纯地接受服务的做法和想法。从事社区照顾的组织和工作者应该扮演倡导者的角色,而不是全权代理人;他们的首要任务不是怎样把福利输送到受助人手中,而是提倡和鼓励人们的参与和自主性,让他们充分认识和表达自己的需要,以使服务更符合实际,更有效地照顾到他们的困难和需要。

第六,建立关怀的社区。社区照顾的目的是要建立关怀型的社区,使有能力和意愿的人投入到关心他人、照顾他人的活动中,通过志愿组织的工作,建立起社区关怀的网络,使那些被疏远的人重新联系起来,共同投入到社区生活中。[1] 社区照顾的概念所表达的这些价值观和理念,为我们全面理解和掌握社区照顾的意义提供了理论的依据,那么,它们对我们的实践有何意义呢?

其一,从社区照顾的工作假设来看,社区照顾的社会伦理根据是:在一个社会共同体内,其成员都有互相关心、互相帮助、互相照顾的责任与义务。

其二,社区照顾结合了机构照顾的专业性与社区居民自发性照顾的优势,能够使受照顾者本人及其家庭在满足其需要的同时,继续保持其原有的社会关系与交往活动,他们不会因为陷入生活困境而使自己的生活水平突然下降,也不会感到失落和边缘化。

其三,社区照顾的核心是鼓励自助和互助的社区精神,它可以避免国家由上而下的救助和来自社区外的援助造成的依赖性;也可以避免把照顾看作是单纯的物质、资源和服务的提供,忽视社区自身人际关系与情感慰藉对受助者的支持和治疗作用的片面性。因而,在社区照顾中,正规的和非正规的照顾,物质、资源和服务的提供与社区人际关系的重建等,使社区照顾具有全方位、人性化和促进人的发展的意义。

其四,社区照顾具有恢复个人及家庭功能,修复和发展社区功能的实践效果,对因工业化、都市化和社会机构的多变性带来的社区解组、人际交往功利化、情感疏离等现代社会病症,具有积极的治疗作用;对

---

[1] 香港社区工作教育工作者联席会议编:《社区工作——理论与实践》,香港中文大学出版社1995年版,第254—255页。

因为各种原因而使一些人及其家庭原有的功能与社会关系丧失或瓦解,因而使他们与社区、与他人发生疏离,或者无法适应社区生活的变化,通过社区照顾提供的服务和机会,其功能也可以得到修复并使他们重新融入社区。

其五,从我国社会结构变迁的情况来看,发展社区照顾对那些在社会变迁中最容易受到打击的弱势群体,将起到有力的社会支持作用。通过发展社区照顾,社区内的各种资源将得到发掘,人们所拥有的社会网络将得到强化和完善。那些由国家福利和正式的机构照顾不能提供的心理关爱与情绪支持,将通过社区的社会支持网络的建立而提供给有需要的人和群体;国家对社会弱势群体提供的福利支持,也会因为社区照顾体系的建立而更有效地发挥作用。而且,从社区层面为弱势人群提供照顾与支持,将正式的社会福利供给与非正式的社会支持网络结合起来,不仅可以使社会福利服务更贴近人们的生活,更符合他们的需要,而且可以发展、增强社区的能力,使弱势群体中的人们在剧烈的社会变迁中获得更多的支持和帮助。

社区照顾具有的这些独特价值和实践意义,向我们展示了它的以人为本的宗旨的内涵与理想目标,也揭示了社区照顾普遍实践的可能性。但是,由机构照顾到社区照顾的转变,不但是一个重大的社会福利政策的调整,也是一种社会服务模式的转移。其中也存在一些值得注意的问题。从国外的经验来看,社区照顾存在着专业化水平低、服务质量欠佳、经费不足及缺少志愿人员等,这些基本要素的匮缺,不同程度地制约着这一事业的发展。对此,我们不仅需要在价值观和工作理念上有一个新的认识与调整,也需要对制度和工作方法进行创新。

我国有着丰富的社会福利思想和悠久的社区照顾传统。春秋战国时期形成的"天下为公"的大同思想和"天下为家"的小康思想,从"国"和"家"两个层面揭示了对人们生活的保障和支持的必要性与条件。孟子更从施"仁政"的角度,将保护民生与国家安危联系起来[1],主张民本主义的福利观。虽然,这种福利思想带有浓厚的封建主义"君

---

[1] 《孟子·梁惠王(上)》说:"老吾老,以及人之老;幼吾幼,以及人之幼,天下可运于掌","明君制民之产,必使仰足以事父母,俯足以畜妻子;乐岁终身饱,凶年免于死亡,然后驱而之善。故民之从之也轻。今也制民之产,仰不足以事父母,俯不足以畜妻子;乐岁终身苦,凶年不免于死亡。此惟救死而恐不赡,奚暇治礼义哉。"

主民本"色彩,但是,正是在这样的福利思想影响下,中国传统社会发展了以家庭和家族为核心的社区照顾传统,形成丰富的民间福利资源。在现代社会,工业化和大众社会的发展,抑制了民间福利资源转化为社会支持力量和社区照顾能力的机制,特别是实行社会主义计划经济制度以后,更使国家成为单一的福利提供者。在这样的情况下,社会政策的导向不是鼓励人们充分发挥自己所拥有的社会支持网络来提高自己的福利水平,而是把责任完全归结到国家身上,造成了民众对国家的依赖,也使国家在福利资源的供应上形成了差别性和不完整性的种种弊端。这些弊端在社会结构变迁中充分暴露出来,国家包办福利,既存在财政上的困难,也存在操作上的种种漏洞。不仅不能满足人们的福利需求,不能为弱势群体提供充分的支持与帮助,反而会使他们在接受救助的过程中受到更大的伤害,引起一系列政治和社会道德问题。而社区照顾则是通过恢复和发展社区的社会支持网络来弥补国家福利的不足,并帮助人们树立对自己的福利负责的态度,使他们关心自己的福利,参与到福利发展和提高的过程中去。因此,发展社区照顾、促进社会福利社区化,将对改善社会转型其人们的福利状况,特别是弱势群体的福利状况,起到积极的作用。①

【参考文献】

黄源协:《社区照顾——台湾与英国经济的检视》,扬智文化事业股份有限公司(台湾)2001年版。

萨缪尔·伯勒斯、赫尔伯特·基提斯:《社会资本与社区治理》,载曹荣湘选编:《走出囚徒困境——社会资本与制度分析》,上海三联书店2003年版。

史蒂文森:《社区照顾——概念与理论》,载夏学銮主编:《社区照顾的理论、政策与实践》,北京大学出版社1996年版。

---

① 关于社区照顾对我国社会福利制度改革的意义,作者在《社区照顾与中国社会福利制度的改革》(《中国青年政治学院学报》2002年第4期)中已作论述,此文不赘述。

# 社区照顾与中国社会福利制度的改革<sup>*</sup>

社区照顾自20世纪50年代被西方国家用于解决社会福利资源不足,福利机构院舍式照顾存在诸多弊病等社会福利发展问题的方法,在实践中得到了普遍认同和广泛运用,并对社会福利制度改革产生了积极作用。认真研究并积极吸收借鉴国外社区照顾的经验,发掘中国传统文化中的福利思想与实践经验,通过政府和民间力量的结合来发展社区照顾,对中国的社会福利制度的改革与发展,将会发挥积极的促进作用。

## 一、社区照顾及其目标和原则

在社会工作的理念里,社区照顾是指社区的非正式网络,与各种正式的社会服务机构等政府的和非政府的机构相配合,在社区内对需要照顾的人提供服务的过程。如前所述,在完整的意义上,社区照顾是"社区内的照顾"(care in the community)和"由社区来照

---

\* 原载《中国青年政治学院学报》2002年第4期;中国人民大学复印报刊资料《社会保障制度》2003年第1期转载。

顾"(care by the community)两方面的结合。它既包括由政府、社区甚至市场化的企业等各种非营利和营利的社会服务机构提供的专业服务,也包括由社区内的居民提供的非正式服务。

所谓"社区内的照顾",就是指为了避免过去大型照顾机构那种冷漠、没有人情味和与世隔绝的程式化的专业照顾带来的负面效应,由政府及非政府的服务机构在社区里建立小型的、专业的服务机构,发展以社区为基础的治疗与服务设施、技术和计划,使所提供的服务更贴近人们的正常生活,如建立社区活动中心、老人之家、青少年之家、日间照顾中心等,为老人、残疾人、不需住院治疗的精神病、慢性病患者,有越轨行为的青少年及父母无法照顾的儿童提供照顾、治疗和教育等方面的服务。而"由社区来照顾"则是指由家庭成员、朋友、邻居和社区内的志愿人员所提供的照顾。它虽然是非正式的或者说是非专业的、民间的自我照顾的方式,但是却能弥补机构照顾的不足,甚至代替机构照顾的许多功能。社区照顾的目标是改善社会服务的质量,给予个人更多符合其需要的照顾服务,解除受照顾者生活的困难,以保证其基本生活的正常进行。同时,它又克服了"机构照顾"的缺陷,因而,它既体现了社会工作"助人自助"的价值观和福利理想,也作为一种社会服务的模式被大力推广,并且形成了一系列贯彻这种理想的实践原则。

根据有关文献和国外社区照顾的实践经验,我们把这些原则概括如下:(1)向社会进行广泛的宣传教育,让公众认识全控机构[①]照顾的局限性和社区照顾的意义,了解危机人群的处境与需求;让主流社会更多地倾听弱势群体的声音,关注社区中的失能者(包括身体和智力的残疾、疾病等,也包括那些心理和行为发生偏差的人)及其家庭的困难;说服权力部门及决策人士运用国家立法的手段制定相关政策,引导社会支持和参与社区照顾。(2)合理分配社会资源,立足于社区中有困难而得不到照顾的大多数人的需要,避免机构照顾造成的资源浪费和受益面小的缺陷。(3)充分发挥社区非正式网络的作用,配合正规的社会服务,建立以社区为基础的有效照顾网络;区分不同网络所具有的功能,为社区居民提供不同种类的服务与支持,使受助者的困难真正能够在社区内得到解决。(4)提倡自助和互助的精神,培养社区居民

---

① 即大型的专业服务机构。

独立自主的意识,使受照顾者在社区照顾的过程中减少依赖性,克服因接受照顾而机能退化的消极倾向,不断提升自我的价值,不断得到增能,也使社区更具凝聚力。(5)从受助者的实际出发,根据他们的实际需要确定照顾方案,使计划切实可行;计划既要发挥非正式照顾的特长,又不能排斥机构照顾的必要性,而应使照顾能有效满足受助者的需要。(6)发扬民主精神,鼓励社区居民为社区照顾服务计划的制定提供意见,参与服务的管理过程并监督服务的执行,以保证服务的质量,使服务更具有便民、利民和从受照顾者的需要出发的社区特点。

综合上述原则,社区照顾的根本宗旨就在于通过发展非正式的照顾,来弥补或矫正正式照顾的缺陷与偏差,在合理分配资源或资源的重新分配的基础上,依靠社区自身的力量,发挥社区网络的作用,以民主和参与的精神发展社区照顾事业,使受照顾者的权利和尊严得到体现,需要得到满足,价值和人格得到尊重。

但是,从国外社区照顾的经验来看,要贯彻社区照顾的理想不是一件容易的事情。其中,既有价值观和权力关系的冲突,也存在实际操作上的困难。而这些问题,不仅引起关于社区照顾的政治上的争论,也在实践中受到人们的批评。

比如,在福利国家,关于社区照顾中价值观和权力关系的冲突,人们出于不同的政治立场和对社会福利的道德考虑,常常会做出互相对立的解释。政治上的左派认为,社区照顾只是一种二流的社会服务的雅称,是政府逃避对人民的福利责任的最好策略;而右派则对社区照顾的政策持普遍欢迎的态度,因为它可以使更多的人承担起照顾自己的责任,政府也可以从沉重的福利财政负担中解脱出来。对于女权主义者来说,社区照顾则是家庭责任不平等的合法化,"女性除了照料家庭而没有选择,男性却可以通过妻子和姐妹们的劳动而免除自己对家庭的责任。这一不平等的模式通过政府的舆论而得以强化"。因而,"照料活动限制了女性进入公共领域中有价值的社会性角色的机会,从而强化了其第二等级的社会地位"(侯玉兰、侯亚非,1998:152)。

对于这种混乱和冲突,有人做了这样的概括:对政治家而言,"社区照顾"是一个有用的修辞学片语;对社会学家而言,它则是一个鞭策机构式照顾的棒刺;对公务人员而言,它是个机构式照顾的廉价选择,此类工作可交由地方当局执行——或根本不采取行动;对幻想家而言,它是一个新社会的梦想,在此新社会中,人们彼此均互相照顾;对社会服务部门而言,它则是一个提升公众期望,但又无足够资源去满足此期望的梦魇(Jones Browan and Bradshaw,1987:159)。

从实践的情况来看,社区照顾也存在许多需要解决的实际困难。比如说经费的问题,社区照顾也需要一定的经费投入,而且随着照顾范围的扩大、服务水准的提高,经费也会增加。这就需要有一个稳定的经费来源保证。因此,经费问题几乎是各国开展社区照顾的头等制约因素。

基于上述的问题,有人认为,"社区照顾是一个理想,但事实上做不到",因为社区照顾的原动力来自地方当局,但是,地方当局往往把它看作最不重要的事情而不去做。这样看来,对那些需要照顾的人来说,把他们"留在社区中而不闻不问,反而是更残酷、更漠视的事"。从成本效益来看,"良好的社区照顾比良好的机构照顾,其成本要来得更为昂贵,因为它代表稀有技能及资源的分散,而非技能及资源之集中"。对社区照顾的种种批评说明,社区照顾仍然是一种有待完善的服务模式。

## 二、中国传统的福利思想与社会照顾模式分析

在中国,社区照顾是一个既新鲜又似曾相识的事物。我们说它是一个新鲜事物,是因为它所使用的专业方法、组织形式和工作理念,对我们刚刚开始的社会工作来说,是全新的、需要认真学习掌握的理论和技巧。而我们说它似曾相识,则是因为邻里相伴、守望相助的传统在中国已有数千年的历史;而以家庭为核心的福利保障与服务制度,又使中国从一开始就有了以家庭照顾为基础的社区照顾的雏形。而这一切,在中国传统思想里,都有过较系统的阐述。

例如,在儒家思想里,以"民本"思想为核心的社会福利思想,把"保息养民"作为统治者的责任,主张政府积极介入人民的福利与提倡民间互助互济相结合,来实现"仁政"的政治理想和"大同"的社会理想。《礼记·礼运》就说:"大道之行也,天下为公……故人不独亲其亲,不独子其子。使老有所终,壮有所用,幼有所长,鳏寡孤独废疾者皆有所养。"而《孟子·梁惠王》中则说:"乡田同井,出入相友,守望相助,疾病相扶持,则百姓亲睦。"

这些传统的福利思想对中国社会福利的发展产生了深远的影响。自汉以来,中国社会的福利照顾,就形成了以"国"为主导的政府福利照顾和以"家"为基础的民间自助互助福利体系。在"天下为公"和施"仁政"的政治理念支配下,从汉朝起,统治者就以国家的名义建立起了以储粮度荒为目的的"常平仓""义仓"等仓储制度,兴办济贫、养老和抚幼的慈善事业。如南北朝的六疾馆和孤独园,唐宋年间的"福田院""居养院",元代广为设置的医疗救济机构"惠民药局"等①,就是这种福利思想的实践。民间以"守望相助,疾病相扶持"的理念为生活准则,形成了以家庭自我照顾和邻里互助互济为基础的福利照顾网络。正是在这个意义上,我们说中国自古以来就有社区照顾的传统。

但是,这种传统与现代社区照顾却有质的不同。首先,社会基础不同,中国传统的照顾方式是适应自然经济和专制的封建集权统治控制社会的需要,而现代社区照顾是建立在工业经济和个人角色充分社会化、市民社会充分发育的基础上的。其次,目的和要求不同,中国传统的照顾是为了强化"国"或"家"的纽带,而现代社区照顾是维系社会生活、保护个人权利与幸福的要求。最后,手段和理念不同,传统照顾体现的是父权主义家长式的仁慈,而现代照顾追求的是平等和人的尊严;前者以权威和自发性来推行照顾,而后者靠理性和自觉来保证照顾的系统性与科学性。总之,传统的照顾更多地体现了封建社会民本主义的追求,现代照顾则是在保障公民权利的前提下,追求社会公正的要求使然。

那么,传统照顾模式有哪些是合理的,哪些是与现代社会不相适应的呢?传统的照顾模式采取的是政府干预与民间自助和互助相结合的方式,以保证人民基本的生活安全,为老弱病残和鳏寡孤独提供必要的照顾,其基础是家庭和邻里的照顾网络。正是这种照顾方式,形成了中国特有的家庭照顾制度和以地域性社区(村庄、邻里)或家庭(家族)为单位的自助式基本福利供应和生活安全保障制度。这种互济互助的传统,为我们今天开展社区照顾奠定了文化和社会历史的基础。

但是,我们也应清醒地看到,这种照顾模式是封建专制主义和小农

---

① 唐钧:《中国的社会福利概念》,载王思斌、唐钧、梁宝霖、莫泰基主编:《中国社会福利》,中华书局(香港)1998年版,第68页。

自然经济相结合的产物。封建制的国家是一个"以家为本位的社会","国"是"家"的延伸和扩大,"家"是"国"的基础。"国"和"家"互相联结,共为一体,构成所谓的"天下"。这个"天下"是"家国"结构的天下,是以私人关系(家庭关系)建构的天下。因而,在中国传统文化里,没有公共意识和社会观念、公和私的分别,只是相对于"朝廷"和"家庭"而言。"国"为公,"家"为私。由此,林语堂说:"中国人是一个个人主义的民族,他们心系于各自的家庭而不知有社会"(梁祖彬、颜可亲,1996:17)。由于排斥了公共领域,与个人相对应的不是社会而是国家,决定了人与人之间的关系不是社会关系,而是刚性的"家"与"国"的政治伦理关系。因而,在人际交往中,人们往往以家庭的亲缘关系定亲疏,形成"亲亲""疏疏"的人际关系圈,费孝通称之为人际关系和责任的"差序格局"。在这种人际关系的定位下,社区照顾只能达及"圈内"的亲友、熟人,而不能给予互不相识的陌生人。由此而产生出来的福利与照顾行为,表达的是父权主义的"权威"与"仁慈",而绝非社会福利或公共服务。它与现代社区照顾基于公民权利的福利思想和政治理念追求是完全不相适应的。因此,在继承传统文化的过程中,这些封建专制主义和小农经济意识的影响,必须引起我们的注重。

### 三、当前我国福利制度的改革与发展社区照顾的探索

自新中国建立以后,我国长期实行计划经济,社会福利资源均由国家控制并进行统一分配,形成了一种高度集中的福利供应模式。在城市,公民的福利基本上由单位或民政部门所包揽,每个人的生老病死都有基本的保障。这样的福利模式对社会安全和保障人民的基本生活需要起了重要的作用。但是,这种福利供应体制也存在重大的弊端。一是政府和企业包揽福利供应,造成巨大的财政和经济成本负担,不利于政府发挥宏观调控的作用,也不利于企业的经营和发展;二是政府和单位包揽职工的福利责任,造成了个人对国家和单位的依赖性,以及平均主义思想的流行,不利于调动个人的工作积极性;更重要的是,由于福利资源的高度垄断和供应模式的单一化,抑制了社会和各种社会中介组织的发育,也抑制了人的各种社会需要的发展,使中国社会长期处于市民社会发展的幼稚阶段,直接影响了现代化的进程。随着计划经济体制向市场经济体制转轨,单一福利供应体制的弊病不断暴露出来,社

会福利社会化作为适应市场经济的必然要求也提了出来。正如《民政部关于在全国推进城市社区建设的意见》指出的那样：

> 随着国有企业深化改革、转换经营机制和政府机构改革、转变职能，企业剥离的社会职能和政府转移出来的服务职能，大部分要由城市社区来承接。建立一个独立于企业事业单位之外的社会保障体系和社会化服务网络，也需要城市社区发挥作用。同时，随着人民群众生活水平的不断提高和住房、医疗、养老、就业等各项制度改革的深入，城市居民与所在社区的关系愈来愈密切……推动社区建设，拓展社区服务，提高生活质量，已成为广大城市居民的迫切要求。

而在其中，发展社区照顾来承担企业剥离出来的福利职能和政府分离出来的服务职能，对于"建立独立于企业事业单位之外的社会保障体系和社会化服务网络"，就显得特别有意义。但是，发展社区照顾需要有广泛的社会力量的参与，特别需要非政府和非营利的社会服务中介组织的介入。然而，由于计划经济造成的政府权力过度膨胀，公共领域，特别是公共服务领域严重萎缩，作为服务载体的社区，其功能也严重退化，这使得中介性社会服务组织很难有发展的空间。因此，旨在恢复和健全社区功能、使其担当起社会福利保障和社会服务职责的社区建设，对于发展社区照顾就具有极大的迫切性。

从近几年我国社区建设的情况看，通过推广社区服务发展社区照顾，开始形成了一些符合中国国情的经验。下面，我们以上海浦东的罗山市民会馆和广州文昌地区慈善会的个案为例，探讨在我国的社区建设中，发展社区照顾的方法。

罗山市民会馆是浦东新区社会发展局探讨社会福利社会化的产物。在社区建设中，如何引进市场机制，将国家投资的公共服务设施委托给非政府组织经营，使之发挥更大的作用，以满足社区居民社会服务的需求，是浦东新区在社区建设中改革与发展的重要目标。因此，当罗山街道社区于1995年建成时，社会发展局提出了一个新的社会服务体制改革思路，把闲置的公共配套设施改建成一个具有综合社区服务功能的市民休闲中心。他们把这个中心命名为罗山市民会馆，并选择委托上海基督教青年会进行经营管理。

基督教青年会是一个具有一百多年社会服务传统与经验的非营利民间组织。他们将会馆4000平方米的占地面积和2260平方米的使用面积建成20余个室内外设施,开发出包括文化娱乐、康体、社区教育、社区卫生和社区照顾等在内的50余个经常性项目,为社区居民提供服务。政府对会馆基本没有日常运营成本的补贴,财政负担需要青年会自行解决。为此,他们将所开发的项目分为微利、持平、差额补贴和全额补贴四类,严格管理。其中,属于公共福利服务、需要全额补贴的项目,占项目总数的32.78%。从1996年到1999年,三年时间达到财政收支基本平衡。

罗山会馆的经验对于怎样通过制度创新使社区服务成为非政府操作的独立事业,具有重大的意义。

"将罗山会馆与目前由街道承办的社区服务中心作比较,可以清晰地看到政府角色的重大变化。街道承办的社区服务中心,其所有权、运营权和管理权统统由街道办事处垄断。而街道办事处是城市区级政府的派出机构,代行政府职能。在这种体制下,社区服务中心不可能成为独立的社会主体,而与政府处于一种'联体'状态。一方面政府可以直接干预机构的生产经营与内部管理,另一方面政府也可能陷入对机构承担无限责任的境地。在机构内部,管理者可以在一定范围内追求自身的利益。政府在监督机构管理者上的成本是很大的,机构管理者可以利用机构资源,以牺牲政府目标为代价来增加个人或小团体的需求满足。而罗山会馆却冲破了这种旧体制,形成了一整套新的组织关系和组织形式。政府只保留所有者的权利,而将生产经营权交由一家体制外的社团独立执掌,这就避免了上述弊端"(杨团,2001)。

如果说罗山会馆的个案,使我们看到了通过制度创新来推进社区照顾的可能性,那么,文昌地区慈善会的个案,则可以使我们看到,通过社区自己建立独立的社区服务机构、向社区募集资源来组织社区照顾、实现福利社区化的成功案例。

广州文昌慈善会是由逢源街道办事处的干部发起并领导的、以社区服务为导向的非营利组织。逢源街道是一个人口密度高、中低收入者居多且民政服务对象比例较高的老城区,60岁以上的老人占总人口的17%左右。但是,这里可开发利用的经济资源却非常稀缺。街道辖区内没有一家大企业,也没有闲置的土地可供商业性开发。在经济快速发展的形势下,依靠退休金或民政救济的人群生活非常困难,保障社区中弱势群体的基本生活,为那些有社会服务需求的老弱病残提供照顾服务,成为居民的迫切要求。而政府又无法提供足够的财政支持来满足社区的需求。在这样的情况下,街道办事处借鉴国际经验,决定成立具有社会独立法人资格的慈善会,组织动员社会力量,向各界人士募集资金,兴办社区福利事业。

慈善会的主要做法是:(1)组织慈善捐款捐物,为开展社区照顾筹集资源,从1996年到2000年4年间,共获捐款捐物折合人民币150万元。(2)明确社区需求,针对社区突出问题开展福利服务和公共服务。在社区照顾方面,建立了社区敬老院,组织志愿服务队为居家老人提供服务,对孤老、残疾、特困和孤儿提供援助服务,组织社区开展助养、认养老人活动,以及情绪辅导和安慰等精神照顾服务;在公共服务方面,开办了社区文化康乐、社区教育、卫生保健、法律和再就业等服务。(3)修建公共设施,改善社区环境,为社区居民提供医疗、康复条件。(4)组织志愿者队伍,开展邻里互助,使之制度化,建构起了源于传统,又具有时代特征的社区照顾和服务的社会支持网络。

文昌地区慈善会的经验对开展社区照顾的意义是:在一个行政资源和经济资源相对短缺、福利供应严重不足的社区,通过建立独立于政府行政体制的社区中介服务组织,以多元化的方式组织民间的福利资源,为社区的弱势群体提供福利服务,是一种观念的创新,也是一种组织创新、制度创新。它对于我国目前的社区建设,因为体制限制和资源短缺而无法深入发展,无法走出原有的以政府出资,甚至包办的形式开展社区服务的老路子的困境,是一个极好的启示。

不仅如此,文昌慈善会的经验还告诉我们,中华民族传统的邻里互助和家庭照顾模式,在现代条件下,仍然是我们发展我国的现代社区照顾的重要道德资源和文化资源。逢源街道在组织志愿者队伍、募集资金的过程中,主要依托本社区的力量,发掘民间的福利资源,有钱出钱,有力出力,有物出物。提倡一方有难、八方支援的社区互助精神,使传统的民风民俗与现代的社会意识在服务与被服务的互动中,整合在一起,形成了社区的合力;也使这个福利资源相对稀缺的社区,拥有了较高水平的社区照顾,既解除了政府的后顾之忧,也满足了居民的基本福利需求。

社区照顾是社区服务的核心内容。社区服务如果不落实到社区照顾上，至多只是一些初级的便民利民服务。而从我国社区建设的经验来看，社区的便民利民服务常常会走样，变成以营利为目的的商业行为。因而，在过去，社区服务常常出现这样两种情况：一是把社区服务变成某些机构、个人或政府部门设租、寻租的手段；二是由于缺乏资源和社区群众的参与，社区服务以轰轰烈烈开始，以冷冷清清告终。社区照顾使社区服务提升到以公众利益为归依的高度。它提倡发掘民间的福利资源，动员居民参与，通过非营利的中介服务机构的工作，使福利服务更贴近大众，更能满足群众的基本福利需求。因此可以说，社区照顾是体现社区服务的福利性、自主性、大众性和自助互助精神本质的内容，是社会福利社会化的主要表现形式之一。发展社区照顾是社区服务主要的目标，是体现社区服务的福利性的主要内容。

因此，在社区建设中，通过引进非政府的福利机构，或者依靠社区自身的力量，在政府组织的支持下，建立政府体制之外的民间福利机构，为社区居民提供福利服务和公共服务，应该成为我国发展社区服务，建立社区照顾制度的努力方向。当然，我们在提倡发展社区服务的同时，也应该强调政府的支持和介入。因为我国是社会主义国家，社会主义的宗旨就是要不断地改善人民的物质生活条件和满足精神生活的要求，而政府又是各种资源的最大拥有者，没有政府的支持，仅靠民间的力量，很难保证社区服务的水平。

总之，积极吸收和借鉴国外社区照顾的经验，发掘中国传统文化中的福利思想与实践经验，通过政府和民间力量的结合来发展社区照顾，将对我国的社会福利发展，起到积极的促进作用。

【参考文献】

侯玉兰、侯亚非主编：《国外社区发展的理论与实践》，中国经济出版社1998年版。

黄源协：《社区照顾——台湾与英国经验的检视》，扬智文化事业股份有限公司（台湾）2000年版。

Kathleen Jones等：《社会政策要论》，詹火生译，巨流图书公司（台湾）1987年版。

经济合作与发展组织秘书处编：《危机中的福利国家》，梁向阳等译，华夏出版社1990年版。

梁祖彬、颜可亲:《权威与仁慈——中国的社会福利》,香港中文大学出版社1996年版。

《民政部关于在全国推进城市社区建设的意见》,人民网,2000年11月3日,http://theory.people.com.cn/GB/40746/3491444.html。

夏学銮主编:《社区照顾的理论、政策与实践》,北京大学出版社1996年版。

杨团:《推进社区公共服务的经验研究:导入新制度因素的两种方式》,《管理世界》2001年第5期。

# 公共政策视野中的流动人口社会服务[*]

我国有数目庞大的流动人口,其主体又是由农村向城市流动,以务工为生的农民工。在城乡分割的户籍和福利制度下,他们在城市中谋生,为城市建设和流入地经济发展做出了巨大的贡献,但却得不到应有的保护和照顾。如何从公共政策的角度探讨流动人口的社会福利保护和服务的问题,在中国现实的社会语境下,有着特殊的意义。对破解城乡分割的二元体制所造成的社会不平等,也有重要的理论和实践意义。

## 一、流动人口社会服务的公共政策困境

"流动人口"是一个具有典型中国特色的概念。从社会学的角度看,所谓的流动人口是指人们在生活空间或社会位置上的移动,它既表示某些社会成员生活空间或居住地的改变,也表示人们社会位置或地位的变化。而在现代中国经济社会转型的语境中,"流

---

[*] 原收录于宋宝安主编:《稳定有序与社会管理机制研究》,吉林人民出版社2009年版。

动人口"不仅指那些正在进行上述流动的人口,而且更指在中国特殊的二元社会结构里,从农村向城市流动的人口,因为缺乏制度保障和社会支持被看作是游动在城市与农村之间的"农村工"或非本地居民户籍的"外来人口"。由于他们不是现行体制中的居民,没有城市制度保障的那些制度或权利,因而使他们受到城市体制在就业、居住、教育和文化观念等多方面的排斥,造成一系列个人与社会公共生活的问题,困扰着流动人口,也困扰着城市。而更重要的是,这些问题的存在,不利于社会的公平与正义,也不利于社会的稳定和社会的团结,对消除城乡二元结构造成的社会不平等,对构建和谐社会将会起消极作用。

流动人口所面临的这些问题无疑是多重的经济、政治和社会原因造成的,要消除这些原因不是一日之功可以完成。不过,从解决实际问题的角度看,针对流动人口在城市生活中面临的困境,提供必要的社会服务和帮助,应该是一件可及、可为之事。但是,就流动人口所需的社会服务而言,当前,我国的流动人口社会服务,却面临一系列公共政策的困境。

首先由于流动人口是中国社会一个特定历史阶段的独特现象,如何针对流动人口的社会需要制定相应的政策,形成解决流动人口社会服务需求的方案与行动原则,理论与实务界都存在认识上的不同。作为公共政策主题的各级政府部门,受追求经济增长指标的发展主义思潮的影响,在过去一段时间内,存在着注重经济政策而忽视公共政策,把 GDP 的增长放在优先位置来考虑,而对公共政策如何引导公共服务的发展,特别是引导社会服务的发展没有给予足够的重视,在很大程度上造成了经济建设与社会建设失衡的局面,分配不公和贫富差别扩大成了影响社会稳定与和谐的主要因素。而从公共政策的研究来看,我们的研究存在着一些重大的缺陷,影响着流动人口公共政策的形成与发展。其中,一个是理论研究与现实发展不适应,存在着某种书本化和教科书化的倾向。我们更多关注的是"学科建设",即是从学术需要来考虑公共政策研究,因而,以解决问题为目的的,有针对性地提出有关重大社会现象和社会问题的公共政策实践研究,即"行动取向"的公共政策的事务研究的力度不够。多数研究还停留在具体问题的讨论或单篇论文层面,从政策实务的角度,将理论研究与社会服务相结合,系统探讨某一特定问题域的公共政策倡导与实施,还有待发展。与此相联系的另一个问题是,公共政策研究和社会服务研究之间缺乏联系,我们对二者之间的关系还没有深入研究和更明晰的认识。我们还没有将社会服务的发展纳入公共政策研究的视野之中,从而使社会服务的发展缺少公共政策的支持,也使得公共政策在关注弱势群体利益方面的影响力受到影响,导致了公共政策和社会服务的研究之间存在一定程度的"断裂"。具体讲就是,公共政策的研究者并不是将社会服务看做公共政策研究不可分割的组成部分,而只是把它看作附属的或次要的内容,没有纳入研究视野之中,而社会服务的研究也常常缺乏公共政策的视角而陷入就事论事的局限中。这种情况反映到实践中,就是有关流动人口公共政策的选择和制定,过多地依靠政府的行政运作而缺少社会服务界人士的参与,而社会服务的推进则处在自发的状态。我们的社会服务更多的是由哪些非政策主体,即社区、志愿者和非营利组织推动起来的。尽管他们所提供的服务队推进流动人口社会福利发展起了积极的作用,但是,他们在某种意义上是"非政策主体",不可能在公共政策发展中发挥更大的作用。因此,我们说,这种"断裂"制约了公共政策在流动人口社会服务中的作用,是形成流动人口公共政策困境的重要原因。

其次,公共政策与社会政策之间的关系界定不清,在很大程度上制约了公共政策指导、影响社会福利实践的过程。我们知道,公共政策是以政府为主体的公共机构对各种公私行为、价值取向进行规范,对社会物品特别是公共物品的分配等如何调节的原则和行动纲领,目的是引导社会朝着政治系统所确定和承诺的方向发展。公共政策作为社会公共机构"针对社会生活的各个领域的公共问题而采取的一种行动纲领"(宁骚,2000:104),通常以各种法令、条例、规划、计划和项目等的形式来指引或约束人们的活动。公共政策的主要部分是社会政策,即是以影响社会福利的实践为主要内容的一系列"关系到政府生产和分配的、影响社会福利的社会资源序列的原则和价值"(唐钧,2001:30)的理论与实践。从这一点来看,公共政策与社会政策在追求的目标和涉及的内容方面,存在着项目重叠的情况。据此,有学者认为,在"政策科学研究中,由于社会政策与公共政策的研究对象在社会问题的领域内是重合的,其研究方法接近,其政策落实手段更是相同,在理论研究方面也已经出现相互借用的现象,所以,社会政策与公共政策成为相互交叉与相互融合的两门科学"（唐钧，2001；宁骚，2000）。

但是，我们也应该看到，公共政策与社会政策还是有所区别的。其主要区别就在于：(1)在范围上，前者比后者宽泛。公共政策所涉及的是整个国家公共生活的领域，涵盖人们社会生活的各个方面；而社会政策，即使就其宽泛的意义而言，也仅只是指社会福利政策和社会管理政策。① 而就其核心内容而言，则是国家有关社会福利和社会保障的各种活动的行动纲领和相关的价值准则。(2)公共政策以指导和规范社会公共服务发展为目标，对公共资源进行调节和分配，以保障社会全体成员的利益、满足人们的需要；社会政策则是指导和规范社会福利、社会保障事业发展的原则与行动路线，其主要目标是，通过社会财富的再分配，动员各种社会资源来解决因财富分配不均衡而导致的弱势群体利益受损，或者解决因贫富差距而产生的社会福利问题。从这些区别可以看出，尽管公共政策和社会政策关注的都是公共领域的问题，但是，笼统地谈论公共政策和社会政策对发展社会福利来说是不够的，必须在承认两者一致性的基础上，进一步发展以社会政策研究为主要内容的公共政策，才能使公共政策深入到具体的社会福利问题域，促进流动人口社会服务的发展。

再次，公共政策实施主体单一，阻碍其实施过程的效率和对社会的更大影响力。按照传统的理解，"公共政策乃政府为解决公共问题，达成公共目标，经由政治过程，所产生的策略"（宁骚，2000：109）。而在这其中，公共政策体现的是"公共权力机关的意志和能力"，政府在公共政策发展中处于领导地位，人民或公众则只是作为公共政策对象而处于被动地位。在当代，随着公民社会的兴起和公民参与公共政策决策选择的民主化发展，第三部门或非政府组织作为公民参与公共政策和公共服务的重要组织形式得到广泛发展，形成了政府主导、政府组织与非政府组织共同参与的公共政策运行体系。公共政策的实施不再是单纯的政府意愿的体现，也不再是由政府单独完成的单一公共政策主体。因而，建立广泛的公共政策参与机制，发展有针对性地解决不同领域社会问题的社会政策方法，促进那些对改善弱势人群公共服务和社

---

① 参见林闽钢：《社会政策——全球化视角的研究》，中国劳动社会保障出版社2007年版，"总序"第1页。

会福利状况有重要、引导意义的政策方案的形成,就成为当代公共政策发展的基本趋势。

然而,我们看到就我国目前情况而言,要解决有关流动人口社会服务的问题,在公共政策的制定与实施中,还存在某种意义的主体单一情况,政府主导、社会参与的格局尚未形成。因而,在如何引导流动人口社会服务发展方面,目前还存在依赖政府决定,政府投入和政府管理的单一性,各种社会组织和非营利组织参与公共政策的能力、空间和程度还非常有限。在这样的情况下,要想让公共机构全面考虑并照顾到社会各个层面、各种社群的公共政策需求得到较为充分的满足,实际上是难以实现的。这就使中国公共政策的实施往往采取"一刀切"或以政府关注问题的重点为转移的特点,而缺乏更为细致的社会政策议题来科学地解决不同领域的社会问题,满足不同社群需要的政策分析和建议来促进社会服务发展。从这一点来看,怎样适应当代中国社会变迁中人们利益诉求的分化和利益关系的多元化而产生的各种社会问题,并提出有效的政策建议和政策实施方案来回应社会需要,就成为公共政策发展必须解决的问题。

最后,除了上述方面的困难外,公共政策缺乏专业工具和专业人员的支持,也是造成流动人口社会服务的公共政策困境的一个重要原因。从现代社会福利的发展来看,"社会工作是社会福利制度中的服务传递者"(王思斌,2004:63)。在关系公共政策实施的社会服务体系里,由专业化的社会工作者组成的社会服务输送体系,在落实公共政策有关议题和方案,实现公共福利资源的有效分配,促进社会服务发展等方面,发挥了极其重要的作用。公共政策作为调节和分配各种公共福利资源的政治方式,其目标的达成也在很大程度上取决于社会工作的介入,对推动公共政策朝着有效与合理的方向发展,将会产生积极的影响。

但是,从目前情况看,社会工作的专业化与职业化发展在中国还处于起步阶段,社会工作的专业化程度和职业化水平还不足以承担起公共政策实施过程中的社会服务责任。至于在公共政策实施中的积极介入社会工作也还无法扮演分配和传递社会福利与政策资源的作用。这就极大地制约了公共政策介入社会服务的能力,使之无法有效地调节公共资源,为社会中的弱势群体提供政策和服务保障。

## 二、用社会服务破解流动人口的公共政策困境

用社会服务破解流动人口的公共政策困境,最根本的是发展社会工作,通过社会工作将公共政策的资源发送到流动人群中,为他们提供更多的社会服务,来帮助他们克服由农村转移到城市的过程中遇到的种种困难。在这里,社会工作作为社会服务的提供者,它不仅要求将公共政策所确定的方针、原则、计划和方案等转化为行动,变成解决问题的过程,而且还是一种公共政策的回应机制,即要将实务过程中发生的问题、社会服务接受者所提出的需求,以及公共政策所确定的行动路线与相关措施等与实际需求或政策目标之间可能存在偏差,通过问题评估,需求评估和绩效评估等方式,反馈给公共政策制定部门或决策机构,换句话说,在整个的公共政策体系里,社会服务所扮演的不仅仅是一个消极的传递者的角色,而且是政策的积极行动过程。在这个过程里,积极的行动意味着社会服务不应当只是将既有的政策资源或公共资源按一定程序传递给社区或有需要的社群,而且也是作为连接公共政策机构与接受者的桥梁,将现实社会的需要与政策实践中可能存在的问题反映出来,以此引起政策机构的积极回应。

据此我们认为,社会服务绝不是其字面上所看到的那样,只是公共政策的执行者或公共福利与社会资源的简单传递者。在公共政策体系里,社会服务具有体系其他层面所不具有的积极作用。这种作用一方面是充当公共政策的行动者,以实现公共政策机构制定政策的意图,满足人们对公共生活的期待和获得社会福利的需要;另一方面社会服务又是社会公众的公共政策需求探测器,它可以将公共政策实践中发现的各种问题、公众需求反映到上层机构或部门,以促使上层机构对政策做出调整。可以这样说,只有在社会服务的过程中,公共政策才可获得真实的信息,并以此为基础形成符合实际的行动方案和计划;同时,也只有通过社会服务,公共政策的路线、方针、计划和措施才能得到经验,并促进他们朝着维护社会的平等公正的正确方向发展。反过来说,社会服务也需要公共政策的指导并按照其所确定的路线、方针、原则和方法开展工作。离开公共政策的指导,社会服务可能陷入盲目性中,只能就事论事地提供一些简单的服务,难以担当现代社会公共生活与社会福利保障的责任。因此社会服务必须在公共政策确定的行动框架内,

才能获得国家和各种公共机构的支持,形成有效的服务体系来承担公共福利的责任。

那么,在流动人口公共政策领域,社会服务如何能破解我国目前存在的政策困境呢?我们认为,可以从以下几个方面来解决。

首先,要通过开展流动人口的社会服务来解决目前城市流动人口面对的公共生活困境,以增强公共政策关注弱势群体的力度和广度,帮助他们克服在城市中谋生和发展的各种社会障碍,以促进社会公平,增强流动人口对城市的适应能力。

我们发现,流动人口难以进入所在地城市生活,一个重要的原因就是我们的所有政策出台,都面临一个如何落实的问题。按照传统的方式,我们的政策是以政府机构的层层落实来实施的。这种"层层落实"基本上是以行政安排的方式进行。也就是说,是由各级政府部门和基层的街道办事处与居委会来实施的。在落实的过程中,由于这些机构或部门都是行政的和准行政的管理组织,而不是社会服务组织。他们的主要职责是行政管理而不是直接的服务,无法反映受助人群具体的服务需求,因而很难用服务的方式落实各项政策,更不用说提供有针对性的服务来满足流动人口对公共生活的需求。在这样的情况下,发展帮助流动人口增强其城市生活适应性和参与公共生活能力的社会服务,能够使公共政策在广度和深度上对流动人口给予全面关怀,就成为消除流动人口公共政策困境的重要举措。

其次,发展以社会服务为主导的公共政策实务,可以为流动人口公共政策发展提供坚实的实践基础,使公共政策在微观层面引导社会改革、促进城乡融合、改善民生等方面发挥更大作用。

如前所述,在流动人口公共政策困境中,缺乏微观层面的政策引导,通过政策实务来解决流动人口参与公共生活,获取必要的公共资源来改善其在城市生活中面对的困难,是公共政策面临的重大问题,也是公共政策不能有效解决流动人口城市生活遭遇到的歧视和排斥的重要原因。在这一问题上,发展流动人口社会服务具有特殊的意义。

其一,社会服务是现代社会解决基于经济、文化和政治等方面的原因而产生的各种问题的重要手段,在消除贫富差别过大,社会歧视和排斥等社会不公正现象方面具有政策示范作用,是发展公共政策实务的重要内容。

其二,在一定意义上,社会服务是构建公共政策的实践过程,没有社会服务的发展,没有具体的社会服务提供政策依据,没有社会服务过程中发现的社会需求和存在的实际问题,我们的公共政策可能只是停留在文件上或理论教科书中的抽象理论,对社会发展产生不了实际的影响。而公共政策,就其应用学科性质而言,也需要在实践过程中才能作出有针对性的计划、方案或对策建议。正是因为如此,我们看到,社会服务具有构建公共政策的作用,只有在社会服务的过程中,我们才能明确制定什么样的公共政策以及如何确立公共政策的目标、方向和行动原则,并在政策内容上体现其关注公共福利,解决弱势群体公共生活困难,维护并发展社会平等与公正的实践价值。

其三,社会服务也是最终实现公共政策价值的场所。社会服务是为民众,特别是弱势人群提供生活安全、生机方式和职业发展的社会福利供给方式。它通过有针对地解决人们日常生活的困难,帮助他们改善生活环境和自身生活适应能力等物质和非物质生活条件,使他们能够过正常生活。在社会服务过程中,帮助贫弱,扶持陷于生活困境的个人或家庭,协助弱势群体增强他们参与公共生活、获取社会资源的能力,不仅是扶弱济贫的慈善救济,而是涉及维护他们的公民权利,使他们有机会、有能力分享社会进步成果的社会公正问题。

因此,社会服务所直接表现的尽管是一个微观领域的实践,但对促进社会改革和城乡融合,改善并提高民生质量,发展社会主义民主、平等的社会价值观,却有着积极的意义,也是解决在流动人口公共政策方面存在的某些不足的重要途径。

最后,发展流动人口社会服务,还有助于"把人民和政策联系起来"[1],扩大公共政策的参与面。动员更多社会力量参与到公共政策的决策和实施过程中来,形成更广泛的政策网络,来覆盖流动人口公共生活领域,弥补公共政策主体单一造成的政策资源不足,政策缺乏效能,以及政策实务能力弱等方面的问题,使公共政策在构建和谐社会,促进流动人口融入城市生活等方面发挥更大作用。

所谓"把人民和政策联系起来",就要说政策与人民的利益和需求

---

[1] Peter O'hara, ed., *Linking People to Policy: From Participation to Deliberation in the Context of Philippine Community Forestry*, IIRR, printed in the Philippines, 2005, p.3.

的一致性,是决定政策的效能和其维护社会公共生活得平等、公正的功能发挥的关键。而这其中,问题的原因和症结是:政策需要和人民站在"同一个地方"①,需要让人民理解并感受到政策对他们的生活和他们的各种活动功能的促进作用。而要做到这一点,政策要通过一定的方式服务于人民;同时,也要让人民有参与政策制定和实施过程的方式与机会。就此而言,发展流动人口和其所居住的社区得到更多的照顾和关怀,需要社区、志愿者、各种非营利组织和私人机构(如企业)等社会各界的广泛参与。要形成一个社会全面参与的局面,才能"把人民和政策联系起来",使公共政策能够产生更广泛的社会影响并得到人民更积极的响应。

### 三、通过社会工作构建流动人口社会服务体系

在当代社会,社会工作是社会服务体系中的专业服务提供者,在整个公共政策体系里承担着将政策资源以及由政策所分配的公共福利发送到政策对象中,以专业化的方式推进社会服务的任务。公共政策作为调节公共行为的政治机制和政治过程,在社会的价值分配上具有的权威性,在那些关系到社会弱势群体的公共行为和社会福利领域,具有极其重要的引导和规范作用。但是,正如我们前面已经指出的,如何实现公共政策提升社会的公共生活质量、增进民众福利的目标,需要由社会工作所提供的专业社会服务来完成。因此,当我们说需要通过发展社会服务来消除流动人口公共政策困境时,在其后面所指涉的问题就是怎样通过社会工作来构建流动人口社会服务体系,让专业社会工作在促进社会服务发展方面发挥更重要的作用。

归纳起来,社会工作在构建流动人口社会服务体系中可以发挥政策倡导者、政策推行者、服务提供者和社会福利促进者的作用。

首先来看社会工作在构建流动人口社会服务体系中,作为公共政策的倡导者的角色。如前所述,要克服流动人口公共政策困境,需要把人民和公共政策联系起来,提倡社区、志愿者、非营利组织和私人部门参与到公共政策过程中,不仅是政策的执行者,也要成为政策制定过程的积极因素,为形成符合人民公共生活需要的公共政策贡献力量。其

---

① Peter O'Hara, ed., *Linking People to Policy: From Participation to Deliberation in the Context of Philippine Community Forestry*, p.1.

中,要使人民成为公共政策的真实主体,一个关键的因素是把人民组织起来,使他们与政策发生联系,引导他们关注公共政策在分配价值、引导公共行为的过程,培养他们参与公共政策的能力,以形成他们在公共政策中的主体权威性,或使他们在公共政策过程中具有不可排除性。为达此目标,社会工作者必须扮演"使能者"的角色,为人民的公共政策能力"赋权"或"增能"(empowerment)。此外,社会工作者还要在其服务过程中发现人民的真实需要,直接向政府和社会进行政策倡导,以影响政策的导向,并改变那些不合理的或失去引导公共生活正确方向的政策。正是通过这两方面的工作,社会工作者充当了政策倡导者的角色。

其次,在从公共政策推行者的角色来看,社会工作是一个以实务为取向的专业,它在公共政策体系里充当着公共福利与社会服务的传递者角色。这种传递作用不是一个简单的输送管道作用,而是以自身的专业性去推动公共政策的实施,将政策转变为服务的过程。在这里,社会工作是公共政策实施过程中的一个主动行动者。它用自己的专业理念解释政策目标,发现社会问题并评估社会需求;依据政策指引发展社会服务的项目,确定具体的服务方案以推广服务计划,从而使公共政策确定的路线、方针和原则得以在社会服务过程中贯彻下去。

这里要强调的是,在公共政策的推行中,社会工作者的主动作用更有意义的地方是它作为专业行动的主体,不仅要根据不同社区、不同环境中生活的人们的具体情况,形成特殊的服务计划,而且还要协调政策与社区的关系,反思政策实践中的问题并对政策中的偏差加以修正。此外,社会工作者还应成为公共政策的积极批评者,对社会不公现象做政策批评,对公共政策与公共生活不一致的矛盾加以揭露,对社会服务的缺陷提出修正建议,以倡导公平正义的社会价值观。就是在这种批评的过程中,社会工作不断将公共政策延伸到人们生活的各个领域,并不断"与时俱进"地推动公共政策做出调整。

再次,作为社会服务的提供者,社会工作者不仅要担当具体的服务责任,把按照公共政策所分配的价值协助各种政府和非政府组织开展服务;更重要的是,社会工作者要在社会服务的过程中发挥组织者、管理者和服务者的作用,运用社会工作的价值观、工作方法和各种服务技巧,为改善民生,和谐人际关系,协助弱势人群摆脱生活困境等提供直接或间接的支持。在这里,作为社会服务的组织者,社会工作者要根据社区的或不同群体的实际情况,开办和发展社会服务项目,并需要组织和协调各种资源,用于确定的社会服务计划或服务项目。而作为管理者,这些计划或项目的组织和实施需要社会工作者在其中做大量沟通、协调工作,也要对计划的执行情况进行监督、调查和评估。因此,他必须扮演管理者角色。

当然,社会工作者更多的是作为专业服务的提供者为他的案主提供直接的服务。就流动人口的社会服务而言,社会工作者需要深入流动人口居住的社区,向他们提供面对面的服务。例如,组织和发展有关流动人口的社区教育、社区照顾和各种有助于改善他们生活的服务,帮助他们发展自己的职业生涯,改善他们的生活处境,增强他们城市生活的能力等等。所有这一切,都需要社会工作者置身其中,用自己的专业知识来帮助流动人口个人、家庭和社区。在这一点上,社会工作者实际上成为政策工具①与家庭、社区和志愿者组织(非政府组织)一道为实现政策目标而工作。因此,在建构流动人口社会服务体系的过程中,社会工作者具有公共政策主体和公共政策工具的双重角色。

最后来看社会工作者作为流动人口社会福利促进者的作用。一般来说,社会福利是关系一个社会中的所有成员物质和精神生活幸福的一种社会设置。而社会工作作为这种设置的特殊部分,在改善和发展人们的社会福利方面,主要有这四项功能:提供物质帮助、基于心理支持、促进能力建设和维护合法权益(王思斌,2004:22—23)。而在公共政策体系中,政策作为公共权力机构"对价值的权威性分配"(关信平,2004:8),其主要目的也是维护和发展社会福利以增进社会的福祉。从这一方面来看,社会工作在公共政策体系里可以从两方面促进流动

---

① 按照《公共政策研究:政策循环与政策子系统》一书作者的说法,公共政策工具是政府赖以推行政策的手段,或称作政策工具或控制手段。政策工具按照政府介入程度由低到高的排序,可分为自愿性政策工具、混合性政策工具和强制性政策工具。其中,自愿性政策工具是指那些政府干预程度最低的组织所发挥的作用。他们是:家庭和社区、自愿性组织、私人市场。参见迈克尔·豪利特、M.拉米什:《公共政策研究:政策循环与政策子系统》,庞诗等译,生活·读书·新知三联书店 2006 年版,第 144 页。我们认为,社会工作者就是在这个层面扮演政策工具的角色。所不同的是社会工作者是以一种完全自觉的方式承担政策工具的角色,而家庭、社区、志愿者组织和私人市场则可能是自觉地,也可能是不自觉地扮演了这一角色。

人口社会福利发展。其一是运用公共政策资源去推动流动人口的社会福利建设。例如,帮助流动人口建立自己的社区组织,使他们能够以集体的形式维护和争取应得的各种福利权利;协调政府部门和非政府机构的工作,将公共财政资源和社会资源整合起来,使这些资源能更有效地服务于流动人口的福利需求。其二是直接针对流动人口的社会福利需求提供服务,以帮助他们克服城市生活中的困难。例如,为生活困难或低收入家庭提供物质帮助,组织流动人口所在社区开展社区照顾以解决他们生活中的子女照顾、老人照顾和对因病因伤而生活无法自理的人的照顾等,开展各种形式的社区教育以帮助流动人口提高文化知识、城市生活知识、法律知识以及职业技能等方面的能力,概括起来说,在促进流动人口社会福利发展的过程中,社会工作者具有其他福利部门或公共机构所不具备的专业优势。它作为公共政策实施和社会福利发展的能动力量,既发挥了联系流动人口与公共政策的连带作用,又作为公共政策与社会服务的推动力量和实施的工具自下而上地推动流动人口的社会服务发展,能够对构建流动人口社会服务体系发挥重大的和不可替代的专业支持作用。

那么,社会工作在构建流动人口社会服务体系方面能够做些什么呢?

第一,社会工作应该成为支持流动人口社会服务事业的专业核心力量。流动人口现象是中国社会转型中由传统城乡二元结构向城乡一体结构转变过程中释放出来的,带有全局特征的综合社会现象。这一现象不能靠市场的自发力量来调节,也不可能单纯靠政府的行政安排加以解决。按照社会三部门划分的理论,作为政府的公权力部门和作为企业的私人部门都不可能完全承担起解决社会问题的责任,还需要作为社会的第三部门介入,共同形成合力来解决。而社会工作首先应做到的工作就是宣传社会服务的理念,不仅要让流动人口知道社会服务对他们的意义,而且也要让社区、政府管理部门和其他社会组织了解并接受社会服务的理念和方法,为建立流动人口社会服务体系创造好的社会环境。其次是在流动人口社会服务中引入社会工作专业知识和方法,探索流动人口社会服务的特点和规律,发展适合流动人口需要的社会工作方法,为开展社会服务奠定专业基础。再一点就是开展流动人口社会服务专门知识培训,让从事社会服务的各类人员具备基本的社会工作知识与方法,使他们能为流动人口提供有专业水准的服务。

第二,协助社区和有关部门建立以社区为基础的社会服务组织,开展以社区照顾、社会救助和基本生活保障等为主要内容的社会服务工作,帮助流动人口建立基本的生活风险预防机制,以应对各种社会风险的伤害。对大多数流动人口来说,离开家乡来到城市,在二元的社会管理体制下,就等于失去了一切制度性的保护而暴露在各种社会风险面前,使他们处在脆弱性的生活状态中。为了避免这些社会风险给流动人口带来伤害,帮助他们克服脆弱性,除了政府所提供的各种制度性保护外,还需要通过社区社会服务组织的建设,为他们提供上述具有基本生活安全保障特点的服务,以增强他们抗御风险的能力。其中,针对家庭、儿童、老年人的社区照顾,为解除人们城市生活的后顾之忧,使他们在城市生活中稳定下来,有非常现实的意义。而社会救助和基本生活保障方面的服务,既是为流动人口建立生活安全网,同时又是体现维护流动人口基本人权价值观的具体实践。

第三,开展以提升流动人口城市生活能力为主要内容的发展性社会工作,促进他们由农民向市民的转变。在大多数由农村来到城市的流动人口中间,受教育程度低、缺乏城市生活经验,不懂得城市生活的规范,没有把握职业发展机会的能力,是他们面临的基本问题。这些问题的存在,不仅使他们的基本生存问题存在种种现实的和潜在的危机,而且阻碍着他们融入城市社会,难以完成由农民向市民的转变。因此,开展发展性社会工作,提供发展性服务来增强他们的能力,帮助他们消除危机就有更深刻的意义。其中,以赋权为目的的社区教育、职业培训、法制和城市行为规范教育等,是开展流动人口能力建设的主要方面,也是发展性社会工作关注的重点。这里所谓"赋权",就是增加流动人口的抗压能力,使其适应新的生活环境。因此,赋权是对发展性社会工作的最好诠释,也是体现社会工作"助人自助"的价值观和方法论的意义的重要方面。

最后,用发展性社会工作的理念来建构流动人口社会服务的体系,是对社会服务的重新定义。它使社会服务摆脱了仅仅是向人们提供帮助和照顾,为方便人们的生活创建条件的消极保护范畴,转向一种积极引导流动人口发展的能动范式,有助于在更深层次上开展流动人口能力建设,是我们发展流动人口社会服务值得提倡的新方向。而对流动人口的公共政策建设来说,制定发展性的政策指引,也应该成为一个新的关注重点。这也是我们主张从公共政策的角度看待流动人口社会服务发展的目的之一。

【参考文献】

关信平主编:《社会政策概论》,高等教育出版社2004年版。
宁骚主编:《公共政策》,高等教育出版社2000年版。
唐钧主编:《社会政策:国际经验与国内实践》,华夏出版社2001年版。
王思斌主编:《社会工作导论》,高等教育出版社2004年版。

# 中国人口老龄化问题的社会福利治理
## ——社区居家养老的政策分析*

社区居家养老服务作为治理中国人口老龄化问题的社会福利政策,在中国社会应对人口老龄化规模大、速度快和"未富先老"带来的养老压力和社会问题方面,发挥了重要的作用,也存在一些局限,对社区居家养老作政策分析,探讨这一政策在实践过程中,对老龄化问题的治理功能和社会政策意义,对完善和丰富这项政策的内涵,推动老龄化问题的社会福利治理,有现实的意义。

### 一、中国人口老龄化的现状与问题

2012年和2013年是中国人口老龄化发展过程中具有重要意义的年份。随着1952年和1953年出生的人口进入老年期,中国社会迎来了第一个老年人口增

---

\* 原文为作者出席韩国社会福利学会2014年年会暨中日韩社会福利学术研讨会发表的论文,以《中国社区居家养老的政策分析》为题发表于《学海》2015年第1期。

长高峰。截至2012年年底,我国老年人口数量达到1.94亿,比上年增加891万,占总人口的14.3%,其中80岁及以上高龄老年人口达2273万人,2013年老年人口数量将突破两亿大关,达到2.02亿,老龄化水平将达到14.8%。① 而到2020年年底,中国60周岁以上老年人将达到2.43亿,2025年将突破3亿。② 而80周岁以上的高龄老人在2020年将达到3067万人,占老年人口的12.37%。③

与此相比,中国人均GDP按2013年人民币对美元年平均汇率6.1932计算,2013年中国GDP约合91849.93亿美元,人均GDP约为6767美元,世界排名约83位。④ 因而,从人口老龄化的经济条件来看,中国还属于中下等收入国家,无论是政府财政能力还是公民个人与家庭的收入水平,解决养老问题的经济能力还比较弱。老龄人口规模大、人口老龄化速度快,以及"未富先老"作为中国人口老龄化的基本特征,在中国人口老龄化的快速发展的今天,越来越成为影响老年人福利的重要因素。就此而言,21世纪的中国将是一个不可逆转的老龄社会(见表1)。

表1  60岁以上老年人口及其占全国总人口比重

| 指标\年份 | 2006 | 2007 | 2008 | 2009 | 2010 | 2011 | 2012 | 2013 |
| --- | --- | --- | --- | --- | --- | --- | --- | --- |
| 60岁以上人口(万) | 14901 | 15340 | 15989 | 16714 | 17765 | 18499 | 19390 | 20243 |
| 比重(%) | 11.3 | 11.6 | 12 | 12.5 | 13.3 | 13.7 | 14.3 | 14.9 |

来源:《2013年社会服务发展统计公报》,民政部门户网站,2014年6月17日,http://www.mca.gov.cn/article/zwgk/mzyw/201406/20140600654488.shtml。

作为全球老龄问题最严峻的国家之一,中国人口老龄化与"经济转轨、社会转型、现代化发展、城市化进程并存"(窦玉沛,2012),面临复杂而充满变数的社会环境。从经济转轨与人口老龄化的关系来看,

---

① 中国老龄科学研究中心编:《中国老龄事业发展报告(2013)》,2014年3月31日,http://www.zhglnb.com.cn/Article_Show.asp? ArticleID=9415。
② 《国务院关于加快发展养老服务业的若干意见》(国发〔2013〕35号)。
③ 全国老龄工作委员会办公室:《中国人口老龄化发展趋势预测研究报告》,2014年2月23日。
④ 数据来源于国际货币基金组织官方网站。

中国社会经济体制由国家控制的计划经济向由市场调节的开放经济体制的转变，不仅改变了人们的社会经济关系，也使人们的经济生活进入到高风险社会。市场变动使人们的工作和收入处于不稳定状态；大量农村人口流动到城市打工谋生，改变了他们的生活方式和收入方式，使以传统的家庭为基础的经济活动方式和生活保障机制，变成靠不稳定的打工收入来维持，不确定因素越来越影响人们的经济生活。即使在物质生活相对富裕的人群中，经济环境的变化也会给他们的生活带来不利的影响。就像2008年全球性经济危机所造成的世界性金融资产价值缩水，直接影响了世界各国数以亿计的个人和家庭的储蓄和收入，使他们的养老计划遭遇巨大的风险。在中国经济转轨中，如何应对市场经济所带来的不确定性和高风险性，以满足每一个公民都"老有所养，老有所依，这个人类生存最基本的需求之一，却成了人们未来养老的最大挑战之一"①。

社会转型作为当代中国社会变迁的主要特征，既是社会经济体制由计划经济向市场经济的转变，也是社会结构从封闭向开放，社会形态从农业人口占多数的农村社会向工业化、城市化社会，社会价值取向与利益格局从一元向多元转变的过程。在这里，"社会转型是指社会发展过程中发生的一种整体的全面的结构过渡状态，它包括社会结构的转换，社会体制的更新，社会利益的重组与价值观念的嬗变"（邴正、钟贤巍，2004）。在这个时期，中国社会原有的政治、经济、文化、日常生活的一致性被打破，固有的价值观和生活信念发生动摇，传统的生活方式和行为习惯开始改变，现代的和多元化的社会正逐步取代传统的、单一性的社会，从而造成了社会的传统因素和现代因素杂然并存，不同的价值观和生活方式相互碰撞，各种不确定性增加并引起各种社会失序现象大量发生。贫富差距扩大、腐败滋生、城乡二元体制下不平等的发展，以及经济体制转轨、产业结构调整所带来的之前中国民众未曾经历过的下岗失业、医疗、教育和住房问题，职业风险和生活安全问题，就与经济的快速增长，大规模的城市化，物质的丰裕和各种现代性的符号交织在一起，构成了中国社会转型期独特的景观和问题。

在这样一个各种矛盾交错，问题叠加的社会转型期，提前进入老龄

---

① 《英媒：中国"未富先老" 提高退休年龄是必然趋势》，参考消息网，2014年10月3日，http://china.cankaoxiaoxi.com/2014/1003/517101.shtml。

化社会的中国,社会福利体制的转型对老年福利的发展提出了新的问题。如何应对未富先老和计划生育政策下家庭结构的变化产生的养老问题,保护老年人的权益并增加他们的生活福祉,让老年人同其他人群一样能够分享社会进步的成果,防止因为社会变迁和政治经济制度体制的变革而使老年人被边缘化,政府财政支付方式和支付能力、个人收入的变化而不能体面而有尊严地安度晚年,实现社会所期待的"老有所养、老有所医、老有所教、老有所学、老有所为、老有所乐"的理想目标,就成为当下中国政府和全体公民必须共同承担的治理责任。但是,由于社会转型所带来的挑战,以及工业化、城市化所带来的家庭结构、收入结构、居住方式和生活观念的变化,使这一目标的实现面临种种障碍。

从政府方面来看,建立一个能够有效应对老龄化社会到来的全国养老体系,发展养老事业,不仅是一个需要巨大的财政经济支持的体制,也是一个需要强有力的制度保障、政策支持和专业人才队伍建设的综合性社会工程,而社会转型期所存在的各种矛盾与问题,使得政府很难在一个较短的时期内,集中财力、物力和人力来建立这样的体系,并且独力承担起老龄化社会问题的治理责任。然而,就建立市场化的养老制度而言,尽管在市场经济体制建立起来后,民营经济的快速发展使得一部分人先富裕起来,国有经济也开始积累起一定数量的财富来为改善民生提供支持。但是,以市场化的方式提供商业性养老服务,对于未富先老的中国老龄化社会而言,对一个月平均收费 3000—4000 元的中低档养老机构床位,城镇退休职工养老金 2000 元左右的平均水平,显然是难以承受的负担。而对于居住农村的老年人,要想用平均月不到 800 元的养老金来购买商业性服务,更是不可能的事。(见表2)

表2　60岁及以上老年人领取养老金情况

| 养老保险种类 | 养老金中位数（元/年） | 占家庭人均支出比例中位数（%） |
| --- | --- | --- |
| 新型农村社会养老保险 | 720 | 21.0 |
| 城镇及其他居民养老保险 | 1200 | 38.7 |
| 企业职工基本养老保险 | 18000 | 192.9 |
| 政府或事业机构的养老保险 | 24000 | 242.2 |

数据来源:《报告称城乡养老保险待遇差别悬殊》,财新网,2013年6月1日,http://china.caixin.com/2013-06-01/100536053.html。

在这个意义上,"未富先老堵住了完全商业化道路"(罗遐、陈武,2013),通过个人购买服务来享受较高的福利对大多数老年人是不现实的。

再从作为第三部门的非营利组织所能提供的服务来看,中国非营利组织的发展,是改革开放所引起的社会转型的产物。在一个较短的时间内,非营利组织快速成长,在推进社会治理、发展社会福利、促进社会服务多元化等方面发挥了重要作用。由于成长时间短,社会尚未形成有助于非营利组织良性运行的环境和制度规范,而非营利组织自身也存在某些缺陷,聚集社会资源、服务社会能力较弱,在参与人口老龄化问题治理过程中常常力不从心,不可能在社会转型期发挥更大作用来应对"未富先老"情景下的养老问题。

基于上述老龄化问题治理的难题,在社会转型期内要有效地解决这一难题,在中国特定的语境下,需要政府在发挥其主导作用的同时,调动市场资源和社会资源来共同实现人口老龄化问题的治理愿景。对此,中国政府制定的"十二五"规划,提出了"政府引导与社会参与相结合,按照社会主义市场经济的要求,加强政策指导、资金支持、市场培育和监督管理","家庭养老与社会养老相结合,构建居家为基础、社区为依托、机构为支撑的社会养老服务体系,创建中国特色的新型养老模式"的政策主张和治理框架①,明确了应对老龄化的基本原则。

## 二、社区居家养老政策老龄化问题治理思路和实践

以社区为依托的居家养老是一种将居家养老和社区照顾结合的社会养老体系。这一体系的核心是居家养老,这是基于家庭照顾功能来解决养老问题的社会福利政策思路。这一政策思路的来源,从传统文化的角度看,居家养老是传统家庭养老的老年福利模式在现代社会的延伸。它不同于传统的家庭养老的地方是将依靠家庭及个人的力量赡养老人的方式与政府、社会组织和社区的资源相结合,既要发挥家庭在照料老人,满足其日常生活需要和精神情感需要方面机构照料和社会服务无法满足的优势,又根据现代社会在工业化和城市化的发展造成的家庭结构变化、家庭功能弱化,无法继续家庭养老方式的现实,将社

---

① 参见《中国老龄事业发展"十二五"规划》。

会化养老的理念和方法注入家庭养老过程中,为家庭养老提供社会支持,增强家庭养老的福利功能。

而从老年福利发展的趋势来看,居家养老作为一种解决现代社会服务过于注重正式机构"院舍照顾"带来的非人性、缺乏精神慰藉和亲情、财政不堪重负的弊端而采取的老年社会政策,最初起源于20世纪80年代英国的社会福利改革形成的社区照顾福利政策导向。按照这一政策的基本构想,"社区照顾是指社区中的各方面成员——家人、亲戚、朋友、邻居、志愿者和社区领袖等组成的非正式网络,协同各种正式的社会服务机构,在社区内对需要照顾的人提供服务的过程"(钱宁,2002:161)。居家养老正是将家庭养老和社区照顾相结合的产物。它能够弥补家庭养老的不足,也能够解决政府财政负担不起、商业化养老机构费用过高、个人和家庭承担不起的矛盾,成为一项能够被大多数家庭和老年人接受,同时又能够较好地解决老龄化速度快、未富先老、家庭结构小型化、社会阶级工薪阶层化所带来的养老矛盾,促进老年人福利发展的社会福利政策。

因此,所谓以社区为依托的居家养老服务体系,就是按照社区照顾的理念和方法,对那些有意愿居家养老或没有能力入住养老院的家庭和老年人提供社会服务,让他们能够在自己所熟悉的、亲情化、社区化的环境中,以较低的费用接受由政府、社会组织、社区和部分商业化机构提供的服务,不仅满足基本生活照料的需要,也能够获得更为丰富的娱乐与精神文化满足。为实现这一目标,中国政府出台了一系列政策措施,明确了"到2020年,全面建成以居家为基础、社区为依托、机构为支撑的,功能完善、规模适度、覆盖城乡的养老服务体系。养老服务产品更加丰富,市场机制不断完善,养老服务业持续健康发展"①的社会养老服务体系全面建设具体要求。并且按照"9073"的养老居住分配格局,即90%的老年人在社会化服务协助下居家养老,7%的老年人通过个人购买服务养老,3%的老年人入住养老服务机构集中养老,来实现绝大多数老年人社区居家养老的目标。

政府主导下,以社区为依托,居家养老为核心的应对中国人口老龄化问题的治理思路,在实践中取得积极进步。截至2010年年底,全国

---

① 《国务院关于加快发展养老服务业的若干意见》(国发〔2013〕35号)。

各类收养性养老机构已达 4 万个,养老床位达 314.9 万张。社区养老服务设施不断完善,社区日间照料服务逐步推进,建成具有日间照料功能的综合性社区服务中心 1.2 万个,留宿照料床位 1.2 万张,日间照料床位 4.7 万张。以保障"三无"、"五保"、高龄、独居、空巢、失能和低收入老人为重点,借助专业化养老服务组织,提供生活照料、家政服务、康复护理、医疗保健等服务的居家养老服务网络初步形成。①

在构建社区居家养老服务体系的具体实践中,全国各地根据自己的实际情况,在运作模式、服务内容、操作规范等方面不断进行探索创新,积累了大量经验,形成了多种模式。其中,以地方政府购买服务的方式为老年人提供社区居家养老服务,作为政府支持社区居家养老的模式在北京、上海、南京、广州、天津、重庆、成都、武汉等城市社区得到较为普遍的运用,在其他地区也开展了积极探索和试点。以南京市鼓楼区政府向社会组织"心贴心老年服务中心"购买社区居家养老服务为例,2003 年,南京市鼓楼区开展了以社区居家养老服务社会化示范活动,创建了"居家养老服务网",探索"政府购买服务,民间组织运作"社会化养老服务模式,形成了以政府购买服务、社会组织运作模式实施社会化养老服务的体系。"居家养老服务网"以项目委托的方式委托社会组织"心贴心服务中心"具体运作,为独居老人家庭免费提供起居梳洗、买菜做饭、打扫居室、清洗衣被、陪同看病等生活照料服务。为构建新型社会化养老服务体系提供了经验,被称为"中国式城市养老的鼓楼样本"(李凤琴、陈泉辛,2012)。

在具体运作中,鼓楼区政府通过年度财政预算,每年投入一定的经费向"心贴心老年人服务中心"购买居家养老的服务。最初主要针对社区内有特殊困难的老人,再逐步过渡到社区内所有有社会实际需求的老人。在资金投入方面,项目启动之初,鼓楼区民政局出资 15 万元,由"心贴心服务中心"组织实施,向全区 100 位独居老人提供免费的居家养老服务,随后不断加大资金投入,将服务对象扩大到其他老年人。截至 2012 年,投入已达近 400 万,为全区 7000 多人(户)提供了免费或低偿服务,实现了对孤寡、独居和困难老人免费服务的全覆盖(李

---

① 《国务院办公厅关于印发社会养老服务体系建设规划(2011—2015 年)的通知》(国办发〔2011〕60 号)。

翔,2014)。

上海市也是我国较早开展社区居家养老服务的城市,也是人口老龄化程度最高的城市。如何治理老龄化带来的问题,上海市的做法是"依托社区向老年人提供综合性服务,实行规范化和标准化管理"(张奇林、赵青,2011),全方位打造居家养老服务体系。到2012年年底,全市17个区县共有231家社区助老服务社、3.2万名社区居家养老工作人员;为27.2万名居家老年人提供社区居家养老服务,约占本市户籍老年人口的8%,为其中的25.1万名老年人提供上门服务。12.6万名老年人经评估得到养老服务补贴,约占服务总人数的46%,年度补贴资金总额约2.9亿元;14.6万名老年人自费购买服务,约占服务总人数的54%。另有近1万名老年人养老服务补贴带入养老机构。建成并投入使用的社区老年人日间照料中心313家,为1.1万多名老年人提供日间照料服务;开设社区老年人助餐服务点492家,受益老年人5.4万名。①

在提供日常居家养老服务的同时,上海市还从积极老龄化的理念出发,实施"老伙伴"计划,在全市开展"为10万名高龄老人提供家庭互助服务"活动。所谓"老伙伴"计划即是在政府倡导支持下,在老年人中组织志愿服务的互助活动,由低龄老人充当志愿者,为高龄独居老人电话访问和上门探访服务。截至2012年年底,"老伙伴"计划共有10.55万名高龄老人成为受益人,共2.13万名老年志愿者参与计划;完成电话访问654.18万次,上门探访189.93万次。② 与此同时,为丰富社区居家养老的内涵和外延,形成全社会共同参与治理人口老龄化问题的新局面,该市还开展了为社区中有需求的独居老人、重病老人、高龄老人和离休干部提供家庭病床服务,为居家重度失智困难老人提供人道救助;实施"适老性改造工程",为1000个低保困难老年人家庭提供居室适老改造服务,组织志愿者帮助低保困难老年人家庭改善包括安全性、无障碍、整洁性等内容的室内居住环境;开办老年大学,推动老年教育发展;组织双月为老服务,为社区的老年人提供免费便民服

---

① 《2012年上海市老龄事业发展报告书》,参见上海市老龄科学研究中心、上海市民政科学研究中心网站。
② 同上。

务。通过这些项目的开展,使社区居家养老服务形式多样化、内涵更丰富,在治理老龄化问题,推动老年福利发展中作出了积极探索。

大连是中国的老工业基地,既是人口老龄化的重点地区,也是经济体制改革中下岗失业人口较为集中的地区。该市沙河口区在探索社区居家养老服务的路径和方法的过程中,创建了"家庭养老院"模式,把社区老年人的养护需求和大龄失业女工的就业需求结合起来,在社区建立以家庭为单位的"家庭养老院",吸收失业女工到养老院就业,为困难老人提供养老服务,谋求增进这两个困难群体的福利。家庭养老院实际上是以家庭为服务单位的社区养老服务体系,也是"4050"失业女工的再就业机制。从制度设计上看,大连市通过"居家养老服务"补贴政策,引导各种资源向养老服务汇集,形成以政府津贴为主要渠道,对孤寡老人、"三无"老人和其他部分弱势困难老人承担起福利照顾职责;同时,为慈善机构和有意愿的企业提供政府津贴和种子资金,引导它们进入养老服务业,创办"家庭养老院",形成多元化的社会资源整合机制,使社区居家养老服务事业能够持续发展。从实际效果看,大连市在政府主导、财政支持的前提下,以家庭养老院建在自己家中、社会多方提供支持的模式,使老年人在维持原有的生活环境、社会网络和亲情关系的前提下,获得了更多的社区服务。同时,也在一定程度上解决了社区内4050人员的再就业问题,推进了社区福利的发展。①

综上所述,社区居家养老作为一项基本的老年社会福利政策,在中国特定的政治体制、社会经济和文化环境中,作为解决人口老龄化问题的重要方案,在各地的实践中得到了推广和应用,在实施这一政策的过程中,基本形成了在政府主导下,以社区为依托,社会各方面参与,构建社区居家养老服务体系,共同治理人口老龄化问题的中国特色老年福利发展模式。这一模式的基本价值是采取国家动员的形式,调动政府和社会两个方面的积极性,同时引导企业和民间资本参与,形成合力,以社会化的方式共同治理人口老龄化这一时代性的难题。作为一项世纪性的社会工程,这一探索有重大实践意义。其一是它积极地回应了

---

① 大连市沙河口区民政局、中国社会科学院社会政策研究中心课题组:《养老产业的社区福利运作模式:家庭养老院——以大连市沙河口区居家养老服务产业发展为背景》,民政部政策研究中心网站,2008年8月6日。

中国社会在经济体制转轨、社会结构转型背景下,人口老龄化快速发展,人均 GDP 较低而提前进入老龄社会的"未富先老"状态对养老的需求;其二是它强化了政府责任,明确社会的义务,引入市场机制,以多元化的方式、多样化的探索来应对人口老龄化的挑战,取得了具有创新性的经验。但是我们也清楚地认识到,社区居家养老服务体系的建构不是一些试点、一些经验的积累就可以完成的。中国社会转型尚未完成,新旧问题的叠加和各种矛盾的冲突在很大程度上会制约社区居家养老政策的推进,并且消解其所取得的成果。分析这一政策实施面临的困难,进一步发展创新政策思路,完善政策体系,就成为本文要进一步讨论的问题。

### 三、推进社区居家养老政策发展完善面临的困难及解决思路

社区居家养老作为一项在全国推行的治理养老难题的社会福利政策,已经在各地全面推开。总结这一政策的实践经验,我们看到,虽然在试点或局部的推进中,其治理效果已经显现,但是,随着实践的深入,一些深层次问题也开始显露出来,并制约着这个政策的推行。

首先,作为具有国家动员特征的社会政策,目前开展的社区居家养老服务计划,主要是以项目制方式,通过政府购买服务,注入一定的财政资源与行政资源来支持和推动的。这种带有明显的传统政治体制和行政运作方式自上而下的路径依赖特点的做法,一方面具有行动迅速,初期效果明显,操作较为简单的优势,然而在另一方面,它也容易产生行政运作的主观性和过大的财政负担,并且造成社区和服务对象过度依赖政府资源、丧失自我发展、立足社区自主解决问题的能力和主动性,陷入行政福利陷阱。一旦行政部门因领导人更换,工作重心转移,工作思路发生变化,或者财政供给发生困难,整个服务计划和服务体系的运行就会发生困难甚至"停摆",造成不利的后果。从近二十年的实践来看,一些地方在实施社区居家养老服务项目时,开始轰轰烈烈,继而艰难维持,最后冷冷清清,甚至不了了之。这样的教训不乏案例,需要从制度体制建设和运行机制的改革创新等方面加以解决。

其次,社区居家养老服务体系建设是一项需要有完善的社会服务体制来支撑的社会工程,而不是仅凭政府支持或某些爱心人士或企业的公益慈善之举,由社区自己来完成的事项。上海的经验表明,多部门

联动、社区、企业与社会组织多方参与,提供综合服务,形成合作共治,是构建社区居家养老体系的保障。而综合服务、合作共治局面的形成,如果没有完善的社会服务体制来支撑,也是难以持续地发挥综合效益。在这个问题上,由于社会转型中的社会服务体制存在诸多变数,新旧体制交错所产生的不确定性,我们对社会服务的性质、地位、功能作用存在认识上的混乱;缺乏对社会服务体制建设的顶层设计,没有将社会服务放到与政府基本公共服务同等重要,在国家社会福利体系建设中必不可少,在社会政策的制定与实施中起关键作用的地位来认识。常常错误地认为,社会服务是社会自己的事,或者只是一些"婆婆妈妈"、无足轻重的生活琐事,不必要去加以建设和维护。而在一些人眼中,社会服务还被看作是花钱而不带来效益的消费,过多的社会服务甚至会挤占有限的资源,影响经济发展。在这些偏见中,社会服务变得无足轻重,在资源的获取上异常艰难,在实际的行动中缺乏动力。正是因为这些认识和当前社会福利体制转轨不彻底、制度建设不完善等因素结合在一起,导致了社会服务体系的碎片化,整合社会资源能力弱,功能不健全,难以为居家养老服务提供更多的支持。这在很大程度上使社区居家养老服务缺乏系统的、可持续发展的能力,常常局限在简单的日常生活照料和短期的、低水平的服务上,限制了其功能的发挥,难以承担起更多的老龄化问题治理责任。

再次,与社会服务体制不完善直接相联系的另外一个因素,是社区居家养老政策的实施,缺乏专业化的社会服务机构作为组织载体来开展服务。政府在推行居家养老政策的过程中,主要的方式就是通过购买社会组织的服务,来为居家老人提供照顾。因而,社会服务机构,特别是民办社会服务机构在实现居家养老政策目标过程中,起着组织保障的作用。中国改革开放以来,尤其是进入 21 世纪的十多年时间里,随着政府职能转变和行政体制的改革不断深化,政府机构转移出来的许多公共服务职能需要社会组织来承担,社会发展产生出来新的社会服务需求也需要社会组织来承担。在这个背景下,中国的社会组织有了极大发展。据民政部的权威数据,截至 2013 年年底,全国共有社会服务机构 156.2 万个,各类社区服务机构 25.2 万个。[①] 这些社会组织

---

① 《2013 年社会服务发展统计报告》,民政部门户网站,2014 年 6 月 17 日,http://www.mca.gov.cn/article/zwgk/mzyw/201406/20140600654488.shtml。

在为民众提供各种服务上发挥了重要作用。但是我们也看到,就全国68.3万个基层社区(含农村村委会58.9万个,村民小组466.4万个;城市居委会94620个,居民小组135.7万个)的数量来看,社会组织的服务和社区服务机构还远未能够覆盖所有社区。而从这些机构的服务能力来看,缺乏专业人才,组织制度规范不健全,获取资金的渠道和能力有限,制约了其在社区居家养老服务中发挥组织平台的作用。

最后,社区居家养老服务的发展还受到来自社区自身的困扰。社区是一个基于互助与合作的自组织体系,社区服务是以社区自助和互助合作功能发挥为基础的自治过程。互助合作产生自组织性,使社区能够根据自己的需要来协调社区内外关系,开展有目的的活动来满足所需。在这个意义上,社区的自组织性是解决社区问题的关键。以社区为依托的居家养老服务作为解决人口老龄化问题的治理方式和福利政策,从根本上讲,需要社区自我组织起来,确立社区为本的主体意识,形成合作互助的机制,在政府、企业和社会组织等他组织力量的支持协助下,为老年人提供社区照顾。然而,在整个社会现代化的进程中,受工业化、城市化和市场经济多种因素的影响,个人本位的价值观主导了人们的思想观念,社区的互助合作精神和共同体意识遭到破坏。人们不再把社区看作自己生活的基础和归属,社区照顾的基础发生了动摇,由社区来提供居家养老服务环境条件也改变了。在这样的情景中,社区很难成为居家养老的依托,社区居家养老体系建设面临基础空化,陷入只能由外部力量来介入,并由之主导的被动局面。克服这种被动局面,通过社区建设来恢复其自组织功能,就成为完善并深化社区居家养老服务,使之成为治理老龄化问题的有效方式所需要解决的基础性问题。

基于上述问题的社会政策分析,本文给出的政策建议是:第一,在创新社会治理方式,构建新型国家治理体系的背景下,政府职能转变,改革行政管理体制需要释放更大的行政空间给社区,推进社区自治,让社区和社会组织有更多的机会发挥自组织功能,夯实居家养老服务的社会基础,使其自主开展社区服务,为改善社区福利,增进老年人生活福祉,治理人口老龄化带来的社会问题创造好的社会条件。第二,明确社会服务在社会福利发展和社会政策体系中的地位和作用,把社会服务体系建设置于行政制度和法律框架中,为社区居家养老服务活动提供制度性保障,使之成为整个社会服务体系不可分割的组成部分。第三,培育和发展专业化的社区服务组织,对它们赋权,提供政策支持和财政支持,改变政府主导下的社区养老服务模式,减少政府行政干预,使政府与社区的关系由主导与服从、管理与被管理变为服务社区、支持和协助社区自主开展服务的合作伙伴关系。第四,在社区建设中打造服务型社区,通过居家养老服务和其他社区服务的发展,建设服务型社区来改变社区行政化趋势,营造有利于增加居民对社区认同和归属感的氛围,使居家养老服务成为连接个人和家庭与社区关系的纽带。

【参考文献】

邴正、钟贤巍:《当代社会发展趋势与中国社会的结构转型》,《北方论丛》2004年第5期。

窦玉沛:《建设中国社会化养老服务体系,力推现代化养老服务业发展》,《社会福利》2012年第6期。

李凤琴、陈泉辛:《城市社区居家养老服务模式探索——以南京市鼓楼区政府向"心贴心老年服务中心"购买服务为例》,《西北人口》2012年第1期。

李翔:《社会潜入理论视角下城市居家养老问题研究》,《广西社会科学》2014年第4期。

罗遐、陈武:《我国社区居家养老发展存在的问题及对策》,《长春大学学报》2013年第3期。

钱宁主编:《社区建设中的社会工作探索》,云南民族出版社2002年版。

张奇林、赵青:《我国社区居家养老模式发展探析》,《东北大学学报(社会科学版)》2011年第5期。

# 以社区照顾为基础的中国老年人福利发展路径[*]

进入 21 世纪,我国人口老龄化呈现快速发展的新趋势,"未富先老"作为中国人口老龄化的主要特征,对养老事业及老年福利发展提出了严重挑战。为应对这种挑战,国家制定了《中国老龄事业发展"十二五"规划》和《社会养老服务体系建设规划(2011—2015年)》,提出以"居家养老"和社区日间照顾为主导的老年福利发展的路径和养老模式。本文即以上述两个老年福利发展文件为蓝本,运用社区照顾的理念和方法,探讨应对人口老龄化的社区养老模式的特点及其内涵,以及这种养老模式对老年人福利发展的影响。

## 一、我国人口老龄化的主要特点及老年福利发展的难题

自 1999 年开始进入老龄化社会以来,中国人口老

---

[*] 原载《探索》2013 年第 2 期,中国人民大学复印报刊资料《社会保障制度》2013 年第 8 期转载。

龄化进程加快。2010年第六次全国人口普查提供的数据表明,60岁及以上人口为1.78亿,占总人口的13.26%,65岁及以上人口为1.19亿,占总人口的8.87%。同2000年第五次全国人口普查相比,60岁及以上人口的比重上升2.93个百分点,65岁及以上人口的比重上升1.91个百分点。中国成为世界上唯一一个65岁以上老年人口超过一亿人的国家,而且这一趋势还在继续发展。根据《中国老龄事业发展"十二五"规划》的预测,"十二五"时期,随着第一个老年人口增长高峰到来,我国人口老龄化进程将进一步加快。从2011年到2015年,全国60岁以上老年人将由1.78亿增加到2.21亿,平均每年增加老年人860万;老年人口比重将由13.3%增加到16%,平均每年递增0.54个百分点。

中国人口的老龄化快速发展,与中国经济社会转型期面临的各种矛盾和家庭结构的变化紧密联系在一起。从经济发展的情况看,虽然经过多年发展,我国的GDP总量已居于世界第二,但是人均GDP仍然靠后,排在世界第89位。"未富先老"作为中国人口老龄化的一个基本特征,决定了国家财力对老年人福利保障的能力与老年人的养老需求之间存在较大差距。而在市场经济体制建立过程中,原来由企事业单位承担的各种社会福利和生活照顾功能,在企业改制和行政管理体制改革中转变为社会化福利事业,由政府社会福利事业单位、社区和民办机构来承担,过去的"单位人"变成了"社会人",个人福利和生活保障不再依托于自己的工作单位,而必须通过社会保险、购买市场化的服务、寻求政府援助和个人社会支持网络等方式来满足。在这种老年福利多元化的格局下,老年人养老问题的解决在很大程度取决于个人收入、其所拥有的社会资源和子女亲属的照顾,具有极大的差别。

中国人口老龄化又面临家庭结构变化的挑战。自20世纪80年代以来,受工业化、城市化、计划生育政策和市场竞争压力等方面因素的影响,形成了家庭小型化、少子化和空巢化,以及人口剧烈流动产生的大量农村老年留守家庭等家庭结构和形式的变化趋势。家庭结构的这些变化,使家庭赡养老人的能力和养老功能急剧退化,直接影响着老年家庭的福利,给老年福利事业的发展带来极大困难。以工业化和城市化带来的家庭结构变化为例,自20世纪90年代以来,工业化和城市化快速发展,不仅使大量人口聚集到城市,城市人口超过总人口的50%

以上,而且使人口的大多数变成了工薪阶层或"打工族",以工资形式取得个人和家庭的生活所需成了大多数家庭的谋生方式。适应工薪阶层谋生方式的核心家庭成为主要的家庭形式。这种家庭形式在各种现代性思潮的影响下,追求个人生活的独立性和个人生活质量的观念,使人们放弃三代同堂或多子女当作理想的家庭模式,而选择子女成年或婚后不再与父母同住的方式,老年人也更愿意独自生活来保持自己的"生活习惯"。这种变化使得以家庭照顾为主导的传统养老方式失去依托。

家庭结构的变化还与计划生育密切联系。我国实行计划生育政策已经三十多年,这对遏制20世纪我国人口过快增长的势头,实现人口增长与经济发展的协调起了重大作用。但是,独生子女政策也产生了大量"四二一"家庭,即一个独生子女成年后将面临赡养父母共四个老人的局面。随着人口预期寿命的不断提高,这种家庭结构将越来越普遍,造成家庭养老的巨大压力,给老年福利发展带来了很大的难题。据统计,我国15岁至30岁的独生子女总人数至少也有1.9亿人,15—30岁年龄段的人口死亡率为万分之四,由此估计,每年15—30岁独生子女死亡人数至少7.6万人,由此带来的是每年约7.6万个"失独家庭"。① 家庭结构的这种变化使其养老功能大大弱化,对中国老年福利模式的改变提出了新的要求。

除了体制改革和社会福利社会化的发展给人口老龄化提出了严峻挑战,中国老年福利的发展还面临高龄化、空巢化趋势,需要照料的失能、半失能老人数量剧增,社会养老基础设施薄弱、老年福利照顾机构数量严重不足等问题的困扰。2006年中国老龄科研中心《中国城乡老年人口状况追踪调查》研究报告揭示,中国失能、半失能老人占全部老年人口的比例,城市为14.6%,农村为21%,失能的老年人940万,半失能的约1894万。② 王莉莉等人对未来10年中国半失能老年人口增长的数量预测,2011年的半失能老年人为2382万,到2020年将增加到3273万。如果加上失能老人,需要照顾的老年人将是一个超过

---

① 《我国每年约增7.6万个失独家庭》,《广州日报》2012年5月9日。
② 中国老龄科学研究中心:《中国城乡老年人口状况追踪调查》,中国网,2007年12月17日,http://www.china.com.cn/news/txt/2007-12/17/content_9392818.htm。

4000万人的庞大群体(王莉莉、陈刚、伍小兰,2001)。

而与此同时,老年人照顾设施却明显无法满足需要。从全国的情况看,为了应对老龄化的挑战,中国政府投入大量资金,建设老年照顾机构,截至2010年年底,全国各类收养性养老机构有4万个,养老床位314.9万张。这与老年人的照顾需求形成巨大反差,难以适应老龄化发展所产生的老年福利需要。基于上述问题的存在,在老年福利发展模式的选择上,由于经济尚不发达,"未富先老"的特点,决定了中国既不能走依靠政府投入发展大型机构集中养老的路子,也不可能继续传统的家庭养老模式,靠传统的个人和家庭照顾老人,更不可能走放任自流的市场化道路。必须根据中国人口老龄化的特点及其面临的难题,按照适度普惠社会福利发展原则,建立一种将政府、家庭和社区资源结合起来的社会化养老体系。

## 二、用社区照顾的理念建构社区养老服务体系

作为理想的中国传统养老模式,"反哺"式的家庭养老一直是作为中华养老文化的基础和"孝道"要求而被不断实践。在这种模式下,"子女理应承担起赡养老人的全部责任,提供经济供养和日常照顾"(陈伟,2011)。与此相补充的是"出入相友,守望相助,疾病相扶持"①和"老吾老,以及人之老;幼吾幼,以及人之幼"②的社区互助理念,使得敬老、养老作为中华道德规范而长期影响中国传统养老方式和老年福利模式,形成了中国社会以家庭照顾为中心、邻里互助作补充的养老模式。然而,如前所述,在快速工业化和城市化的背景下,家庭结构的改变所造成的家庭小型化、空巢化,以及留守家庭,单亲家庭,失独、失依家庭,丁克家庭等特殊家庭类型的大量出现,使得传统的家庭养老模式失去了家庭的支撑。而在现代市场经济全面取代传统的农业商品经济和计划经济、社会结构和社会关系发生了剧变之后,单位制福利解体、社区解体和社区关系疏离问题日益突出,原有的守望相助的社区互助功能大部分丧失,家庭养老模式失去了社区的支持。因而在应对人口老龄化的养老模式选择上,按照社会福利社会化的改革要求,需要从现

---

① 《孟子·滕文公上》。
② 《孟子·梁惠王上》。

代社会福利服务的社区照顾理念出发,整合家庭、社区和政府的资源,建立以社区日间照顾中心为依托的居家养老服务模式,将老年福利的发展与社区养老服务体系建设结合起来,从而使养老服务建立在符合当代中国经济发展水平和能力的社区照顾基础上,就成为当代中国应对老龄化浪潮的重要福利举措。

"社区照顾"(community care)的概念源于19世纪英国社会对《济贫法》(The Poor Law)的机构式收容穷人的非人性缺陷的批评(黄源协,2000:13)。20世纪50年代以后,英国政府将社区照顾的方式引入老年人照顾,认为对老年人而言,最佳的地方就是自己的家,要通过居家服务来给予他们必要的协助,以避免他们在应对身体衰弱和疾病的时候,因此与社会产生隔离(黄源协,2000:13)。福利国家危机爆发以来,作为克服福利国家在社会福利服务上过度专业化、片面发展大型机构照顾,以至于在照顾老年人和残疾人的过程中产生非人性和财政负担过重,政府难以为继,"高税收、高福利的保障模式遭遇了供给不足和需求旺盛的双重夹击"(王莉莉、陈刚、伍小兰,2011)的困境,社区照顾更是在社会福利多元化和社会化的改革浪潮中,被福利国家广泛用于解决那些需要长期照顾的失能、半失能老年人和残疾人的照料问题,使之成为当代老年人社会福利改革与发展的一种基本模式。

对中国而言,把社区照顾当作解决福利多元化和社会化背景下人口老龄化带来的老年福利问题的主要选择,不仅是因为中国传统养老文化中具有社区照顾的传统,更重要的是社区照顾作为一种现代社会福利发展的重要方式,它的理念和方法有助于弥补传统的家庭养老和现代机构照顾的不足,改变单纯由政府和专业机构照顾的依赖性老年福利发展模式,也纠正在养老社会化的改革过程中过度商业化、市场化等不利于老年福利发展的倾向,建构一种更加具有人性的、符合人们的日常生活特点和可持续的老年福利发展模式。

从社区照顾的内涵来看,它是指"社区中的各方面成员——家人、亲戚、朋友、邻里、志愿者和社区领袖等组成的非正式网络,协同各种正式的社会服务机构,在社区内对需要照顾的人提供服务的过程"(钱宁,2002:101)。因此,对居家养老而言,社区照顾不同于传统的家庭养老和守望相助的社区互助,它是一种在社区关系脉络下整合资源,将社区组织起来的活动;它也不同于现代社会福利制度下的机构照顾,过于正式的机构照顾固然有其专业优势,然而它却需要大量的财政支持,并且使受照顾者不得不牺牲他的家和邻里,即他"一生中所拥有的绝大部分",从而产生对生活的失落感(黄源协,2000:34)。社区照顾意味着"在"社区里的照顾,它包括将专业机构引进社区提供的服务和依靠社区资源、利用社区网络和个人的社会支持系统形成的非正式照顾。发展以社区照顾为基础的社区养老服务将有助于解决中国当前老年福利发展面临的诸多难题,让老年人在一个正常的、熟悉的和积极的生活环境中获得更好的照顾。

因此,所谓社区养老服务,"是指政府和社会力量依托社区,为居家的老年人提供生活照料、家政服务、康复护理和精神慰藉等方面服务的一种服务形式。它是对传统家庭养老模式的补充与更新,是我国发展社区服务,建立养老服务体系的一项重要内容"。① 这一社区养老模式的核心是"建立以居家为基础、社区为依托、机构为支撑的养老服务体系",目标是使"80%以上退休人员纳入社区管理服务对象"②。而从其内涵来看,社区养老"具有社区日间照料和居家养老支持两类功能,主要面向家庭日间暂时无人或者无力照护的社区老年人提供服务"。

具体说,在建构社区养老服务体系的任务目标上,国家制定并发布的《社会养老服务体系建设规划(2011—2015年)》,明确了具体的建设规划。这就是:在居家养老层面,支持有需求的老年人实施家庭无障碍设施改造。扶持居家服务机构发展,进一步开发和完善服务内容和项目,为老年人居家养老提供便利服务。在城乡社区养老层面,重点建设老年人日间照料中心、托老所、老年人活动中心、互助式养老服务中心等社区养老设施,推进社区综合服务设施增强养老服务功能,使日间照料服务基本覆盖城市社区和半数以上的农村社区。在机构养老层面,重点推进供养型、养护型、医护型养老设施建设。县级以上城市,至少建有一处以收养失能、半失能老年人为主的老年养护设施。在国家和省级层面,建设若干具有实训功能的养老服务设施。

而作为对社区养老补充的机构养老,《中国老龄事业发展"十二五"规划》确定了"家为基础、社区为依托、机构为支撑的养老服务体

---

① 《关于全面推进居家养老服务工作的意见》(全国老龄办发〔2008〕4号)。
② 《国务院关于印发中国老龄事业发展"十二五"规划的通知》(国发〔2011〕28号)。

系,居家养老和社区养老服务网络基本健全,全国每千名老年人拥有养老床位数达到 30 张"的要求,即 3% 的老年人由机构提供照顾。

这样,以社区为依托的居家养老社会服务体系建设作为国家"十二五"老年福利事业发展的目标被确定下来,社区养老为主、机构养老为辅的老年人照顾模式成为中国养老事业发展的基本路径。

### 三、社区养老服务体系建设面临的问题及其化解方式

构建社区照顾理念下的社区养老服务体系是在中国传统福利文化脉络与现代社会福利体制改革相结合过程中形成的社区化养老模式和路径选择。也是在中国社会尚未进入发达国家而"未富先老"的背景下,政府应对老龄化危机的主要政策措施。然而,发展社区养老服务也面临一系列需要克服的问题。

一是社区资源不足。这具体包括两个层面的问题:其一是要实现社区养老的目标,需要社区拥有相应的硬件设施和满足老年人日常生活与精神慰藉需求的服务能力。近年来,尽管中国开展的城乡社区建设在社区服务设施建设方面投入了大量资金,全国各地开展了社区居家养老试点工作,不少城市社区设立了托老所、老年活动中心、老年之家、老年康复中心等,组织志愿者对孤寡老人、特病老人进行探视和护理(陈友华、吴凯,2008),为老年人提供生活照料、医疗保障、休闲逸情、心理咨询等方面的服务。但是,从整体上看,社区服务设施不足,社区养老机构建设缺乏资金、缺乏专业服务人才仍是制约社区养老服务发展的重要因素。其二是社区养老服务机构作为老年人社区照顾的专业服务提供者,在社区养老体系构建中具有不可或缺的地位与作用,然而,在实际的社区养老中,缺乏必要的服务机构为居家的老年人,特别是为高龄老人、失能和半失能老人提供照顾,使得社区养老体系缺失了基本的专业照顾资源提供者,难以满足那些需要专业照顾的老年人的需求。

二是社区养老服务的组织体系不健全,组织社区服务的能力弱。社区养老服务体系的建构是一项系统的社会工程,需要有一个健全的社区组织体系来协调、组织养老服务事业,需要有广泛的社会参与来实现社区照顾的目标。然而,中国的城乡社区组织形式较为单一,基本上是一种依托政府的行政组织体系,从事社区管理服务的组织机构社区

居民委员会带有很强的行政管理色彩,所承担的社区服务职能主要是政府委托的基本公共服务,如提供最低生活保障、劳动就业、计划生育、户口迁移、环境卫生等方面的管理服务。这些职能大多属于政府行政管理部门需要完成的工作。而对于社区居民所需要的福利性服务,如老年人和残疾人的照顾、青少年教育和保护等,则因为社区服务机构发育不良,缺乏组织协调性,民间力量参与度不高,以及各种体制性障碍等因素的制约而无法提供。并且造成了社区养老服务的组织形式较为单一,基本上是靠政府职能部门投入资金,由民政或其他行政部门组织实施的被动局面。而在社区老年人照顾中应发挥重要作用的社会服务组织或非政府组织,则由于它们自身发展的局限和外部环境的限制,往往比较弱小且专业性较差,参与老年人服务的机会也较少,使它们成为社区养老服务体系的一个短板,直接影响了社区养老服务事业的发展,也是造成社区为老年人提供服务能力弱,难以实现社区照顾目标的主要因素。

三是政策和制度的制定与实施之间的矛盾。社区养老服务作为中国应对人口老龄化、发展老年人福利的重要社会政策,不仅仅需要在政策和制度上加以明确,更重要的是要将已经形成的政策和制度转化成社会福利的行动在实践中贯彻实施。然而,在政策实施和制度落实方面,我们发现两者之间存在相当大的差距,并且成为制约社区养老服务事业发展的重要原因。这种差距主要表现在:第一,国家出台的一系列老年福利服务社会化的政策虽然明确了社区养老在老年福利发展中的基础地位、任务目标和行动方案,但是在实施这些政策的过程中,却面临着制度建设滞后、老年服务体制过于行政化、缺乏有效的运行机制和经费保障不足等方面的限制而难以推进,以至于在实践中往往呈现出人们对发展社区养老的重要性谈得多而实际的行动不力,开展社区养老服务的试点工作多而全面推进困难等政策制定与实施间的反差和矛盾。第二,由于中国幅员广阔,地区发展差异大,地方政府在落实社区养老服务政策,为发展社区养老提供必要的制度和财政保障上存在参差不齐的问题。这种情况决定了各地在建立社区养老服务体系的过程中,只能采取因地制宜的策略,根据本地的财政能力解决养老服务面临的突出问题,难以形成系统和均等化的社区养老服务体系,造成国家政策落实上的东西部地区和城乡差别化以及事实上的老年福利发展不平等,极大地影响了社区养老福利政策的实施。第三,社区养老服务体系建设需要各种社会力量的参与,"基于福利多元主义、合作主义模式、第三方管理等理论所做出的论述,非政府组织参与居家养老模式具有其合理性和必要性"(钟金玲,2012),扮演着不可或缺的角色。但是,由于非政府组织在中国的发展还存在诸多制度和体制方面的障碍,其在参与社区养老服务方面面临"政府与非政府组织合作关系不明确""制度建设尚不健全,政策优惠与扶持欠缺""政府对非政府组织的资金支持力度不足"等方面的问题(钟金玲,2012),在老年福利发展过程中,难以在社区养老服务体系建设中发挥主体作用,并造成社区养老服务实践与政策倡导相脱节的现象。

上述矛盾和问题的存在表明,在建构社会化的社区养老服务体系过程中,还需要体制改革和在制度创新上采取更加积极有效的措施,加快社会福利制度改革的步伐,在以下几个方面有所突破。

第一,在社区养老服务体系的构建中,加强政策转化机制及政策行动方式的研究,在国家层面形成的发展社会化养老服务政策方针指导下,将社区养老服务体系的建设重点放在老年社会福利体制改革和社区养老服务体系运行机制的形成上,着重解决目前普遍存在的社区养老服务体系不完整、缺乏制度保障和相应的配套措施等制约社区养老事业发展的矛盾,为发展社区养老创造良好的制度环境。

第二,要以实现社区自治为重点,加强社区建设,增强社区自我管理、自我服务的能力,着力克服目前社区管理和服务中普遍存在过度行政化、过度依赖政府而缺乏自主性的局限。要减少政府对社区事务的包办和过多行政干预,让社区自己运转起来,开展以强化社区照顾能力为主要内容的社区能力建设,使社区在养老服务体系建设中发挥主体作用。

第三,要充分认识非政府组织在社区养老服务体系建设中的主体作用,按照社会化养老所确定的目标,为非政府组织参与社区养老服务创造有利的制度环境。社区养老服务是一项公共物品性质的服务,无法由政府单方面包揽。中国的社区养老服务社会资源短缺,一个重要的原因是资源提供渠道单一,主要依靠政府财政投入而缺乏非政府组织的参与。由于中国的公民社会发育相对滞后,非政府组织的发展还处在较为初级的阶段,其独立性、专业性、公共性以及服务能力与资源获取渠道等方面存在较明显的不足。培育和壮大各种公益性、服务性的非政府组织,使之在参与社区居家养老服务体系建设中承担起应有的责任,弥补社区养老服务社会化的缺陷,应该成为老年福利政策的一项基本内容。

第四,加强社区养老服务的专业化,克服目前社区照顾水平低、提供服务的人员和机构专业素质差、服务方式较为简单、服务质量不高,难以满足居家养老的老年人多样性需要的缺陷。现代社区照顾不同于传统家庭养老和邻里互助的主要特征是依靠专业人员和专业机构"在社区内照顾"那些有需要的个人和家庭,是把专业服务从机构延伸到社区和家庭,在社区的正常环境中为居家养老的老年人提供个别化和针对性的服务。这需要服务提供者具有较高的专业素质和能力,能够开展多层次和多样性的服务。因而,加强社区养老服务的专业化能力建设,也就成为发展社区养老事业必须着力解决的又一重要工作。

第五,要加大社区养老服务资金投入,为养老服务体系建设提供有效的和可持续的财政保障。目前的社区养老服务资金来源主要依靠政府财政投入,投入的方式常常是一次性的项目投入,并且是以硬件设施建设为主,基本没有后续的维持服务所需要的经费。这种投资模式带来的问题是"有钱搞建设,无钱搞服务",社区服务设施建起来后,"谁来服务"和"怎样的服务"的问题成为困扰社区养老事业发展的基本因素。要解决这一问题,一是政府要建立长期性的财政投入机制,使社区养老的政府财政预算经常化;二是建立社会资金投入机制,疏通社会捐助渠道,让更多的有社会公益精神的个人和组织参与社区养老服务事业;三是引导企业和私人资本投资社区养老服务,建立一种"准市场化"的社区养老服务机制,通过发展有限度的有偿服务来维持养老服务的品质和有效性,实现社区养老服务的可持续发展。

总之,社区养老服务是一项系统的社会工程,也是一项复杂性与多样性相伴随的长期任务。建立一个开放的、有活力的和可持续发展的社区养老服务体系,以应对人口老龄化的挑战,是当代中国面临的重大社会政策议题。开展深入的理论研究和实务探索,借鉴国际的特别是东亚各国的经验,开拓政策视野,学习先进经验,形成中国特色的社会化养老模式,不仅是应对中国人口老龄化的急迫任务,也是对国际社会福利发展的贡献。

# 【参考文献】

陈伟:《社区居家养老模式中日间照顾中心服务体系的建构》,《河海大学学报(哲学社会科学版)》2010 年第 1 期。

陈友华、吴凯:《社区养老服务的规划与设计》,《人口学刊》2008 年第 1 期。

黄源协:《社区照顾——台湾与英国经验的检视》,扬智文化事业股份有限公司(台湾)2000 年版。

钱宁主编:《社区建设中的社会工作探索》,云南民族出版社 2002 年版。

王莉莉、陈刚、伍小兰:《社区照顾理念下的社区老年人日间照顾中心建设》,《河南工业大学学报(社会科学版)》2011 年第 6 期。

钟金玲:《非政府组织参与居家养老的优势、问题与对策》,《福建行政学院学报》2012 年第 5 期。

# 第三编

## 文化视角下的社区发展与农村社会工作

# 谁是西部发展的主体

## ——论少数民族在西部发展中的地位与作用*

改革开放二十年,东西部的发展差距进一步拉大,西部少数民族社会的"贫困文化"和"二元结构"问题进一步突出。作为协调东西部发展的一个总体安排,西部大开发被作为 21 世纪中国发展的一项战略性任务提了出来。西部大开发的决策,对于解决区域性的发展不平衡和总体的社会发展不平衡,无疑具有重要的意义。但是,鉴于以往发展中国家现代化的经验和发展主义的片面性带来的后果,如何实施西部大开发却是我们需要认真考虑的问题。就个人的思考而言,我认为下列问题是不能回避的:

---

\* 原载《贵州民族学院学报》2003 年第 6 期;中国人民大学复印报刊资料《民族问题研究》2004 年第 4 期转载。

第一,西部大开发开发什么? 第二,谁是西部发展的主体? 第三,谁将在西部大开发中优先得到发展? 第四,西部大开发应该以什么方式来进行? 对这一系列问题的回答,不仅是关系西部发展的认识论和方法论问题,更重要的是价值观的问题。这就是我们如何认识和评价长期居住在西部地区的少数民族在西部大开发中的地位和作用,以及如何看待他们的文化与传统,并使它们在开发中得到尊重和保护的问题。只有解决了这些问题,西部大开发才能成为促进少数民族发展,使西部少数民族多样性的文化得到保护,并在全球性的文化发展中占有一席之地。

一

第一个问题是关于西部大开发的目的性的问题。为什么要开发西部? 开发西部的什么? 这是一个问题的两个方面。就第一个方面来讲,开发西部作为一项国家的战略决策,首先是作为政治上的战略决策,要通过发展西部地区的经济、文化、教育和社会事业,缩小地区差别,避免差距过大造成社会的不公正。其次是鉴于国家整体生态环境的问题越来越突出,西部环境的恶化已经成为危及国家生态安全的主要因素,要通过开发来保护西部的生态,"再造山川秀美的西部"。其三是由于国家经济总体进入相对过剩经济时代,而西部的经济贫困已经成为制约国家经济发展的主要因素,从东西部经济在国民经济体系中的密切相关性出发,发展西部成为国民经济进一步增长的关键环节。

这三个方面是作为国家开发西部的宏观战略目标而提出来的。但是,就西部少数民族社会而言,国家的宏观目标对于他们的发展来说,仍然是一种外在的动力,要把这些外源目标转化为内源发展的动力,还需要从少数民族自身的需要与他们的文化传统出发,根据他们的"所是、所为、所愿、所思和所信"来确定发展的目标。并且在目标的追求中发展民族文化的多样性和个性,促进少数民族社会的全面发展。如果仅仅把国家的宏观目标当作直接现实的目标,靠国家的强力支援来发展西部,或者仅仅从外部的需要来看待西部大开发,而不从内源发展的要求来组织和发展少数民族的经济与文化,那么就可能使西部地区的发展脱离人民,再次成为发展主义的牺牲品。事实上,在国家做出西部大开发的决策后,已经形成了这样的观点,西部大开发是一个巨大的商机,主张抓住机遇,"西土取金"。① 把西部看作了淘金的热土。也有的人把西部看作东部传统产业的转移地,试图将被新兴产业替代了的老产业向西部做梯度转移。更多的人把西部大开发看作是东部对西部的援助、投资和国家福利照顾的对象,用国家的和外来人的需要代替西部人民自己的需要,而把他们的主体地位忽视了。这种观点不是把西部的发展看作当地人民的事,反而是由外来者唱起了主角。总之,各种各样"喧宾夺主"的发展计划和发展观念充斥着西部发展的理论与实践。至于这些发展规划是否能符合当地人民的需要,并没有人向当地人进行咨询,因而,在西部发展的目标上,外源发展的思路仍然主宰着人们的思想。

与此相联系的是开发什么的问题。从发展主义的观点看,西部大开发就是开发市场、开发资源、开发西部的经济潜力,以此促进西部的发展。然而,这种发展只是经济的发展,不是社会的发展,更不是人民的发展。按照这种发展观,西部大开发在一些人的眼中只是一个个的项目、一笔笔的投资、一次次的商业机会和一系列关于经济增长的数字,西部开发的完整含义也就在它们的划分中被肢解了。这样的开发会给西部,特别是少数民族社会带来什么样的后果,这显然是不言而喻的。与此不同的是,内源发展的观点②认为,发展是人民的发展。人民的发展最核心的是人民的创造力和自主性的提高,它们必须是来自于人民自己的生活、自己的文化和从中形成的知识体系与价值观。换句话说,对西部少数民族社会而言,开发应该是以少数民族自身的发展为目标,开发他们的传统知识和文化资源,在与外来文化的交流与融合中,促进他们的民族文化和知识体系的发展,使地方的和民族的文化与

---

① 有这样一本书《西土取金——西部大开发的政策背景与商业机遇》,它的整个理论出发点就是如何在国家实施西部大开发的战略背景下,抓住商机,到西部去淘金。类似的出版物在国家作出西部大开发的决策后,大量地出版。许多媒体也推波助澜,把西部炒作成淘金的热土。这种现象说明,这些人把西部当作了应当被剥夺的对象,西部大开发不过是为投机家和冒险家提供了又一次发财的机会。对此,我们必须高度警惕。

② "内源发展"的观点是20世纪80年代初联合国教科文组织提出的一个新概念。这个概念强调发展的内生性(endogensis),发展必须立足于本国力量,必须符合人们自己的需要,必须是以人为中心的发展。参见阿卜杜勒-马利克、黄高智等主编:《发展的新战略》,中国对外翻译出版公司、联合国教科文组织1990年版,第1—10页。

知识能够成为他们创造力的源泉,并提供支持他们改变贫困面貌、改变他们的边缘地位及他们在整个中国社会政治、经济关系中的弱势地位的发展动力。

## 二

把开发什么作为我们讨论西部大开发首先要考虑的问题,必然和西部发展的主体是谁的问题联系在一起。既然发展是发展少数民族的知识、文化与创造力,那么毫无疑问,在多民族聚居的西部,发展的主体只能是少数民族。但这又是一个说起来容易做起来难的问题。长期以来,在人们的观念里,西部是贫困落后的象征,少数民族地区不仅经济落后、社会原始、文化贫困,而且人的思想观念也是落后保守的。而在某些自命为"引领"历史发展的"现代人"的眼里,少数民族社会更是被飞奔的现代化列车远远地甩在后面的"落伍者"。因而,对于贫困落后的少数民族社会来说,他们应当是发展的对象、是客体,而工业化和城市化的现代社会则是他们的楷模和学习的榜样,也是他们必然的发展方向。一句话,在现代化的意识形态里,少数民族社会是它行使文化霸权的对象,以科学技术武装起来的现代社会有权力通过自己的话语体系去解构少数民族的文化和价值观,使他们最终顺从现代化的潮流,按照工业化的模式来发展自己。在这样的话语霸权控制下,少数民族只能是客体,不可能成为发展的主体。

在近年来批判现代化的浪潮中,意识形态化的现代化观点虽然遭到了人们普遍的质疑,但是对现代化是人类发展方向的梦想并没有消退,因而就有了各种关于现代化的新说法,诸如少数民族的现代化、多元的现代化、自主的现代化等等。可是,所有这些经过修改的现代化理想实质上还是把现代化当作"指路明灯",当作人类唯一可以拥有未来的方式。在这样的前提下,作为另一种智慧和文明形态的少数民族文化,既没有权利也没有能力参与到发展的主流中去,只能作为边陲附属于中心地带,他们同样不能成为发展的主体。要使发展真正成为少数民族自己的发展,首先必须承认他们的文化的平等地位,以及他们有平等的发展权利,并落实他们的发展权。其次,落实发展权必须与他们的参与权联系起来,就是说,只有在他们充分参与的前提下,发展才是为他们的发展、由他们来实现的发展,才是自我发展和内源发展。因此,赋予少数民族充分的参与权,对实现其发展权,使其成为发展的主体,具有重大的意义。

参与权落实的具体表现就是参与式发展。它被看作是"促进人们自主地组织起来,分担不同的责任,朝向一致的发展目标"的发展过程。它强调参与就是"让人民自主参与项目的决策、实施、利益分配及监督和评估","通过组织起来,通过自身的努力,以形成有效的控制和创造;强调当地人的参与,由外来者协调和帮助,促使当地人进行调查和分析、做出计划和采取相应的行动"。而"参与式发展思想的核心就在于:强调了发展的焦点应是人的发展,人并不是被动和消极的客体,而是发展过程的主体。只有人的发展在项目的过程中得到强化,这种发展才是可持续的"(李小云,1999:22—23)。

参与式发展的基本原则包括:(1)建立伙伴关系;(2)尊重"乡土知识"和当地人价值观;(3)重视过程,而不是结果;(4)以人的发展为中心;(5)建立制度化的参与机制。下面我们分别叙述这些原则。

其一,参与式发展是外来者与本地人共同努力、共同发展的过程。无论是一个长期发展项目,还是一个针对具体问题的计划,本地人都是发展的主体,是发展过程的承担者和结果的受益者,而外来者如政府官员或发展机构的工作人员作为发展行动的发起者和组织者,他们是协助者。作为平等的合作伙伴,两者之间应建立起和谐融洽的合作关系,外来者应该让本地人了解他们是什么人,来做什么,以及他们对本地人的友好与尊重的态度。而对本地人来讲,他们只有在消除了对外来者的疑虑、不信任情绪之后,才有可能接纳他们,把他们当作朋友、当作可信赖的人来对待,在过去很长的时间里,与当地人有较大文化距离的外来专家、政府官员常常把他们自己看作高于当地人的"恩公""布施者",用一种"君临其上"的态度与当地人谈话、指导他们如何生活、如何变成像自己一样的人,结果造成了一种文化上的不平等关系,伤害了当地人的自尊心和自信心。在这种情况下,当地人是受支配的,没有主动性的,因而也就没有主体地位。我们在第三章的实证调查中发现的情况可以充分说明这一点。

其二,无论什么民族,也不管它是强大还是弱小,他们都在自己长期的生活实践中形成了一套适应环境的知识、制度、价值观和生活技巧。这些经过千百年的打磨而形成的文化,是一种宝贵的资源。外来者不论是专家、权威或政府官员,都必须尊重当地人的"乡土知识",他们的技能与技术、处理问题的方式,尊重他们的价值观,理解他们的文化和习俗。主观地用自己所谓的"先进文化""先进技术"来取代这些地方性的和传统的知识与技术,或者把它们当作"愚昧""落后"的东西加以鄙视,其结果都会使发展项目或计划脱离人们的认识和实际情况。事实上,许多从事发展工作的人在他们到少数民族地区去的时候,他们都或多或少地带有这样或那样的美好愿望,试图把自己的理想蓝图在那里实现出来。"心中怀着美好的愿望,袋中装着美丽的规划,号召农民来实现'改造自然,征服自然,并自我改造'。结果在操作过程中愈来愈失望,并归因于农民的愚昧无知"(李小云,1999:27)。然而,正如我们前面多次提到过的,"先生"并不比"学生"更了解当地的情况,在当地人的脑海里,他们的一山一水、一草一木都深深地刻印在头脑中,什么地要用什么种子,施什么肥,都全在他们的掌握中。而外来的"先生"不过是掌握了一些空洞、抽象的知识和理想的"智者",只有在向"学生"学习了当地的知识和文化以后,才能找出实现"蓝图"的可行方案。当地人的参与是克服"科技专家"的先入为主的片面性的有效方法。

其三,重视发展的过程而不仅仅是结果,是实现少数民族在发展中的主体地位的主要手段。对于少数民族的发展来说,在参与项目的过程中了解自己可以有什么作为,不仅是提升了自己的能力,更重要的是可以更充分地了解发展的意义,建立起他们的自尊和自信。而对外来"专家"而言,发现当地人在参与的过程中获得的经验,不仅对他们是一种学习,也是进一步修正自己理论的偏差,形成更切实可行的方案、技术的最可靠根据。观察国家在西部民族地区实施扶贫计划中的做法,在过去,输血式的扶贫仅仅把少数民族当作国家福利照顾的对象,只看他们的生活是不是好了,有没有饭吃,结果使许多生活贫困的少数民族群众产生了对外部援助的依赖;后来政府改变了扶贫策略,提出帮助贫困的人们建立造血机能,通过发展他们的能力,学会生产和生活的技术和方法来自主脱贫。然而,建立"造血功能"的过程也只是单向地传授科技知识的过程,而不是双向的参与式互动,结果仍然不能解决当地人的能力提升问题。

其四,参与式发展的核心问题是促进人的发展。把人放在发展的中心就是说发展是人民性的,当地人应该通过参与发展过程而得到普遍的发展,而不仅仅是某些"精英"或"能人"的参与发展。参与性是一个普遍性的概念,它首先是群众的参与;同时,参与性也是一个民主的概念,它需要人们广泛地表达自己的意见和观点,需要通过参与达到民族的或社区的共识。如果发展过程仅仅是由少数人把持的,或者只有少数的"能人"与"精英"参与到过程中,那么这样的发展既不民主,也不公正,发展的结果只会对少数人有利。从我国最近这些年农村体制改革的情况看,相当一部分地方的农村发展项目是被农村社区的权力人物所控制,结果广大农民群众的利益受到了根本的伤害,贫富分化、社区冲突不断发生,某些地方政府特别是乡村一级的干部与群众的对立日益加深,党和群众的信任关系遭到破坏,所有这些问题都说明,只有广泛的群众参与,发展才能成为人民的发展、以人为本的发展。在西部大开发中,少数民族地区的发展不应重蹈这种现象。此外,对结果的评估必须是把人的发展也包括在里面,不能只看经济指标,不能只看可计算的价值的增长,更重要的是人民的主体地位确立了没有,他们在发展中发挥了多大的作用。

其五是参与性的制度化问题,即为群众参与发展过程创造政策环境,形成激励机制,保证所有人都能公平地参与到所实施的项目中并分享发展带来的好处。制度化是一个规范化的过程。它包括对人的行为的规范和价值观的建立,或者某种态度的确立,也包括组织机构的建立与更新,以及一个项目或发展计划的设计与规划。参与式的发展根本宗旨是人的发展,包括民族的或地方的文化个性的充分发展,制度化对于实现普遍平等的参与或发展,保证参与成为一种持续的行为,具有重大意义。因为无论在什么地方、民族或社区中,特定的人群总是会有分化的,性别、年龄、穷与富、天赋能力、知识、经验等都会造成人的差别,并带来人与人之间的不平等。在地方的发展计划或项目中,仅凭着个人禀赋和资源占有上的差异,一些人就会将另一些人挤出发展过程。在目前的农村发展中,培养"致富带头人"的做法往往使那些在资源占有或权力占有方面处于优势地位的人成为发展的最大受益人,这是不公平的。对于农村和少数民族社区来说,发展应该首先是穷人的发展,两极分化是一种失败的发展。因此,如果没有一个公平的政策环境,没有旨在使全体居民都有参与机会的制度和措施,不形成有利于穷人平等参与的激励机制,那么发展就只会使少数的富人得利而穷人受到损害。群众参与发展也就很难实现。

### 三

既然参与式发展的概念把发展的主体明确为当地人,强调了参与式发展的群众性,以及发展必须是使穷人得到发展,那么在西部大开发中谁应该优先得到发展的问题就是不证自明的了,那就是作为发展主体的少数民族应优先得到发展,应该成为发展的受益者。但是,虽然这个结论是必然的、正确的,却仍然有一些重大的问题需要澄清。

首先,少数民族是一个整体,但又是有着文化多样性的多民族共同体。从民族文化的保存与发展的要求来看,少数民族的优先发展不应该是抹杀其文化个性的发展,而应该是有利于其文化个性的发展。因此,在西部大开发中,应该允许民族文化发展中的差异性存在,如果开发导致了这种差异性的消失,导致了少数民族文化生态系统的破坏,使他们不得不依附于别的民族、别的文化,那么这样的发展就是失败的。在经济全球化的时代,以西方文化为内核的所谓"现代文化"正在无孔不入地侵蚀着少数民族文化。文化单一化的趋势不断发展,少数民族的文化生态环境不断遭到破坏。如果我们一味地强调发展而助长了这种单一化的趋势,那么少数民族的优先发展实质上就变成了汉族或者发达地区的民族的优先发展。因为这种发展最终不是有利于少数民族文化的繁荣,而是他们的文化消失。

其次,少数民族的优先发展应该是民间社会的优先发展,而不应该是民间社会的萎缩。在中国近代以来的社会发展中,特别是近五十年来的发展中,国家力量的不断强化已经使民间社会遭受了极大的破坏,社会的活力大大地降低了。然而,我们知道,一个国家或民族的活力、它的创造力的源泉,主要来自于民间社会。它的发育越完善,个人在其中的活动空间越大,它就越有活力,越能引发人们的创造性。这对于保存和发展少数民族社会的文化个性,通过发展促进其文化的创造性,具有十分重要的意义。而西部大开发作为国家主导的区域性发展战略,本身就是政治权力介入社会发展的过程,如果不在政策上给予有效的指导,少数民族的优先就会变成依赖于国家的发展,民间的积极性就会受到抑制,而发展的人民性也就无法体现出来。事实上,现在许多少数民族地区已经把西部大开发当作了争取国家投资、争取财政援助的最好机会，"国家的钱不要白不要"成了地方政府和群众的一种"共识"。在我们课题组的调查中，经常碰到这样的情况，人们认为我们是"上面来的人"，每到一处，当地干部或群众都会向我们提到能否帮助他们争取点贷款？在什么地方能够申请到扶贫资金？当地有些什么样的打算，就是没有启动资金……而对于如何挖掘地方潜力，如何运用地方性资源来解决发展问题，基本没有人提到。因此，减少少数民族对国家的依赖，提倡他们运用自己所拥有的知识、技术与经验来解决发展问题，应该成为国家开发西部的基本政策导向之一。

与此相联系的第三点是，如何理解使少数民族在西部大开发中优先得到发展？这也是发展少数民族的什么的问题。按照现代化的思路，应该是经济的优先发展，是少数民族物质生活水平的提高、是工业化和城市化的进程加快等可以用数字、用GNP或GDP的指标来衡量的东西的增长。换句话说，这种发展观仍然抱守着"传统——现代"的二分法的发展观，把物质主义的现代化当作少数民族社会发展的唯一出路。正如我们前面已经指出的，这种发展只是幻想，不是指路明灯。真实的发展应该是在少数民族文化发展基础上的社会全面发展，核心是人的自主性与创造力的发展，即人们能够因地制宜地合理利用各种资源来满足自己的需要。就此而言，少数民族优先发展的观点就需要国家转换其在民族地区发展中的角色，即国家扮演的角色不应该是"父亲""保护人"，而是"使能者"和"倡导者""推动者"。

在传统上，国家和少数民族社会的关系是一种保护关系。国家从政治的考虑出发，对历史上深受封建统治者欺压和汉族社会排斥的少数民族采取了种种特殊的民族保护政策，以帮助他们适应社会变迁对其社会和文化的冲击。但是，由于经济和政治上的弱小以及文化上的差异，民族保护的政策也使他们产生了对国家的依赖，视国家为"父亲"。这种态度极大地阻碍了他们自我发展意识的成长，也使他们陷入文化的困惑中。因此，国家角色的转变对实现他们的优先发展具有重大意义。我们说国家要从"父亲"和"保护者"的角色转变为"使能者"和"倡导者""推动者"，就是主张国家对少数民族社会发展的作用要从行政介入转变为政策倡导，给予他们更多的自主性，鼓励他们运用自己民族的传统知识和技术来发展经济、文化事业；提倡尽可能在少数民族社会自身能力范围内解决发展中的问题,国家作为推动者,其责任是为少数民族的发展提供必要的物质技术支持、协助他们解决自己无法解决的问题。通过这种"使能"作用,逐步帮助他们摆脱依赖,发展出自己的能力。

四

根据上述观点,我们进一步认为,在西部大开发中,少数民族应该以不同于传统现代化的方式寻求自我发展的道路,从而实现内源发展的理想。对这个问题的解答涉及怎样看待经济发展和民生问题的解决。

经济和民生,就其本来的含义而言,是密切联系的。然而,经济学的发展,逐渐使两者的关系变得疏远了。从民生学的观点看,人类拥有多种经济活动方式来解决自己的生计问题。在人类早期,人们追求的是自然而简朴的生活,因而不必用过多的技术和考虑财富的积累。对他们来说,过多的财富积累和复杂生产技术的发明不但不能生活得更自由,反而是一种负担。比如说,对狩猎民族而言,塞林斯指出,自由地游动是他们的生计的保证……库藏的不利性恰恰在于囤积财富与游动能力两者之中的矛盾,它将会把营地固定在一个天然食物资源很快就会枯竭的地区;积累的库存所造成的游动不便,人们可能更因之受到比在不同处所狩猎少许、采集少许更大的损失。因为,大自然,可以说,成了自己的库藏——而大自然库藏中食物之多样性与丰富性不但更为可欲,且是人力所收藏不了的(赛林斯,2001:73—74)。

因此,当从民生学的观点重新理解被现代人视为匮乏社会的早期人类经济生活时,就不难发现,这是一种简朴的丰裕社会,在这个社会里,一切都是以有利于人的直接生计,而不是占有多少财物。"工具、衣着、器皿或饰物,其生产不管多容易,只要一成了负担而非享受,制造它们即失去了意义;在可运输性的边际情况下,效益骤减。"所以,"他们对物质福祉的概念,是为禁欲式的:只对最少的装备感兴趣,对小的东西比大的评价要高,不喜欢有两件以上的同样东西,等等"(赛林斯,2001:73—74)。而工业化创造了高效率的物质生产方式,使人类利用自然资源的能力达到空前的水平。但是人类所获得的空前的物质享受是以牺牲自然资源、牺牲人的生存环境为代价的。比如汽车的发明使人的活动半径扩大了许多倍,人的出行更方便了。但是,为了保证汽车随时能供使用,就需要发明更多保养汽车的东西。结果财富增加了,享受更舒适了,但人也更累、更不自由了。

不仅如此,工业化还破坏了人类传统的以节俭为生活价值观的准则,它把消费主义当作了道德旗帜,引导人类加速消费有限的资源。凯恩斯用所谓"节俭的佯谬"问题重新解释奢侈行为,认为富人的大肆挥霍在道德上固然属于"劣行","但是,这些挥霍掉的财富可以经过所谓的'乘数效应'创造就业,提高穷人收入,刺激全社会的消费,扭转经济衰退的趋势,从而使经济走向繁荣"(陈百明,1999:251—252)。这种工业生产的逻辑只是把维持经济(实质是数字)的繁荣当作生产的目的,完全背离了民生学关于最少的耗费是最经济的原则。经济学与民生学之间的天然联系也因此完全被割断了。经济学完全不考虑人与自然的关系,或者把人与自然的那种有机的、充满生命联系的复杂关系,化约(reduction)成"这个世界只有供、需、资本、劳动、利率以及其他极少数范畴存在"的模型。这样化约的结果就使经济学不再关心自然,只考虑资本的投入与产出比的关系,而经济学家们则沉溺于"简单、干净、因而漂亮、有力的'逻辑'操演"中(丘延亮,2001:80)。现代工业就是在这样的经济逻辑下发展起来的。而这样的发展对生态已遭到严重破坏的西部地区来说,无疑是一条不归路。而且,对少数民族社会而言,工业化不仅是资金的问题,也是能力的问题。这种来自另一种文化体系的知识与技术,使得他们只能完全依赖外部社会才能运行。这样的发展就成为依附性的发展,结果是少数民族最终没有得到优先发展。

基于工业化这种单一的现代化模式的种种弊病,我们认为,在少数民族地区,发展必须从民生的角度出发,以少数民族自身的需要为依据,根据他们在与所处的自然环境交往的过程中形成的生产、生活知识和技术,利用他们所拥有的文化资源,去发展他们的生计系统,以适应已经改变或正在改变的自然生态与人文生态关系。可以这样说,只有从民生学的观点出发,少数民族的发展及他们在发展中的主体地位和作用,才能得到体现。而从经济学的观点出发,得到发展的绝不是少数民族。虽然,他们的收入可能提高,他们的生活也可能"更接近"现代化。但是,他们却可能因此失去自己的传统,失去民族的自主性,在全球化的世界中成为依附性的民族。

那么,西部少数民族社会究竟在什么样方式下发展才能摆脱"发展的幻象"?民生学意义上的发展在什么样的社会条件下才有可能?本文认为,可以通过社区能力建设和内源性的社区发展来解决。所谓社区能力建设实际是这样一种发展的观点,在全球化的背景下,处于不同地域和历史发展水平的民族,应该通过培养和提高自身的文化创造能力来应对全球化的大众社会和现代化的冲击,形成与外部世界的对话能力和自我发展的能力来促进自己的发展。而所谓内源性的社区发展,则是把少数民族社会的发展放到社区层面上理解,看作是基于社区能力提升的内生性需要。只有当发展的需要是源自于社区或少数民族内部,并且是符合于人们的实际状况的,由他们来完成的,这样的发展才是有利于少数民族的繁荣,促进民生的发展。这是一个需要进一步讨论的话题,但它却无法在本文的框架得到完整的论述。因此,我将把它放到另一篇文章里进一步讨论。

**【参考文献】**

陈百明等:《谁在养活美国》,商务印书馆1999年版。
李小云主编:《谁是农村发展的主体?》,中国农业出版社1999年版。
丘延亮:《从认识论的高度再思考"发展经济学"——原初丰裕社会(代译跋)》,载许宝强、汪晖选编:《发展的幻象》,中央编译出版社2001年版。
赛林斯:《原初丰裕社会》,载许宝强、汪晖选编:《发展的幻象》,中央编译出版社2001年版。

# 以内源发展的观点看待农村社区能力建设
## ——新农村建设中少数民族社区发展思考[*]

  通过社区能力建设促进少数民族农村社区发展，对推动少数民族地区的新农村建设，是一项具有重大现实意义的社会工程，也是社会主义新农村建设理论研究的重要内容。从能力建设的角度看待农村社区发展和少数民族地区的新农村建设，就是从少数民族社会自身发展的特殊性来探讨新农村建设中少数民族社区发展的方式与途径，用内源发展的理念指导农村社区能力建设，使社区或少数民族群体获得与其文化相适应的自主发展能力，在新农村建设中发挥主体作用，并使社区在新农村建设中成为可持续的推动力量。

### 一

  社区发展的根本在于社区能力的提升。在社会主

---

[*] 原文以《新农村建设中少数民族社区发展思考》为题发表于《河北学刊》2009年第1期。

义新农村建设中,通过社区能力建设促进社区发展,为社区发展培育内源动力,是实现农村社区的可持续发展,特别是处于较贫困状态的西部少数民族农村社区可持续发展的重要基础。在少数民族社区的发展中,无论是内源发展的要求也好,还是人的创造力的培养也好,核心问题就是能力的发展。那么社区的能力来自于何处?一般说来,社区的能力存在于人们所掌握的知识、技术、物质财富、价值观和他们生活实践中所形成的生活信念与目的追求中,它表现为人们利用各种资源服务于自己的目的的能力。广义的社区能力包括物质经济的能力和文化能力,前者提供人们的创造活动以物质基础,后者则是作为观念性的东西存在于人们的意识和目的性活动中。少数民族社区的能力建设,通过发展经济提高人们的物质财富水平是必要的,但更重要的是如何提升他们有效地运用各种资源创造财富的能力,只有后者才能赋予一个民族以创造性,帮助它实现自主发展的理想(钱宁,2004)。

按照这样的理念思考少数民族地区的农村社区能力建设,首先要解决的是能力的主体问题,即社区能力建设的对象是谁、发展什么样的能力?是把当地社区的居民当作能力建设主体来发展,还是仅仅把他们当作一个受支配的对象来看待?如果是主体,那么对少数民族来说,社区能力建设应该是从他们的文化特性出发,立足于发掘社区的内在潜力,即它所拥有的知识、技术、价值、信念等一切的文化要素,使人们在自己民族的文化传统基础上,将原有的知识要素、价值要素重新整合,在与外来文化的涵化①过程中,形成新的文化创造能力。如果是一个受支配的对象,那么就仅仅是一个文化殖民的过程,即把外来的"先进技术""现代化的知识"全套传授给人们,把他们用"现代科学技术"武装起来,使他们成为"现代人",社区成为"现代社区"。显然,这是两种不同的能力发展观,它们各自的出发点和归宿是截然不同的。前者是内源性的观点,后者则是外源性的。内源性的观点把社区能力的发展看作是基于民族文化的多样性和特殊性的发展,是一个全面的能力提升和创造性的培养的过程。也就是说,能力建设不是简单的培养和发展某种适应现代社会需要的技能的问题,它也是一种态度、一种价值

---

① "涵化"是一个人类学概念,指具有不同文化的群体或个体之间,在持续的、直接的接触中,导致一方或双方文化模式发生变化。

观和一种理解力及批判精神的培育与发展的过程。内源性的能力需要在与民族的、社区的传统相结合的过程中才能发展,它必然是独特的,具有文化个性的。也就是说,这种能力是在与地方的、具体社会的需要与问题相结合的过程中产生的,它所表现的精神特质是不能用其他的技术或文化取代的。这就使它成为一种有根的能力,即深深地植根于民族文化与地方知识的土壤中的能力。

与此相反,外源性的观点是把民族社区能力的提升看作简单的技能掌握过程。它忽视民族文化的多样性与特殊性,主张普遍主义的科学技术观并试图用所谓普遍的科学理性取代地方性和民族性的知识。外源性的观点是片面的,因为它撇开了能力的世界观和价值观层面的东西,用技术理性(或工具理性)的观点看问题,把社区的或民族的文化创造力等同于技术能力,社区能力的提升就是一个单纯地掌握科学技术知识和方法的过程。所以,在如何帮助少数民族社区实现其能力提升的问题上,外源性的观点把"先进技术"的引进当作解决问题的唯一有效的办法,认为"经济落后"的少数民族地区可以通过"技术引进"或承接"经济发达地区"转让的技术改造传统产业,提升自己的生产力,从而获得发展的能力。很明显,这是一种技术理性的能力建设观。它把生产物质产品的经济技术能力等同于社区能力,而社区能力的高低则是由生产了多少产品,获得了多少经济收入来衡量。

按照这种逻辑,多年来,在西部民族地区的扶贫发展中,虽然也不断地把培养贫困社区的"造血机能"当作社区能力建设的重点来抓,国家投入大量资金扶持贫困地区建设各种脱贫发展项目,然而其效果是非常有限的。有的地方甚至形成"扶一把,富一阵,一放手又贫困",或者"一年脱贫,二年返贫"的贫困循环怪圈。对贫困的人们"扶不起",已经成为社区发展的一个"梦魇"(潘英年,1997:171)。在过去的时间里,一种把贫困当作"资本",用它来换取援助或投资,而不是依靠自己的努力,由自己来承担脱贫的责任的"贫困心理"或"贫困文化"已经在许多欠发达地区流行。人们总是希望自己能一夜之间过上富裕的生活,但是对靠自己的力量去改变贫困状态又缺乏信心,在依赖外援的过程中产生出享受"免费午餐"的期待。

"扶不起"现象的存在深刻地说明,无论是"输血式"扶贫,还是"造血机能"的培育,如果不是基于内源发展的理念,那么,"扶不起"就将继续成为社会的"梦魇"。因为,靠外部技术和资金的强力支持来提升社区能力,如同"嵌入式"的工业发展战略一样,只是一座座海洋中的孤岛。而且由外部输入的技术往往靠外来的专家、技术人员支持,才能加以实施。这就如同潮汐靠月球引力一样,潮涨潮落是地球与月球的相互引力作用的结果。当外来的专家和技术人员来到时,社区能力发生"潮涨"现象,一旦他们离去,其能力又潮落般地退回去。如此反复,不仅不能增长社区能力,而且还会导致人们创新意识的萎缩,产生出等待或依赖的心理。更重要的是,由外源性的知识技术的引进造成的潮涨潮落现象,还会抑制地方的和民族的知识的自我发展,使社区发展失去内部动力,也使人们对自己的生活丧失信心,在根本上对少数民族的福祉造成损害。因为这样的能力发展不是引导人们将精力用在"从'正面'追求本土意义上的社会变迁"(班努里,2001),即怎样在自己的文化传统基础上去发展社区的能力,引起社区的变迁,而是把精力放在如何适应外来文化,或者反抗外来文化入侵的"负面"目标上。

值得指出的是,上述的"贫困心理"或"贫困文化",在今天又有了新的发展。这就是不结合本地区或本民族的实际,盲目地把"吸引投资"当作发展的不二法宝,为了眼前的所谓经济增长而牺牲本地区、本民族的长远利益。比如说用资源和环境去换投资,为了吸引投资而制定各种"优惠政策",不惜代价地把"招商引资"当作头等任务,结果是为了一点眼前的利益而去牺牲环境和生态,甚至为了增加财政收入而牺牲社区居民生活的幸福。这些行为本质上仍然是外源发展的观点的表现。

内源发展主张社区能力建设应放在社区自身的创造力培养上,这就意味着不应该扭曲社区发展的目标,用一种正面的和积极的态度来看待社区的发展,将能力的提升与社区的自主改变联系在一起,通过群众的参与,让人们在发展的过程中学习,获取发展的知识并形成新的态度。当然,让本地居民自主地考虑社区的发展,不可避免地会犯这样那样的错误。从错误中学习是人类成长的基本特征,正像毛泽东说过的那句名言:"错误和挫折教训了我们,使我们比较地聪明起来",当地人能够从错误中学习,从而不断调整自己的行为,为社区的发展积累其更多的经验。

由专家和技术人员带来的技术之所以难以变成社区居民自我发展

的能力,一个重要的原因是当地人难以进入到这些技术的内部,他们只能被动地接受这些技术,而无法主导这些技术得选择和运用。因而,他们即使有参与,也只是被动地参与,是作为配角出现在这些技术的运用过程中。而作为"专家"和"发展顾问"的外来者来说,他们认为只有他们才能帮助当地人提升能力,帮助他们实现"现代化"。在这些人看来,地方或社区的人们之所以落后,关键就在于他们不能适应"技术进步"的要求,不能按照科学的或者市场的要求有效地利用资源,他们的"生产力"太落后。因此,他们只能在"专家"的带领下,逐步去学习掌握"现代科学技术",才有可能使自己的"生产力"发展起来。这样,外源性的观点就利用"科学技术"的神话,制造了一个社区能力发展的迷雾。

我们知道,人的能力最主要地表现在他创造物质财富的经济活动能力上。但是,人的经济活动——最主要的是以劳动为基础的生产活动——既是人与自然界直接发生关系的活动,又是人与人进行交往的活动。对于前者来说,人总是要想方设法地利用自然、改造自然,以满足自己的利益需求;对于后者来说,人必须要通过社会的形式来改造自然,以谋取自己的幸福。这样,人对自然的改造所使用的技术,就不是一种全然"中性的"东西,而带有明确的社会特征。它不仅要适合自然界的特征,也要适合人类的社会关系,因为,"人类社会既是生态系统不可分割的组成部分,又是积极作用于生态系统的因素"(贝尔纳·罗西埃,1990),人类的社会关系既是人作用于自然界的活动的结果,也是人对自然的一种态度。撇开一定的社会关系来谈技术的使用,也就是撇开地方性社会的知识、态度、规范和价值观来发展所谓具有普遍意义的技术,提升社区的能力,不仅是无视社会关系对技术发展的制约作用,也是无视在特定的历史和社会条件下形成的人与自然的关系。其后果也不仅是"欲速不达",而且可能对社区能力的发展造成长期的损害。

二

对现代科学技术的迷思是造成"现代人"的狂妄的直接原因,它使"我们"坚定不移地相信,普遍意义的科学技术是可以取代地方性知识,为人类带来更多的福祉并最终消灭贫困。但是在这种狂妄的背后还潜藏着更深刻的危险,这就是在知识和技术的转让或移植的过程中,抑制了地方的和民族的知识与文化的成长,使它们逐渐走向衰亡。范如湖在《内源发展作为另一种选择——可能性与障碍》一文中指出:

> 对知识转让进行分析需要了解两个基本因素:知识在提供技术的同时,赋予创造或掌握知识的人以权力;各社会文化集团与各国人民之间的知识转让一贯属于力量对比的范围,而力量对比不仅涉及经济、政治、社会、文化,还涉及认识论,从而由根本上确定了内源知识与外源知识之间的冲突或和谐关系。(范如湖,1991:36)

本来,不同文化与民族之间的知识转让历史上就一直存在着,并且由于这种知识的转让所引起的文化改变,对促进社会的发展(也包括社区的发展)起了非常积极的作用。这就是人类学家所说的文化的"涵化"作用。但是,这必须有一个前提,这就是它必须是在非控制的状态下,必须是非强加的文化传播和改变。如果在促进少数民族社区的发展上,我们仅仅靠国家的和经济上的力量进行单向的技术与知识的转让,只是把它们看作应该现代化,或者应该发展的对象,而不是从它们的自身的文化传统和真实需要出发,势必造成对处于弱势地位的少数民族文化的压制,最终使他们的内源知识消亡。在这个意义上,福柯说得对,"权力制造知识"。在知识与技术的转让中,"权力和知识是直接相互连带的,不相应地建构一种知识领域就不可能有权力关系,不同时预设和建构权力关系就不会有任何知识"(福柯,1999:29)。创造或掌握知识的人拥有对他人的支配权力,他们在转让知识和技术的过程中建构起了一种权力关系,让那些接受知识与技术的社区或群体隶属于自己。而正是这种"知识—权力关系"结构,造成了社会发展问题上的现代化话语霸权,而民族的、社区的声音被压制,地方性知识被当作"落后的"东西抛弃,最后使少数民族社区变为被外来文化所控制的、没有内源动力和文化个性的依附性社区。

当然,我们强调社区能力的内源性增长,并不是说社区能力建设必须是在一种绝对排他的状态下进行,或者在封闭的状态中来完成。内源发展是一个辩证的概念,也就是说,内源发展是相对于外源发展而言的一种方式,它的核心是强调社区居民的自主性、参与性,以及地方性知识与社区文化的特殊性对社区发展的价值,但它不是把社区能力的生成和更新与增长看作是在一个孤立的环境中发生的,相反,正是在一个普遍联系的、不断遭遇不同文化冲击的社会环境中,人们才会做出某种反应来解决来自不同文化的挑战带来的问题。而对于今天国家把现代化当作普遍的目标来追求的社会现实来说,经济全球化和市场化的发展已经使那些曾经在封闭、孤立的环境中形成的民族文化和民族社区不能继续下去,它们必须要在与世界的普遍联系中才能继续存在的情况下,注意内源发展与外源发展的辩证关系,对社区能力的发展具有更重要的意义。

　　从西部少数民族社区的现状来看,在长期与自然界交往的过程中,各少数民族创造了自己独特的文化制度与经济体系,并与他们周围的自然环境形成了紧密的共生关系,形成有自己文化特殊性的民族社区。这种社区既是作为与大自然和谐相处的生态系统存在,又是人类社会关系的特殊样式,构成了少数民族独特的生活方式。它所建构的特殊的社区关系也使社区能力与自然界保持着平衡,有效地满足着他们的需要。但是,在工业化和经济全球化时代,社区的文化制度和经济体系却无法与强大的工商业文化和市场体制相抗衡,不断遭到侵蚀和打击。在这样的情况下,如果把内源发展理解为完全依靠社区内部的力量来解决社区发展,克服社区面临的危机,不仅是脱离实际的,也是错误地理解内源发展的概念。我们说内源性的观点是全面的观点,不仅仅是强调只有内源根据的发展才是全面的发展,也是强调外源因素要通过内源因素起作用。

　　从内源发展与外源发展的辩证关系来看待民族社区能力的提升,就需要解决这样两个问题:如何看待本土性知识的改变?以及外来知识与外来人在社区能力建设中的角色与作用?

　　对于第一个问题,我们的基本观点是:从以人为本的原则出发,把社区能力建设看作发展本土性知识,促进文化创新意识和创造能力发展的过程。所谓以人为本,在这里主要是把能力建设同人的发展结合起来,一方面是加强、提升社区居民对自己民族文化的认识,在文化传统的认同与发展问题上确立民族的自信心,坚定其使命感,使他们承担起民族文化的传承与发展的历史责任。因为没有社区居民对自己文化传统和知识体系的自觉意识,就无法落实少数民族在社区发展中的主体地位和作用。这是内源发展的观点对待人的基本态度,也是实现内源发展的基本前提。从过去西部少数民族贫困地区发展的经验和教训来看,在从单纯的"输血式"扶贫向培育"造血机能"的转变中,人们虽然认识到少数民族社区能力建设的重要性和必要性,但只是着眼于物质技术能力方面,把输入技术或科学方法当作培育造血机能的主要工作,而没有注意到当地人的想法,他们的需要、他们怎样看待这些引进的技术等问题,结果常常是事与愿违,得不到当地人理解与支持。就像一位人类学家指出的那样,当我们试图为当地人提供某种技术,或让他们掌握某种知识时,首先要确定什么是需要,需要什么样的东西。他说:

> 对需要应下一个定义:希望是根据目标确定的。某一个个人,某一个群体所共同认可的问题,所共同需要达到的现实目标是他们的一种希望,希望是一种目标。需要是一种手段,是达到和实现这个目标最有效的手段。因此,每一个社区都有自己的希望和需要。作为代理人最重要的一点,应了解当地人民自我感觉的需要。这样一种需要,不是外地人看来有效的需要,有效的手段,而是本地人认为的有效的方法。……合作最根本的问题,在于代理人和委托人之间利益的冲突,所以,想要了解具体情况,必须同时了解到委托人所自我感觉的希望、需要以及代理人观察到的希望和需要。(辛格尔顿,1982:40)

所以,只有在人们有了对自己文化传统的自觉意识,有了希望之后,他们才会积极行动起来,形成内在的发展动力。

而在另一方面,社区居民也需要发展一种对自己的文化和知识系统的批判能力。我们强调本土知识对内源发展的重要性,并不等于本土性的东西就是完美无缺、至善至美的。恰恰相反,发展之意就是要克服自身之不足,使之对应付未来的问题有充分的准备。本土性知识的不足就在于它可能太过于欣赏自身的特殊性而忽视或排斥其他的可能性,以至于局限在地方的现实状态之中而缺乏长远的考虑。长期受地方性知识的影响的人往往会产生出因循守旧、不思改进的保守性,丧失对新事物和变化的敏感性。这就容易造成历史的某种停顿,阻碍人的发展和社区能力的提升。

这样,当我们把本土性知识当作内源发展的根据时,就不至于将它变成某些人故步自封、抱残守缺的借口,也不至于以此来鼓励那种不能用宽容的态度对待其他文化和知识的倾向。宽容也是一种能力,并且对于以积极的态度对待社会与文化变迁的民族来说,是一种尤其重要的能力。进取精神和创新意识就是在以宽容的态度对待外来文化中发展起来的。

三

从内源发展与外源发展的辩证关系来看待外来知识与外来人在少数民族社区能力建设中的角色与作用,首先要明确,社区能力建设是社区及个人的"增能"或"充权"(empowerment)的过程。所谓"增能"或"充权"是指这样的一个过程:通过改变人的态度来改善人与自然和人与人之间的关系,提高社区或个人的自信心与自决意识,扩大人们的视野,以增强他们解决社区及个人问题的能力。在这个过程中,作为外来者的"专家""技术顾问"或政府官员只是扮演"使能者"或"协助者"的角色,绝不能把自己的意志或需要强加到当地人身上,要求他们这样做或那样做,"只有当地人自我感觉的需要才是第一位的,是主要的需要,而外界观察到的需要只是第二位的,是某一部分人的需要"(辛格尔顿,1982:40)。这里提出的问题就是外来者必须尊重当地人的意愿和权利,不能因他们的"失能"而代替他们发展或代他们行使权利。这是对当地人权利的剥夺,也是对以人为本原则的根本侵犯。

由此而来的第二点是外来的知识和技术如何在内源发展中提升社区能力,使当地人得到"增能"或"充权"。在过去的扶贫实践中,我们总是把引进先进的生产技术、推广农业科技当作发展民族社区生产力的不二法则,搞所谓的产业化经营或科技农业,用货币收入量来衡量生产力水平。搞大农业、运用大型技术、进行大规模的开发成了发展经济、脱贫致富的基本模式,而根本不顾及这些技术与知识是否符合社区的实际,结果不仅没有促进当地经济发展,反而破坏了社区内源发展的能力。我们在前面所描述的"扶不起"现象、"越扶越贫"的现象就是这种做法的后果。

舒马赫在他那本著名的《小即美》(Schumacher,1973)中批判现代主义的产业观、技术观和商品消费观时指出,西方一贯的思想是规模越大越好,技术越多越好,物质的商品越多越好,消费也是越多越好。而他们判断发达与否的标准也是看消耗的资源多少,资源用得越多越发达。他认为,这是一种根本错误的标准。"我们需要有一种可供选择的另外一种分析的标准,这种标准不应当建立在消耗能源的基础上,也不应当建立在越大越好的基础上"。他认为,我们正在采取的很多科学技术,实际上它对自然是一个损害,对人类的道德也是降格,对文化也是一种破坏。这样做的结果是我们把人的价值观丢掉了,把自然资源用尽了,很难恢复过来。而有些技术,虽然比较小但却可以避免工业化、现代化的弊病,并且能有效地满足人们的需要。因此,他建议,应当尽可能地发展那些小型的或中间技术的生产和商品交换,建立一种按人的需要确定规模的社会结构,让地方分权承担责任,使人尽其能,物尽其用(辛格尔顿,1982:37—39)。

舒马赫的建议提醒我们,地方的或民族的智慧虽然有时候看起来"很土",但它们所包含的真理并不比所谓的现代科技少,它们对人与自然、人与人的关系的解决比起那些大型的技术、大型的组织更有人性,更符合人的需要,也更具有亲和性。如果我们不是从商业利益的角度考虑问题,不是把赚取利润作为生产的唯一目的,那么,我们就不会一味地追求大型的技术、大规模的生产,我们的经济就可能是更节约的,更符合可持续发展的目标,也更体现以人为本的原则。因此,当我们在少数民族社区推行科学技术时,决不可用它们来取代当地的知识与技术,更应考虑从社区的实际出发,尽可能结合地方性知识,发展替代技术或"中间技术",使它们与当地社区文化和习俗、与人们所持的价值观更具亲和性。

在我们的研究中,我们发现,运用大型技术和大型组织发展产业化的经济常常带来很多的负面影响。从经济收入来说,虽然人们通常可以直接感到收入增加,但对这背后的代价却很少有人看得清。比如利用西部的自然和人文景观发展旅游业,从产业化的角度看,它必须形成一个"产业链"或"商品链"才能完成。近年来,西部许多少数民族地区在发展旅游方面,都尝到了"甜头",地方经济"发展"了,当地人的收入也"增加"了。但是,在这种"经济发展"的背后,社区和群众付出的代价和将要付出的代价却没有被计算在内。自然和人文景观、生态环境被当作廉价的"商品"出售,在整个商品链中所获得的利润,大部分流向了大公司、大企业,而保护环境、治理生态破坏的责任却留给了当地社区和当地人。保护、治理生态环境的投入有时候是当地收入的几倍甚至几十倍。在这样的商品链关系中,当地人失去的不仅是自然资源,也失去了他们根本的福祉。

所以,当我们从内部知识与外部知识的关系来考虑社区能力的发展时,必须坚持这样一个基本原则:一切外来知识和技术的传播和应用,不能破坏社区内部知识和技术的完整性,必须把能够为社区所理解和运用,其后果能够被当地人所控制,作为知识和技术引进的标准,以保证外源的力量进入少数民族社区不会导致社区自身能力的丧失。在这里,我们特别要警惕大型机构、大型经济技术体系的入侵,因为,它们的利益总是和社区利益相违背的,它们作为强大的力量,作为现代性的"利维坦"①,它们总是用自己的"占统治地位的经济技术的这种渗透战略企图全面贬低把地方社会和经济结构作为多种经济学说选择标准的一切'内源性'知识"(范如湖,1991:36),从而排斥一切不利于它活动的社区特殊性与民族文化个性。在西部大开发和新农村建设中,如果说开发只是使经济和文化力量脆弱的少数民族社区变成没有自己文化特点、没有自主能力发展自己文化的依附性现代化社会,那么这样的开发与建设就是失败的。

基于上述认识,我们发现,少数民族社区能力建设,不仅是一个掌握什么样的知识,使用什么样的技术的问题,它涉及如何处理社区与社会的经济、政治和文化关系的复杂问题,要使少数民族在西部大开发和社会主义新农村建设中真正获得发展,获得独立的、自决的、自主的内源发展能力,有同东部地区一样的机会,去发展自己的生活,必须从系统的社会工程角度,对少数民族社区进行重建,恢复其社区的完整功能。

在其中,首先,我们必须确立这样一个社会政策的基本理念:在新农村建设中,农村社区的建设必须是以村民的意愿和需要为基础,并以

---

① 犹太教神话中的海中巨兽,海洋的统治者,拉丁语是"Civitas"。17世纪英国哲学家霍布斯借用其强大无比的力量比喻国家作为一个人造物,一个政治巨兽对社会的全面统治。见其政治哲学著作《利维坦》"引言"部分。

他们为主体。以为自己是"掌握"科学技术的专家,越俎代庖地用所谓的科学理性去"改造"农民,让他们变成实现自己意志的工具,不仅违反内源发展的理念,也是对社区及其居民权利的否定。

其次,在进行农村社区建设的过程中,要将"人民与政策联系起来"(O'hara, 2005),使社区对自己的行动有决策权、参与权和自主行动权,把政策植根于人民自己的生活中,即由人民来决策,使政策能够真正地为人民服务。要做到这一点,参与式发展的观念具有至关重要的作用。在社区能力建设中,参与式发展既是发展的理念,也是主要的工具。从理念的层面来看,参与式发展是基于人民是发展的主体的观点而提出来的。这种观点认为,参与是"促进人们自主地组织起来,分担不同的责任,朝向一致的发展目标"的过程(李小云,1999:22)。在这个过程中,"让人民自主参与项目的决策、实施、利益分配及监督和评估"(李小云,1999:23;钱宁,2003),就是将人民同政策联系起来的过程。

再次,少数民族地区的新农村建设,还必须考虑到各民族文化的差异性,在承认和尊重差异的前提下来规划和实施新农村建设。目前,有一种倾向,就是把新农村建设等同于建一个新的农村。把大量的资金投入和大规模的"硬件建设"当作新农村建设的主要工作,搞所谓整齐划一的乡村改造。这样做的结果,不仅会破坏民族文化的独特性和完整性,更会造成一种外部强势作用下的社区自身能力的进一步弱化和本地社区对外来干预的更大依赖,使少数民族地区的新农村建设变成失去民族文化特色的文化同化过程。

最后,把社区能力建设当作新农村建设的更核心、更深层的战略任务来看待,发展"以能力建设为中心的社区发展模式"应该得到更大的关注。这里讲的能力建设就是指社区能够根据自己的需要和国家的经济与文化发展战略有效地组织自己的生活,改善自己的生活和生产条件的那些技能、知识和价值观。我们相信,只有在获得这些能力之后,少数民族社区才会获得自己真实的发展。我们所希望的新农村以及构建和谐社会的时代课题才具有它真实的基础。

【参考文献】

班努里:《发展与知识的政治:现代化理论在第三世界发展中的社会角色的批判诠

释》,载许宝强、汪晖选编:《发展的幻象》,中央编译出版社 2001 年版。

贝尔纳·罗西埃:《发展类型与社会关系》,载阿卜杜勒-马利克等主编:《发展的新战略》,中国对外翻译出版公司、联合国教科文组织 1990 年版。

范如湖:《内源发展作为另一种选择——可能性与障碍》,载黄高智等编著:《内源发展——质量方面和战略因素》,中国对外翻译出版公司、联合国教科文组织 1991 年版。

李小云主编:《谁是农村发展的主体?》,中国农业出版社 1999 年版。

米歇尔·福柯:《规训与惩戒》,陈雅丽等译,生活·读书·新知三联书店 1999 年版。

O'hara, Peter, ed., *Linking People to Policy: From Participation to Deliberation in the Context of Philippine Community Forestry*, IIRR, printed in the Philippines, 2005.

潘英年:《扶贫手记》,上海文艺出版社 1997 年版。

钱宁:《谁是西部发展的主体——论少数民族在西部发展中的地位与作用》,《贵州民族学院学报(哲学社会科学版)》2003 年第 6 期。

钱宁:《文化建设与西部民族地区的内源发展》,《云南大学学报(社会科学版)》2004 年第 1 期。

Schumacher, E. F., *Small is Beautiful*, London: Blond & Briggs Ltd., 1973.

辛格尔顿:《应用人类学》,蒋琦译,湖北人民出版社 1982 年版。

# 文化建设与西部民族地区的内源发展[*]

在西部大开发中,通过发展经济,提高科学技术水平来改变西部地区,特别是边疆少数民族地区的贫穷落后面貌,无疑是具有战略意义的工作。然而,以经济建设为中心的社会发展战略,如果没有当地人民的自觉参与,没有激发人们自主性和热情的文化建设,没有人们的内在动机的支持,单纯靠外部的援助、靠输入资金和技术,是不可能实现的。改变一个地区或民族的贫困落后面貌,必须经由这个地区或民族的人们的努力,必须在文化意识上产生自觉,必须是他们愿意做并且能够做的事情。我们把这种处于人们的自觉和自愿的发展,成为内源发展。内源发展是一个文化的过程,需要通过能够引起人们思想观念变革的文化建设来解决,而文化建设就是引起人们思想观念和社会环境变革的文化互动过程。通过文化互动,形成源于社会内部的发展动力来推动西部地区的发展,既是当代社会

---

[*] 原载《云南大学学报(社会科学版)》2004年第1期,中国人民大学复印报刊资料《文化研究》2004年第5期转载。

科学普遍关心的话题,也是本文讨论的主题。本文即是从文化互动与社会发展的关系来阐明内源性发展的重要性,及探索西部大开发中文化建设的必要性。

## 一、"贫困文化"与西部的贫困问题

在西部,贫困问题不仅表现为城市和农村、发达地区和不发达地区经济发展水平上的巨大差异,也表现为文化上民族传统与现代性之间的二元并立。而这种社会文化的二元并立,使得西部地区分为城市文化与乡村文化、工业文明与农业文明两个完全不同的世界。形成了人们的生活态度和生活理想上的巨大鸿沟,以及彼此在生活方式的价值认同上无法弥合的差距。比如对生活在大都市的人来说,很难想象在边远的少数民族地区,简陋的生活条件和质朴的生活方式会有任何幸福可言。他们常常把少数民族的生活方式看作贫困与落后的象征,却不理解其存在的合理性。同样,对生活在深山峡谷的少数民族来说,大都市和灯红酒绿生活的奢侈甚至超出了他们的神话想象力。因此,二元性的社会结构及其文化存在所形成的障碍,不仅否定了城乡之间进行文化互动的可能性,而且将少数民族贫困地区挡在了现代社会的大门之外,使它们陷入"贫困文化"的困境。

二元文化的屏障作用,使生活在经济不发达地区或民族贫困地区的人们,既缺少资源、技术以及信息和其他可利用的文化手段来改变自己的生活,也难以从发达地区获得这些资源和手段。按照发展社会学的观点,"贫困意味着缺少或失去了某些东西"(韦伯斯特,1987:18),因而,贫困就是被"剥夺"。在被剥夺的状态中,人们失去的不仅是发展的机会,更多的是失去发展的能力与信心,使他们在社会变迁及现代化的冲击与挑战面前处于无能为力的状态,形成现代化发展中二元社会特有的"贫困文化"。

所谓"贫困文化",是把贫困看作一种文化现象。它认为"贫困不仅是没有钱和缺乏资源的问题,还有对生活的理解问题"。"贫困文化不仅表现在没有技能方面,而且还表现在这些人不知道如何行动,如何申请工作,如何回答问题等方面"(辛格尔顿,1984:20)。而"现代民族中的贫困文化不仅是经济的剥夺,瓦解或者某些东西的匮乏,它也是某些实际的和没有补偿穷人就无法生活下去的问题"(Lewis,1966)。贫困文化是一种亚文化,在现代社会,它普遍存在于受需要短缺和资源匮乏困扰的贫困社会。但是,贫困文化不是文化的贫困。把经济的贫困归因于文化的贫困是错误的。然而,我们也必须看到,贫困虽然不是由文化造成的,但是贫困却能产生出文化的态度。在贫困的文化氛围中,人们无力采取行动甚至无意改变自己的生活状况,因而"贫困文化"成为现代社会发展中贫困人群或贫困地区特有的亚文化现象。

西部地区主要是少数民族聚居区,其社会的经济与文化形态,主要地还是属于前工业化时代的农业自然经济。从生态平衡的角度看,农业自然经济依靠的是自然界的丰饶来满足人们的基本生活需要,靠自然节律调节他们的生产、生活行为。西部少数民族自给自足的生产与生活方式,正是依据自然条件,在长期的实践中摸索出来的。因此,如果说在完全自然经济的社会里,较为原始的农牧自然经济凭借着自然界的丰饶而能够维持下去的话,进入工业化的现代社会,这种经济形式则丧失了它存在的条件。在现代社会,规模巨大的工业生产不仅对自然资源的需求量极大,而且强调效率和资源的大规模利用。因而,几乎所有的资源都被纳入到现代工业的范围。并且,在市场经济的作用下,资源按产业的需求和经济能力的强弱在全社会范围内分配与使用,使自然资源由地方性垄断变成了资本及技术性垄断。拥有自然资源不再是优势,至多只是依附于资本和技术的依附性优势。而拥有资本与技术的发达地区不仅主宰了其他地区的经济命运,甚至决定着这些地区的发展的可能性及发展的前景。

工业化和市场经济瓦解了少数民族传统生产方式与生活方式的基础,使他们不可能再按照传统方式生活下去。然而,从少数民族社会的变迁来看,事情却不是这样。由于变化不是来自他们社会的内部,而是外部的强制性力量破坏的结果。一方面,工业化和现代化对市场和原料的追求,打破了少数民族传统的生产方式和原始生产技术与自然界的平衡关系,中断了其历史文化的自然进程,破坏了其社会内部的经济、文化关系,而另一方面,囿于传统及生产力水平及社会知识与价值观的限制,也因为缺少产生内源性动力的文化资源及社会支持系统,他们的生产力水平或利用资源的能力却没有发生相应的变化,他们只能固守其原有的生活,无法对现代化的挑战作出适应性变革。这样,在少数民族社会,传统与现代、守成与创新之间形成了巨大的张力。正是这种张力制约着他们参与变迁的需要及发展与外部社会互动的能力,加深了西部社会二元化的程度,使贫困文化不断滋生出来。

## 二、"贫困文化"对西部民族地区发展的影响

西部民族地区贫困文化的产生,是现代化进程中少数民族传统社会在缺乏必要的物质积累和文化准备的情况下,其经济、政治和文化传统受市场经济的冲击和国家现代化巨轮的碾压而解体产生的特殊文化现象。这种外部的推理和拉力作用,由于缺少自我动机,缺少内源根据,对少数民族社会经济与文化的发展,产生了极其深远的影响,并形成一系列的文化困扰。分析起来,可以概括为这样四个方面:

第一,西部少数民族地区的发展是一个系统的社会工程。它不但需要强大的外部援助来发展经济,发展生产力,引起社会的变迁,还需要改变人们的精神面貌和文化观念,从社会的内部产生出变革的愿望与需求。然而,在来自外部的现代化力量的推动下,人们往往缺乏内在发展动力,既不能主动提出变革的要求,也不知道怎样去改变自己的生活。他们并不理解变革的意义,不会自主地参与到其中,而是抱持一种与己无关的态度,把发展和变革看做是政府或干部要他们做的事情。①正是这种与己无关的态度,困扰着西部民族地区脱贫发展战略的实施,使国家采取的扶贫开发、发展经济的各种行动和各种社会援助的目标及预期效果常常被这种态度所消解。

第二,互动是一种社会运动与社会变迁的过程和机制。在各种形式的社会互动中,文化互动对社会的变迁与发展具有特殊的意义。它是一种培养人的动机和能力的过程,也是改变人的态度的方式。它不仅能够影响一个社会或人群的经济活动方式的变化,更会引起它的文

---

① 笔者在云南省的西双版纳做调查时曾经听到这样一个故事:在政府对口扶贫的工作中,某一部门支援一个少数民族山村,帮助他们开辟了果园,修建了饮水及浇灌用的管道。工程结束后,将所建项目交给他们管理。几个月以后,山村的老乡跑来告诉扶贫单位的人说:"政府同志,你们的果树生虫了,你们赶快去看一看。"又过了一段时间,老乡又去了,说:"你们的水管不出水了,你们赶快去修一修。"这个故事揭示了贫困文化中一个重要的现象:受援者对待援助的态度与援助者的动机之间,存在着一个明显的认识错位。因此,受援者并不会将援助变成自我发展的动力,并产生出自助的行为。类似的事情在西部民族贫困地区的扶贫工作中时有所闻。

化观念与价值观的改变。在一个社会中,文化是社会创造力的源泉,也是社会可持续发展的内部根据。它不仅为参与互动的人群提供行动的规范及信念,也被认为"是关于社会行动着和社会行动的种种问题"①,即包含着理性之精打细算的谋求利益的实践活动。如果说,经济行为的互动对一个社会的变迁起着基础的作用的话,那么,文化行为的互动则决定着社会变迁的内在可能性。然而,在少数民族贫困地区,贫困文化的存在却严重地制约着人们参与现代化社会变迁的互动能力。这首先是二元社会的分割,使民族文化与现代文化、乡村与都市、贫困地区与发达地区、边缘与中心作为对立的两极,在文化上隔离了两者互动的可能性;其次是人们缺乏参与社会变迁的互动沟通的能力与技术,无力去应对正在发生的变化;再一点是没有必要的社会支持系统支持他们从事力所能及的变革传统、变革经济环境与生产方式的活动,他们不得不超然于社会变迁之外。②

　　第三,贫困文化的存在,也使少数民族社会缺乏控制和利用资源的能力,并使资源集中到城市和发达地区,形成贫困的"马太效应"。在西部地区现代化的历史进程中,工业化一直是作为拉动西部现代化的火车头,受到人们普遍的重视,并且扮演着其他因素无法替代的作用。但是,西部地区的工业化也带来了社会的二元化,并且在贫困文化的作用下,呈现出不断加深的趋势。这种二元化一方面使建立在西部,尤其是民族贫困地区的大批现代工业企业变成一个个孤立的"工业城堡"。它们集中了大量资源,但却不能对启动当地经济、社会的发展发挥其可

---

① 罗伯特·J.福斯特:《在全球同一中创造民族文化》,载北京大学社会学人类学研究所、北京大学人类学与民俗研究中心编:《人类学与民俗学研究通讯》,内部刊物。

② 在西部民族地区,最近二十年来,国家曾投入大量资金做扶贫开发项目,试图带动当地经济和社会的发展。但是,它们的效果往往与初衷大相径庭。如云南鲁奎山铁矿的建设,其初衷是改变过去国家在民族贫困地区投资建企业所造成的企业与地方分离的二元格局,探索企业与地方结合,共同发展的模式。矿山所在地的苴且莫村是一个"吃饭靠回销,穿衣靠救济,用钱靠贷款"的彝族贫困山村,矿山的建设初期,对它的脱贫曾经起到一定的作用。然而,在后来的发展中,却因为市场、企业效益、当地少数民族群众的文化教育水平及其他种种原因,企业无力承担过多的社会责任,对当地少数民族的经济、社会发展影响也就日渐减弱。到1999年,由于生存环境的恶化,脱贫无望,当地政府准备将这个山村整体搬迁,实施异地搬迁脱贫。

能的作用,还要支付维持生产运转的高昂成本,造成低效益甚至亏损。① 另一方面,处在贫困中的人们既缺少资源,又缺少利用资源的能力,在市场竞争的机制中,他们无法把握机会,跟上社会发展的步伐,不断拉大与发达地区的发展差距,陷入贫者愈贫的恶性循环中(胡鞍钢、王韶光、康晓光,1995)。

第四,贫困文化还与少数民族的某些传统习俗结合在一起,加剧其生活的贫困,削弱他们物质积累和物质再生产的能力。西部的少数民族大多数具有迁徙的传统。游牧游耕的经济方式使他们形成了即时消费和随意消费,不积累、无计划的生活习俗。即使在定居下来以后,这种习俗仍然保留着。人们经常是在生产的东西没有消费掉之前,绝不生产新的东西。因此人们总是处在缺吃少穿的状态中。而图一时痛快的酗酒、豪爽的宴客、频繁的祭祀活动等等,无一例外地要耗费大量资财。这种没有积累的消费,无疑是无法抗御任何的天灾人祸,也不可能组织扩大再生产。在笔者正在进行的"农村社区能力建设"的研究中,我们在一个苗族村寨中发现,人们得到一笔钱后首先想到的是购买生活消费品而不是如何使用到生产上。比如,因为建高速公路占用了该村的耕地,建设部门给予他们补偿费。人们得到这笔钱后,并没有想到怎样把它用到改善生产条件,提高生产效率上,而是用它来买各种消费品如电视机、音响和游戏机,甚至有一部分人就用它来买酒买肉,结果很多人家很快就把钱花光了。问他们土地减少了今后的生活怎么办?他们的回答是,实在生活不下去只有找政府帮助解决。

贫困文化对西部民族贫困地区发展的这些消极影响表明:少数民族的贫困问题,不是一个单纯的经济问题,也是一个深层的文化问题。贫困作为一种文化现象,作为影响人们的观念与行为文化问题,需要从社会系统工程的角度思考并采取行动。这就是说,消除贫困文化的影响,"不仅要改变社会结构,而且要改变贫困人们的思想状况"(辛格尔

---

① 费孝通把城乡分隔的工业社会称之为"工业孤岛"。他指出:"孤岛上的工厂不仅要管理生产事务,工人和他们家属的衣食住行和生老病死等生活福利,工厂统统包下来,不能不管,工厂成了个封闭的小社区。在这个社区里人口不断增长,工厂的规模却不可能相应地扩大,结果日益增加的社会福利费用,都算在工厂的账上,导致这些企业的生产成本跟着增长。这种企业在有国家补贴的条件时,还能维持下去,一旦要求自负盈亏,那就难办了。"见周尔鎏、张雨林等编:《城乡协调发展研究》,江苏人民出版社1991年版。

顿,1984:20)。不仅需要给予他们更多的物质技术和经济资源方面的支持,更需要调动他们自己的积极性,克服自卑及甘于贫困的心理,承担起解决自己问题的责任。因而,激发人们摆脱贫困的动机,提升他们自我的意识,培养或增强他们克服困难的信心与能力,就成为开发西部必须要做的重要工作。

### 三、以人为本的内源发展道路

以人为本的内源性发展是 20 世纪 80 年代初期联合国教科文组织确定的一项研究计划"对促进适应各国社会实际和需要的内源发展和多样化发展过程的社会文化条件、价值体系以及居民参加的动机和方式进行研究"而提出来的。从"内源"这个词来看,最初它是指生物有机体发育的内部自组织过程。一个生命体可以根据它自身的结构完成发育成长的过程,外部的因素可以起推动作用,但不能决定生命有机体自身的发展。"因此,发展必定是生长的人自己的一种行动(一种努力、一种创举等等)"(阿卜杜勒-马利克等,1990)。

按照这一概念,要实现以人为本的内源发展,首先应该确立"人是并且应该是发展的中心"的观点,"把发展的各种目标、道路、方法和所使用的技术等方面的考虑都归集到人的整体和统一体中去";无论是发展的目标还是发展的计划,都应该体现各民族的"所是、所为、所愿、所思和所信",通过"由人自己并为自己来完成的发展过程"(黄高智等,1991:4),实现人的全面发展。

其次,政府应该转变自己的角色,不要越俎代庖地决定贫困地区应该怎样发展;要让群众自己确定需要什么,能够做什么,发挥他们的潜能,培养和发展他们自助和自主的精神。应该指出,在我们传统的"扶贫"工作中,政府常常表现出某种自以为是的态度,认为贫困地区、贫困人群不知道自己应该做什么,也不懂得怎样去做,于是长官意志、强迫命令、包办代替和独断专行就在扶贫工作中不断出现。因此,我们希望:在西部大开发中,政府和地方领导应该多一些民主,少一些专断;多一点"倾听",少一点命令。

最后,提倡自力更生与接受外援、因陋就简与引进先进技术相结合的精神,因地制宜地发展适用的技术和经济项目,使之与各民族的文化和人们的技术能力相适应,而不应使发展与他们文化断裂。概括起来说,以人为本的发展,就是要把民族贫困地区的群众看作发展的主体,鼓励他们根据自己的经济、文化及社会的特点,探索发展的道路,确定发展的目标,并且在这种探索中,使他们的认识和能力得到提升。其中,最重要的是发掘潜能,培养自主精神,发展自助能力。

但是,以人为本的内源发展并不是搞发展上的"孤立主义",更不是主张政府不要承担责任。相反,内源性发展更需要与外部的交流和互动。首先,西部贫困地区的各民族群众作为弱势群体,在现代社会和市场竞争的条件下,自我发展的能力相当的弱。而在那些陷入贫困文化困境的人群中,这种能力几乎丧失。没有外部的支持和扶助,内源性发展不可能实现。这里,内源性发展与外源性发展之间,存在不可避免的张力。然而,这种张力也是辩证的。外源性发展对贫困的民族或人群的生存与发展,是压力和挑战,外部的援助和政府的扶助,可以增加人们的信心,支持他们的自我发展。使外源性发展转化为内源发展。其次,在经济一体化的现代社会,文化的多元性及各种文化个性的发展,是以它们之间交流与融合、吸收与借鉴为前提的。民族的必须是世界的。只有在与不同文化的互动中,一个民族才能发展起来。这一点对处于弱势地位的西部民族贫困地区及其人群尤为重要。否则,西部贫困地区难以走出贫困的马太效应怪圈。

在另一方面,只有民族的也才能是世界的。尊重民族文化的个性,承认各民族发展的平等权利,鼓励贫困民族和人群根据自己的需要和意愿自主发展,并通过发展使民族文化成为世界文化的一部分。这才是内源发展的完整意义。在这个意义上,西部大开发应该走内源发展的道路。

**四、通过文化建设实现内源发展**

内源性发展是一种尊重民族文化个性,强调民族文化特色的发展观。所谓体现民族文化特色,这里指的是:文化特性作为发展的重要因素,"它把发展转变为围绕各国人民的本身价值观和其他文化协调的文明计划"(黄高智等,1991:21)。要实现这一点,就应该从文化发展的方面入手,把内源发展看作一个文化建设的过程,在西部民族贫困地区推广具有民族文化特性,并符合人们需要与实际的教育、科学技术和文化艺术事业。通过它们的发展来提升人们的意识,发掘他们的潜能,激发他们的创造力。其中,教育的发展对文化建设具有重要的意义。一般说来,教育的发展主要指两个方面:文化的保存和延续;传播并增长知识。就是说,教育不仅是作为知识体系在发展,它也是作为价值体系来发展的,两者不能分开。教育体现着文化的本质。如果我们"只谈教育与文化设施的布局,那是不够的;因为教育既可以使人获得解放,也可以使人被奴役"(黄高智等,1991:23);而如果我们只是从外边引进文化,没有自己的传统和创造的话,少数民族的发展就将失去他们的根基和真实性。因此,在民族贫困地区发展教育事业,不能简单地看做传播科学知识和技术的工作,也应该看做是保存和发展民族文化及其价值体系的文化活动。只有把二者结合起来,教育才能起到它推动文化建设,开发人力资源,实现内源发展的作用。

在西部民族贫困地区的文化建设中,发展少数民族的科技能力对消除贫困文化的影响,增强其文化创造能力也具有重大意义。但是,要使技术的发展转化为内源发展的动力,也需要根据贫困地区的实际情况和少数民族群众的需要,即遵循量力而行的原则。试图以大规模工业化技术来改变西部地区经济上的贫困和生产技术落后的状况,不仅被证明不可行,而且还会带来无法估计的破坏性后果。因此,发展一种高于少数民族传统的低效率技术,但又比复杂的现代技术要简单、实用的"中间技术"(韦伯斯特,1987:135),为实现内源发展提供技术支持,无疑也是文化建设必须考虑的问题。因为它不仅仅是一项技术性的工作,也是一种"文化智慧"。它能体现出人们在对待现代化和发展问题上,"知识、价值观和态度的发展,能够使人的个性充分发展和提高创造力"(黄高智等,1991:22)。

在西部民族贫困地区的发展中,人力资源的开发也是一项基本的文化建设任务。开发人力资源是教育的主要功能之一。它通过传播知识和技能,灌输某种价值观、思想方式和行为方式,以使个人获得应付和解决他在社会生活中遇到的问题的能力,也使社会获得其发展所必需的人力资源。在过去的实践中,国家在民族贫困地区推行的国民教育和各种技术教育,对发展少数民族地区的教育事业,推动其社会变迁进步,起了重大的作用。但是,这种教育也存在两个基本的缺陷。一个缺陷是培养目标与当地社会的需要脱节,学生所学和现实生活差距太大,"英雄无用武之地"。另一个缺陷是教育的价值导向的偏差,使受教育者认为,读书就是为了离开家乡。因此,在民族贫困地区,教育的发展没有使其获得更多的人力资源,反而导致人力资源的外流。教育没有发挥其为地方的发展开发人力资源的功能。就此而言,西部大开发中的文化建设,应该着力解决的问题就是教育怎样把科学文化的传播与地方性文化和民族价值观的认同结合起来,改变教育的价值导向,发展适应于地方和民族需要的教育事业,培养能够意识到自己民族的需要和具有解决实际问题能力的文化精英与专门人才,为民族贫困地区的脱贫和发展提供人力资源的保障。这种教育的意义就在于:它不只是"传播和重复知识的图解",也不是"单纯或简单地模仿外来的模式与技术",而是"促进群体及其成员的创造力"的文化工程(黄高智等,1991:5)。因而,教育的发展应该成为文化建设的重点和中心。

文化是一个民族或社会发展与现代化的基础。在西部大开发中,把文化建设作为社会发展的基础性工作来抓,对消除贫困文化影响、培养和提升民族贫困地区人们应对困难和挑战的能力,实现以人为本的内源发展,具有经济建设或资金、技术的投入等无法替代的作用。从根本上说,西部大开发不仅应该使民族贫困地区在经济上发展起来,也应该使人得到发展,而人的发展,就是使人获得更有尊严、更合理并且更自由的生存方式。在这一点上,文化建设将起到使社会再生的源泉的作用。

### 五、参与性与少数民族的内源发展

在培养少数民族的内源发展能力的过程中,如何发挥他们的主体作用,并把他们参与文化建设和社区发展的程度,当作实现内源发展的主要指标来看待。换句话说,我们所说的内源发展,是依据少数民族的文化与知识,发展少数民族的知识、文化与创造力,要让他们投入到文化创造中去,充分参与文化建设的过程,成为文化建设的主体。只有这样,才能使文化建设真正成为内源发展的推动力量,使少数民族成为发展的主体。

然而,这是一个说起来容易做起来难的问题。长期以来,在人们的观念里,西部是贫困落后的象征,少数民族地区不仅经济落后、社会原始、文化贫困,而且人的思想观念也是落后保守的。而在某些自命为"引领"历史发展的"现代人"的眼里,少数民族社会更是被飞奔的现代化列车远远地甩在后面的"落伍者"。因而,对于贫困落后的少数民族社会来说,他们应当是发展的对象、是客体,而现代社会的文化则是他们的楷模和学习的榜样,也是他们必然的发展方向。一句话,在现代化的意识形态里,少数民族社会是它行使文化霸权的对象,以科学技术武装起来的现代社会有权力通过自己的话语体系去解构少数民族的文化和价值观,使他们最终顺从现代化的潮流,按照工业化的模式来发展自己。在这样的话语霸权控制下,少数民族只能是客体,不可能成为发展的主体。

要使发展真正成为少数民族自己的发展,使他们能够运用自己的知识和智慧参与到文化建设中,首先必须承认他们的文化的平等地位,以及他们有平等的发展权利,并落实他们的发展权。其次,落实发展权必须与他们的参与权联系起来,就是说,只有在他们充分参与的前提下,发展才是为他们的发展、由他们来实现的发展,才是自我发展和内源发展。因此,在文化建设中,赋予少数民族充分的参与权,使其成为发展的主体,对实现他们的内源发展,具有重大的意义。

参与权落实的具体表现就是参与式发展。它被看作是"促进人们自主地组织起来,分担不同的责任,朝向一致的发展目标"的发展过程。它强调参与就是"让人民自主参与项目的决策、实施、利益分配及监督和评估","通过组织起来,通过自身的努力,以形成有效的控制和创造;强调当地人的参与,由外来者协调和帮助,促使当地人进行调查和分析、做出计划和采取相应的行动"。而"参与式发展思想的核心就在于:强调了发展的焦点应是人的发展,人并不是被动和消极的客体,而是发展过程的主体。只有人的发展在项目的过程中得到强化,这种发展才是可持续的"(李小云,1999:22—23)。

参与式发展的基本原则包括:(1)建立伙伴关系;(2)尊重"乡土知识"和当地人价值观;(3)重视过程,而不是结果;(4)以人的发展为中心;(5)建立制度化的参与机制。

根据这些原则,我们认为,文化建设中的参与首先是外来者与本地人共同努力、共同发展的过程。无论是一个长期文化建设还是一个针对具体问题的文化发展项目,比如说教育发展,本地人都是发展的主体,是发展过程的承担者和结果的受益者,而外来的政府官员或专家在其中只能是倡导者和协助者。作为平等的合作伙伴,两者之间应建立起和谐融洽的合作关系,外来者应该让本地人了解他们是什么人,来做什么,以及他们对本地人的友好与尊重的态度。而对本地人来讲,他们只有在消除了对外来者的疑虑、不信任情绪之后,才有可能接纳他们,把他们当作朋友、当作可信赖的人来对待。在过去很长的时间里,与当地人有较大文化距离的外来专家、政府官员常常把他们自己看作高于当地人的"恩公""布施者",用一种"君临其上"的态度与当地人谈话、指导他们如何生活、如何变成像自己一样的人,结果造成了一种文化上的不平等关系,伤害了当地人的自尊心和自信心。在这种情况下,当地人是受支配的,没有主动性的,因而也就没有主体地位。

其二,无论什么民族,也不管它是强大还是弱小,他们都在自己长期的生活实践中形成了一套适应环境的知识、制度、价值观和生活技巧。这些经过千百年的打磨而形成的文化,是一种宝贵的资源。外来者不论是专家、权威或政府官员,都必须尊重当地人的"乡土知识"、他们的技能与技术、处理问题的方式,尊重他们的价值观,理解他们的文化和习俗。主观地用自己所谓的"先进文化""先进技术"来取代这些地方性的和传统的知识与技术,或者把它们当作"愚昧""落后"的东西加以鄙视,其结果都会使发展项目或计划脱离人们的认识和实际情况。事实上,许多从事发展工作的人在他们到少数民族地区去的时候,他们都或多或少地带有这样或那样的美好愿望,试图把自己的理想蓝图在那里实现出来。"心中怀着美好的愿望,袋中装着美丽的规划,号召当地居民来实现'改造自然,征服自然,并自我改造'。结果在操作过程中愈来愈失望,并归因于农民的愚昧无知"(李小云,1999:22)。然而,正如我们知道的,"先生"并不比"学生"更了解当地的情况,外来的"先生"不过是掌握了一些空洞、抽象知识和理想的"智者",只有在向"学生"学习了当地的知识和文化以后,才能找出实现"蓝图"的可行方案。当地人的参与是克服"科技专家"的先入为主的片面性的有效方法。

其三,重视发展的过程,而不仅仅是结果是实现少数民族在发展中的主体地位的主要手段。对于少数民族的发展来说,在参与发展的过程中了解自己可以有什么作为,不仅是提升了自己的能力,更重要的是可以更充分地了解发展的意义,建立起他们自尊和自信。而对外来"专家"而言,发现当地人在参与的过程中获得的经验,不仅对他们是一种学习,也是进一步修正自己理论的偏差,找到与当地文化的结合点的有效方式。从过去在少数民族地区推行的教育扶贫和文化扶贫经验来看,尽管政府投入大量人力物力,改变少数民族地区的"教育落后"和"文化落后"状况,但实际的效果是,因为教育的内容与人们的实际需要相脱节(钱宁,1999),结果对当地群众来说,读书并没有解决他们的贫困问题,反而增加了经济负担。人们并没有因为受教育而增加自信,也没有从中获得发展的文化动力。相反,他们学到的东西离他们太遥远,可望而不可即,感到的只是挫折。因此,用更符合少数民族生活实际的内容和知识来改革民族地区的教育,让人们能够感受到与他们生活的关联,使他们能够有机会实践所学的知识,应该成为民族地区教育改革的重点。

其四,参与式发展的核心问题是促进人的发展。把人放在发展的中心就是说发展是人民性的,当地人应该通过参与发展过程而得到普遍的发展,而不仅仅是某些"精英"或"能人"的参与发展。参与性是一个普遍性的概念,它首先是群众的参与;同时,参与性也是一个民主的概念,它需要人们广泛地表达自己的意见和观点,需要通过参与达到民族的或社区的共识。如果发展过程仅仅是由少数人把持的,或者只有少数的"能人"与"精英"参与到过程中,那么这样的发展既不民主,也不公正,发展的结果只会对少数人有利。应该看到,文化建设的实质是文化参与,如果没有广泛的群众基础,没有普遍的群众参与,这样的文化建设必然脱离生活,不可能培养出人民的创造力。

总之,内源发展根本宗旨是人的发展,包括民族的或地方的文化个性的充分发展。要通过文化建设来实现少数民族的内源发展,就必须坚持参与的群众性和民主性。文化只有掌握在大众的手里才具有普遍的社会性,才能为内源发展提供广泛的文化土壤。如果我们忽视群众的参与性,内源发展就是无源之水、无本之木。我们强调这一点,就是要说明,文化建设只有在少数民族自己的参与下,而不是少数的文化精英主持下,才能为他们的发展培育出真实的文化动力。如何解决群众参与的问题应该成为少数民族内源发展中的文化建设的政治任务。

【参考文献】

阿卜杜勒-马利克等主编:《发展的新战略》,中国对外翻译出版公司、联合国教科文组织1990年版。

安德鲁·韦伯斯特:《发展社会学》,陈一筠译,华夏出版社1987年版。
贝迪阿·纳思·瓦尔马:《现代化问题探索》,周忠德、严炬新编译,知识出版社1983年版。
胡鞍钢、王韶光、康晓光等:《中国地区差距报告》,辽宁人民出版社1995年版。
黄高智等编著:《内源发展——质量方面和战略因素》,中国对外翻译出版公司、联合国教科文组织1991年版。
Lewis, Oscar, *La Vida: A Puerto Rican Family in the Culture of Poverty-San Juan and New York*, New York: Random House, 1966.
李小云主编:《谁是农村发展的主体?》,中国农业出版社1999年版。
钱宁:《贫困文化与西部的贫困问题》,《北京青年政治学院学报》1999年第2期。
辛格尔顿:《应用人类学》,蒋琦译,湖北人民出版社1984年版。

# 农村发展中的新贫困与社区能力建设:
# 社会工作的视角*

  在新农村建设中,将社会工作方法和理论介入其中,假设把生活在农村社会中的人们和农村社区,看作是一个由于受社会环境和自身能力的限制而需要外界协助的弱势群体。通过运用专业的助人技巧,社会工作能够帮助那些处在生活困境中的农村贫困人群(社区)改善社区条件,获得自助能力,从而起来解决其发展问题。但是,在农村社会工作的实践中,这种理想化的行动理念和方法论假设,往往会受到许多因素的影响而遭遇困难。各种因素中,对农村发展问题准确把握是首要的影响因素。本文以贫困问题为例,通过分析中国社会结构变迁中的农村贫困的新形式和新特点,探讨农村社会工作的方法论问题和推进农村社区能力建设的策略,并对近两年来我们在农村的社区发

---

\* 原载《思想战线》2007 年第 1 期,中国人民大学复印报刊资料《社会学》2007 年第 4 期转载。

展实务进行理论反思,以期推动农村社会工作的理论与实践的深入。

一

当前的中国社会,正以前所未有的速度向着以现代化为目标的社会结构转型。"中国现在已是工业化的中期阶段"(陆学艺,2005),在以工业化和城市化为主流的现代化发展的作用下,农村传统的社会经济与文化结构发生了重大的变化:农民基本解决温饱问题,农业经济的结构开始从传统的小生产的自给自足经济转向以经营农业为目标的市场化经济;农村逐渐打破传统的自我封闭的状态,开始形成与外部社会和城市之间的资源、信息、人力和商品的交换与互动,即使在边远的西部少数民族地区,人们也不再是与世隔绝,而在自己的生活中处处打上商品化和市场化的印记。但是,随着经济的快速增长,以城乡贫富分化为特征的农村新贫困,或者说以贫富之间财富占有悬殊和收入差别不断扩大为特征的"丰裕中的贫困"也发展起来。

就农村情况而言,在实行联产承包责任制以后,过去曾经是高度组织化的农村社会,政企合一、农工商学兵一体的人民公社制度的解体,一方面释放了农民空前的积极性,改变了计划经济体制下的农业那种大锅饭式的平均主义经济制度所带来的低劳动生产率和低收入造成的农村普遍贫困。但是在另一方面,人民公社制度的解体,农村社会组织结构也发生了巨大的改变,农民从一种严格控制的组织状态下解放出来。人民公社被村民自治制度所取代,这既使农民获得更多的自主性并具有较多的自由,也使农村社区组织变得松散而缺乏对个人的凝聚力。在中国社会结构转型的过程中,农村社会基本上成了个体化社会。而农民的个体化也使他们失去了过去曾保护他们的制度屏障,而直接暴露在市场和社会力量的冲击面前,他们成为中国社会最脆弱的群体。

在中国农村社会结构的这一系列变迁中,社会工作者所关注的农村贫困问题也发生了重大的变化。传统的以缺衣少食、基本生活无保障的生存型经济贫困,随着农村经济发展和基本生存条件的改善而基本解决,代之而起的是由信息匮乏、人力资源的流失、社会资源与支持网络不足、政策偏差、文化教育和权利保护缺位,以及农村生活价值的失落等因素而导致的新型贫困。

现代社会是信息社会,信息也就成了现代社会中人们进行权力、利益交换活动的最重要资源,而社会控制的最有效手段也就是阻断信息来源。因此,在农业生产的社会化已经有了一定发展的今天,农民生产什么和怎样生产才能取得好的收获,已经不完全是甚至主要不是技术和资金的问题,而是信息。但是对于中国的广大农村而言,农民由于信息的匮乏而处于弱势地位。他们不得不依附于掌握信息的强势集团并受其支配。从我们在进行农村社区发展的实践看,农民信息的匮乏表现在他们无法掌握市场信息,因而无法根据市场变化来组织生产。尽管他们并不缺乏资金和技术,也有发展生产、脱贫致富的积极愿望;但是,由于不掌握信息,他们往往受商业集团和各种中间商的盘剥和控制,无法获得公平合理的利润,也就难以积累资金,获得改变自己贫困现状的机会。

而这种现象并不只是在少数民族贫困地区存在,即使在农业比较发达的东部农村,农民也深受其害。比如,在许多地方都流行的"公司＋农户"的农业经营模式中,"老板们"为了维持其利润的最大化,常常利用其优势地位对农民所需要的关键技术和市场信息进行严格的保密。而这些所谓的"商业秘密",正是他们以"公司＋农户"模式控制当地信息,操纵市场,打着天灾人祸、国际问题等风马牛不相及的幌子欺骗处于弱势的农民。一篇网络文章作了这样的揭露:

> "非典"时期,日本对日本市场的中国蔬菜产品没有任何抵制,价格稳定,需求平稳,但当地的老板们却联合起来,封锁任何的日本市场信息,胡说什么日本不要我们的蔬菜了,拼命压低价格,仅几天的时间,就将一元一斤的大葱压低到五分钱一斤,大发国难财,谋取暴利,事后,日本客商才打电话询问我们当地的实际价格,那巨大的中间利润被老板们获得了,农民却永远是受害者。(马光臣,2005)

除了公司控制信息的戕害,农民也缺乏来自政府的政策信息和相关的经济信息。政府部门要做什么和如何去做一般说来农民是无法知晓的,甚至直接关涉农民利益的决策和工程建设,农民也不可能得到基本的信息,以致他们只能完全被动地听从政府的安排,并由此产生了对政府的依赖。在我们所在农村的一个社区,就碰到这样的情况,铁路建设征用了农民的土地,但是,直到施工的推土机开始推农民的耕地,他们才知道自己的土地被征用了。事前没有任何的协商和征询意见,事后也仅仅是以8000元一亩的价格将耕地永久地征用了。至于农民今后怎么生存,没有人关心,更没有必要的规划。在日常工作中,地方政府对信息的发布往往只是以行政命令的形式要求农民应该做什么,不能做什么;既没有协商对话,也没有沟通交流。"三农"问题难以解决,今天农村的贫困,在很大程度上与农村和城市、农业和工业、农民与政府和外部世界不对称的信息关系有关。信息的缺乏限制了农民摆脱贫困的愿望和行动的可能性。

农村也是最缺乏社会资源和社会支持的地方。在我们工作的农村,土地承包以后,农民就处在"自家管自家事"的个体化状态中。他们传统的社区自我支持系统已经被瓦解,过去所依赖的村社集体也已解体,村民小组除了应付村委会布置的工作外,基本上没有其他作用。村民们希望发展经济,但他们又害怕市场风险,不知道怎样避免风险;他们也不知道向谁表达自己的诉求,因为在他们的周围除了和自己有同样际遇的人外,没有可以表达的对象。而社会也没有一个有效的支持系统来帮助农村居民解决他们物质生活和精神生活上的困难。农民完全处在一种无助的状态中。

我们知道,社会的弱势群体是一个在社会资源分配上具有经济利益的贫困性、生活质量的低层次性和承受力的脆弱性的特殊社会群体。而社会政策正是作为调节和保护弱势群体的行动原则被指定和实施。像农民这样的弱势群体,如果得不到政策保护,陷入贫困就带有某种必然性。具体地说,当前农村中的政策偏差问题,一个是受地方和各种利益集团的利益牵制,有关保护农民利益和发展农村的经济与社会事业的政策无法落实,各种坑农、害农事件屡屡发生,农民基本权益不断受到损害。二是关于"三农"政策的协调机制不配套、不健全,使得已有的政策无法发挥作用。三是缺乏相应的监督调节机制来保障政策的连续性和公正有效的执行,因人而异的人治现象仍然是阻碍中央政策有效贯彻的最大障碍。

以国家大型建设工程中的征地补偿为例,中央一再强调在大型工程的征地中,应保护农民利益,避免农民失地而失去生存条件,要为他们创造可持续发展的机会。但在实际操作中,相关政策往往会因为这些工程建设所牵涉的各种利益集团的各取所需而无法落实。在各种利益关系的博弈中,农民常常是作为弱者而被牺牲利益的一方。而本该作为农民利益保护者的地方政府,也往往会以为牵涉自己的利益而与开发商和建筑商结成同盟来对付农民。比如,我们所在的农村有一个苗族社区,地处高速公路和铁路建设的交汇点。由于铁路和公路扩建,需要征用该村的土地。在此之前,他们的土地已经三次被征用,人均可耕地已经不足半亩,被征用的土地都是该村最好的耕地,剩下的大多是按照生态保护的要求应该退耕还林的坡地。此次征地,又是在农民事先完全不知道的情况下就突然通知的,说他们的耕地已经被铁路建设占用。这引起村民极大不满,出现了围堵施工现场的冲突。最后,虽然事态得到平息,农民也拿到补偿款(仅8000元一亩征地补偿费,就使他们永久地丧失了耕地或生计依靠)。但当问起他们如何使用补偿款时,他们大多回答买米买肉,或给孩子交学费。我们提出是否考虑将钱用于发展生产,否则钱用光了,土地也没有了,今后的生活怎么过?他们的回答非常简单,"生活没有着落就找政府,政府不会不管的"。

  在这个个案里,除了反映出农民的弱势地位,我们还看到政策偏差的另一种表现,这就是由于政府过多地干预社区事务,扮演仁慈的家长带来的另一种贫困现象:农民对政府的依赖。不是以积极的行动改变自己的命运,而是希望由政府来帮助解决问题,以至于在很多的情况下,他们不再有自主性。由此看来,当前农村的贫困,已不是简单意义上的经济贫困,也不是靠单纯的经济援助可以消除的贫困,而具有"丰裕中的贫困"①特征的更复杂的贫困,这种贫困不仅需要政策上的调整和制度创新来解决,更需要通过人自身的发展、消除社会歧视与排斥、赋权等方面的社会行动来解决。在这些行动中,开展社区能力建设,以赋权的方式来增加和扩大贫困社区人们的行动空间,帮助他们发掘和发展自身的潜能,培养他们行动的能力或内源发展能力,对消除贫困具有根本的意义。

---

① "丰裕中的贫困"(poverty in the midst of plenty)是凯恩斯在他的经典之作《就业、利息和货币通论》中提出来的。我国学者用它来解释目前中国社会经济快速增长中存在的大量贫困现象。参见谭崇台:《论快速增长与"丰裕中的贫困"》,《经济学动态》2002年第11期;彭刚:《丰裕中的贫困》,《教育学与研究》2005年第12期。

## 二

针对农村贫困这些新特点,我们在农村社会工作的实务研究中,提出了"以社区能力建设为中心的内源发展道路"研究思路,并在"农村社区能力建设"的行动研究中进行了探索。

"内源"一词,从其原本的意义来讲,是指生物有机体发育的内部自组织过程,而外部的因素可以起推动作用,但不能决定生命有机体自身的发展(钱宁,2004)。因此,内源发展的观点强调"发展必定是生长的人自己的一种行动(一种努力、一种创举等等)"(阿卜杜勒-马利克等,1990:120),必须是社区自己的发展。因而,这一发展的观点既是一种哲学理念,也是一种行动的原则。而所谓"以社区能力建设为中心的内源发展",作为社会工作服务农村发展的理想和行动的方法论,其所包含的实践意义和研究价值在于:第一,以能力建设为中心的社区发展是当前国际学术界和实务界关于发展研究和反贫困行动的新方向,对解决困扰我国社会发展的深层次贫困问题和"三农"问题,建设小康社会和中央最近倡导的建设和谐社会有重大的理论与实践意义。社区是社会的具体形式和基础。只有立足于社区发展,通过赋权和培育社区的社会资本,使其具有自我自治、自我管理和自我发展的能力,才能为社会提供和谐稳定的基础。而通过培育社会资本来提升贫困地区少数民族自我发展的能力,使他们最终摆脱贫困、实现自主发展的道路,对解决"三农"问题,建设各民族共同发展的和谐社会无疑是基础性的工作。

第二,农村社区能力建设追求的是以人为中心的内源发展,也是科学发展观的具体化。它强调在农村发展中,应该始终把人置于发展的中心,主张发展不应该破坏或损害社区居民的文化个性和价值观念,发展的内容应该根据居民的愿望、需求和选择来确定。在农村社区发展中,不仅要关注人的本性各方面的平衡和人与人之间关系的和谐,而且要通过对贫困群体自身能力的培养和集体责任意识的培育,建构社区组织、培养社区领袖和骨干、提升社区意识、扩展社区居民的社会支持网络,以此发展社区的社会资本。而通过赋权来帮助社区依靠自身力量战胜贫困,正是促进人的发展、落实科学发展观的有效途径。

第三,通过社区能力建设帮助农村贫困社区建构社会支持体系、发展社会资本,也是发展农村的社会福利、建立适应市场经济和现代化发展的农村福利制度的重要途径。它把农村社会工作的重点,放在社区层面,而不是过于广大的农村社会或过于细微的农民个体,着力于一种宏观的解决问题的模式。它有利于调动农村社区的资源,也符合以社区为联系纽带和经济单位的农村生活的实际。更重要的是,以社区主体的能力建设,有助于恢复那些对人类生活必不可少的社区关系和支持网络。解决贫困地区少数民族的社区发展,这本身就是为贫困群体赋权、提升能力和建构社会资本的过程。

社会工作以关注和支持社会弱势群体,解决他们的困境为己任。我们在介入一个少数民族农村贫困社区发展的过程中,通过开展社区能力建设的项目,探讨在市场化的商品经济环境中,西部农村发展中的社区能力建设问题。我们的基本理论假设是:一个贫困的少数民族农村社区,在面临外部社会的冲击和内部社区关系紧张与冲突的情况下,只有通过社区能力建设,走以社区能力建设为中心的内源发展道路,才能使农村在社会结构转型中获得自我发展的机会与能力。

阿马蒂亚·森在讨论如何通过发展实现人的实质自由的问题时指出,将现代社会的贫困看作是由收入贫困、能力贫困、脆弱性和社会排斥等因素构成的(彭刚,2005)。消除这种贫困的根本途径是发展人的可行能力,以促进人的实质性自由。在他看来,所谓可行能力是指一个人"有可能实现的、各种可能的功能性活动组合";可行能力因此是一种人们可以"实现各种不同的生活方式的自由",即"一个人实际上能够做到的"那些功能性活动的组合(森,2002:62—63)。因此,要以可行能力的被剥夺看待贫困(森,2002:85),把发展人的可行能力看作消除贫困的更重要的方法。按照这样的方法,在我们所作的农村社区能力建设的行动研究中,我们把建立社区的社会支持网络、发展社区与外部社会的联系、帮助社区获得信息与资源机会看作是解决目前农村新贫困的条件因素,而把社区内部的自助和互助机制的建设、发展社区草根组织和草根力量、培养社区自我治理的精英和骨干看作社区能力提升和内源发展的主导因素。通过建立社区议事会、社区文化夜校、妇女小组和农业技术小组、建立社区发展基金等形式,探索如何使贫困社区的人们在参与这些行动的过程中获得"真实的机会"和"实际上能够做到的"(森,2002:63)行动能力,使其内源发展拥有真实的基础,并以此实现社区的真实发展。① 从实践的效果来看,我们所实施的这些计划,引起了这个少数民族社区一些积极的变化。首先是村民的态度发生了变化。在我们刚开始进入社区时,村民们对待我们的态度是非常谦卑的,同时也是缺乏自信的。由于习惯了以往政府的救济方式,他们总喜欢把我们当成政府官员,希望从我们身上得到物质救济。在和他们讨论社区的问题时,他们总是说:"我们苗族不行,我们很穷,又不懂科学,你们来帮我们,我们生活就会好起来。我们就靠你们了!"为了改变这种等待救助,希望靠外部的援助改变自己命运的依赖思想,我们开展了一系列旨在培养村民自主性的活动。比如,我们所有计划的实施,都把村民参与当作首要的原则,将计划的实施完全交给村民,由他们负责组织、实施,由他们来决定该做什么,不该做什么。我们仅在背后支持他们,和他们一起讨论,向他们提供行动的思路和方法方面的意见和建议。

  以文化夜校的举办为例,当村民提出自己的文化素质低,不识字、不会计算,甚至不会写自己的姓名,希望进行扫盲时,我们就组织村民讨论如何办文化夜校,由谁来办?鼓励他们自己来办。于是村民推选了几个受过初中教育的村民来担任老师,开展了扫盲教育。村民希望我们帮助他们解决缺水问题,我们就与他们一起讨论,如何组织自己的力量来逐步解决。最后,全村人组织起来,用了一个月的时间,自己修建了一个可以蓄水 150 立方的水池,而我们仅仅提供了很少的一点资金给他们购买水泥。整个工程完全由他们组织实施。正是在这些以村民为主体的计划实施中,他们的态度发生了很大的变化,不再用自己穷、没有能力做事来推脱责任,总想靠政府、靠"好心人"的善心来摆脱生活困境。现在,遇到事情或要开展活动,他们就会说"这是我们的事儿,我们来做",开始有了自主意识。

  其次是村民的组织性有了一定的提高,他们开始了解组织起来的意义,学习以集体组织的方式去处理和应对各种问题与困难。同时,一批社区积极分子也开始成长。我们组织了社区发展基金小组和农业技术小组,由村民自己推选负责人,自己组织活动,管理资金,协调生产活

---

① 即建立在社区自身能力的提升和行动自由的范围扩大基础上的、由社区自己决定而不是外来力量支配的自主发展。

动。实践一年多,小组活动能有序地开展起来。而参加这些小组的村民也开始懂得用集体组织的形式来解决自己的困难。在过去,要决定社区的公共事务时,往往是村民小组长自己说了算;现在,他们会在一起集体讨论,发表自己的意见。开始形成参与集体活动,关注社区公共事务的习惯。

在社区的这些变化中,特别值得一提的是妇女的变化。苗族妇女在传统的社区生活中地位非常低,参与公共事务的能力也非常弱,她们很少有机会,也不愿参与社区事务的讨论。通过组织妇女小组和参与活动,她们发生了很大变化。在一个苗族妇女小组,她们在近三年的时间里,不仅坚持下来文化学习和妇女问题的讨论,而且变得越来越有自信,越来越愿意参与到社区事务中去。开始组织妇女小组时,参加者除一人以外,其他人基本不识字,不会写数字,许多人连自己的姓名都不认识。在项目组的协助下,她们请上过初中的村民当老师,教她们识字、算算术、组织自学;坚持开展小组活动,讨论自己的问题和社区的问题,互相鼓励。现在,她们中的大部分人都能认几百个字,会计算比较复杂的混合运算题,能够将课本里的课文通顺地朗读下来。更重要的是,妇女的意识开始觉醒,她们积极要求参加农业技术培训,对社区事务提出自己的意见,希望能够参与到各种社区计划里来,成了社区能力建设的重要力量。

此外,村民的生活方式和某些行为方式也发生了一些积极的变化。这里的少数民族喜欢喝酒,且喝酒必醉。喝酒也是他们生活贫困的一个重要因素。当地的干部对我们说,这些苗族嗜酒如命,即使家里没有吃的,政府发给他们救济粮款,他们也会马上拿去换酒喝。我们开始进入这个社区时,总的印象就是村里每天都有喝醉酒的人。经常是这样,我们与村民讨论或开会,常常会因为有人喝醉酒,胡言乱语而使讨论进行不下去。我们就与村民一起讨论喝酒的问题,让他们自己认识喝酒带来的害处,逐步转变他们的习惯。现在,喝酒之风有所减弱,酒鬼也减少了。村委会的干部深有感触地说:"自从在这里搞能力建设,村里的醉酒的人减少了,打架闹事的也少了许多。"许多村民都开始感到喝醉酒不是一件光彩的事,对身体和家庭都没有的好处。

## 三

当然,这些变化仅仅是初步的,还不能完全确定的,许多问题尚需解决,一些深层次的问题也还没有触及。其中,有很多问题也是一个项目不能解决的。但是,通过行动研究,我们也获得了一些粗浅的经验。

第一,要用以人为本的理念看待社区能力建设,从社区的实际出发,由社区自己来实施,并且有其成员的广泛参与。因此,我们在项目的实施中坚持了这样几条基本的行动原则:(1)相信村民和社区是有内在能力的,他们能够承担改变自己的生活、适应社会变迁的责任。现实的问题是,一系列社会的和文化的因素制约了他们潜能的发挥。因此,要给予村民最大的自主性,让他们在行动中发现自己的能力,并将它发挥出来。(2)计划实施的主体不是项目组,而是村民;作为外来者,在农村社区发展中不是去"领导"农民"奔小康",而是扮演支持者和协助者的角色。在与农民一道讨论中,由农民自己决定什么应该做、什么不应该做,以使行动产生更持久的效果。(3)一个可持续发展的社区计划必定是建立在社区居民内心信念建立的基础上,而参与者内心信念的建立不能幻想一蹴而就,而要靠持续的行动来加强。外来支持者和本地居民的紧密互动与长时期的合作是实现社区自己的可持续发展的保障。(4)要注重社区自己的资源的发掘与利用,不能以外来的资源代替本地资源。社区自己的资源网络是村民自己实际可掌握的"真实的机会",也是他们实际上能做到的各种功能性活动的基础。"集中注意人们去做他们有理由珍视的事情的可行能力"(森,2002:71)发挥它们的作用,用村民能够掌握的和熟悉的方法采取行动,鼓励他们使用自己现实拥有的资源网络来补充他们所缺乏的资源,发展他们的社会支持系统,使发展的内源性与外源性结合起来。

第二,作为外来者和社会服务的提供者,我们在介入少数民族社区发展的过程中,往往会用自己的文化观念去诠释少数民族的行为和生活方式,自觉不自觉地将自己的理想强加于他们,从而使社区和村民变成自己理想的试验品。要去掉这一局限性不是一件容易的事。一些从事农村社区发展的社会工作者在避免这一局限性的时候,往往采取将自己"矮化"的方法来消除他的强势地位可能给贫困社区的人们带来的敬畏与顺从心理,以增强穷人的自信。然而,我们在实践中发现,事实上贫困社区的人们并不太接受这样的方式,他们会把刻意"矮化"自己的外来者的行为看作是对自己的某种嘲弄,不是真心实意地来帮助他们,因而对介入他们生活的人有一种内心深处的不信任。我们的体会是:不要掩饰我们与社区居民之间的差别,也不要仅仅是拘泥于表面的平等而去迎合他们的心态,而要以信任和尊重的态度表明相互间的差别,客观地看待这种差别;以讨论和对话的方式让双方彼此了解对方,学会互相理解。在这一过程中,既要尊重少数民族的生活方式,学习他们的经验,也要敢于批评他们不合理的陋习和不能适应社会变迁的态度,引导他们探索各种更合理的生活态度和行为模式,获取新的知识和行动能力去应对外部世界对他们生活的挑战。这样才能有效地改变他们因为能力贫困、脆弱性而导致的弱势地位和社会排斥,扩展他们自己的权利空间。

  第三,能力建设注重的是建设内源性的能力,但不等于拒绝外源动力的作用。社区的可行能力,是人们实际上能做到的事和获得真实机会的能力。武考克指出,社会资本与贫困地区的经济和社会发展有密切联系。贫困包括经济贫困和社会贫困,而社会贫困包括了社会关系的缺乏、社会支持网络的松弛和居民文化知识的缺失等。拥有较多社会资本的人更容易获得物资资源以面对各种危机(武考克,2000:121)。要通过外部援助的方式来弥补贫困社区能力的不足,帮助社区建构、发展社会资本,扩大社区资源的网络。因此,我们不仅把培养村民之间的相互信任、建立信任社区当作社区能力建设的基本内容来抓,帮助村民建立自己的草根组织如村民议事会、社区发展基金小组、妇女小组等,以促进社区合作;而且积极帮助村民建立外部的社会资源网络,如通过农业技术培训帮助村民与当地乡镇农业技术部门建立联系,鼓励村民到外地寻找种植、养殖技术支持,以解决他们中养殖技术落后,品种差,成本高,经济收入低等方面的问题。发展村民的社会资本,将使社区的内源发展和外源发展有机结合起来,促进社区可行能力的发展。

  第四,行动研究是一个动态的研究过程,不仅需要即时地对实践中出现的问题作出反应,以回应社区的需要,而且要不断反思批判研究者的行动理念和目标,以理性探索的态度发展研究,使研究更具针对性,能更好地发现和解决问题,缩短理论与实际之间的差距。因此,在方法上,行动研究强调研究者与被研究者之间的平等与合作,以互相接受的伦理框架为基础,将被研究者转变为参与者和行动研究者,使他们在主动参与的过程中"增加觉醒"并"赋加权利"(胡幼慧,2003:240—241)。这在社区能力建设中,就要求我们必须把村民置于主体的地位,把村民的广泛参与当作能力建设的主要指标,推行以村民参与为主的行动计划。为此,我们将社区发展基金、种植与养殖培训、村民议事会和文化夜校等行动计划当作实现这种参与的平台,把实施这些计划的组织、管理和实际运作的权利全部交由村民来做。对行动研究的方法进行了实践。当然,由于受各种社会因素和社区自身主观因素的限制,这种探索十分艰难,成效仍然有待进一步观察。不过,从前述社区的变化来看,我们认为,这种探索是有价值的,也是社会工作者介入农村社区发展,促进理论与实务紧密结合的可行途径。应该进行更多的探索。

总之,以内源发展能力缺失的新贫困范式探讨中国社会结构变迁中的少数民族农村社区的贫困问题,用社区能力建设的模式尝试社会工作介入农村社区发展的途径,是一项值得发展的事业。虽然我们的经验还不足以支持建构一个具有本土特色的农村社区发展的模式,我们工作的效果也还有待进一步实践的检验。但是,初步的探索给我们增强了信心,也看到了某些解决农村贫困问题的前景。通过实践,我们也相信,社会主义新农村建设,只有在农村社区变成了自主发展的主体、农民有能力采取行动来改变自己的命运、内源性发展成为主导力量的条件下,才能取得实质性的效果。

【参考文献】

阿卜杜勒-马利克等主编:《发展的新战略》,中国对外翻译出版公司、联合国教科文组织1990年版。

阿马蒂亚·森:《以自由看待发展》,任赜、于真译,中国人民大学出版社2002年版。

胡幼慧:《质性研究——理论、方法及本土女性研究实例》,巨流图书公司(台湾)2003年版。

陆学艺:《构建和谐社会与社会结构的调整》,中国农村研究网,2005年7月23日。

马光臣:《当今中国农村三种发展模式之比较》,中国农村研究网,2005年5月17日。

彭刚:《丰裕中的贫困》,《教学与研究》2005年第12期。

钱宁:《文化建设与西部民族地区的内源发展》,《云南大学学报(社会科学版)》2004年第1期。

武考克:《社会资本与经济发展》,载李惠斌、杨雪冬主编:《社会资本与社会发展》,社会科学文献出版社2000年版。

# 寻求现代知识与传统知识之间的平衡
## ——少数民族农村社区发展中的文化教育问题*

"发展是指路明灯还是幻象?"这是沃勒斯坦在他的一篇论文里提出的问题。在他看来,"发展"有两个不同的含义:一是指生物有机体的生长过程,另一种含义是"算术法则"的,它的意思通常只是"更多"。这种类比"不是指有机循环,而是指线性,至少是单调的投射"(沃勒斯坦,2001:3—4)。前者作为有机体的生长过程,它是一种内生性的发展(endogenous development),它是基于有机体内部的需要与可能的发展;而后者则是外生性的发展(non-endogenous development),它把发展看作是单纯的积累,是为了"获得更多"。这种发展主义的观点有可能带来巨大的危害(黄高智,1991:3),它一定程度上使发展脱离了民族和社区的文化脉络,变成无根之木和无源之水,完全依赖于外部的知识、文化与资源,结果是民族文化特色和

---

\* 原载《云南社会科学》2008年第1期,《中国社会科学文摘》2008年第7期转载。

价值观的破坏和消失,人们的自我身份认同发生危机。与这种外源发展相区别,笔者将用内源发展的概念来探讨文化教育与少数民族发展的关系,试图说明教育在培养少数民族自我发展能力方面所具有的特殊意义。

## 一

以人为本的内源发展是20世纪80年代以来联合国教科文组织所倡导的新的发展理念(钱宁,2004)。按照这个理念,发展应该是适应各国社会的实际需要和多样性的过程的全面发展,社会文化条件、价值体系和居民的参与是实现这种发展的主要文化因素①。在内源发展战略中,全面发展的概念不仅包括经济和社会的发展,还包括文化的发展,即"知识的增长,价值观的熏陶和态度进步促进人格及人的创造能力的全面发展"②。只有建立在文化发展的基础上,发展才具有全面性的特征,才是内生的和可持续的发展。文化是人类实践活动的产物。所谓文化就是由知识技术系统、组织分配系统和目的意义系统连接而成的体系。人们常说文化是人类掌握世界的特有方式,就是指这样三个层面的人为事物结构而成的体系。

文化为人从事各项活动创造了一个社会环境,人因为有了文化而能够掌握世界,又因为文化而受到束缚。前者为人的活动提供了创造的源泉和力量,后者则是作为人的行为规范约束人的活动。文化是不断更新、不断发展的,同时又是积累的;没有积累的文化是无根的文化,积累是文化创造性形成的前提。在这二者的作用下,文化既表现为结构性和规范性的体系,又表现为一个动态的过程。而人类就在这种文化创造的环境里既享受前人留下的成果,按照既有的规范和价值观来理解生活,从事各种活动;又不断根据实践中遇到的新问题、新矛盾,重新解释已有的规范和价值观,将新的文化因素添加到已有的文化中去,引起文化变迁。然而,文化变迁并不是传统的抛弃,它必然同过去有着千丝万缕的联系。这种联系使得每一种文化都表现出它特有的样式和

---

① 阿卜杜勒-马利克等主编:《发展的新战略》,中国对外翻译出版公司、联合国教科文组织1990年版。

② 同上。

性质,并决定着它的发展前景。在这一点上,结构和规范的要素通常表现出更为强大的力量。它会阻止完全背离传统的变化,也会抵制外来文化的入侵,它所特有的"过滤"功能既保护了文化的传承性,同时也阻止了文化的变化。

文化的所有这些功能,与教育这种人类特殊的文化活动形式密切地联系在一起。教育具有三重文化功能:文化的保存与延续、传播并增长知识和开发人力资源。然而,我们看到,在外源发展的思路里,教育的这三重功能却常常是分裂的,甚至在许多情况下是残缺不全的。其最突出的问题就是教育的"工具理性化"。教育与民族的和社会的文化传统、生活信念及价值观的教育全然分开,片面地将教育当作科学知识和技术的传播工具,而且主要传播外来的知识与技术,本土的或民族的知识则基本被当作过时的、无用的东西加以抛弃。在这样的教育思想指导下,教育的模式是"外向型"的,即培养学生主要不是鼓励他们留在当地,为自己的家乡或社区服务,而是鼓励他们到城市、到"发达的"地方或国家去。人才外流使"经济落后"的国家和地区成为这种教育的牺牲品,发展教育并没有使他们得到自己所需的人才,反而失去了更多的人才。

从西部地区少数民族的教育发展情况来看,由于教育培养目标与当地需要相脱节,我们发现存在这样一种现象,许多贫困县一方面说自己的人口素质低,不能适应现代社会的发展要求,而在另一方面,大学毕业生回乡无用武之地,以至于当地政府鼓励他们到外边就业,以减轻就业压力。当然,在这种现象后面,除了教育与地方实际需要相脱节的问题外,也有体制和其他一些非人为因素的原因。然而,许多农村紧缺专业人才如医生、中小学教师、农业技术人才等,城市里的不愿意到农村去,而那些来自农村的也拼命往城里挤,以致城市里人才大量过剩。许多人宁愿转行也不愿回自己的家乡则说明,我们的教育对贫困地区的发展没有起到它应有的作用,相反,它在一定程度上成为引导这些地区人才外流的一个渠道或机制。

如果说农村和贫困地区的人才外流,是由于"现代科学知识"的教育所培养的学生是适应现代社会的需要,而乡村和贫困地区没有现代化的条件来满足他们的工作要求,使他们无用武之地,那么我们就要反思这种教育本身的合理性。我们的课程设置和教学内容脱离当地的实际,这是教育指导思想和教育结构的问题。为什么不能根据当地社会的实际来发展一些地方性的教育?为什么不能把与当地人民的信仰、价值观和习俗相一致的乡土知识和人们需要的实用技术纳入到教育体系中?显然在这种现行的教育体制中,包含着一定的排斥非主流文化的地方性知识的倾向。它表明,我们的教育是作为进行现代化的工具而设置的。当然,教育为现代化服务并没有错,问题在于这只应该是教育众多职能中的一种职能。因为,现代化本身也仅仅是作为人的发展的一种方式才是合理的,它不能代替人的发展的全部内容。如果教育只是向学生暗示:他们应该离开家乡,可以借助于教育帮助个人实现向上的社会流动,那么,这种教育就很难能促进当地社会与文化的发展。因而事实上,在民族社区所推行的国民教育,已经成为那些追求向上流动的人获取"文化货币"①的手段。

  在少数民族地区推行各种教育计划时,常听到的反映是少数民族不爱学习。但是,实际情况并非绝对如此。笔者在云南省怒江傈僳族自治州调查时曾经与当地教育部门的一位领导讨论过少数民族的教育问题,当提及如何普及九年义务教育的问题时,他的回答耐人寻味。他告诉我,傈僳族的文盲率是非常高的,成年人的识字率只能达到20%左右。但是,这只是对汉语而言,如果按傈僳文来统计,那么这个民族的识字率超过70%。原因是傈僳族群众普遍信仰基督教,需要读《圣经》、唱《赞美诗》,他们从小就跟着父母进教堂,学识傈僳文,因而只要是基督徒,就会读傈僳文。而上学读汉语书反而与他们的日常生活关系不密切,即使初中毕业,回到农村,一年也用不上一次汉字,结果很快就将汉字忘光了,成了汉语意义上的文盲。在对一个拉祜族山村的调查中,笔者亲眼见到村里的拉祜族妇女为了读《圣经》,自发组织起了识字班。她们自己购买黑板、粉笔等学习用具,白天干活儿,晚上则在一起学习拉祜文。问她们为何有这般的积极性,答曰,会识字了就可以自己读《圣经》了。对一般的国民教育没有兴趣,即使创造了条件,人们也不愿意花更多的时间和精力来读书。在当地老百姓看来,娃娃读书,即便是读完初中、高中,如果大学考不上,照样回家种地,而简单的农业劳动并不需要太多的知识。而且年轻人书读多了,不愿回家当农

---

①  安德鲁·韦伯斯特:《发展社会学》,陈一筠译,华夏出版社1987年版。

民,总想往外跑。因此老人们认为,都是读书读坏了。而如果自己有需要,即使是想办法,也要学习。这告诉我们,脱离了少数民族的所是与所愿,推行国民教育必然很难取得显著的成效。

从内源发展的观点来看,以人为本的教育不应该是脱离少数民族社会生产和生活实际的空泛教育,不能把普遍的教育模式当作不变的教条搬到社会情况与汉族地区和现代文化教育发达的城市迥然不同的农村少数民族地区。在农村,特别是在边疆少数民族地区,人们并非对教育没有需求,而是需要符合他们的实际生活状况、他们的文化要求,以及他们的价值观的教育。作为国民教育的推动者,政府当然有责任把提高国民素质,特别是他们的科学文化水平和创造力当作自己的政治目标和社会目标来追求。问题是以人为本的理念不仅仅是动机的问题,它也是方法和技巧、动机和效果相一致的问题。如果把以人为本只是当作出发点,不注意方法和过程,也可能事与愿违。问题的根源在于动机中的主观性和方法论上的机械主义,忽略了教育也是文化的一部分,它也要受到文化发展状况的制约。如果国家推行的教育发展战略不和民族地区的实际文化状况联系起来,不考虑少数民族的文化个性,一味地只是从宏大目标的要求来看待少数民族地区的教育,势必造成用普遍性代替甚至压制特殊性的矛盾。一旦这种矛盾出现,要么挫伤少数民族的教育积极性,拒绝这种教育,要么使教育变成消灭民族文化个性的工具。这两种情况无论出现那一种,都是教育的失败,或者说教育的"异化"。那么,内源发展战略需要什么样的教育呢?从根本上说,内源发展的教育观反对把教育看作只是传播和重复那些人类已有的知识的解释,更反对把外来的知识和技术当作唯一值得学习的东西来掌握。相反,它认为,教育首先应该促进本地文化和社会的发展,这就是说,它应该促进地方的社群及其成员的创造力,使他们的文化变成使社会再生的源泉。"因为发展不仅应该是财富的发展,而且应该是人本身的发展,以获得更聪明、更自由和更负责的生存方式"①。

因此,对内源发展来说,教育应该注重少数民族的需要和他们的传统知识要求。在将科技知识和方法应用于少数民族地区时,必须符合

---

① 黄高智:《以人为中心的内源发展概念》,载阿卜杜勒-马利克等主编:《发展的新战略》,第6页。

当地的社会经济和文化特点,而不是用现代化的标准,或者用外来人员的价值观来决定当地教育的方针和内容。而且,教育也要吸收本地的方法,这些方法虽然是土的,也能产生出新的知识。

## 二

少数民族传统文化中所包含的知识与技术,是他们在千百年来的生产、生活实践中积累起来的、对他们所处的生存环境的适应方式。作为一种文化模式,在少数民族特定的生存环境中,这些知识与技术不仅对解决他们的生存问题是合理的,而且也是有效的。这些人类经济学①的知识,既表达了他们对自然环境的认识,又体现着他们在利用自然资源时高度的智慧。

比如说,在许多南方少数民族中,刀耕火种是他们基本的生产方式。而刀耕火种的合理性就在于它充分地利用自然节律的变化,以一种最简捷的方式来满足人对食物的需要。原住民创造了许多方法,比如轮歇地制度,就是在考虑地力恢复、资源的重复利用,以及减少劳力的付出而又能保证足够的收获等因素的情况下形成的。

另一个突出的例子是哈尼族梯田文化。梯田文化丰富的水利知识,令人叹为观止。哈尼人利用山势地形在一座座开成梯田的山头之间开沟凿渠,建立起了密如蛛网的水利网,保证每一块田都有长流不断的活水。在沟渠流经的每一家梯田水口处放一块刻有水流量的木槽,以合理地分配水资源。在利用水力对梯田进行农田管理方面,哈尼人也表现了他们综合利用自然力的能力与技术。他们利用高山流水的运载作用,将肥料沤在一个大水塘里,当水稻需要施肥时,就放水冲到肥塘里,利用水的冲力,将肥料带到梯田里,他们称之为"冲肥"。如果只是某一家的梯田要"冲肥",通知别的人家关闭水口,肥水就流到他的田里了。如此简便的技术,其功效与用科学武装的现代农业相比,不仅毫不逊色,而且在保护生态、与自然和谐相处方面,甚至远远地超过了后者。而山顶是森林覆盖的地方,涵养水源天然绿色水库,只能保护,不能砍伐,被他们视为自己的命根子。于是围绕着森林保护,哈尼人形

---

① 之所以称之为"人类经济学",是因为它也是人类理性地安排自己物质生活的考虑。它充分体现了"经济"的思想,而又不陷入繁琐复杂的论证与争论中去。

成了一系列民俗性的规范和宗教性的禁忌。然而,在近五十年的现代化发展中,我们却无视这种近乎完美的农业自然生态系统的存在,采取一种自大而傲慢的生产主义的或发展主义的态度来看待它。"大跃进""人民公社""大炼钢铁"和"向荒山要粮,向自然开战"等现代化运动,几乎将这种梯田文化毁灭。据统计,在1950年以前,元阳县的森林面积是80余万亩,占全县总面积的24%;到70年代末,减少了近60%,只剩下38万亩,仅为土地总面积的11.6%。1980年以后改革森林管理体制,贯彻《森林法》,森林面积才略有回升,达到42.89万亩。但这与新中国成立初期相比,仍然减少了近50%。森林的毁坏带来的后果是严重的。由于森林被毁坏,"导致水源枯竭,气候恶化,山体滑坡,水土严重流失,大生态由原先的良性循环变为恶性循环"(史军超,1999),甚至县城也因为山体滑坡"不得不从气候凉爽风景如画的新街古城大举搬迁到气候炎热的河坝南沙"(史军超,1999)。这一严酷的现实,对于相信现代化的科技、教育能将少数民族从"贫穷""落后"的苦难中"拯救出来"的那些发展主义者来说,实在是一种无情的回答。

三

我们常常强调教育是面向未来的,教育应把现有的文化(知识)资源组合起来,为人类构筑通向未来的知识之路。然而,现有的文化与知识是否包括传统的文化与知识,是否应该把对"过去",也就是传统知识系统等原有的文化资源加以利用和改造,在少数民族地区发展同民族文化传统相一致的教育与文化,形成一条有西部少数民族文化个性的发展道路?以人为本的内源发展战略在教育的发展路线上所提倡、所坚持的基本原则是,教育必须立足于本地的文化传统,必须在充分发掘当地人的传统知识资源的基础上,建立与当地的经济、政治、宗教信仰和人们的社会理想相一致的教育制度,使当地人所接受的教育能够服务于其社会的经济、文化发展。如果不和本地的或乡土的知识相结合,那么,要么当地人没有接受教育的积极性,要么教育变成鼓励本地人力资源外流的机制。

在教育怎样与地方的需要相结合的问题上,过去我们也有过一些有益的探索。比如,在少数民族地区推行"3+x"的教育模式,即在初中三年的义务教育之外,再用一年或两年时间,教学生若干门结合当地实际、具有实用价值的知识技能,从而使他们有一技之长,回乡后能够做一些促进地方发展的事情。这一探索是非常有意义的,它认识到了教育必须与当地需要相结合。但是,这一探索也是不成功的。从表象上看,许多地方推行这种模式,是由于缺乏相应的师资,也缺乏必要的物质技术条件支持,几年后,大部分推行这一模式的地方都没有坚持下去。但更深层的原因在于这一模式本身,只是把国民教育与实用技术教育做简单的"嫁接"(3+x的提法本身就带有这种"嫁接"的含义),而不是将一般科学文化和国民素质教育的内容与地方性知识、民族文化传统进行"涵化"(acculturation)的整合,使之成为一个有机的知识系统,因而使这一教育模式的意义无法体现出来,也无法被受教育者理解。

对于内源发展的教育观来说,把民族文化中那些最能表征其精神与价值观念的要素加以整理,使它们能够承载民族文化传统由"过去"向"未来"的转换,无疑具有重大的意义。而在民族文化的知识体系与价值体系中,有许多传统的东西不仅是地方的和民族的宝贵资源,而且也是具有人类意义的知识财富,把它们整合进现代教育的体系中,不仅是对民族文化个性的继承和发展,也是对人类文化的丰富和提升。在这里,传统和现代、过去和未来的关系,并不是像发展主义所理解的那样,纯粹是进化链条上的"旧"和"新"、"落后"与"先进"的关系,相反,其中某些方面,自认为站在"文明的前沿"的现代人、"发达国家"可能代表的是无希望的,甚至是毁灭的未来,而被认为是"落后民族""不发达国家"人民的某些知识和传统、信念和价值观,可能恰恰是代表人类最有前途的未来。

在当今的社会发展研究中,关于人与自然界如何和谐相处、关于生态伦理的问题,被当作科学的和理论的前沿问题提出来。然而,这样的最"前沿"的问题,却在我们前面提到的哈尼族的梯田文化的农业生态系统里,一直是作为传统的做法成功地实践着,而外来文化则力图破坏它、取代它。"文明"的力量使生态破坏了,威胁到了少数民族自己的生存。两相比较,究竟是现代技术和知识代表着人类的未来,还是传统的技术和"过去的"知识能代表未来,这显然超出了进化论的逻辑。从某种意义来看,少数民族的传统知识代表了维护"生态伦理"的力量,而某些现代科技则代表了反"生态伦理"的力量。

一位人类学者曾经就他的田野观察讲述关于"过去"和"未来"的

故事:"在一个偏僻而贫困的少数民族山村,由于人口增长,原有的土地和谷种所能提供的粮食产量,已不够维持人们的需求。为了改变这一情况,农业科学站派人来村里推广产量较高的稻谷新品种。这个新品种靠地膜和化肥,可以提前播种,提前收割,省出时间来可以再收一次再生稻。种新品种的事最初遇到了一些阻力,因为人们认为再生稻是寡妇吃的。这种说法来自于一个再生稻与寡妇相联系的古老神话。后来科技专家巧用这个神话,让人相信'老祖祖的稻种又回来了',顺利通过了试种期"(邓启耀,1999)。

事情到此似乎非常圆满,但是,在该学者进一步的观察中却发现问题远没有那么简单。正如寨子一位老人所说的,他是第一个带头种新品种的,尽管现在一切都还过得去,但他总是心里不踏实。他说:"……以前种田像绣花,不同朝向、不同土质和不同高度的田要撒不同品种的谷子,光种子,就有几十种。种下了还不算,怎么施肥、怎么除虫,都有许多讲究。现在只有那么几个品种,用一样的化肥,施一样的农药,我怕会出问题。什么问题?用农药,虫是死光了,田里的鱼呀青蛙呀也死光了,撒化肥的谷子长是长得好,就是不好吃。它只认这化肥,我怕它像吸毒上瘾,离了化肥就不行。"(邓启耀,1999)

这位老人是非常有思想的,他从民族古老的知识体系看问题,道出了现代科技的致命弱点,那就是"农业技术推广中品种单一化,化肥和农药的滥用等导致原有生态关系破坏、物种免疫功能减弱、土壤结构恶化等问题"。从传统的知识看,人类与自然的关系是一种依赖与和解的关系;而从现代知识论的角度看,人是自然的主人,是征服者,科技是人类征服自然的武器。结果,人和自然对立起来,冲突起来,面对人的征服、恣意的破坏,自然也要采取报复行动来惩罚人的傲慢与自大。

当然,当我们把地方性知识看作民族社区发展的内源动力时,也必须防止那种奉地方性知识为圭臬的狭隘社区主义态度,积极探索现代科技与传统知识的结合道路。发展一种高于少数民族传统的低效率技术,但又比现代技术要简单、实用的"中间技术"①,为实现内源发展提供技术支持,无疑也是文化建设必须考虑的问题。因为它不仅是一项

---

① E. F. 舒马赫在他写的《小即美》一书中将这种技术写成"简单、廉价、小巧、无害"。参见安德鲁·韦伯斯特:《发展社会学》,第135页。

技术性的工作,也是一种"文化智慧"。它能体现出人们在对待现代化和发展问题上,"知识、价值观和态度的发展,能够使人的个性充分发展和提高创造力"①。要做到这一点,就必须对现有的教育制度和发展战略作全面反思,在坚持以人为本的内源发展路线时,积极发展能够与外部世界对话和交流的教育体系,立足于本地的或民族的知识,吸收外来的和有利于民族社区能力提升与传统知识体系更新的新知识,并将新的文化要素纳入传统的民族文化体系中,使其在民族文化的发展与革新中成为与时俱进的酵母,应该成为促进少数民族教育与文化发展的主要策略。

但是,仅仅这样还不够,我们还必须意识到,教育的革新不是一个简单的过程,并非仅靠知识的更新或学习一些新的外来知识,或者引入一些新的文化要素就能够解决。这仍然还是本文前面所批判的"知识嫁接术",仍然没有解决知识的内生性增长的问题。我们主张的内源发展,从文化教育的角度讲,本质上是文化创造力的培育,是一种"能力建设"。它所涉及的是这样一些核心的东西:人们所持有的价值观、生活态度和他们对生活未来的憧憬。教育的任务应该是"激活"和发展这些要素,把它们作为社会发展的动力加以培育,从而摆脱发展主义的困扰,使教育真正成为促进少数民族地区发展的推动力量。

【参考文献】

邓启耀:《从过去发现未来,从未来发现过去》,载范祖锜主编:《云南省社会科学院建院二十周年献礼论文集》,1999年。

黄高智:《从开放的社会文化角度论述发展、和平与团结》,载黄高智等编著:《内源发展——质量方面和战略因素》,中国对外翻译出版公司、联合国教科文组织1991年版。

钱宁:《文化建设与西部民族地区的内源发展》,《云南大学学报(社会科学版)》2004年第1期。

史军超:《建立"元阳哈尼族梯田文化奇观保护与发展基地"的构想》,载范祖锜主编:《云南省社会科学院建院二十周年献礼论文集》,1999年。

沃勒斯坦:《发展是指路明灯还是幻象?》,载许宝强、汪晖选编:《发展的幻象》,中央编译出版社2001年版。

---

① 阿卜杜勒-马利克等主编:《发展的新战略》。

# 农村社区治理创新与社会工作者的使命*

治理作为当下一个现实社会政治的流行语,在中共十八届三中全会提出"推进国家治理体系和治理能力现代化"的战略要求后,越来越成为中国社会在工业化、城镇化的推动下深化社会管理体制和社会运行机制改革的新思路和实践方式。对农村而言,在近年来,围绕"生产发展、生活宽裕、乡风文明、村容整洁、管理民主"的社会主义新农村建设的目标开展的乡村治理,尽管已经取得了一些经验并引起了学术界广泛讨论,但是,就整体而言,如何在国家治理体系创新的总体战略框架之下,开展深入持久的农村社区治理,以创新社区治理模式、提升社区治理能力为内容,运用社会工作的专业方法与专业价值观来解决当前农村社会转型中发生的问题,推动这一社会工程的实施,仍然有许多问题需要解决。这里,笔者就当前农村社区治理面临的难题及社会工作在推动农村社区治理创新中的

---

\* 原载《湖南农业大学学报(社会科学版)》2014年第3期,中国人民大学复印报刊资料《社会工作》2014年第9期转载。

作用谈几点看法。

## 一、农村社区治理创新的理论价值与现实意义

以"促进社会公平正义深化社会体制改革""加快形成科学有效的社会治理体制,确保社会既充满活力又和谐有序"(中共十八届三中全会决议)为目标的社会治理现代化要求,为中国农村在新的历史条件下开展社会建设明确了基本的方向。按照这一战略目标,如何形成科学有效的方式,以较低的社会运行成本来有效地解决在城市化、工业化冲击下农村社区面临的诸种矛盾和问题,便成为农村社会建设中的农村社区治理创新的价值期待和实践要求。

"治理是各种公共的或私人的个人和机构管理其共同事务的诸多方式的总和。它是使相互冲突的或不同的利益得以调和并且采取联合行动的持续的过程"(俞可平,2000)。社区治理则是指在作为社会基层单位的社区共同体内,通过社区中的个人、组织之间的互动,对涉及他们之间利益的社区公共事务进行协调和管理的活动。农村社区治理的目的在于推动社区自治、发展社区公益、改善农民生计、增进农村福祉。通过社区治理创新来深化农村社会管理和服务运行机制改革,推进农村社会建设,在理论和实践两方面都具有十分重要的意义。

从理论价值方面看,一是社区治理作为现代社会治理理论的微观层面,构成了整个社会治理理论不可分割的部分。开展社区治理的理论探索,总结社区治理的经验,发现社区治理的问题并进行分析和解释,阐释社区治理的理念与价值,不仅可以丰富和完善社会治理理论,为国家治理体系创新的理论建设提供新鲜经验和微观依据,而且对开展社会建设、发展以社会参与为核心的公民社会理论,推进"公民社会"理论的中国化和本土化将发挥基础的作用。二是社区治理作为一种实现社会整合并促成社区关系的重构与和谐,提高社会运行效率的方式和思路,对构建新型社区治理体系,解决当前农村社区治理面临的难题,既是一种指导实践的理论框架,也是一个重新认识农村社会建设的动力、目的和内在机制的过程。社区治理的创新将进一步完善和发展中国农村社会建设的理论与方法,推动农村社会"善治"的发展,为改善和提高农民生活水平,发展农村社区福利创造条件。

从实践的方面看,农村社区治理的创新既是遏止当前农村社区衰

落走势,解决以"三农"问题为核心的农村发展和民生改善的社会难题的需要,也是中国社会转型中再造农村社会秩序,实现农村治理现代化的需要。回顾历史,在经历了农村经济体制改革,农村经济由集体经营管理的人民公社向个人经营的土地承包制转变,以及农村社区管理体制由"政社合一"的人民公社和生产队管理向乡镇和村民委员会的行政管理体制转变之后,由于工业化和城市化的快速发展,农村社会在工业对农业、城市对乡村的挤压下,面临着社区空心化、社会原子化、价值失落和文化衰败等一系列严重的社会转型危机。这些危机不但造成了城乡差距扩大、公共服务不均等,以及农村社会保障水平低,群众自我保障能力差,抗御疾病、灾害和市场风险能力低,群众生活水平长期徘徊在温饱线上,部分群众仍然处于贫困状态等方面的民生问题,并导致各种社会矛盾频发、社会秩序失序问题大量存在,农村社会建设面临严峻局面。这些问题不仅暴露出传统行政管理体制在单一的政府治理下无法适应复杂社会问题的弊端,也深刻地反映了在中国社会向现代化全面转型的过程中,发展一种新型社会管理运行机制,适应改变了的社会结构和社会关系,已成为农村社会和谐有序发展的新要求。

众所周知,中国改革开放以来,不断扩张的现代性和市场化的经济深刻地改变了国家和社会、政府和民众的关系。原来高度集中的经济体制和人们信守的集体主义价值观被强调经济效益、追求个人权利并把个人利益最大化的冲动所取代。社会开放度的不断提高,社会流动性的不断增强,国家向个人、中央向地方、行政体制向民间社会释放更多的权利空间,要求后者承担起更多的自我责任;权利主体的多元化和利益诉求的多样化不断发展,社会生活的复杂性、不确定性和风险性也大大地增加。在这些变化的推动下,把社会管理的权能由政府管控的行政官僚体制转变为由众多社会主体参与的治理体制,使社会的管理运行由一个行政主体变为多个社会主体共同协作的社会治理过程,让社会各方的利益诉求和自身权利的实现能够在沟通与合作的场景中得到实现,就成为现实社会政治发展的必然趋势。因此,通过社区治理创新来推动农村社会建设,改变城市化和工业化快速发展中农村经济个体化和村庄衰落的局面,为乡村复兴提供科学有效的方案和途径,就成为必须解决的重大问题。

## 二、当前农村社区治理创新面临的主要约束

农村社区治理创新是一场意义深远的变革,将引起人们思想观念和实践活动的根本变化,同时也将面临巨大的挑战和一系列的障碍。当前农村社区治理要创新治理体制,实现社区治理的目标,主要面临以下几个方面约束。

其一是体制方面的约束。农村社区治理是农村公共权威对农村社区进行管理,发展社区福利,追求社区共同利益的活动。这种公共权威,既是指官方的,也可以是民间的,或官方与民间机构的合作而形成的。从历史的角度看,"从近代直到现在,治理中国农村的公共权威结构主要由政府、政党和民间三部分组成。其中,政府和政党属于官方的权威机构,它们在中国农村治理中起着决定性的作用"(俞可平、徐秀丽,2004)。1982年修改后的新宪法明确了村民委员会的自治体制,2010年修订颁布的《村民委员会组织法》则进一步明确了村委会在村党组织领导和监督下开展工作。这些法律制度的规范将社区治理置于党和政府的领导之下,形成了政府主导下的农村社区治理格局:村民委员会在乡镇党委政府主导下开展工作,并承担其指派的行政和公共服务职责。这样的治理体制从理论上讲体现了"政府与公民对公共生活的合作管理"(卢维良,2012),在直接提供农村基本公共服务,促进农村公共事业,维护农村社区稳定,增进社区公共利益等方面发挥了重要的作用。但是,实践中这种治理体制也暴露出其局限性:一是社区承担过多的政治和行政事务,村委会忙于完成政府及其职能部门指派的各种行政工作而沦为"二政府",回应村民需要的社区服务功能难以发挥出来。二是乡镇政府及其职能部门在监督指导村委会的工作上采取简单的行政考核方式,硬性定指标,派任务,结果是使那些本该由社区为村民提供的或村民需要的服务无法做或做不好,而为了应付上级机关的考核而做了很多不该做的"面子工作"。这导致社区运行总是以政府行政工作为中心,社区治理基本上变成单向度的政府治理,失去了社区治理的应有之义并造成村民参与社区治理的障碍。

其二是资源及配置机制方面的约束。社区治理需要资源来支撑,而政府主导下的农村社区治理体制一个重要的特点就是政府控制了政治资源、行政资源和绝大部分的经济资源与社会资源,并根据行政体制

和部门工作的需要,而不是针对社区和村民的不同需求进行资源配置。农村社区则由于资源匮乏,在抗御市场风险、消除贫困、调解纠纷、维系社会团结等方面治理乏力,在社区治理的过程中不得不依靠政府的行政权威来获取资源而失去自我管理、自我服务和自我发展的能力,无法发挥其在治理中的主体作用。

其三是农村公民社会及其社会组织发育不足的约束。以社会组织为载体的公民社会在现代社会治理体系中占有重要的位置。农村公民社会发展离不开那些扎根社区,为改善和发展农民的生计、文化教育、医疗卫生、生活环境和住宅等方面的条件提供支持,为和谐人际关系,调解邻里纠纷,保护传统文化,推动乡风民俗改良等提供服务的各种民间组织。作为实现农村社区治理现代化的基本要素之一,农村公民社会的发展不仅有助于弥补或纠正"市场失灵"和"政府失灵"的后果,为实现社区治理的良性发展提供正能量,而且对聚集社区治理人才,筹集开展社区治理的社会资源,发展社区治理能力,具有其他治理主体无法取代的作用。然而,在现实农村社会生活中,尽管近些年来在党和政府的倡导下,农村社会组织有了较大发展,新型的经济合作组织、村民扶贫互助组织、公益慈善组织在各地农村纷纷出现,开始在社区治理中初露头角,为公民社会参与社区治理创新提供了许多有价值的经验,但在整体上,这些农村民间组织的发展还是弱小的、分散的、缺乏制度规范的,甚至有些形式主义的,缺乏应有的活力。因而,它们还未形成推动公民社会参与社区治理创新的整体合力,在很大程度上必须靠政策扶持或借助于外部组织机构的支持来维持自身的存在。这样的状况使得农村社区治理体制和机制的形成和完善面临缺乏来自社区自身的组织基础和内部整合力,阻碍着社区治理的创新。

其四是社区公共性社会资本匮乏的约束。社区治理最广泛的社会基础来自于社区成员之间的信任、合作、规范和参与网络等社会资本的形成和使用。而不同性质的社会资本对社区治理创新会产生不同的作用。其中,社会资本的公共物品属性和私人物品属性的性质背离、积极社会资本和消极社会资本的功能冲突、现代社会资本和传统社会资本的价值差异等农村社会资本的内在张力(卢维良,2012),会在社区治理过程中对治理格局的形成、治理的运行效率及目标的实现产生不同的影响。目前中国农村社区社会资本的状况是基于社区治理的信任、合作、规范和社会参与网络的公共社会资本弱而家庭、家族、熟人关系和个人交往的个人社会资本强,以公民意识和民主精神为核心的社会团结低于以追求个人、家庭和小团体利益为目标的私人团结。人们运用其拥有的社会资本参与公共事务、追求共同利益的动力不足,造成社区公共性社会资本的匮乏,难以形成推动社区治理创新、农村善治局面的社会团结。

其五是农村社区空心化和治理人才短缺的难题。农村社区治理创新的实现,最终要靠人来完成。但是就目前的情况看,由于城市化和工业化的快速发展,大量的农村劳动力流动到城市,大量村庄成为空巢村、留守儿童和留守老人村。社区精英和青壮年人口外出务工经商,使村民作为治理主体和治理对象同时缺位,"乡村治理也面临着人口空心化、治理主体虚化等矛盾和问题"(刘永忠,2014)。治理人才的短缺,成为农村社区治理创新面临的又一个难题。

综上所述,农村社区治理创新是一项系统的社会工程,相关治理要素的缺失或不足,不仅会使治理创新的社会基础不牢,而且会导致治理过程、治理方向和治理方式出现偏差,造成不利后果。农村社区治理创新面临的这些难题,需要通过开展社区治理能力建设,培养社区公共精神,支持培育社区社会组织和发展社区社会资本来逐一加以克服。要做到这一点,其中一个方法就是运用社会工作的理念和方法来推动社区治理创新。

### 三、农村社区治理创新中社会工作者的使命

社会工作是以助人自助的方式来推动社会公平正义发展的专业助人工作。它的基本理念是关注社会问题,"运用知识和技能来改善人类福利",帮助受问题困扰的个人和社区摆脱困境,通过赋权活动来增加他们的权能,解决妨碍个人正常功能发挥和"社会良性运转的各类问题"(哈尔、梅志里,2006:301)。对于处在转型期的中国农村社会而言,运用社会工作的专业知识和技能去改善农村社区的治理,帮助社区解决农村现代化带来的各种发展问题,促进社区治理的现代化,既是一种专业性的服务,更是一个专业使命。

在农村社区治理创新的过程中,社会工作者能够发挥什么样的作用,承担什么样的使命?概括而言,包括以下四个方面:

一是发展社区民主,推动平等、公正地参与社区治理格局的形成。治理是一个政府与民间、利益相关主体之间互动的管理过程,"它主要通过合作、协商、确立认同等方式实施对公共事务的管理"(俞可平、徐秀丽,2004)。因而,从本质上讲,治理是以民主、平等的方式协商和推进公共利益发展的过程。建立民主平等的对话和决策机制,公正地对待不同的利益诉求以达到公共利益最大化。社会工作在建构这样的治理格局过程中的使命,就是运用社区发展这一社会工作方法,根据社区居民的根本愿望及需要制订社区发展计划,加强社区居民的自信心和自动自发精神的培养,发动和组织社区居民(王思斌,2010:104)。社区发展的价值追求是"协调社区各界力量,动员社区内外资源,采取自助行动计划等步骤,以达成解决社区共同问题,发展社区合作精神,提高居民生活素质与促进国家整体建设"(徐震,2002:165)。在这样的价值期待中,社会工作就是要以民主平等的方式组织村民参与社区发展,从而达到社区合作共治局面的形成。

二是开展公民教育,培养村民的公民意识和参与治理行动的能力。要实现社区治理的民主参与新格局,社会工作的另一项基本使命就是开展社区教育,提升农村社区中村民和各种民间组织的公民意识,培养他们参与社区治理的能力。追求并实践这一使命,对社会工作来说是一项具有挑战性的工作。它要求社会工作者既要具有运用社会工作的专业知识与技能去开展社区教育,帮助社区中的个人和组织学习掌握合作、沟通的技巧与方法,同时又要求社会工作者具有高度的政治敏锐性和社会动员能力,在社区治理的行动中,树立利他主义的互动价值观,培养社区成员参与社区事务的公共精神,形成社区团结的合力并发展出民主参与的行动能力。而对于农村社区治理创新,社会工作的介入,既可以起到组织动员社区,为社区注入现代社会的公共精神和公民观念,为社区群众参与社区治理提供精神动力,又可以培育出群众参与社区治理的行动能力,为社区治理创新奠定思想认识基础和实践的条件。

三是协助农村社会组织成长,为社区治理创新搭建组织平台。社会工作对农村社区治理创新负有的第三项使命或责任,就是运用社区组织的手法去支持和协助社区发展各种"有目标、有计划建立起来的、以满足一定需要的各种团体和机构"(史柏年,2004:71),为社区内的个人、群体参与社区事务搭建组织平台,通过推动社区的组织化来实现社区治理的目标。社区组织对农村社区治理的创新意义就在于,它通过动员社区成员按照一定的任务目标建立各种组织,如经济合作组织、公共议事组织、公益福利组织、文化教育和娱乐组织等,把个体化的成员纳入到一定的组织系统内,使个人行动变成有组织的集体行动,形成合力来应对各种社会挑战,完成那些仅仅靠个人力量无法完成的任务。对处在转型期的农村社区来说,把社区组织起来,重建农村生活,建构新的社会关系,促进社区生活的有序化,不仅对克服农村经济个体化、社区生活原子化倾向有直接的社会意义,而且对加强社区在社会治理体系中的主体地位,也将发挥不可替代的作用。

四是培育社区社会资本,重建社区的合作与信任的社会关系,发展基于规范和参与网络的新型社会团结。社会资本是存在于人们的社会关系或关系网络中的"资源的集合体"(布尔迪厄,1997:202)。"和其他形式的资本一样,社会资本也是生产性的"(科尔曼,2000:345),当人们拥有社会资本时,就能够采取某些社会行动,并是有可能实现自己行动的目的,反之,这些目的就不可能实现。对于社会组织而言,"社会资本是社会组织的特征,例如信任、规范和网络,它们能够通过协调和行动来提高社会效率"(普特南,2000:155—156)。农村社区治理是一种集体行动,社区社会资本的多与少,对治理目的的实现具有重要作用。而作为社会工作的使命来说,如何帮助社区发展出解决社区问题的行动能力,也就成为一个必须加以践行的内容。在这里,社会工作可以借助于社区发展的理念和方法,开展社区能力建设,"帮助社区建构、发展社会资本,扩大社区资源网络"①,使社区恢复重建其内部的信任与合作关系,获得开展社区治理的"可行能力"(王思斌,2006:382—392)。同时,社会工作还要借助社区组织的方法,在推进社区组织化的过程中,发掘传统文化中维系和协调社区生活的各种规范,培育和发展现代社会的制度规范,建立开放性的社区参与网络,为社区治理提供更广泛的社会支持。

---

① 钱宁:《中国社会结构变迁中的农村贫困与社区能力建设——社会工作介入农村发展的理论探索》,载王思斌主编:《社会工作专业化及本土化实践》,社会科学文献出版社2006年版。

总之,在中国农村社会转型背景下,社会工作介入到农村社区治理创新的实践中,履行其推动社区变迁,促进社会发展的使命,不仅可以作为一支专业力量去推动农村社区治理创新,而且将在重塑农村社区的社会团结,推动农村社区生活的现代化中发挥积极作用。

【参考文献】

安东尼·哈尔、詹姆斯·梅志里:《发展型社会政策》,社会科学文献出版社2006年版。

刘永忠:《乡村治理是一场意义深远的变革》,《农民日报》2014年第3期。

卢维良:《整合农村社会资本的内在张力,促进农村社区治理》,《理论与改革》2012年第2期。

皮埃尔·布尔迪厄:《布尔迪厄访谈录:文化资本与社会炼金术》,上海人民出版社1997年版。

普特南:《繁荣的社群——社会资本与公共生活》,载李惠斌、杨雪冬主编:《社会资本与社会发展》,社会科学文献出版社2000年版。

史柏年主编:《社区治理》,中央广播电视大学出版社2004年版。

王思斌:《社会工作本土化之路》,北京大学出版社2010年版。

王思斌主编:《社会工作专业化及本土化实践》,社会科学文献出版社2006年版。

徐震:《社区与社区发展》,正中书局(台湾)2002年版。

俞可平主编:《治理与善治》,社会科学文献出版社2000年版。

俞可平、徐秀丽:《中国农村治理的历史与现状——以定县、邹平和江宁为例的比较分析》,《经济社会体制比较》2004年第2期。

詹姆斯·科尔曼:《社会理论的结构》,社会科学文献出版社2000年版。

# 第四编

# 社会建设与社会治理创新中的社会工作

# 社会工作发展与中国社会管理体制的改革[*]

改革开放以来,经过三十年的发展,中国社会结构发生了深刻变化。这种结构变化的最显著特征就是社会主义市场经济体制的建立,打破了传统的社会主义计划经济体制,由此引发了社会基础结构、社会空间结构、经济社会活动结构、社会关系结构和社会规范结构等结构性社会发展的变化(陈光金,2008),并产生了各种影响和制约中国社会和谐稳定和进一步发展的结构性矛盾。这些结构性的社会变化和其中蕴含的深层社会矛盾,不仅反映了中国社会现代化的重要进展,而且也从更深刻的社会变迁方面提出了建立稳定有序的新社会运行机制的要求。如何根据这些变化和发展的要求建立与之相适应的社会管理体制,为中国社会现代化与和谐稳定的社会秩序的建立提供保障服务,就成为当代中国社会管理体制改革的首要任务目标。

---

[*] 原载《中国社会工作发展蓝皮书》,社会科学文献出版社 2009 年版。

要实现这一任务目标,我们不仅要有认识观念的转变,要开阔视野,用与时俱进的精神认识中国社会管理体制改革的必要性,而且要学习和借鉴国外先进的社会管理制度和方法,探索可能的改革途径与方式,推进社会管理制度的创新。在构建和谐社会,推动社会管理由稳定到有序的转变过程中,发展与社会管理密切联系的社会工作,对创建"小政府大社会"的国家行政体系,建设服务型政府行政体制,推动社会管理的重心自上而下地向社区转移,使行政过程由管理向治理转变,以适应社会管理社会化和民主化的发展要求,无疑具有重要的观念更新和实践创新的意义。

## 引言　中国社会结构变迁和社会管理面临的新课题

自 1979 年开始的中国经济体制改革,其深刻的意义就在于通过打破僵化的计划经济体制,引进竞争机制和非公有制经济形式来"搞活经济",使整个社会从旧体制的桎梏中挣脱出来,并为建立新的、充满活力的经济体制和社会运行机制创造条件。而随着 1992 年邓小平南方讲话和新一轮经济体制改革的浪潮涌起,不仅确立了社会主义市场经济体制的主导地位,也为中国的政治和行政体制改革吹响了号角。而社会主义市场经济的建立,以国有企业改革为重点的经济体制改革深入发展,原有的社会组织与社会关系结构发生了重大变化。呈现出"社会活力显著增强,同时社会结构、社会组织形式、社会利益格局发生深刻变化,社会建设和管理面临诸多新课题"[①]的局面。

从社会组织结构的变化来看,个体工商户、私营企业及其他非公有制企业蓬勃发展,使非公有制经济在整个国民经济体系中的比重超过50%,使原有的经济组织在经济体制改革过程中建立起了相对独立的市场经济组织体系;政府组织在不断的精简改革中转变职能,将大量经济职能和社会服务职能转移出来,交由市场组织和社会组织来承担。正是因为政府机构的改革,使国家从扮演社会生活的组织者和承办者角色,转向了宏观调控和政策引导的角色,为社会组织的发展让渡出了

---

① 胡锦涛:《高举中国特色社会主义伟大旗帜　为夺取全面建设小康社会新胜利而奋斗——在中国共产党第十七次全国代表大会上的报告(2007 年 10 月 15 日)》,人民出版社2007 年版。

巨大的空间,对各种社会组织(团体)的发展和完善,特别是对城乡基层社区自治组织的建设与发展起了巨大的推动作用。根据有关研究提供的资料,在改革开放之初,全国登记注册的社会团体(组织)约2000个,到了2007年年底,注册登记的社会团体数量达到19万余个,民办非企业单位和基金会16万余个(陈光金,2008),社会组织发育已进入到了快速成长阶段;它们开始承担起由原来的国有和集体企业剥离出来、政府机构改革转移出来的各种社会服务职能。

而从社会关系结构的变化来看,经济体制、政治体制和政府行政管理体制的改革,不仅在打破城乡分隔的农村和城市人口身份关系上取得了重大的进展,而且对缩小城乡差距、消除城乡居民身份地位的不平等产生了积极的影响,为城乡居民流动创造了条件。在国家劳动和人事管理制度与社会福利制度改革的推动下,以单位制为核心的社会成员固定地从属于一个社会组织的管理体制被打破,大量"单位人"转变为"社会人"(民政部,2000)。而在城市化进程不断加快、城乡管理体制改革不断深入的形势下,大批的农村人口流入城市,形成庞大的农民工和城市流动人口群体。从这些变化的内在逻辑来看,原来较为单纯且同质性极强的生产资料公有制(全民所有制和集体所有制)形式所确定的劳动关系和制度身份式的社会关系,被以不同所有制经济关系为基础的复杂社会分层结构和劳动关系所取代。由所有制结构的变化所引起的劳动关系变化,意味着人们在其中的各种权力、权利以及利益关系的深刻转型,从而也意味着我国社会成员的社会角色—地位结构的重大变化(陈光金,2008)。城乡差距、区域差距的持续扩大和社会阶级与阶层之间的层级差别日益明显,以及各种以需要—利益关系为基础的利益群体(集团)之间的边界日益明晰,开始形成利益差别化格局。而正是这种利益差别化格局的形成,标志着中国社会关系的结构性转型全面展开,也标志着社会关系结构进入到以需要—利益关系为纽带的多元性发展时代。

在复杂社会关系结构的制约下,需要—利益关系的多元性使人们对自身利益变得敏感和斤斤计较,表达各自利益诉求的愿望越来越强烈,各种社会矛盾与利益冲突的发生在各种利益群体或利益集团之间越来越频繁并且越来越尖锐。更重要的是人们不再把自己看作是依附于某一组织的"组织人",也不再靠委身于一个固定的单位(组织)来实现自己的利益。个人的独立性和对个人自由的追求开始成为这个时代人们的人格特征,也使人们对利益的追求变成了对个人权利的捍卫。他们把自己看作是独立的个体和自主行动的人,要求以多元的方式追求和满足自己的需要。在这样的利益格局调节的社会关系面前,个人与个人、个人与国家、个人与社会之间的关系日趋复杂,各种社会问题和社会矛盾也更为集中,更容易发生。如果不加以关注和解决,对中国社会的稳定和有序发展将产生不利的影响。同时我们也注意到,中国社会关系结构和社会组织的形式与结构的这些变化,也是中国社会"经济体制深刻变革,社会结构深刻变动,利益格局深刻调整,思想观念深刻变化"①的反映。在这样一个深刻变革时期,完善社会管理,维护社会稳定,推动社会和谐有序地发展,对促进社会转型顺利实现有着重要的意义。

对于如何加强社会管理,维护社会稳定,构建社会主义和谐社会。党的十六届六中全会做出的《中共中央关于构建社会主义和谐社会若干重大问题的决定》指出:"必须创新社会管理体制,整合社会管理资源,提高社会管理水平,健全党委领导、政府负责、社会协同、公众参与的社会管理格局,在服务中实施管理,在管理中体现服务。"按照这一原则,要适应社会主义市场经济体制建立后社会主义民主政治发展的要求,动员广大人民群众和各种社会力量参与到维护社会稳定、构建和谐社会的社会管理和社会服务的活动中来,探索符合中国社会发展要求的新社会管理模式,才能在推动社会由稳定到和谐有序发展的转变中取得新的成效。要实现这一目标,我们必须转变观念,学习和借鉴国外社会管理的先进经验,把握现代社会管理的新动向,在实践中创新,发展出适合中国社会主义现代化的社会管理模式。

## 一、从管理到治理:现代社会管理机制的变化与公民社会的兴起

从现代社会管理理念和实践的变化来看,以社会治理的理念发展社会管理的理论与实践,对推动我国社会管理体制的改革和社会管理的民主化进程有直接的意义。治理是一个古老的概念,它含有控制、管

---

① 《中共中央关于构建社会主义和谐社会若干重大问题的决定》,2006年10月。

治、操纵的意思。在英文中,"治理"(governance)源于古希腊语和古拉丁语中的"操舵"一词。长期以来西方人把它与"统治"(government)一词交叉使用,主要用于与国家公共事务相关的管理活动和政治活动(杰索普,1998;俞可平,2005:139)。近代以来,英语国家在使用"治理"一词时,主要是用于如何对现代社会的各种组织如公司和大学的活动进行有效安排的管理行为(史柏年,2004:35)。但是,它的使用范围还局限在经济和组织内部的行政活动范围之内。到了20世纪80年代,"治理"成了一个政治性用语被普遍使用,其含义也由原来的公司或组织内的管理活动上升为具有普遍社会经济和政治意义的社会参与行为与参与机制的表达,被赋予了新的意义。①

从20世纪90年代以来有关"治理"理论的讨论来看,"治理"作为一个关系到社会政治发展的概念,不仅与新自由主义的市场主义战略的失败直接有关,而且与民主政治的发展和公民社会的兴起密切联系。根据全球治理委员会1995年发表的一份研究报告所作的定义,"治理是各种公共的或私人的个人和机构管理其共同事务的诸多方面的总和,它是使相互冲突的或不同的利益得以调和并且采取联合行动的持续的过程。……它有四个特征:治理不是一整套规则,也不是一种活动,而是一个过程;治理过程的基础不是控制,而是协调;治理既涉及公共部门,也包括私人部门;治理不是一种正式的制度,而是持续的过程"(俞可平,2005:142)。归结起来说,治理的观点是把社会公共事务的管理看作是由政府部门、私人部门和社会部门(第三部门)之间的合作而实现的过程。它向公共行政领域的学者和实际工作者提供了一个组织框架(斯托克,1998),以帮助他们研究或理解当代公共管理领域发生的新变化。

把治理看作一个过程和组织框架,反映的是当今世界对如何处理

---

① 1989年,世界银行发表的《撒哈拉以南非洲:从危机到可持续增长》研究报告提出的"治理危机"概念,标志着治理理念的重大改变。20世纪80年代以来,甚嚣尘上的市场原教旨主义将社会发展问题变为经济问题,力图通过所谓市场调节来限制国家在经济和社会福利方面的作用,结果导致了包括苏联东欧所谓"转型国家"在内的许多发展中国家"从政府控制的经济向资本主义经济过渡过程中遇到的诸多困难",陷入经济和社会秩序的混乱。鉴于这样的教训,"治理"作为"一个十分有用的概念,它使国际金融机构(以及捐赠者)放弃经济主义,重新考虑与经济改革议程相关的关键性社会和政治问题"。参见辛西娅·休伊特·德·阿尔坎塔拉:《"治理"概念的运用与滥用》,《国际社会科学(中文版)》1998年3月号。

社会共同事务的态度和方式的变化。这就是基于社会资源的分配和公共事务管理中市场的失败和国家的失败，人们对怎样调节各种利益群体或集团的关系，满足社会成员对公共服务和社会福利的需求，不再简单地在国家和市场之间做出选择，而是主张通过建立国家—市场—社会协调的治理机制来解决日益复杂的社会矛盾和"利害关系交织的"社会问题。而从社会政治发展的角度看，治理观点的提出也是当今世界政治民主化和公民社会兴起的结果。在现代政治的发展中，包括国家政治民主化在内的社会生活民主化构成了民主政治的基本要求，其基本特征是公民要求参与到与自己利益和权利相关的各种社会活动中，以保证公民基本的自由。但是，现代社会是一个复杂的政治体系，由于其规模巨大，组织系统交错，制度层叠，公民全体直接参与公共事务的简单民主方式显然是不适用的。因此，现代社会发展出了一套代表会议制、普选制和参与制的间接民主方式，以保证国家与社会或者政府与公民之间的关系能够促进公民的自由。在当代，随着公民社会的发展，包括经济民主和政治民主在内的社会生活民主化进一步扩大，各种公民组织如社团、中介机构、社会服务机构和社区组织等，将公共部门和私人部门、国家和社群、社区和个人更紧密地联系起来，并且在分配社会资源，提供社会福利，促进社会平等和正义，强化公民的个人权利和社会责任等方面发挥了积极的作用。

公民社会的不断扩大，从根本上改变了社会管理的方式，使传统的自上而下的行政控制变成了多方参与的民主过程。在这个过程中，公民组织或民间组织作为公民社会的主体以其独有的方式，全面介入社会管理过程，深刻地影响了社会民主进程，使社会治理结构和治理机制发生了根本的变化。俞可平在归纳公民组织的基本特点时指出，公民组织有三个特点：其一是它的非官方性，它不代表政府或国家立场，而是以民间的形式出现；其二是独立性，无论是在政治上、管理上，还是财政上它都在相当程度上独立于政府；其三是自愿性，参加公民组织的成员完全出于自愿，没有任何强迫。正是因为这样，各种公民组织在现代社会管理中的作用日益重要，它们或独立承担社会的某些管理职能，或与政府机构合作，共同行使某些社会管理职能。由它们独立行使或与政府一道行使的社会管理过程，便不再是统治，而是治理（俞可平，2000：328）。

公民社会的这些特点以及它在现代社会管理由管理到治理的转变中所起的作用,深刻地反映了当今社会管理机制的变化,也确定了公民组织或民间组织在社会治理结构中不可或缺的地位。从更根本的意义来讲,公民组织所代表的社会部门(或称第三部门)不仅仅是社会管理民主化的重要推动力量和构成要素,而且在民生问题已成为现代政治与社会发展的基本议题,发展社会福利成为现代国家或政府政治与道德合法性基础的今天(钱宁,2007:4、58),它们在改善民生、公平分配社会的"善"、促进公共利益最大化和社会福利发展等方面,起到了国家和市场无法起的作用。特别值得一提的是,公民组织的壮大对现代福利国家改革其福利管理体制,推动社会福利社会化以减少国家的过度干预而造成的低效率,或者完全交由私营部门市场化的运作而导致贫富差别的扩大有着更特殊的意义。它可以起到调节国家和市场的关系,既弥补国家退出某些社会福利领域后可能产生的管理和服务缺失,也能够防止单纯的市场调节带来的社会不平等或某些阶层与群体的利益受到损害。简言之,公民组织在弥合国家与市场之间的差距,调和二者之间的张力,建立多元化的社会利益协调机制,促进社会管理与社会服务更好地适应变化的社会阶级、阶层和利益群体需要等方面,表现出它独特的作用。

公民社会的兴起和社会治理结构的变化,又与社会工作发展密切相关。社会工作是公民社会的专业构成力量,也是现代社会管理的专业构成要素之一。在某种意义上,社会工作与公民社会一道构成了当代社会"第三部门",在社会治理机制的构成中,它借助其与民众的广泛联系和专业化的服务而在连接个人与社会、公民与国家的关系中起了纽带作用。而作为社会管理组织的一种形式,社会工作组织兼有服务与管理的双重功能。一方面,它作为社会福利输送体系的"终端",承担着向各类社会成员提供福利服务的职责;而另一方面,它又是社会管理体系的"终端",通过其与人们日常生活的密切联系和互动,承担着沟通各种社会需要,将管理任务和目标实现出来的功能。因此,将社会工作放到现代社会治理的组织框架里来考察,不仅对公民社会与社会治理的关系会有更深入的认识,而且对致力于社会主义现代化和社会主义民主政治发展,建构稳定、和谐、有序的社会秩序的中国社会,通过发展社会工作,对改革社会管理制度,提高社会管理水平,促进基层社会管理的人性化和基层民主的发展有更深远的政治与社会意义。

## 二、社会工作对推动社会管理向社会治理转变的意义

社会工作作为现代社会的一种设置、一种专业制度,它首先是作为改善并增加社会成员的生活福祉,防止人们因贫困、疾病、年老或生活意外而导致的问题发生,从而影响他们的生活正常进行的福利制度和服务机构而存在的。在社会工作发展的早期,它主要是一种扶贫济弱的助人活动。它所依托的组织则是以慈善、救济为主的民间组织。正因为这样,社会工作从一开始就与公民社会紧密联系在一起,成为"第三部门"的基本构成力量,参与到社会治理的行动中。以后,随着人们对社会福利的需求越来越强烈,政府承担起越来越多的社会福利责任,社会工作也越来越多地成为政府的合作伙伴,在社会福利的发展中扮演越来越重要的服务与管理的角色,并且扩展到预防和解决家庭危机、人际关系冲突、精神健康、毒品、犯罪、环境(生态)保护和社区治理等社会问题领域。这样,"社会工作在当代的发展,已经在两个方面超越了传统的救贫济困的活动范围。首先,社会工作已扩展为为全体人民提供服务,调适人与人、人与自然之间的关系,创造和谐的社会环境,以提高人们的生活质量的工作。其次,社会工作已经发展出一套专门的技术与方法,从而成为当代社会中一种得到普遍认同的、不可缺少的专门性的社会管理职业"(吴铎,2007)。

社会工作的社会管理功能,主要表现在以下六个方面:协调社会资源,为社会弱势群体的基本生活安全提供支持,减少社会不平等;提供社会服务,满足社会成员的日常生活需求,改善并增进人们的生活福祉;运用专业技术方法纠正个人或群体行为偏差,防治社会疾病,降低社会问题发生的频率和程度;参与社区过程,组织并强化社区生活,恢复和加强社区与社会基层组织的功能,稳定社会基础;沟通人际关系,缓解人际关系紧张,防止各种人际冲突或社会冲突的发生;联系政策到人民群众中,充当国家与个人、政府与社会连接的桥梁,促进社会各方面的稳定与有序和谐。

社会工作在社会管理方面的这六种功能,在现代社会管理向社会治理转变的过程中具有重要作用。如前所述,现代社会组织结构的最重要变化,就是随着社会民主化和公民社会的兴起,形成国家、社会和

市场等三种类型组织并立,公民组织或第三部门组织在协调公共利益与私人利益关系,促进公共利益最大化方面起了其他两类部门无法替代的作用。这对社会管理向社会治理转变和现代社会治理关系的形成具有至关重要的意义。而在这种新型的社会治理结构中,社会工作所具有的社会管理功能不仅能使公民组织以更专业的方式参与到发展社会公益、增进社会福祉、维护社会平等与公正的管理与服务活动中去,而且能够使公民组织以一种更贴近社会基层的方式将管理与服务活动延伸到社区及人们日常生活的空间中去,更好地满足人们的日常生活需求。这对公民组织在社会治理的组织框架内更好地发挥其作用,无疑是非常有意义的。

当然,社会工作对社会管理变革的意义,绝不仅仅限于其对公民社会的发展所提供的专业支持。从更大的社会层面看,社会工作以其专业服务的精神和追求民主、平等和正义的社会理想影响着现代社会的管理理念和管理方式的改变,并且在实践中推动社会治理机制的形成与完善。

首先,从社会工作的助人理念来看,它所强调的"助人自助"和"自助助人"原则,对在社会管理向社会治理转变过程中如何处理管理者与社会大众的关系,提供了新思路。社会管理涉及的是公共利益和人们的日常生活,管理者和社会大众在其中是以主体间性的方式相互影响和制约的,只把管理者看作管理主体而忽视或不承认社会大众在其中也是行为主体和"利益相关者",而不把两者的关系看作互为主体的关系,社会管理就只能变成行政机构或政府自上而下的行政命令。而社会治理的最本质含义,就是将社会管理变成大众参与的过程,发挥公民的积极性,引导他们去关注并参与与其利益相关的公共事务,在自助的过程中发展出科学、民主的精神和自主、负责的参与能力。因此,社会工作的发展有助于社会治理的理论与实践深入到社会各方面和公民意识中。

其次,社会工作作为一种扎根社区、服务基层的专业制度与工作方法,对于改变传统社会管理自上而下的行政控制方式,形成低重心、广覆盖、网络化的社会治理结构,建立以基层民主和社区参与为特征的基层社会管理体系,具有直接实践价值并可提供科学意义的专业价值和专业方法的支持。我们都知道,社会治理的重心是在社区,而它的立足点则是建立在社区参与基础上的基层社会管理的民主化;通过广泛的社会参与来动员各种社会力量解决社区面临的问题,从而增强社区的活力及可持续的发展。运用社会工作的方法,特别是宏观社会工作方法去有计划地在组织和社区内做变革(内廷、凯特纳、麦克默特里,2004:8;王思斌,2004:193),既是改善和强化基层社会管理的行动,也是社区或基层组织问题解决的有效途径。运用社会工作的方法去营造社区,既有助于社会管理重心下移,深入基层社会;也有助于社区重建和社区自治的发展。

再次,社会工作作为一种医治社会疾病、减少社会问题发生的防治体系,对化解社会矛盾,防止社会矛盾激化,建立稳定有序的社会秩序,是一个必要的调节机制。现代社会是一个风险社会,风险社会的基本特点就是机遇与风险同时存在。工业化和都市化将人口、资源和经济活动的重心集中到了城市,也使各种社会问题与矛盾集中起来,各种社会失范现象大量出现,形成巨大的风险。预防风险变成危害社会稳定的冲突,纠正人们的失范行为,维护社会秩序,就成为社会管理的基本内容。在这一方面,社会工作发展出了一整套针对个体心理和行为的微观工作方法和针对社区、组织、社会群体问题的宏观工作方法,能够从不同层面对社会问题和社会矛盾进行防御性和治疗性处理,也能影响并改变制度设置和政策导向,防止或减少社会矛盾与社会冲突。正是因为社会工作在恢复个人、家庭、社区和组织的社会功能,防止社会矛盾激化等方面具有积极作用,它被看作是现代社会的稳定剂和社会管理的重要手段。

最后,社会工作作为一种将政策与人民联系起来的机制,一方面它要运用社会行政的方法将社会政策转化为社会服务(王思斌,2006:7),将社会认同的社会价值、生活福祉的原则、预防和解决社会问题的措施和方案,以及公共利益和社会福利资源转化为具体的服务过程,以满足社会成员的生活需要;另一方面,社会工作又在具体的服务活动中发现社会问题,了解人民的需要,提出解决各种社会矛盾的建议和方案,要求从政策上回应社会问题和人民的需要,影响社会政策的发展,并且动员人民参与到社会政策实践中。从这一点来看,社会工作作为社会政策的实践主体,它连接了人民的需要和社会政策的制定,使政策不再是少数管理者或政治精英控制、操纵社会生活的手段,也不是高高在上的政府官僚"造福于民"的"仁政"手段,而是有社区和民众参与的社会过程。它也使宏观社会管理的民主化有了可行的载体,推动了社会管理向社会治理的转变。

### 三、社会工作在构建社会主义和谐社会中的地位与作用

从当前中国经济社会发展的总体需要来看,随着国家发展的总体战略从以经济建设为中心向经济建设、政治建设、文化建设、社会建设全面推进的转变,社会管理不能仅局限于寻求社会的稳定,而要进一步将稳定与有序结合起来,把建立稳定有序的社会运行机制当作目标,才能在全面推进经济社会协调发展的过程中构建和谐社会,实现"国家富强、民族振兴、人民幸福"①的总体发展目标。在这个意义上,稳定有序是社会管理的基本目标,和谐则是社会管理的理想追求。建立稳定有序的社会运行机制,促进社会和谐,构成了社会管理体制创新的根本动力,也为社会工作在社会管理体制创新中发挥专业作用预留了广阔空间。如何回应这样的需要,在构建社会主义和谐社会中发挥积极作用,就是社会工作在新时期面临的重大课题。

我们知道,在现代社会,所谓社会管理就是政府通过制定专门的、系统的社会政策和法规,管理和规范社会组织、社会事务,培育合理的现代社会结构,调整社会利益关系、回应社会诉求、化解社会矛盾,维护社会公正、社会秩序和社会稳定,孕育理性、宽容、和谐、文明的社会氛围,建设经济、社会和自然协调发展的社会环境。要达到这样的理想状态,要求政府必须转变管理理念和管理方式,以公共服务的方式来履行社会管理职责,将社会管理转变为社会服务,通过社会服务来提高社会管理的效率,维护人们日常生活层面的平等、和谐。而对于当代中国来说,经济建设的快速发展和社会建设的相对滞后,在一定程度上造成了社会生活某些方面的不和谐、某些社会问题和矛盾突出的情况。一些政府部门和领导人重视经济建设而轻视社会建设,总是想让"政府走在经济第一线"(周瑞金,2008)的做法,又往往加深了经济与社会发展的不协调,使政府如何为社会提供公共产品,如何发展公共服务来满足人民的物质生活和精神生活的需要,成为突出的矛盾。

---

① 《中共中央关于构建社会主义和谐社会若干重大问题的决定》,2006 年 10 月。

就此而言,在构建和谐社会的过程中,社会工作最突出的作用就是能够从提供社会服务的方面协调社会关系,促进社会稳定。如前所述,随着社会主义市场经济体制的形成,以小政府大社会的管理模式为目标的政府管理体制改革的步伐加快,全能政府开始转向有限政府,政府的大量社会服务职能转移出来,交由社会;而政府的大量社会管理工作也将转变为社会服务,并且需要通过发展社会服务来促成更具有人性地和更有效地满足人民群众日常生活需要的社会管理体制的形成。所谓以人为本的社会管理,从本质上说,就是要将管理转变为服务,使管理变成服务于人民,解决人们的日常生活需要的过程。通过这种寓管理于服务的活动,不仅可以解决人们的日常生活问题,也可以消除人们日常生活中的不满情绪,化解各种矛盾,防止社会问题积累而导致社会冲突的发生。

具体地说,社会工作对构建和谐社会的作用可分为微观和宏观两个方面。从微观方面来看,社会工作关注的是个人的处境和状况,它从个人与社会的关系出发,通过个案工作、小组工作等微观社会工作的方法和技巧来帮助个人解决它与社会环境的关系,对人们心理、行为和生活态度进行干预,帮助个人调适他与工作、与职业、与家庭、与社区的关系,使个人和家庭能够更好地应对生活中的困难和问题,防止个人因为各种主客观原因而陷入困境。就此而言,在中国全面建设小康社会的新时期,建立社会工作职业制度,发展专业化的社会工作,既是一种帮助个人和家庭调适其与社会的关系的助人活动,也是一项在微观层面营造稳定有序的社会管理环境,为构建和谐社会创造奠定社会基础的社会建设事业。在这一层面上,社会工作虽然把个人当作直接服务的对象,但是它的着眼点却是和谐人与社会的关系,通过调整个人在工作与生活、职业与家庭、个人需要与社会需要等方面的关系,形成正常有序的生活秩序,改善或增加他们的生活福祉。因而,我们把社会工作看作是推动社会主义和谐社会建设的基础性和专业性的力量。

从宏观实务的层面看,社会工作常常把个人生活中的困难或问题与一定的社会环境或社会问题相联系,不仅致力于个人困难和问题的解决,而且力图通过社会环境的改善和某些社会组织与社区功能的恢复来抑制或克服社会变迁中社会问题的发生,避免个人在其中受到伤害。因此,它也发展了一系列宏观工作的方法。这些方法把个人问题放到更大的社会背景中来考察,着眼于个人心理和行为问题发生的社会根源,主张在社区的层面采取行动,运用社会行政和社会政策的手段去影响、改变社区状况,改善影响和制约人的行为的社会环境。在这一层面上,社会工作把服务对象扩大到了组织、社区和政策的领域,试图通过社区工作、社会行政和社会政策的方法来解决带有社会普遍性的问题,营造和谐的社会关系氛围,引导人们的社会行为朝着有序和谐的正常化方向发展。这对于构建和谐社会来说,应该是更具有深层社会管理意义的事情。这种意义概括起来说,就是通过宏观社会工作来建构一种将直接行政控制的社会管理方式转化为民主参与的社会治理体系;运用社会工作专业知识和技巧来支持社会组织与社区发展和扩大其服务民众、改善民生的功能,以维护基层社会稳定,达到有效管理社会的目的。

但是,仅仅从知识与方法的角度把握社会工作对构建和谐社会的作用还不全面。事实上,社会工作的理念对和谐社会管理关系,推动社会管理理念更新具有更深刻的意义。其一,社会工作的助人理念为建立以人为本的社会管理模式,提供了价值论的实践依据。其二,社会工作追求平等、公正的社会理想对推动社会管理的民主化提供了具有专业实践意义的途径。其三,社会工作贴近社会基层、关注普通群众的民生福祉的社会福利追求,对构建服务型政府,促使基层社会管理向社会服务转变,提供了理念支撑。其四,随着社会治理结构的逐步形成,社会管理重心下移到基层,利用社会工作立足基层、服务社群、关注弱势群体的工作理念,建构一个扁平化的网络系统来推进社区服务发展,既是实现基层社会治理目标的重要依据,也有助于"小政府大社会"的社会管理与服务体制的形成。

总之,社会工作在中国社会主义现代化建设的历史过程中,以其特有的专业社会服务功能对构建社会主义和谐社会发挥着独特的作用。发展社会工作,建立与政府职能转变和市场经济发展相适应的职业化社会工作专业制度来健全和发展社会管理,赋予社会管理更多的服务功能,推动社会管理模式向社会治理模式转变;帮助各级政府把工作重点从经济发展的第一线转移到社会建设的第一线,实现服务型政府的转变。为实现中共十七大所提出的"把城乡社区建设成为管理有序、服务完善、文明祥和的社会生活共同体"的政治建设目标和"着力保障和改善民生,推进社会体制改革,扩大公共服务,完善社会管理,促进社会公平正义"(胡锦涛,2007)的社会建设目标做出贡献。

【参考文献】

埃伦·内廷、彼得·凯特纳、史蒂文·麦克默特里:《社会工作宏观实务》,刘继同、隋玉洁、王颖译,中国社会出版社2004年版。

鲍勃·杰索普:《治理的兴起及其失败的风险:以经济发展为例的论述》,《国际社会科学(中文版)》1998年3月号。

陈光金:《当前我国若干重大社会结构变化与结构性矛盾》,《新华文摘》2008年第8期。

格里·斯托克:《作为理论的治理:五个论点》,《国际社会科学(中文版)》1999年第1期。

民政部:《关于在全国推进城市社区建设的意见》,2000年11月3日。

钱宁:《社会正义、公民权利和集体主义——论社会福利的政治与道德基础》,社会科学文献出版社2007年版。

史柏年主编:《社区治理》,社会科学文献出版社2004年版。

王思斌主编:《社会工作导论》,高等教育出版社2004年版。

王思斌主编:《社会行政》,高等教育出版社2006年版。

吴铎:《探索社会管理新思路》,《中国社会报》2007年6月15日第1版。

俞可平:《权利政治与公益政治》,社会科学文献出版社2005年版。

俞可平主编:《治理与善治》,社会科学文献出版社2000年版。

周瑞金:《"皇甫平"系列文章出台记》,《新华文摘》2008年第13期。

# 社区建设与 21 世纪中国社会工作的发展*

社会工作作为高等教育的专业,在中国已经有十多年的历史。这期间,从 20 世纪 80 年代末仅仅四所学校设立社工专业,发展到目前的近百所,社工教育的发展可谓形势喜人。然而在社工教育大发展形势下,如何使社会工作变成一项实务性制度,走入专业实务的领域,从而发挥其应有的社会功能,仍然是困扰社会工作发展的首要问题。换句话说,社会工作所培养的学生出路在何处,如何使他们真正学有所用,成了我们必须考虑的问题。本文认为,社会工作作为一门应用性专业,其根本的发展就在于怎样进入生活实际,为社会认可和接受。而所谓社会工作的专业化,只有在它进入到本土的实务工作领域中,针对本土社会的问题加以解决的时候,才有可能实现。从社会工作发展的历史来看,它正是在对应现代社会发展的需要,积极介入到现实社会问题的解决中去的情况下,成为现代社

---

\* 原载王思斌主编:《转型期的中国社会工作——中国社会工作教育协会 2001 年会论文集》,华东理工大学出版社 2003 年版。

会福利和社会稳定机制不可缺少的组成部分。当代中国现代化的发展,随着社会主义市场经济体制的建立,出现了大量需要社会工作介入的问题,创造了社会工作教育发展的良好时机,而国家推行的一系列社会保障与社会发展的改革措施,如社会保障社会化、城市社区建设等,又为建立专业化的社会工作实务制度创造了可能性。紧紧围绕着社会改革和发展的重大任务推进社会工作的发展,就成为我们必须重视的事情。本文主张,借助于我国正在开展的城市社区建设的工作,以社区为依托,建立社会工作实务制度,应该成为当前社工界着力推动的工作。本文试图通过讨论社区建设与社会工作发展的关系来说明这一点。

## 一、社区与中国社会发展中的社区建设问题

在人类的文化制度里,社区不仅是人类的居住方式,也是人作为社会的人得以存在和成长的具体场所。现代社会学认为,社区是"居住在某一特定地域中的一群人,他们的生活圈围绕着日常的互动模式而组织起来。这些模式包括工作、购物、娱乐等活动,以及教育、宗教、行政等设置";在另一种与此相关的意义上,"社区也用来指这样一些地方和群体,在其中的人们感到团结一致,并通过日常共同的认同感强有力地联系在一起"(波普诺,1999)。而作为社会工作理解的社区,一方面,它是至少具有三种取向的社会单位:一是满足生存需求功能的空间单位;二是模式互动(patterned interaction)的单位;三是集体认同的象征单位(费林,1987,转引自杨莹,2001)。另一方面,社区又是一种资源网络系统。社区是由正式与非正式关系的地方网络,以及动员个人和集体的力量应付逆境的能力形成的。根据上述认识,我们认为,社区是具有经济与社会保障、社会控制与社会整合、教育与社会化、文化娱乐等多种功能的具体社会单位。作为人类社会生活的基本单位,社区功能的健全及正常的发挥,对提高社区成员对其社区的认同感和归属感、促进社区居民生活的和谐与身心健康、促进社会稳定与社会繁荣、使经济与社会协调发展,具有重要的意义。

然而,在过去很长一段时间里,我国社区的地位和作用却一直没有得到应有的认识及发挥。相反,由于政府对社会实行高度的控制,采取集权管理的方式组织社会生活,分配各种资源,造成现代社会基础的市

民社会无法发育,公共生活领域不断萎缩和"国家全能"即所谓的"大政府,小社会"的局面。社区的社会资源稀缺,功能严重退化。在城市,社区被单位与各种行政和政治的组织所取代;在农村,社会经济生活的集体化和政经一体化的公社制度的建立,不仅彻底改造了传统农村社区的面貌,而且使传统的乡土社会变成了严格组织化的经济——政治组织。毫无疑问,自从中华人民共和国成立以来,城乡社会的这种变化,对在经济技术极其落后的情况下,组织经济建设和推动社会现代化起到了不可否认的作用。但是,另一方面,以高度集权的方式管理社会,用行政的和经济的组织代替市民社会的发育,也给作为市民社会活动载体的现代社区的发育、社会各方面关系的沟通,乃至经济与社会协调发展带来了不容忽视的负面影响。对社区来说,这种影响最直接的后果就是社区的功能严重萎缩,居民对社区的认同感和归属感等社区意识被"单位"意识和对政府的依赖感所取代;在政府包揽社会事务、垄断一切资源及按"单位"体制分配资源的条件下,社区不仅没有作为社会共同体和人类生活基本组织形式的独立地位与自主权利,甚至在政府的行政管辖下,变成科层制的附属组织。可以这样讲,由于"全能政府"的行政干预及"单位制"的福利资源分配体制,社区的功能基本上被行政组织和各种经济组织所分解。当然,从另一方面讲,在福利单位化的时代,人完全依附于单位,也不需要社区的协助与照顾。

改革开放以来,我国经济体制由计划经济向市场经济转变,及政府职能转变、企业经营体制转变等一系列重大的经济、政治和社会管理体制的变革,使原来依附于一定组织或单位的个人,开始获得独立的身份和人格,而大量单位人转变为社会人以后,原有的社会管理制度和福利保障制度及供给方式也发生了重大改变。企业不再包揽社会职能,而政府管理社会的职能也大量转移出来,需要交给社会来自我管理。在这样的形势下,"国家全能"的阴影开始消退,民间社会有了一定的发展空间,公共生活领域的重要性日益突出。而作为公共生活和市民社会具体活动空间与依托的社区的重要性也凸现出来。

但是,这时候的社区,无论是在城市还是乡村,长期受"国家全能"作用的抑制,不管是经济和社会保障,还是社会控制与整合、教育与文化娱乐,其功能都严重缺失,无力承担和谐人际关系,维护公共生活秩序,增进社会福利的职能。因而,改造和重建社区,成为中国社会现代化、克服经济发展过程中出现的人际关系疏远、利益两极分化、弱势群体被忽视而带来的社会关系紧张和社会不公等矛盾,成为当代中国社会发展必须要解决的重大问题。从20世纪90年代后期开始,由民政及其他政府部门组织开展的城市社区建设工作,就在这样的背景下开始运作。

根据《民政部关于在全国推进城市社区建设的意见》,结合社会工作的理念,本文认为,中国的城市社区建设目标可以概括为这样几个方面:一是建立以地域性为特征、居民认同感为纽带、居民自治性质的新型社区和社区组织体系;二是以建立社区服务体系为内容,建立社区中介组织,培育并整合社区资源,发展社区福利,改进和提高人民的生活质量和社会福利水平;三是社区作为民间社会组织,发挥其管理日常生活、教育和娱乐以及和谐人际关系、化解社会矛盾和冲突的功能,创建和谐文明的新型现代化社区;四是发扬社会主义民主,实行居民自治,通过居民的广泛参与,实现社区建设的目标。但是,从目前来看,社区建设和发展仍面临一系列困难和问题。

首先,作为发展中国家,中国社会的现代化发展引起的巨大社会转型,使社会各阶层的利益目标发生了极大的分化,利益关系处在重新调整的过程中。以追求社会公正、维护社会稳定和缩小社会两极分化为目标的社区建设工作,同实际生活中支配人们行为的经济理性追求之间,即社区建设的理想目标与实际的可能性之间,存在着相当大的张力。"在这方面,社区建设所遇到的强有力挑战至少有以下两点:不同社区成员期望上的差异乃至冲突和现代化对社区意识的摧残"(王思斌,2001)。这其中,作为扩展公共领域的社区建设与市场经济中人们追求个人、集团或部门利益的冲动之间的矛盾,将成为基本的制约因素。

其次,传统社区受旧体制政府职能无限扩张、资源垄断和包揽社会事务做法的影响,其功能大部分萎缩或丧失;政府职能的转变和社会的经济政治体制的转变,要求社区具有完善的社会功能,而目前的社区功能的恢复与发展不仅受物质资源匮乏的制约,而且也会受到经验、才能和工作技巧,以及思想观念等人力资源因素的制约,因而社区建设或社区事务的处理中,过分依赖于政府,无法达到社区建设的目的。而在另一方面,受传统政治体制和行政管理体制造成的思维定式和行为习惯的影响,政府部门及行政管理单位也会不断对社区事务进行行政干预,使社区很难成为自我管理、自我教育和自我发展的自治实体。

再次,在社会转型期,传统社会和现代社会的问题及经济体制转轨等带来的利益冲突、价值观冲突和行为方式冲突,以及社会转型过程中种种的心理不适应带来的身心健康问题等,形成诸如社会两极分化、企事业单位职工的下岗失业、流动人口、社会生活失序、婚姻家庭危机和各种刑事犯罪活动猖獗等社会问题。这些问题困扰着人们,并且影响着社会稳定,而社区则直接成为这些社会问题的承受者。解决这些问题也成为社区建设的重要任务,而且既不能单纯地靠发展经济或政府的行政命令来解决,也不是简单地恢复传统意义上的社区功能所能解决的,必须要有新理念新方法。

最后,就整体而言,当前中国社会正处在经济体制转轨、人口城市化和全球化挑战等三重历史性课题相交汇的特殊转型期。各种削弱社区、忽视社区的因素,如市场体制、都市化和科层组织等,作为现代化主要推动力量,不断释放出动摇社区、弱化社区的力量(李明堃,1999)。而经济全球化更使那些经济"利维坦"成为破坏地方性象征的社区稳定与内聚力的强大力量。如何在国家、市场、都市以及科层组织之间为社区开拓空间,恢复社区既有的能力,让社区在这些历史性变迁的冲击下,重新成为人们生活的家园,就成为重建社区必须解决的主要问题。

因此,根据上述情况,我们看到,当代中国社会发展中的社区建设面临的这些问题,既向社会工作提出了要求,也展示了社会工作发挥自己作用的广阔空间。为苦于寻找与中国社会发展实际相结合、进入社工实务领域结合点的中国社会工作提供了机遇。联系社区建设的实际问题,发展社会工作,并使之成为专业社会工作,就成为社会工作教育工作者和研究者应该认真考虑的问题。

## 二、在社区建设中实现社会工作方法的整合

社会工作是一种助人的专业活动。在它的长期发展中,逐渐地由个人的慈善事业或由政府及私人团体举办的针对各种经济困难所导致的问题,开展有组织的扶助与救济活动,发展成为由政府或民间机构举办的、以协助任何个人或群体发挥其最高潜能,以获得最美满、最有意义的生活为目的。因而,现代社会工作的重心"已不仅仅在于对被救

助者社会关系的调整与革新,对被救助者的工作业已不仅限于物质的扶助,更进而有专业的咨询服务,以协助他们自觉、自立及发挥潜能,工作对象不只是若干贫困或遭遇其他社会问题的人,而且已普及一般大众或全体人民"(隋玉杰,1996)。

在社会工作专业化的发展过程中,形成了以个案工作、小组工作和社区工作三大方法为基础的社会工作的专业工作方法。这三大方法针对受助者的不同情况,采取不同的技巧,对受助者提供专业性的服务,形成了各自的实务工作领域。在以往的社会工作专业实践中,这些方法对解决个人、群体及社区面临的一些基本问题,发挥了重要的作用。但是,社会工作是做人的工作,社会工作的对象及其面临的问题的复杂性,决定了这一学科在知识构成和工作技巧、方法的运用上,都具有综合性的特征。特别是20世纪70年代以后,随着社会工作实务经验的积累及理论研究的深入,以及对人的整体性和以人为本的价值观的认识的深入,人们普遍反思传统社会工作专业化的问题,对将个案工作、小组工作和社区工作看作各自独立的专业领域的做法,提出了批评。认为个人的问题不仅同他自身的能力及主观努力有关,也与他所处的社会环境不可分割地联系在一起。而把社会工作分割成几个互相独立的领域,过分强调各自方法的专业性的做法,不仅违背了人作为一个整体与环境不可分割地联系在一起的特点,也不符合以人为本的理念。因此,主张个案工作、小组工作应该同受助者个人或群体的生活环境、人际关系及社会支持网络也就是他们所处的社区背景联系起来,在认识论和方法论上对各种理论和方法进行整合,综合运用各种理论、知识、工作方法和技巧,为个人或群体提供服务,成为当代社会工作的发展趋势(王思斌,1998)。

当前,中国的社会工作正处在发展的初期,社会工作教育及实务工作如何适应社会发展的需要,为社会进步和国家的现代化作出专业贡献,是我们每一个社会工作教育工作者必须考虑的问题。前面所提及的中国社区建设面临的困难和问题告诉我们,城市社区建设在全国的展开,为社会工作实务的展开,提供了极好的机会。但是,现在的问题是,我们怎样介入社区建设?我们的工作理念和方法是什么?笔者以为,社区建设是一项系统的社会工程。社区作为人们互动的直接场所,它既是人们生活需要的发生地,又是他们实现自己需要的依托,人类社会的各种矛盾和问题都以一定的方式存在于社区之中。因而,无论是作为实务工作的场所,还是作为人的需要与问题的解决来看,社区都是社会工作不可忽视的对象。

　　社会工作在社区层面上解决影响个人与群体发展的问题,传统上被看作是社区工作的领域,必须应用所谓社区工作的专业方法来解决。而涉及个人层面的问题则必须用个案工作或小组工作的技巧来解决。这样的专业分工对社工专业技巧的发展,曾经起过重大的作用。但是,在实践中人们也发现,个人与社区的问题是互相缠绕,无法截然分开的。单纯运用某种技巧去解决问题,会产生偏差而达不到治疗或解决问题的目的,反而会因为忽视了某些问题而带来更大的麻烦。比如,我们在解决个人及家庭的问题时,个案的或小组的技巧往往会使我们只注意其个别性的问题,忽视其社区的背景;而当我们运用社区工作的方法解决社区层面上的问题时,我们也往往会忽视其中包含的个人、家庭或小群体的问题。这样分割地运用社会工作的技巧与方法,其片面性是显而易见的。我们说社区建设是一个复杂的系统工程,就是指它要解决的问题的复杂性,不止是社区层面上有许多共同的问题需要解决,也包括大量个人、家庭及小群体的问题。不仅需要针对社区普遍存在的问题采取有组织的行动加以解决,也要针对特殊的或个别的问题向需要协助的个人、家庭或群体提供治疗或服务。也就是说,社区建设是一个需要运用多种理论和知识、多种方法和技巧给予协助和支持的工作,社会工作也必须提供多元化的服务,才能满足社区建设的需要。因此,借鉴国际社会工作发展的新经验,把社区看作社会工作的整体对象,综合运用社会工作的理论、方法和技巧,参与城市社区建设工作,为社区提供多元化的服务,不仅是社会工作发展趋势的要求,也是社会工作适应中国国情,实现专业化的可供选择的最佳途径。我们之所以这样认为,有下列理由:

　　第一,社区建设作为一项复杂的系统工程在中国是一项创新工程,是适应经济体制改革和政府职能转变以及社会福利社区化发展需要而提出的重大社会发展计划。这一计划的目标是建立以民主和自治为基础的社区管理体制,以社会福利社区化为内容的社会保障与社会服务体系,来适应国家的改革发展和现代化的需要。要实现这一目标,不仅需要政府的推动,社区居民的积极参与,也需要有一支专业化的社会工作者队伍来支持、推进社区自治和社会福利社区化的工作,为社区居民提供福利及其他需求的服务。从北京、上海等城市率先进行社区建设试点的经验来看,随着社区组织体系的建立基本完成后,缺少专业化的社会工作者队伍来支持、输送各种福利服务,成为社区建设深入开展的瓶颈。因此,这些地区开始探索建立专业社会工作者队伍的方式和条件,可以说这是社区建设必然提出的要求。

第二,社区是一个由各种人群组成的社会共同体,儿童、青少年、妇女、老人及各种社会边缘群体或弱势群体都在社区中存在,许多社会问题也是在社区中发生。由此决定了社区需求的多样性和解决社区问题手法的多样性。各种社会工作的方法及专业的社会工作如儿童、家庭、婚姻工作,青少年工作、老人工作、妇女工作、边缘群体工作等,都可以在社区中运用并得到发展。可以这样说,社区就是社会工作的平台,在这个平台上,社会工作可以获得实务工作的巨大空间,并形成本土性的经验。这是中国社会工作发展的必要条件,也是形成中国本土社会工作的理论、方法与技巧等关于中国社会工作知识体系的重要基础。因此,积极介入社区建设,应该是中国社会工作发展和专业化的战略选择。

第三,从国外社会工作发展的经验来看,社会工作的发展是由在微观层面上改善、增强个人或家庭能力的慈善救济到心理咨询辅导等着重"补救性的危机介入"的个案与小组工作,到"跳出微观的层面,补充危机介入方法的不足,最终令当事人的问题能全面得到处理及解决"(甘炳光、莫庆联,1994)的社区工作,再到整合个案、小组和社区工作的方法,综合运用社会工作的各种方法与理论知识,为需要协助的个人、群体与社区提供多元化的服务这样一个过程。其每一步的发展,都是根据社会发展的需要、社会问题的出现而逐步发展的。国内外的经验对中国社会工作的发展具有不可拒绝的借鉴意义。它使我们不必重复社会工作发展历史过程的每一个环节,而从整体上吸取其经验教训,确定我们的发展策略与模式。在这一点上,20世纪70年代后形成的整合的社会工作模式与方法论思想,以及社会工作积极介入社区发展的经验,应该对我们介入社区建设有直接的借鉴意义。尤其值得一提的是,第二次世界大战以后由联合国倡导的社区发展运动,在社会工作者的积极介入下取得了巨大的成果,不仅社区工作作为社会工作的领域与方法被确立起来,也使它获得了"社区发展"和"社区组织"的意义。社会工作因此获得了新的发展空间,并且在理念及方法上得到提升和丰富。这些经验使我们看到了以社区建设为介入点发展中国社会工作的可能性和必要性。因此,当中国的社会发展提出了社区建设的任务并且要在实践中加以解决时,借鉴国外或境外的经验,把整合的社会工作方法论思想及其工作模式带入社区建设,在其中使社会工作的专业化得到国家及社会的认同,并且服务于社区居民,为解决各种社会问题、促进社会稳定和社会进步作出贡献,应该成为所有社会工作教育工作者努力的目标。

第四,从社区建设面临的问题及社区的需要来看,正如本文前面所指出的那样,由于体制的分割、国家对资源的垄断,以及现代化的冲击,社区解体、社区功能退化等问题使社区重建成为我国社会变迁中必须要解决的头等大事。一方面,国家经济政治体制改革后,原来被政府和各种"单位"分割出去的社区职能又要归还社区,各种社会矛盾与社会问题也大量集中到了社区;社会保障与社会福利的问题、贫富差距扩大、老龄化、流动人口与人口城市化、青少年教育、社会治安与社会稳定等具有社会普遍性的问题,全都集中到了社区;另一方面,市场经济与现代化的冲击,也使大量个人层面的问题,变成带普遍性的社会问题:家庭婚姻关系的变化、社会变迁中的个人心理适应、人际关系的改变等等,也透过人们的日常生活在社区中大量反映出来。社会工作关注人与社会系统的需要(王思斌,1998)。社会工作所理解的需要不是"想要什么",而是指缺少某些东西,就会对个人或系统的发展与功能的发挥产生阻碍或破坏性影响。我国城市社区遭遇的这些问题,表明社区中存在巨大的也是多元化的社会需求,需要社会工作综合运用各种理论与方法、技巧加以解决。在这个意义上,我们认为,社区建设对中国社会工作在21世纪的发展,提供了一个整合的机制,是社会工作实现创新发展,建立本土性知识体系与工作模式的重要实验基地。

### 三、社会工作的本土化与专业化的思考

联合国1960年发表的《国家社会服务方案之发展》指出:"社会工作是一种活动,用以协助个人及其社会环境,以获得更好的相互适应。"而社会工作又是一种专业性的工作,它是"社会工作者运用社

工作专业方法帮助社会尚处于不利的个人、群体和社区,解决困难,预防问题发生,恢复、改善和发展其功能,以适应和进行正常的社会生活的服务活动"(王思斌,1998)。在社会工作一百多年的发展进程中,西方各国根据本国的国情和社会发展需要,形成了一整套系统的社会工作专业制度,在解决它们的社会问题,满足人与社会系统的需要,促进人的发展和社会的稳定与进步等方面,发挥了重要的作用。但是,尽管社会工作在西方国家的发展证明了其在解决现代社会各种社会矛盾和冲突的有效性,如何使它成为促进中国社会现代化的力量,即成为本土的社会工作,却仍然是必须要解决的现实课题。

本土化是在西方文化成为社会科学研究的主导话语系统之后,各门社会科学对它们如何服务于不同文化背景下的国家或民族的社会发展与文化建设而讨论的热门话题,也是非西方国家社会科学发展追求的目标。社会工作的发展亦是如此。但是,何谓本土化,通过什么方式本土化?却有两种不同的理解:一是将本土化理解为外来理论、方法的本土应用,置"洋"理论于"中体西用"的框架下加以解决;二是立足本土社会工作的经验,发展相应的理论和方法,形成专业知识,服务于本国人民。这两种理解都强调社会工作应解决本土问题,然而前者并不是真正的本土化,因为它的理论后设中隐藏着"体用相分"的老套子,是一种早已为哲学和社会科学研究抛弃了的旧形而上学的实在论论调;而后者忽略了社会工作源于西方,并且已经形成了许多共性的理论与知识这一事实,有一种试图离开"人类文明大道"另搞一套的狭隘民族主义情绪。我们不能抛开社会工作已有的知识和经验,另起炉灶建立所谓"自己的"理论与方法,因为这种态度包含了对社会工作作为一门科学的知识和方法的专业性和科学性的误解甚至否定。同时,它也是一种闭门造车的保守主义,会贻误社会工作发展的进程而无法满足社会发展的需要。

我们认为,社会工作是一个应用性的专业,应用性专业的生命就在于行动。就是说,社会工作的理论与方法应该在行动中不断得到修正、建构与发展。可以这样说,形成本土性的理论与方法是中国社会工作发展的生命源泉和灵魂。立足于本土社会的问题,吸收外来的知识与经验,把国外已经成熟,并且已经成为社会工作的基本方法和基本知识的东西借鉴过来,在解决本土问题的实践中修正其文化的差异,建构、发展出具有民族文化个性或者说适合于中国政治、经济与文化环境的社会工作体系,这才是真正的本土化。我们把这种本土称为中国社会工作的本土性成长。因此,本文主张:在应用中发展出本土化的理论,同时又吸收外来理论中对革新本土传统、推进社会进步有积极作用的知识和方法,以推动本土社会的文化和制度的创新,是中国社会工作发展应取的态度。

至于如何实现社会工作的本土性成长,正如本文已经反复强调的,作为一个契机,中国在社会转型中提出的社区建设与发展的任务,为我们探索中国社会工作的本土性成长和专业化,提供了广阔的空间。

首先,中国社会发展的不平衡性决定了社区类型的复杂多样性,社区问题、社区建设与发展目标、策略和解决方式的多样性。社会工作介入社区建设也就有多种可能性。这个前提条件,使社会工作者在探讨中国社会工作的发展模式时,就有多种的选择可能性。这对形成多样性的社会工作模式,丰富发展社会工作的理论、知识和经验,提供了广阔的空间。

其次,政府对社区建设和发展的重要性已有充分认识,并开始着手推进社区建设的工作。这对提倡与政府合作的社会工作来说,是社会工作发展的最重要政治资源。同时,与政府合作,参与社区建设,对寻求发展实务工作,在行动中解决中国社会工作发展问题的社会工作者来说,是机遇,也是挑战。我们说是机遇,就是说中国社会的发展通过社区建设的形式,提出了社会工作的专业化和职业化的要求;而所谓挑战,那是由于建立社会工作专业化的制度,是一种创新,需要运用我们的智慧去探索、去争取,绝不能等待一切客观条件具备以后才去行动。而要做到这一点,我们作为社会工作教育者既要有高度的责任感,也要有充分的思想准备去应对各种困难。

最后,在社区建设中,结合社区发展、社区服务和社区管理的需要,建立社会工作实务体系是发展社会工作的关键,也是社会工作学科性质的要求。没有社工实务制度的建立,中国社会工作的发展就只是一句空话。所以,下大力气推进社工实务制度的建立,应该成为社会工作教育协会的一项重要工作,也是所有社会工作教育工作者的责任和义务。我们每一个人都应该明白,通过社区建设来推进社会工作实务制度的建立,无论对社会工作的教育发展还是实务的发展,都是一个双赢的局面。最终说来,建立实务制度才能使社会工作的本土性成长有坚实可靠的基础。

当然,要通过社区建设推进社会工作实务制度的建立,也存在大量的困难。首先是政府对资源的垄断并没有消除。因而,社区建设中存在过分依赖政府的问题。这不利于社区的自我教育,也使社会工作的介入对社区建设的意义不易为人们所知晓。其次,制度安排上存在障碍。我国的非政府组织从事各种社会服务的作用和地位,在法律上不明确,在制度的安排上处于空白状态。因而,没有中介服务组织来承载社会工作制度,使社会工作很难进入实务领域。换句话说,制度安排的缺位,是社会工作建立实务体系的最大障碍。此外,社会工作教育本身的不成熟,在很大程度上也制约着社会工作进入实务领域。应该承认,我们的社会工作教育存在先天不足的问题。一是我们的师资大多是非专业的,教学质量难以保证;二是我们的教学安排、教学手段存在相当大的缺陷,无法满足专业教学的要求。因此,培养的学生还不能应用专业的技巧去影响社会,取得社会的认可。

上述问题的存在,当然不是很快就能解决的。不过,只要我们有了问题意识,相信在大家的共同努力下,问题会逐渐克服,社会工作会成为中国社会发展的重要推进力量。总之,社区建设向我们展示了社会工作发展的巨大空间,抓住这个机遇推进社会工作实务的建立,应该成为中国社会工作在21世纪发展的首要选择。

## 【参考文献】

戴维·波普诺:《社会学(第十版)》,李强等译,中国人民大学出版社、PRENTICE HALL 出版公司1999年版。

甘炳光、莫庆联:《社区工作的定义与目标》,载香港社区工作教育工作者联席会议编:《社区工作:理论与实践》,香港中文大学出版社1999年版。

何洁云、阮曾媛琪:《迈向新世纪——社会工作理论与实践新趋势》,八方文化企业公司(台湾)1999年版。

李明堃:《关于社区的社会学思考》,载夏学銮主编:《社区照顾的理论、政策与实践》,北京大学出版社1996年版。

史蒂文森:《社区照顾——概念与理论》,载夏学銮主编:《社区照顾的理论、政策与实践》,北京大学出版社 1996 年版。

隋玉杰编著:《社会工作——理论、方法与实务》,中国社会科学出版社 1996 年版。

王思斌:《体制改革中的城市社区建设的理论分析》,《北京大学学报(哲学社会科学版)》2000 年第 5 期。

王思斌主编:《社会工作导论》,北京大学出版社 1998 年版。

杨莹:《社区工作模式在福利社区化过程中之应用》,《社区发展季刊》(台湾)2001 年第 87 期。

# 论政府、企业和社会组织在构建和谐劳动关系中的地位与作用[*]

当前,我国经济社会发展已逐步从转型期进入深化改革期,社会经济关系和劳动关系发生了深刻变化。多元化的经济社会形态,既为我国的经济和社会发展注入了生机和活力,同时也对劳动关系和谐提出了新的挑战。在这样一个特殊的社会发展阶段,构建和谐劳动关系,既是构建社会主义和谐社会的要求,也是实现我国经济社会发展战略目标的保障。探讨政府、企业和社会组织在构建和谐劳动关系中的地位和作用,将对克服目前大量存在的劳动关系不和谐问题,起到积极促进作用。

## 一、我国劳动关系面临的问题和矛盾

劳动关系是现代社会工作世界中最基础的关系,也是现代社会最基本、最重要的社会经济关系。在工

---

[*] 原载《山东社会科学》2013年第10期。

作世界①里,工业化和经济活动的商品化与市场化使劳动者与劳动资料分离,以商品交换的方式和企业组织的形式将劳动者与劳动资料结合在一起,并且以一定的契约关系确定劳动者与劳动组织(企业)的合作关系,从而实现包括劳动力所有者和生产资料所有者在内的社会各种利益主体的利益目标,构成了现代工作世界人们之间的工作关系最核心、最基本的特点。而对于人们生活的安全与稳定、社会经济关系的和谐与进步来说,劳动关系不仅是现代社会个人与社会建立稳定的经济联系的最基本关系,也是工业社会和谐与文明进步的"风向标"(谭泓,2011:23)。

改革开放和社会主义市场经济体制建立,我国经济社会关系发生了深刻变化,社会经济成分、组织形式、就业方式、利益关系和分配方式呈现出多样性的特点,劳动关系也由以公有制为基础、国家和个人密切结合的主人公关系转变为多种所有制关系为基础、劳动合同为基本形式的新型劳动契约关系。劳动关系的这种变化,为解放生产力,调动劳动者的工作积极性,促进经济社会高效快速发展提供了有效保障。与此同时,劳动过程中不同利益主体之间的利益关系也发生了重大改变,利益群体分化和利益主体多元化、利益分配差别化和利益诉求阶层化,以及"强资本、弱劳动"现象的凸显(王瑾,2008),使得劳动关系不协调、劳资矛盾积累、劳动冲突频发成为影响我们的工作世界不和谐的主要原因。

社会主义劳动关系的本质是以劳动者与工作组织、劳动过程参与者的合作共赢,实现社会成员的共同富裕为目标的积极劳动关系(谭泓,2011:41),构建和谐劳动关系对社会主义和谐社会建设有着不可或缺的基础地位和作用。我国已初步实现了向工业社会转型,劳动关系和谐不仅有助于建立稳定有序的劳动秩序,健全劳动力市场制度,发展生产力,促进工业社会和谐发展,而且对完善企业内部构造,改善企业内部关系,增强企业经营活力和发展动力起基础支撑作用。但是,在当前经济和社会管理体制改革持续深入进行,市场经济不断发展的条件下,我国劳动关系领域存在诸多问题和矛盾,各种劳动纠纷和劳资冲

---

① 关于"工作世界"的概念可参见李·泰勒:《职业社会学》,张逢沛译,复兴书局(台湾)1972年版;钱宁主编:《工业社会工作》,高等教育出版社2009年版,第1—2页。

突不断发生。

从表象看,劳动者在就业、劳动保护、休息休假、工资与社会保障等方面的合法权益受侵害现象比较突出,是影响劳动关系和谐的主要因素。但是,从深层次问题看,我国经济活动中多种所有制经济组织和多种企业类型并存的局面,以及由此而产生的不同经济组织和企业类型在生产经营形式和目标、用工制度、工资水平和社会保障能力、企业社会责任意识等方面的差距带来各种劳动关系的不和谐,成为制约劳动关系发展的深层原因。

我国实行的是社会主义市场经济体制。在市场经济发展过程中,由于劳动过程参与者利益诉求不同所产生的各种利益分配矛盾,使劳动关系必然存在诸多矛盾冲突,而制约劳动关系和谐发展的基本矛盾是"社会主义代表绝大多数劳动者的利益"与"市场经济的运行规则是资本控制社会经济的权利"(常凯,2004:8)之间的矛盾。由于"强资本、弱劳动"这一基本事实和我国的工业化过程中普遍面临的"资本短缺,劳动力过剩"问题,决定了劳动关系直接当事人双方(劳动者和企业)的不平等地位,代表资本的企业总是以一种强势态度对待劳动者的权利诉求,从而导致劳动关系的不和谐。因而,保护劳动者权益,发展和谐劳动关系,就成为解决这一矛盾的关键,也是社会主义追求全体社会共同富裕的必然要求。

从另一方面看,尽管代表资本力量的企业方面处在强势地位,主导着劳动关系的形成与发展,但是,如若不能与劳动者建立平等合理的劳动关系,劳动者也会以各种方式进行"弱者的反抗",比如用自己的脚来选择企业,以怠工或者逃离企业的方式拒绝工作。更有甚者采取极端形式进行反抗,比如罢工、对自己的身体进行自残或自杀等。近年来在我们的工作世界里,各种劳资纠纷不断,不仅使劳动者利益受损,也使企业面临"劳务荒",甚至陷入经营管理和公共关系危机,使企业形象和经营效益受到损害。就像齐格蒙特·鲍曼所说的,只有被他者承认其价值的劳动才是符合工作伦理的,如果靠强势的力量迫使工人工作,用非情感性的或成本效应的理性去规训工人,就会造成他们对工作的抗拒(鲍曼,2010:36—45)。

但是,要解决劳动关系不和谐问题,仅仅靠劳动关系当事人双方的协商或博弈是远远不够的。在社会开放和个人权利意识高涨的时代,劳动关系不仅凸显出它的利益关系的特质,也成为社会文明与进步的"风向标"。要构建和谐的劳动关系,不仅需要劳动者与劳动组织双方建立平等互利、合作双赢的契约关系,而且需要有社会各部门的参与,形成社会共治的局面去引导、规范和推进劳动关系的发展。在这其中,除了落实政府对劳动关系的法律和行政监管责任,企业积极承担公司社会责任外,还需要有作为中间力量的社会组织发挥协调、监督和教育的作用,才能克服"强资本、弱劳动"带来的问题和矛盾,促进社会和谐。

**二、企业与政府在和谐劳动关系中的角色与功能**

在和谐劳动关系的过程中,劳动者、企业和政府构成劳动关系系统三个紧密联系的主体,扮演着各自不同的角色。但是,在"强资本、弱劳动"的基本态势下,要改变劳动者的地位,固然需要他们通过自身的努力,加强能力建设,使之在劳动关系中发挥主体作用,更重要的是要解决企业和政府如何扮演好他们在构建和谐劳动关系中的角色,使他们承担起更大的责任。

企业作为劳动关系系统不可或缺的主体和直接当事人,在构建和谐劳动关系中起至关重要的作用。从公司社会责任的角度看,企业作为市场经济的主体无可争议地将赢利作为其追求的目标,但是,市场经济是众多利益相关者参与的经济活动体系,仅仅以企业自身利益的实现为目标显然是不合理的,有违社会公正和经济自由的社会理念,也会遭致社会的抵抗。因而,自资本主义制度建立伊始,自由经济理论的创始人亚当·斯密就提出"道德人"的假设,把"关心别人的命运,把别人的幸福看作自己的事情"(斯密,1972:1)当作他所提出的"经济人"假设的限制条件,强调了人在市场活动中追逐自己利益的时候,不应损害他人和社会的利益。在现代社会,随着人权和环境保护成为国际社会关注的焦点和防范现代风险的主要要求,企业首当其冲地面临公司社会责任的挑战,产生出企业社会责任运动。企业必须履行社会责任已然成为包括企业自己在内的社会广泛共识,并且明确了企业除了对股东获利负责外,还应承当遵守商业道德、保护劳工权利、保护环境、捐助慈善公益事业、保护弱势群体等方面的社会责任(钱宁,2009:240)。

在企业建立劳动关系的过程中,区分强制性社会责任和自愿性社会责任(钱宁,2009:241)对落实企业社会责任、和谐劳动关系具有实际操作的意义。其中,强制性社会责任主要是指国家有关法律法规所明确的"生命生存保障、人权保障制度、社会保障体系、劳工权益维护"等方面的责任,而自愿性社会责任则是指企业公民行为所要求的各种道德责任,如捐助劳动者家庭及其所属社区的慈善行为,开展公益活动,以塑造企业公民形象。但是,我们注意到,在我国企业社会责任的发展中,由于企业所有制性质、类型和行业的特征等方面的差异,许多企业存在着履责认知、能力和态度等方面的问题。例如,一些企业把履行社会责任看作是增加企业负担,会降低自己的赢利水平,因而总是在薪酬、劳动保护、社会福利等方面减少支出,损害工人利益;有的企业抱守弗里德曼"企业唯一的责任就是使利润最大化"的新自由主义信条,把履行社会责任看作是企业的"咒语"(崔生祥,2005);另有一些企业所奉行的企业文化理念和管理理念缺乏对员工的人文关怀,推崇效率主义,实行严苛的劳动管理,使劳动者在体力和精神两方面承受巨大压力,产生出各种极端行为;还有少数企业则从根本上违背社会良知,实行血汗工资甚至奴隶劳动,以牺牲工人的生命健康和人身自由为代价赚取利润。

特别要提及的是我国国企目前普遍存在的用工双轨制,使体制内的在编职工和体制外的员工在工资福利、社会保障、职业安全等方面呈现两极化发展,产生大量事实上不平等的劳动关系。而在国企改革的过程中,由于产权关系变化和职工身份的转变,在岗与下岗失业、企业经理人员和职工之间权力和利益差别逐渐扩大,"企业经理人员掌握了法人财产权,在企业的劳动用工、工资分配和劳动条件等方面拥有越来越大的自主权,……更多地享受了改革成果;而普通劳动者与他们的权力和利益的差别逐渐拉大,很多职工被迫下岗失业,承担了改革的代价,仍然在岗的职工也在感到逐渐丧失主人翁地位,失落感很强"(荣兆祥,2010:204—205)。国有企业劳动关系的这种状况,不仅会造成企业与职工关系的紧张,而且影响了劳动者与国家的关系,是我国劳动关系发展中必须加以重视的问题。落实企业社会责任、改善劳动关系,必须从国有企业开始。

劳动关系是合作还是对抗,除了劳动者和企业两个当事主体起关键作用外,还要通过政府充当第三方力量影响、平衡二者的关系,才能形成和谐劳动关系的社会共治格局。从政府的基本职能来看,"政府一方面应当运用劳动基准、劳动监察、参与集体协商等手段协调劳动关系,促使企业提高劳动者待遇;另一方面,应当运用宏观调控、公共产品(服务)供给等手段,为企业提供就业岗位和提高用工成本创造宏观环境和微观条件,支持和帮助企业增强其提供就业岗位和提高用工成本的能力"(武唯,2011)。就此意义而言,政府是劳动关系的主要协调者,在企业与劳动者之间不平等的关系中要更加注意维护劳动者的权益。

然而我们看到,在改革开放三十年的实践中,由于后发现代化国家赶超式的发展模式,政府将经济增长作为优先考虑的目标,使得所实施的劳动政策"在促进劳动力市场自由化、赋予企业更大的用工自主权与保障劳工权益之间更倾向于前者"(王瑾,2008),形成经济利益至上的政策环境。在财政税收的压力和追求GDP增长的冲动驱使下,为了经济增长,一些地方政府将创造良好投资环境、吸引投资放到优先考虑的地位,从而自觉或不自觉地使政策倾向于企业和资本的利益,对损害劳动者权益的行为姑息迁就,客观上助长了"强资本、弱劳动"现象的发展。与此同时,一些地方政府官员不同程度地追逐自身利益,将地方经济增长及其财政收入增加和自己的政绩与升迁紧密联系在一起,形成独特的利益主体,也自觉或不自觉地放弃自己作为公共利益代言人和公共产品供应者的角色,在发挥平衡劳资双方利益诉求时,过多考虑自身利益得失,造成市场经济条件下政府作为劳动关系调节者的作用缺失。

对这种现象的存在,首先,要从政治的高度重新定位政府在和谐劳动关系中的地位与作用,使政府真正成为社会公共利益的代言人和公共服务的提供者,通过平衡协调社会各阶层、阶级的利益,履行社会可持续和协调发展的职能,从而创造构建和谐劳动关系的政治环境。其次,要从制度规范和政策引导方面强化政府协调劳动关系的职能,打造有利于促进劳动关系当事双方合作的政策制度环境,在法制框架下协调劳资关系,公正处理劳动纠纷,运用法律手段和政策干预措施制止各种损害劳动者权益的牟利行为,对违反劳动法规的行为进行坚决查处,树立政府职能部门在协调劳动关系中的行政监管和政策干预中的权威形象。最后,要着力于发挥政府掌握公共资源的优势,落实公共服务的责任,运用各种手段为劳动者和企业在就业、劳动工资、劳动安全、职业健康、社会保障、企业社会责任和劳动纠纷等方面提供政策、法律和行政服务。

劳动关系是由劳、资、政三方组成的社会经济关系(谭泓,2011:86),作为劳动关系的立法者、协调者、监管者和服务者,"产业关系的直接主体"(常凯,2006:220)——政府在劳动关系系统中具有不可替代和缺失的主体地位,充分发挥政府职能,对建构我国和谐劳动关系具有至关重要的政治、经济作用。而政府要扮演好劳动关系协调人的角色,除了强化自身的履责能力,发挥职能部门的作用外,还需要借助第四方力量即社会组织在协调劳动关系中的独特作用来连接政府与企业、劳动者与政府、企业与劳动者之间的关系,完善劳动关系系统,为构建和谐劳动关系提供社会支持。

### 三、社会组织在构建和谐劳动关系中的社会支持作用

在形成和谐劳动关系的社会共治格局中,社会组织作为和谐劳动关系的第四方力量,具有超越三方关系利益冲突中间力量的独特优势和作用。从社会学的视角看,所谓社会组织是指人们为实现共同目标而建立的具有特定功能的社会群体。而在中国语境下,"社会组织主要由社会团体、基金会和民办非企业单位组成,是与政府、企业共同构成经济社会发展的重要力量"(杨岳,2011)。它们独立于党政体系、企事业之外,以非营利性为特征,以公益性或互益性的方式为解决社会问题、协调社会关系、提供社会服务起着政府和企业无法发挥的作用,是和谐社会建设的重要社会力量。

按照社会三部门共治的理论,以国家和政府为代表的政治社会和以资本为代表的市场社会,以及以社会组织或各种志愿性社团为代表的民间社会或公民社会,对现代社会治理发挥着不同的作用。其中,"公民社会是与市场经济和民主政治相伴而生的"(何增科,2007:4),是作为弥补国家和市场在解决社会问题不足,协调社会经济关系的"社会第三部门"而存在的。在中国建立社会主义市场经济体系过程中,以社会组织为代表的社会主义公民社会发展,对于解决由于利益格局多元化的深刻变化而产生的社会经济关系矛盾,纠正调节劳动关系冲突中政府失灵和市场失灵现象,是不可缺少的。

具体说，社会组织在构建和谐劳动关系中的地位和作用可以从以下几个方面来理解：

首先，由社会组织参与的劳动关系系统对纠正在政府职能转变中因其"寻租"行为、公共产品供给方面的浪费和低效率而不同程度存在的"失灵"现象，弥补由此造成的"公益真空"（张自谦、毕霞，2011），承担政府转让出来的公共服务职能起"拾遗补阙"的作用。同时，也能对政府职能部门和行政官员因追求自身利益而产生的"失能""失职"行为进行监督和制约，促使其更好地履行职责。

其次，在现代社会劳动关系协调机制中，由于市场对劳动力资源配置的主导作用，企业在劳动关系中总是处于强势地位。社会组织介入劳动关系系统，对遏制"强资本"更强、"弱劳动"更弱趋势的发展，为企业履行对劳动者的社会责任，平衡劳资关系提供必要的社会支持。一方面，作为公民组织的社会组织可以从倡导社会公正和公民权利的角度对企业提出社会责任的要求，督促或协助企业履行社会义务；另一方面，社会组织也可以帮助企业塑造企业文化，发展公民行为，为企业提升其社会责任能力提供服务。此外，社会组织还可以在劳资矛盾和冲突中充当调解人的角色，倡导合作共建、互利双赢的企业经营管理理念，通过沟通协调起到化解矛盾的"润滑剂"和"稀释剂"（王秋波，2011）的作用，避免劳资冲突中"两败俱伤"的局面。

最后，劳动者作为劳动关系直接当事人在劳动关系中的弱势地位需要更多的社会关注和保护，也需要更多的支持和增能服务。对此，社会组织独立于企业和政府的特殊地位不仅能使它发挥积极的作用，也承担着重大责任。第一，它可以以超越劳、资、政三方利益关系的第四方身份介入劳动关系系统，为劳动者维护其权益充当代言人，增强劳动者在劳资关系中的地位；第二，它也可以承接政府职能转变中转移出来的公共服务责任，或接受政府委托，为改善劳动者工作和生活状况提供服务；第三，它还可以发挥教育者的作用，帮助劳动者树立合理的利益观、正确的职业观和积极的工作观，提高他们的职业能力和综合素质，更好地适应工作压力和职业挑战；第四，它也可以利用自身优势组织和吸收社会资源为劳动者提供社会支持，改善劳动者生存和发展的社会环境。

但是，我们也看到，我国社会组织的发展还是一个新鲜事物，要在复杂的社会经济关系中发挥其和谐劳动关系的功能,在它们的应有功能和实际能力之间,还存在着相当的距离。其中,影响社会组织发挥作用的主要因素可以归结为这样三个方面:一是受社会文化与人们的价值观念的影响,包括政府、企业和劳动者在内的社会公众对社会组织在社会管理和公共服务中的地位和作用认知上存在不足和偏差,各种怀疑和排斥社会组织的心理和观念还无法完全消除。二是受制于社会管理体制改革进展的限制,"中国公民社会的制度环境从整体上说,还是制约大于鼓励,重要的法律法规也尚不完备"(俞可平,2011),政府和企业与社会组织的信任关系与合作机制有待于进一步加强。三是社会组织在"组织的理念和使命、内部治理、组织文化建设、机构运作的制度化和自我发展能力"(钱宁,2011)等方面还存在诸多缺陷,迫切需要通过社会组织自身能力建设来加以改变。

对于社会组织发展面临的这些问题,首先需要政府改变认知上的一些偏见,特别是要改变某些官员和政府部门"把社会组织设想为政府的天然对手"(俞可平,2011)的观念,为社会组织发展创造良好的思想观念环境;同时,要在社会管理和服务创新方面做出更大的努力,从体制制度改革上为社会组织发展提供政治和法律保障。其次是要大力开展舆论宣传教育,引导包括企业和政府在内的社会公众认识和理解社会组织在现代社会组织体系中独特而无法替代的地位和作用,努力创造社会组织发展的社会文化环境。但是,对于改变当前社会组织在政府和企业三者关系中的弱势地位,最后一点更重要,这就是社会组织要在"参与社会管理和公共服务的专业服务能力""公开透明自律的自我约束能力""对社会责任和民生诉求的社会支持能力""适应社会改革和社会建设的创新发展能力"等四个层面[①]开展组织建设,完善法人治理结构和内部管理机制,提升社会公信力和回应社会问题与公众需求的社会服务能力,才能在构建和谐劳动关系中发挥其应有的作用。

当然,我们必须看到,近年来,国家在转变社会管理观念、探索社会治理结构,改革社会管理制度,创新社会服务方面做出了极大努力,社会组织发展的思想文化和制度体制环境得到极大改善,社会组织发展

---

① 本刊评论员:《加强社会组织四个能力建设至为关键》,《社团管理研究》2011年第4期。

获得了前所未有的机遇和好的环境条件,其社会影响力和服务社会的机会与能力也大大提高。这些变化为社会组织参与协调劳动关系,共创和谐工业社会创造了有利条件。特别需要提及的是,党和国家所确定的社会工作人才发展战略,从社会管理和社会服务创新、社会服务专业化的角度,为社会组织开展能力建设,提升其介入劳动关系领域、协调劳动关系的服务能力,促进社会服务组织的专业化,创造了更加有利的条件。

从国际经验和国内实践的发展看,社会工作作为现代社会解决社会问题、化解社会矛盾、协调社会经济关系和改善民生的重要组织体系、专业制度和社会服务部门,在社会生活各个领域发挥了重要作用。对于和谐劳动关系而言,将社会工作制度和专业服务方法引入工业劳动关系领域,使社会工作进入企业,加强劳动者在劳动关系中的地位和劳动功能,协调劳资冲突,通过专业服务帮助企业解决后顾之忧,能够促进劳动者与企业、企业与政府、政府与企业和社会合作共赢局面的形成。因此,社会组织在其自身的专业能力建设方面,应该借助社会工作的专业制度和方法技巧来发展其服务能力,在和谐劳动关系中更好地扮演起协调者、监督者和服务者的角色。在这一方面,深圳市和珠三角地区已经做出了很好的探索。

概括起来,发展企业社会工作对政府来说,将获得促进社会主义劳动关系和谐的专业抓手和有力助手;对企业来说,将是企业履行社会责任,减少企业与社会、企业与员工的矛盾冲突,提升企业生产力和市场经济竞争力的协调者和推动者;对劳动者来说,则是他们改善弱势地位、实现自身利益和职业安全与福利的社会支持者。社会组织应该在积极引进和发展社会工作的过程中实现其追求劳动关系和谐、履行组织使命的愿景。

# 【参考文献】

常凯:《劳权论:当代中国劳动关系的法律调整研究》,中国劳动社会保障出版社2004年版。

常凯主编:《劳动关系学》,中国劳动社会保障出版社2006年版。

崔生祥:《企业社会责任缘何缺失?》,《中国经济周刊》2005年第41期。

何增科:《公民社会与民主治理》,中央编译出版社2007年版。

齐格蒙特·鲍曼:《工作、消费、新穷人》,仇子明、李兰译,吉林出版集团有限责任公司 2010 年版。

钱宁:《非营利组织的管理风险与社会服务机构的发展问题》,载宋宝安主编:《社会稳定与社会管理机制研究》,中国社会科学出版社 2011 年版。

钱宁主编:《工业社会工作》,高等教育出版社 2009 年版。

荣兆祥等:《通往和谐之路:当代中国劳资关系研究》,中国人民大学出版社 2010 年版。

谭泓:《劳动关系:社会和谐发展的风向标》,人民出版社 2011 年版。

王瑾:《和谐社会构建中的劳动关系:冲突与协调》,《当代世界与社会主义》2008 年第 1 期。

王秋波:《发挥社会组织在社会管理中的作用》,《学习时报》2011 年 4 月 6 日。

武唯:《构建和谐劳动关系需要政府、社会、企业、劳动者共同努力——访上海财经大学教授王全兴》,中国劳动保障新闻网,2011 年 8 月 16 日。

亚当·斯密:《道德情操论》,蒋自强等译,商务印书馆 1997 年版。

杨岳:《我国社会组织发展的历史机遇与模式建构》,《社团管理研究》2011 年第 6 期。

俞可平:《营造官民共治的社会治理新格局》,《北京日报》2011 年 6 月 13 日。

张自谦、毕霞:《浅析社会组织对政府职能转变的影响》,《社团管理研究》2011 年第 3 期。

# 劳动关系治理与工业社会秩序的建构
## ——社会治理创新背景下的企业社会工作*

劳动关系是工作世界中最基本的人类关系,也是现代社会最基本、最重要的社会经济关系。劳动关系的和谐与否,直接影响到工业化时代人们社会经济关系的稳定和工作世界社会秩序的有序化发展。在中国社会经济向工业社会全面转型的时代,建立劳动关系治理新格局,不仅是建构适应工业化发展要求的社会经济关系的战略性要求,也是创新社会治理体制,探索中国工业化时代社会秩序建构的核心内容。而对于企业社会工作来说,如何在中国这样一个社会总体性的战略转型过程中,发挥其和谐劳动关系、改变市场经济体制下"强资本、弱劳动"关系总体格局造成的不平等劳动关系,增强劳动者在劳动关系治理中的地位和参与性,推动工业社会秩序发展的作用,无疑是一项需要

---

\* 原载《社会工作》2014 年第 1 期,中国人民大学复印报刊资料《社会工作》2014 年第 7 期转载。

深入探索的重大社会议题,也是社会工作参与工作世界社会治理创新的新领域。

## 一、当前我国劳动关系变化及其治理难题

在现代工作世界①里,工业化和市场化使劳动商品化,劳动者与生产资料分离,各种生产要素以商品交换的方式和企业组织的形式结合在一起,并且以一定的契约关系确定劳动者与劳动组织(企业)的合作关系,从而实现包括劳动力所有者和生产资料所有者在内的社会各种利益主体的利益目标,构成了现代社会的工作世界劳动关系的基本特点。对于活动于工作世界中的人而言,劳动关系不仅是现代社会个人与社会建立稳定经济联系的最基本关系,也是工业社会和谐与文明进步的"风向标"(谭泓,2011)。

不仅如此,劳动关系还是影响现代社会生活秩序、影响社会稳定和有序发展的基本因素。在市场经济体制建立起来以后,我国的劳动用工制度发生了深刻变化的今天,劳动关系的和谐与否、对劳动关系变化能否作出积极的反应、劳动关系变化中产生的矛盾冲突能否得到有效的控制和协调,构成了社会治理的基本领域。因而,发展劳动关系,构建工业社会秩序、探索劳动关系治理新格局,自然也就成为当前我国创新社会治理的一项基本内容。

自20世纪90年代以来,随着社会主义市场经济体制的确立,政治体制和社会管理体制改革的深化,我国的经济体制、政治体制和政府行政管理体制发生了深刻变化。改革开放的深入发展,不仅打破了城乡分隔的农村和城市居民身份关系格局、缩小城乡差距,为城乡居民流动创造了条件,而且打破了僵硬的计划经济劳动关系制度,使劳动力作为社会生产力的基本要素和社会经济发展的主要推动力得到空前的解放。在国家劳动和人事管理制度与社会福利制度改革的推动下,以单位制为核心的劳动者从属于一个固定的社会组织和生产部门的管理体制被打破,大量"单位人"转变为"社会人",引起了劳动用工制度的市场化转变。原来的企业职工由"铁饭碗"的终身制变成了"泥饭碗"的

---

① 关于"工作世界"的概念可参见李·泰勒:《职业社会学》原序,张逢沛译,复兴书局(台湾)1972年版;钱宁主编:《工业社会工作》,高等教育出版社2009年版,第1—2页。

合同聘用制;而在城乡管理体制改革不断深入的形势下,大批的农村劳动力在城市化和工业化的双重拉力作用下流入城市,形成庞大的农民工群体。

对这一系列变化,从其制度变革的特征来看,是原来较为单纯且同质性极强的生产资料公有制(全民所有制和集体所有制)形式所确定的劳动关系和制度身份式的社会关系,被以不同所有制经济关系为基础的复杂社会分层结构和劳动关系所取代。由所有制结构的变化所引起的劳动关系变化,意味着人们在其中的各种权力、权利以及利益关系的深刻转型,从而也意味着我国社会成员的社会角色—地位结构的重大变化(陈光金,2008)。城乡差距、区域差距的持续扩大和社会阶级与阶层之间的层级差别日益明显,以及各种以需要—利益关系为基础的利益群体(集团)之间的边界日益明晰,开始形成利益差别化格局。而正是这种利益差别化格局的形成,标志着中国社会关系的结构性转型全面展开,也标志着劳动关系格局进入到以需要—利益关系为纽带的多元性发展时代。

在这种复杂的劳动关系格局中,需要—利益关系的多元性使人们对自身利益或权利变得敏感和斤斤计较,劳动者表达各自利益诉求的愿望越来越强烈。然而,在我国市场经济发展过程中,"资本短缺,劳动过剩"(王瑾,2008)问题的普遍存在,加之行政监管和法制保障体系不健全,社会治理劳动关系的手段过于单一,在劳动人事制度管理体制改革后,劳动者的组织性大为削弱,组织力量薄弱;所有这一切,使得劳动关系中"强资本、弱劳动"的态势不仅得不到有效改变,在一定意义上反而更加强化了。这些问题的存在,使得各种社会矛盾与利益冲突的发生在各种利益群体或利益集团之间越来越频繁并且越来越尖锐。更重要的是,人们不再把自己看作是依附于某一组织的"组织人",也不再靠委身于一个固定的单位(组织)来实现自己的利益。个人的独立性和对个人自由的追求开始成为这个时代人们的人格特征,也使人们对利益的追求变成了对个人权利的捍卫。他们把自己看作是独立的个体和自主行动的人,要求以多元的方式追求和满足自己的需要。在这样的利益格局调节的社会关系面前,个人与个人、个人与国家、个人与社会之间的关系日趋复杂,各种社会问题和社会矛盾也更为集中,更容易发生,给治理复杂劳动关系带来更大的难题。因而,更新社会管理理念,探索解决劳动关系冲突的新路径和新方法,就成为当前社会治理面临的一个重要问题。

## 二、通过创新社会治理解决复杂劳动关系矛盾

"治理"是一个古老的概念,它在英语国家的日常用语中已经使用了数百年(俞可平,2000),而它作为一个现代政治词汇和学术用语的流行则是在20世纪90年代。它所反映的是现代社会人们对政治统治和社会控制的新理解。就其现代意义而言,所谓治理"意味着一种新的统治过程,意味着有序统治的条件已经不同于以前,或是以新的方法来统治社会"。与传统的统治不同,"治理指的是一种由共同的目标支持的活动,这些管理活动的主体未必是政府,也无须依靠国家的强制力量来实现"(俞可平,2000)。而所谓"社会治理"则是由社会来控制人们的行为以实现社会秩序和社会关系的协调一致。它不是单纯地依靠国家机器或政府行政体系的强制力量,而是通过政府与民间、公共部门和私人部门之间的合作与互动,依靠社会自组织形成的信任与互利的社会协调网络的作用来实现社会过程。

"社会治理"理念的流行,是社会科学对现代社会变迁所引起的社会行动主体多元化、利益格局的多中心化在国家层面和地方层面产生的不确定性的思考,也是当代社会政治发展对国家及其政府行政机构如何维护多极化社会秩序,以打破政府与民间、公共部门与私人部门之间隔阂,并在它们之间开展积极互动提出的新要求。就此而言,社会治理强调的是在充满复杂性和不确定性的现代社会环境中,从国家到地方和社区,从公共行政体系到私人生活领域,各层面的社会行为主体在追求各自利益的过程中,应更加注重责任和效率的特点。它试图在多中心和多元化的社会环境中,寻求理解"在公共行为的众多行为体(个体或集体)之间发展起来的紧密的相互关系",进而去发展"行为体之间(战略或利益)的协调""规则与行动价值之间的协调",来激发"整体社会的活力"(戈丹,2010)。

社会治理的目标是实现社会的"善治"。"所谓善治就是政府和民间组织、公共部门和私人部门之间的合作管理和伙伴关系,以促进社会公共利益最大化"(何增科,2007)。因此,社会治理理念的提出,使我们能够从一种更为全面而明确的系统互动视角,在政府、市场和社会的

多个层面上观察、思考由于市场经济和社会生活多元化的发展而产生的社会关系结构变化问题，进而在实践上为解决复杂性和不确定性环境中各种社会矛盾和社会关系冲突提供方法和路径。

劳动关系是工业社会关系中最重要的基本社会关系，也是最敏感、与人们的经济利益和福利需求最密切相关的经济关系。劳动关系的发展变化，既反映着社会关系性质的变化，也反映着人们之间的相互关系和社会地位的变化，还是衡量一个社会的劳动者工作福利状况和他们生计保障水平的基本尺度。对正在进行全面现代化的中国社会而言，改革开放的深化不仅使中国劳动关系从僵硬的计划经济体制和教条主义的意识形态下解放出来，变得富有生机活力，而且也使之由于这种劳动关系的多重所有制关系性质和劳动力的流动性而变得脆弱、不平衡和不稳定。在经济全球化和市场化的双重推力的作用下，中国劳动关系格局中"强资本、弱劳动"的基本趋势不断发展，劳动者作为劳动关系主体的地位不断被边缘化，他们不得不依附于资本的权力而使自己的权利不断被侵害。而为了维护自身的权益，他们不得不采取各种激烈甚至极端的方式进行弱者的反抗，近年来不断见诸报刊、媒体的各种劳动伤害、围堵讨薪、跳楼自杀、罢工等个体性和群体性的劳动关系冲突事件，反映了当代中国工业化、现代化进程中的劳动关系矛盾的复杂性和尖锐性，也提出了加强和改善劳动关系的社会"善治"要求。

从劳动关系治理的角度看，市场经济体制建立以来，我国从立法和行政执法方面做了大量工作，出台了包括《劳动合同法》《社会保险法》在内的系统的法律法规，在保护劳动者权益、维护劳动关系稳定和工业社会秩序等方面发挥了重大的作用。但是，不可回避的问题是，在协调和解决劳动关系矛盾的问题上，人们的基本理念和行动方法仍然停留在较为单一的"政府主导、行政执法"的传统做法上。因而，在劳动关系治理的实践中，只注重制度框架的建设和行政性干预手段的使用，不注意劳动关系治理作为多主体参与的过程，既需要政府行政的干预，也需要社会各方面的参与；既要求法律体系和政策法规的制度性约束，来发挥"纲举目张"的引导规范作用，也需要建立致密的服务体系和有针对性的服务计划与行动策略，来保证劳动者有能力、有机会参与有序和谐劳动关系的建立，保证"强资本"的权力运作不会因为制度框架过于

"宽大"、法律规范过于"原则性"①而在实践中失去约束。

鉴于当前中国劳动关系治理面临的诸多问题,需要运用社会治理的理论和方法来加以解决。具体说,按照治理理念所关注的复杂性和多元性,以及合作与参与的特点,把当代中国劳动关系的治理看作是一个"由政府部门、私人部门和社会部门(第三部门)之间的合作而实现的过程","一个组织框架"②。它不仅要求劳动关系的各个行为主体在法制规范下能够开展积极的互动,回应彼此间的需要,而且也需要有良好的社会环境和社会支持系统,以社会服务的方式介入劳动关系的治理过程,通过服务来润滑劳动关系,协调彼此的利益关切,沟通相互间的诉求,为不能适应劳动关系的变化和挑战的行为主体提供支持和帮助。就此而言,独立于政府和私人部门的社会部门可以通过各种社会组织和专业化的社会服务方式参与劳动关系治理,运用工业社会服务的理念和方法来改善劳动关系治理结构。它可以针对企业因为追逐利润的冲动而忽视社会公平的倾向,提供企业社会责任服务来纠正所谓"市场失灵"的偏差;也可以针对政府部门因为其职能转变中的"寻租行为"和行政官僚主义造成的"公共产品供给方面的浪费和低效率"(钱宁,2013),承担政府行政管理体制改革转让出来的公共服务职能,以解决劳动关系治理中的"政府失灵"问题。同时,作为工业社会服务最重要的内容,它还可以针对劳动者在劳动关系治理中无话语权、缺乏行动能力等"弱劳动"状况,为其增强权能、改善弱势地位提供服务。

总之,以社会服务的方式介入中国劳动关系治理体系,建构以善治为目标的治理结构,对解决我国全面工业化和市场经济深入发展带来的劳动关系矛盾,建立更有序的工业社会关系,具有重大的实践意义。而发展以企业社会工作为专业载体的工业社会服务,发挥企业社会工作在劳动关系治理中的作用,就是本文最后要讨论的问题。

---

① "原则性"本来是指人对自己所持有的价值信念的坚持,也指人恪守制度规范的行为。由此引申出来的含义是指只强调信念价值,过于宏观地考虑行动的规范和目标,教条主义的对待实践过程中的差异性、多样性,有意或无意忽视具体情境中的特殊性,从而导致以整体需要牺牲局部利益、为了宏大目标的实现而无视个体或弱势群体的实际的利益与现实需要等一系列行为和主张。它既是一种思维范式,也是一种态度和价值取向。

② 钱宁:《社会工作发展与中国社会管理体制的改革》,载中国社会工作协会组编:《中国社会工作发展报告(1988~2008)》,社会科学文献出版社2009年版。

## 三、企业社会工作在劳动关系治理中的作用

企业社会工作是"一个广泛的活动范围、角色、目标系统(案主)以及支持者"构成的社会服务体系(谢鸿钧,1996),也是"引起工业关系变化的行动改变系统"(钱宁,2009)。把企业社会工作引入劳动关系治理体系,以改变传统劳动关系矛盾冲突的治理结构,对创新劳动关系社会治理体制,有着独特的优势和作用。

(一)企业社会工作是创新社会治理体制,构建和谐有序的劳动关系的推进力量

在国家大力推进社会治理体制创新、发展社会服务的背景下,劳动关系矛盾的调处与解决,不能再延续单纯靠行政管理的方式去解决多元复杂的社会矛盾和社会问题,而需要通过提供服务,有针对性地解决问题来化解矛盾。通过服务来解决管理难题,通过多方面的参与、多种手段或方法的运用来解决包括劳动关系矛盾在内的复杂社会问题和矛盾的社会管理难题,促进行政职能部门由社会管理的实施者向社会服务提供者的转变,不仅是一个政府本身的管理理念的转变,也是一个由集权到分权、由单纯的行政管制向多方合作的治理转变的过程。在这个过程中,引入新的方式,组织并动员不同的社会资源参与到社会管理难题的解决中,就构成了社会治理体制创新的重要内容。

社会工作作为社会服务的专业体系和专业服务方式,在满足人们的生活需要、化解社会不满情绪、解决矛盾冲突方面,以其独特的专业视角和助人自助的理念与方法,成为现代社会化解社会矛盾、增进社会团结的重要专业力量。企业社会工作作为社会工作在工业环境和人们工作世界中为个人、组织和社区提供服务的活动,"其目的是增进人们的工作与生活福祉,促进工业社会关系的和谐"(钱宁,2009)。这不仅涉及劳动者的权利诉求如何维护,劳动者对工作世界的适应,有能力应对劳动关系和工业环境各方面的挑战,通过工作来满足其生活需求的问题;也涉及如何在劳资之间建立沟通、信任、合作的关系,平衡各方面的利益诉求,以推动和谐有序的工业社会秩序和劳动关系的建设。而对于积极劳动关系的维护和发展而言,企业社会工作发挥着劳资关系的沟通者、劳动纠纷的协调者、劳动者权益的维护者和减少劳动关系冲突的润滑剂的作用。因而,从创新劳动关系治理的要求来看,"这种实

施于工业社会的专业服务,不但协助管理者解决组织人力的问题,并且提高组织员工的生产能力与工作效率,最终有益于整个工业环境的改进"(谢鸿钧,1996)。

(二)企业社会工作是改善劳动关系治理格局,增强政府治理能力的重要手段

一般来讲,劳动关系是由劳动者、企业和政府等三个主体构成的紧密关系。其中,政府是作为劳动关系的管理者和协调者,在平衡劳动者与企业的利益关系、协调两者的利益矛盾、防止它们之间因为利益冲突而导致劳动关系破裂等方面起主导的作用。而在"强资本,弱劳动"现象普遍存在的情况下,政府更承担着保护劳动者的权益不受损害的责任。但是,在劳动关系的社会治理格局中,政府又会因为这样那样的局限难以发挥作用,使其在治理过程中出现"失灵"问题。

这其中的原因,一是因为政府作为行政组织体系,其科层制的特点使它在处理复杂多样的劳动关系矛盾过程中,缺乏具体问题具体分析的灵活性;二是长期以来,政府行政职能部门形成的管理思维在解决社会关系矛盾时,重管理、重矛盾的事后处置而轻服务和事前的协调预防,普遍存在简单化、"一刀切"的问题。因而,在协调劳动关系冲突时,往往因为"一刀切"留下的空隙过大、过于疏漏,缺乏必要的服务来弥补这些空隙而产生政府失灵的现象。

把企业社会工作作为一种治理手段引入劳动关系治理过程,发挥其协调、沟通和服务的功能,是对政府治理劳动关系矛盾的方式的重要补充,对提高政府治理能力,解决服务缺失而导致的劳动关系管理失效、劳动冲突不断的问题,将发挥积极的作用。

(三)企业社会工作倡导和推动企业社会责任,有助于培育企业公民行为,克服劳动关系治理中的市场失灵

市场经济是现代社会的主导经济方式,企业在市场经济中扮演着主导性角色。它的行为不可避免地会对人们社会生活的各个方面产生影响,也会对市场经济中的利益相关者——劳动者、消费者、社区,以及人类的生态环境、资源、气候产生重大影响。因而,企业在赚取利润的时候,需要照顾利益相关者的利益,需要建立公民行为来约束自己的行为,避免自己赢利而他人受损。就此而言,企业的利润目标和社会目标

的冲突及其平衡问题,构成了企业社会责任的出发点和归宿(黄晓鹏,2010)。劳动关系的治理无疑也是企业社会责任的重要内容。作为劳动关系的当事人,企业扮演着极重要的角色。虽然它与劳动者建立的劳动关系从法律上看是一种平等的契约关系,但是实际上,"强资本,弱劳动"的现实决定了两者间事实上的不平等。如果没有社会责任的约束,没有对企业公民行为的要求,它追求利润的目标常常会牺牲劳动者的利益,并造成劳动关系冲突。就此而言,企业需要有人或机构为它提供社会责任服务,帮助它建立企业行为准则并推动公民行为的发展。

企业社会工作作为提供工业社会服务的专业体系,服务于工作世界中的人和组织,以改善工业社会关系,发展工业福利。它对组织提供的劳资关系服务和企业社会责任服务,主要聚焦在倡导和培育企业公民行为,落实企业社会责任上。即帮助企业树立积极的、负责任的形象,按照企业社会责任准则的要求开展生产和经营活动,协助企业经营者改善与员工的关系;对损害员工利益和消费者权益、危害社区居民正常生活秩序和生态环境的行为给予纠正;协调企业与政府、社区、消费者、劳动者的关系,组织慈善公益活动,为受企业行为影响的利益相关者提供补偿。通过这些服务来推动企业社会责任的落实,使企业在平衡利润目标和社会目标的基础上,为开展劳动关系治理发挥更为积极的作用。

(四)企业社会工作能够增强劳动者的权能,强化劳动者在劳动关系中的主体地位

劳动者在劳动关系中的弱势地位,主要是由于他们在劳动关系格局中权重过轻、对生产活动不能起主导作用的客观现实决定的。资本主义生产方式和现代工业体系的建立,把大多数人变成了以工资生活的工薪阶层,这种生产方式的变化造成了劳动者对生产组织和生产资料的依附性,决定了劳动者能否生活下去取决于他们能否有工作的机会,能否被工作组织雇用。因而,尽管他与企业建立了劳动合同,形成了平等的劳动关系,但他不可能在事实上与雇主或企业有平等的劳动关系。在发生劳动关系冲突时,如果没有机构或组织给予他们支持,市场经济体制或企业的生产经营机制不可能自发地加强他们在劳动关系中的地位。

但同时必须看到,"弱劳动"现象的存在,也同劳动者自身的局限

密切相关。从劳动者作为单独的个体来看,他没有能力与组织体系严密的企业开展平等的对话,他的话语权往往因为个人的价值观、受教育程度、生活阅历、组织化水平等多种因素的影响而被削弱;劳动者之间也存在各种竞争,他们可能为了个体的利益而排斥他人或被他人排斥,从而削弱了他们作为一个整体阶层或群体在劳动关系治理中的作用。此外,劳动者个人的生活需求、职业生涯期待、家庭经济状况和生活压力水平等因素的差异,也会影响到他们对待工作、职业的态度,使他们在劳动关系中的地位和作用受到限制和动摇,降低了他们参与劳动关系治理的意愿和能力。

企业社会工作针对劳动者在劳动关系中面临的这些困扰和问题,一方面以员工协助的方式帮助劳动者克服他们具体工作和日常生活层面的困扰,从微观层面解决劳动者工作适应性和职业生涯发展问题,运用生涯辅导、员工关系辅导、职业培训等方法,帮助他们建立对待工作、职业、同事、上级和工作组织的正确态度,使他们获得协调个人与企业关系、平衡个人与工作伙伴和工作团队之间竞争与合作的能力,从而增强他们在劳动关系中的权能。另一方面,企业社会工作也需要从法律和政策的层面给予劳动者支持,通过"劳动法律方面的咨询与宣传教育,劳资纠纷的介入,劳工权益政策方面的倡导与帮助"等方面的服务(钱宁,2009),强化劳动者在劳动关系格局中的主体地位,对改善或平衡"强资本,弱劳动"的不平衡劳动关系格局将发挥积极的作用。

综上所述,劳动关系的治理是一项系统的社会工程,它不仅具有多元性的特征,而且具有多层次性。在工业社会秩序的构建过程中,劳动关系治理体系的建构,既需要劳动关系的相关主体的共同参与,也需要运用多种方式来解决治理的难题。企业社会工作作为一种工业社会服务的方法运用于劳动关系治理,其意义在于:首先是在中央提出了社会治理创新战略目标的背景下,积极倡导对劳动关系的治理由管理向服务转变的可能性和路径,为劳动关系治理体制的创新提供了思路;其次是从改善社会治理模式的角度,揭示了社会服务对纠正和解决劳动关系治理中"政府失灵"与"市场失灵"的意义和作用;最后,从劳动关系善治与和谐工业社会秩序建构的理想追求来看,发展企业社会工作,探索工业社会服务在解决劳动关系矛盾中的作用,对我国不断深入的工业现代化、发展工业福利也具有重要的理论和实践价值。因此,发展企业社会工作应该成为中国社会工作发展的重要领域和主要任务。

## 【参考文献】

陈光金:《当前我国若干重大社会结构变化与结构性矛盾》,《新华文摘》2008 年第 8 期。

何增科:《公民社会与民主管理(第一版)》,中央编译出版社 2007 年版。

黄晓鹏:《企业社会责任:理论与中国实践(第一版)》,社会科学文献出版社 2010 年版。

钱宁:《工业社会工作》,高等教育出版社 2009 年版。

钱宁:《论政府、企业和社会组织在构建和谐劳动关系中的地位与作用》,《山东社会科学》2013 年第 10 期。

让-皮埃尔·戈丹:《何谓治理(第一版)》,钟震宇译,社会科学文献出版社 2010 年版。

谭泓:《劳动关系:社会和谐发展的风向标》,人民出版社 2011 年版。

王瑾:《和谐社会构建中的劳动关系:冲突与协调》,《当代世界与社会主义》2008 年第 1 期。

谢鸿钧:《工业社会工作实务——员工协助方案》,桂冠图书股份有限公司(台湾)1996 年版。

俞可平:《权利政治与公益政治:当代西方政治哲学评析》,社会科学文献出版社 2000 年版。

# 非营利组织的管理风险与社会服务机构的发展问题[*]

2008—2009年全球性金融危机深刻地反映了现代社会作为一个风险社会的基本特征,也把如何建立应对重大社会风险的社会机制,运用各种非营利组织的力量来降低风险对人们日常生活冲击的问题提到重要位置来思考。从我国所经历的金融危机影响来看,金融危机给我国经济发展带来了巨大的困难,也给面临转型的我国社会福利事业带来了深刻的影响。这种影响一方面是工作机会减少,许多人失去工作收入而陷入需要救助的贫困中;另一方面则是福利资源减少而福利需求增加,导致整个社会福利供给压力增大。面对这样的情况,作为社会福利供给的重要组织载体,非营利组织如何发挥其社会福利资源筹集和分配功能,帮助那些遭遇金融危机冲击的人们避免或降低生

---

[*] 原载《学习与实践》2011年第10期,中国人民大学复印报刊资料《社会工作》2012年第2期转载。

活风险,不仅是一个重大的社会安全议题,也是一个现实的组织管理议题。本文以非营利组织管理中的风险为视角,结合后金融危机对非营利组织发展的要求,针对我国社会服务机构发展的局限,研究它们在组织运行过程中所面临的管理难题,为我国非营利组织的建设提供理论支持。

## 一、非营利组织的管理及其风险

组织管理大师德鲁克在谈到非营利组织的特征时指出:"它们所做的工作既不同于企业,也不同于政府。企业提供的不外乎商品或服务,政府则进行调控。……非营利组织既不提供商品,也不实施调控,其'产品'既不是一双鞋,也不是一项卓有成效的法规,而是'经过改变的人类'。"(德鲁克,2007)因此,在许多人看来,管理总是和企业或政府的活动相联系的。而非营利组织是人类改造机构,如果谈管理的话,那就意味着企业行为或政府控制,这与非营利组织追求人类福祉和社会公平正义的理想及服务人群的宗旨是格格不入的。但是,在德鲁克看来,作为担负特定使命和开展活动的组织,非营利组织更加需要管理。而管理对于非营利组织则有不同于企业经营和政府行为的特殊意义。"非营利组织自己明白需要学习如何使用管理这个工具,以免因不懂管理而使其发展受到制约;他们知道自己需要管理以便能致力于实现使命"(德鲁克,2007)。

一般地说,管理是指透过一系列的活动或过程,善用组织资源,以有效率与效能的方式达成组织的任务或目标(黄源协,2008:5)。换言之,管理是一个组织为使其成员协调有效地工作而开展的计划、组织、控制和决策活动。对于非营利组织而言,管理活动不像企业那样只是围绕着利润或"经济效益"展开,也不像政府那样以政策调控或行政干预的方式去管理社会,达到社会控制的目的。"非营利组织的管理之道,靠的不是企业的经营手法,而是'使命与领导'之道。因为每一项使命宣言,都必须反映机会、能力与投入感三项要素,否则将无法凝聚组织内的人力资源去做好该做的事"(詹文明,2007)。

具体地说,每个非营利组织肩上都承担着公众对它的信任,承担着改善人民的生活质量的责任。为承担起这一责任,非营利组织的管理必须做到:

(1)应当明确地声明其使命和宗旨,阐明其服务对象的需求,并解释其项目是如何运作的、项目的成本是多少以及这些项目能带来什么好处。

(2)应当公开关于其管理、财务和运作方面的正确信息。其运作程序、过程和项目应当公开透明,并且符合其使命和宗旨。

(3)应当对其服务对象、支持者和整个社会负责任。

(4)应当积极实现其使命,代表大众的利益,做好管理工作,并且注重质量。①

概括以上所述,非营利组织的管理是履行社会责任的使命管理,但同时也是企业化的经营运作过程。从当代社会福利服务输送的新管理主义视角看,它涉及领导和决策、服务需求和投入、资源统筹、成本与效益等方面的管理,并且要求它们符合组织的使命和宗旨,体现了当代非营利组织管理目标的多元性。因而,"对非营利组织而言,除了自身必备良好的动机外,明确的使命、清晰的目标、正确的策略和卓有成效的管理方式都为非营利组织的持续发展提供了保证"(李志刚,2007)。这些目标的多样性决定了现代非营利组织管理的复杂性——企业管理方式与承担社会责任并存、市场化运作和寻求公益与公正相交织,务实与创新、效率与效能并重。

台湾学者黄源协在概括福利服务输送的新管理主义思潮时指出:新公共管理运作模式的主要特征可归纳为:(1)引进企业管理的模式;(2)明确绩效的标准并量化指标;(3)强调买卖双方分离的准契约关系和准市场化的服务供给模式;(4)强调公共服务的去集体化和分散化,促进公共服务提供者之间的竞争;(5)强调服务使用者的选择权和发言权;(6)重视资源配置的纪律和节约;(7)降低政治决策对公共服务管理的直接干预(黄源协,2008:44)。在这种新管理主义思潮影响下,非营利组织的管理发生了重大变革并面临更多的风险。其中:目标和意义的价值创造与绩效追求、社会责任的使命担当与契约式和市场化的服务提供方式相结合的管理要求,不仅在创新管理方式上产生积极的作用,而且要求组织管理承担更多的使命风险、决策风险、筹资风险、

---

① 温洛克民间组织能力开发项目编纂:《负责任的非营利组织的模式》,见温洛克非营利组织管理参考数据系列之八:《中国非营利组织管理文章、书目和网站——精选与评注》。

资源投入与产出的效率与效能①风险。

社会服务机构是非营利组织的主要组成部分,在社会福利发展和非营利组织的慈善功能发挥方面扮演重要角色。在全球性金融危机中,非营利组织如何坚持并推进它的使命和宗旨、如何平衡其服务过程中的社会价值(公平)和组织目标(效率)追求的冲突,就成为它克服金融危机下管理风险的主要任务。

## 二、中国非营利组织发展的局限

我国非营利组织的发展走的是一条独特而曲折的道路。在计划经济时代,社会福利和公共服务的提供是由国家全部包揽的,社会福利事业基本上由政府包办,除了政府部门化的全国性社会团体工会、共青团、妇联,以及行政化的事业机构如红十字会承担着部分公共服务职能外,其他的社会服务职能全部归属政府各职能部门。以社会服务为主要责任的非营利组织发展滞后的状态,在市场经济体制建立和社会福利制度改革的过程中开始发生改变。

从社会组织②发展经历的过程看,大致分为"社会组织兴起阶段"和"社会组织的规范管理和新的发展高潮阶段"(王名,2009)。特别是近年来随着社会财富总量的持续增加,公众参与公益事业的热情不断增长,与此同时,由"市场失灵"造成的分配不公问题显现,贫富差距和城乡差距扩大,民生问题日益突出,对社会福利服务的提供和社会服务体制创新提出了更为现实和紧迫的要求。同时,随着内地由生存型社会向发展型社会转变,以人为中心的发展理念形成,人们越来越关注自身的发展。"经济发展水平的提高为人自身的发展提供了必要的条件,人自身的发展更直接地表现为对基本公共服务的实际需求"(迟福林,2008)。在这种客观背景下,各种公益性社会服务机构纷纷建立,并呈现迅速发展的态势(见表1)。

---

① 效率和效能的区别在于,前者强调的是投入与产出之比例即资源使用的节约或浪费,后者强调的是,对组织目标的实现来说作为产出的服务是否达到或实现服务的目的。参见黄源协:《社会工作管理(第二版)》,双叶书廊有限公司(台湾)2008年版,第7、43页,图例。

② "社会组织"是一个学术性的概念,官方对社会组织的正式称谓是"民间组织"。在民间组织的管理中,注册登记的分类是社会团体、民办非企业单位和基金会等三大类,其中,基金会又分为公募基金会和非公募基金会。

表1  2001—2008年各类社会组织增长情况分类统计①

单位:万个

| 年份<br>类别 | 2001 | 2002 | 2003 | 2004 | 2005 | 2006 | 2007 | 2008 |
|---|---|---|---|---|---|---|---|---|
| 社会团体 | 12.9 | 13.3 | 14.2 | 15.3 | 17.1 | 19.2 | 21.2 | 23.0 |
| 民办非企业 | 8.2 | 11.1 | 12.4 | 13.5 | 14.8 | 16.1 | 17.4 | 18.2 |
| 基金会(个) | — | — | 954 | 892 | 975 | 1144 | 1340 | 1597 |

资料来源:《2008年民政事业发展统计公报》,民政部网站,2009年5月22日,http://www.mca.gov.cn/article/sj/tjgb/200906/200906000317629.shtml。

据国家民间组织管理局公布的统计资料,截至2008年年底,全国共有社会组织41.4万个,比上年增长7.0%;这些社会组织业务范围涉及科技、教育、文化、卫生、劳动、民政、体育、环境保护、法律服务、社会中介服务、工伤服务、农村专业经济等社会生活的各个领域,吸纳社会各类人员就业475.8万人,比上年增长4.2%;形成固定资产805.8亿元,比上年增长18.2%;各类费用支出964.8亿元,比上年增长7.2%;社会组织增加值为372.4亿元,比上年增长21.1%,占各类民政管理单位增加值比重22.6%,占第三产业(服务业)增加值比重为0.31%。接收社会捐赠77.3亿元,接收捐赠实物折价26.1亿元。其中基金会1597个,比上年增长19.2%;公募基金会943个,非公募基金会643个。民政部登记的基金会133个,其中公募基金会和非公募基金会共接收社会各界捐赠53.6亿元,接收捐赠实物折价17.1亿元。

此外,在对外开放政策引导下,大量港澳台地区和外国的非营利组织进入大陆,它们无论在专业性、资金还是管理方面都显示出较强的实力,在扶贫、教育、禁毒防艾、医疗卫生、环境保护、慈善救济、减灾防灾等领域发挥了重要作用。②

然而,尽管非营利组织的数量近年来快速增加,但是受传统观念和体制的影响,中国非营利组织的发展仍然存在明显不足。而金融海啸的袭来,不仅给正处在成长初期的中国非营利组织带来不利的影响,也

---

① 境外在国内的非营利组织不包括在内。
② 由于主管部门尚未出台有关这些机构在国内开展活动的管理办法,它们的相关数据难以获得。

暴露出它们发展的局限。这些问题概括起来说,就是它们的"先天弱质、后天困难"。有关研究者(王名、贾西津,2008)指出,国内的非营利组织在获取和运用资源、协调关系、发挥作用等方面都不存在明显的优势。大多数非营利组织在政府规制和市场挤压下艰难寻求生存和发展之路,难以展现在国外非营利组织身上看到的勃勃生机。调查显示,41.4%的非营利组织认为资金缺乏是他们面临的首要问题,其他相关的重要问题依次是:缺乏活动场所和办公设施(11.7%),缺乏人才(9.9%),政府支持力度不够(8.5%),组织内部管理问题(7.5%)等。这些局限又被概括为资源不足、能力不足、缺乏自治和发展不平衡等四个方面(王名、贾西津,2008)。因而,国内非营利组织在回应民生需求、解决社会问题、推动社会平等、发展社会福利等社会功能的发挥上,在影响社会进步和促进社会公平公正、弥补市场失灵和政府失灵的缺陷方面,没有表现出明显的优势。尤其是在像应对金融危机这样重大的社会经济危机面前,其作用的发挥无足轻重,难以担当起应有的社会责任。

造成非营利组织"先天弱质、后天困难"局限的原因,首先是社会转型时期社会治理结构还未完全转变,过去长期存在的计划经济体制所形成的政府对社会福利服务供给的集中控制局面尚未完全打破,在单位制①的社会组织形式下,高度依赖单位(政府)的福利文化观念仍然在影响着个人和组织、普通公民和政府的行为。相应的,非营利组织发展的社会基础还不牢固,活动的社会空间还相对狭小,限制了它们的发展。

其次,非营利组织的法人治理结构还有待完善。受非营利组织的

---

① 孙立平对此的描述是:"……单位作为集各种职能于一身的综合性组织,政治与行政权力在其中发挥核心作用,起到填充国家与个人之间的真空状态的作用,表现在:一是资源的分配有了一种可以连接国家与社会普通成员的组织渠道;二是将城市中几乎所有的社会成员纳入到与国家直接相联系的组织体系当中,使城市社会高度组织化……三是单位组织成为国家配置稀缺资源的基本管道,同时消灭了诸如市场等其他替代管道,使组织成员高度依附于单位……四是通过单位组织来确定社会成员的身份,若离开单位个人将失去自己的身份。……绝大部分居民的生存依赖于单位。单位因功能扩张而变成一个个相对封闭且独立的社会共同体……"见孙立平:《断裂——20世纪90年代以来的中国社会》,社会科学文献出版社2003年版,第112页。

双重管理体制①限制,它们独立的法人地位还不明确。从非营利组织发展的特点来看,有相当一部分非营利组织是在政府管理体制改革过程中,由各级党政机关转变或直接创办,承担政府机构剥离出来的社会职能而形成的。这些组织,不仅其主要的资源来源于党政机关,且在观念、组织、职能、活动方式、管理体制等各个方面,都严重依赖于政府,甚至依然作为政府的附属机构发挥作用(王名、贾西津,2008)。另外一部分由民间自发建立的非营利组织,由于要挂靠一个业务主管单位,在一定程度上也不能自主开展活动。

再次,公民社会的发育还不成熟,社会普遍的公民意识和公民文化尚未形成,人们还只是把非营利组织看作政府控制的福利体制的补充,而没有作为相对独立的社会部门看待,因而得不到广泛的社会支持,难以产生影响社会政策和人们行为的作用。此外,受官本位思想和人们长期形成的对非政府组织机构的偏见影响,非营利组织与政府机构在社会地位上不平等,常常被作为协助政府开展工作的从属机构,限制了它们在法律的框架内以独立法人身份自主活动的能力和空间。

最后,非营利组织本身的发育也还幼稚,组织的理念和使命、内部治理、组织文化建设、机构运作的制度化和自我发展能力都存在相当的缺陷,以至于组织定位不明,发展动力不足,甚至存在鱼龙混杂的情况,严重制约着它们作为"第三部门"作用的发挥和可持续发展能力的形成。

总之,非营利组织发展的局限,限制了它们作为社会服务机构在改造人类、改善社会福利状况、履行社会责任中的使命担当,同时也使它们在应对社会风险与危机时显现出能力不足的缺陷。而从组织管理的角度看,正是这些局限造成了这些社会服务机构的管理难题,加大了非营利组织发展中的管理风险。对此,我们需要作进一步的讨论。

### 三、当前我国社会服务机构面临的管理难题

当前我国社会服务机构管理面临的主要难题包括:理念和使命的确立、制度建设、资金筹措、人才聚集与专业能力培养、机构运作的管理

---

① 指对社会组织的管理实行的登记管理和业务管理分离,非营利机构成立,必须在注册登记机关登记,同时要有业务挂靠单位(政府部门或事业单位)对其进行业务管理。

方式等。

从理念与使命的确立来看,按照德鲁克的管理理念,非营利组织管理的灵魂是理念和使命的确立,"非营利组织是为其使命存在的,它们的存在是为了改善社会和我们每一个人的生活。它们为其使命而存在,这一点必须铭记在心"。而从使命管理的角度看,"领导者的首要任务则是确保每一个人能够看见使命,听见使命并使之体现在组织的日常活动中"(德鲁克,2007)。具体说,对一个机构而言,使命管理是一种战略管理,它需要明确组织的长期目标,需要培养组织成员对其的奉献精神,同时也需要有简洁、清晰又直观的使命陈述。比如美国女童军的使命陈述:"帮助少女成长为自豪、自信和自尊的年轻妇女。"因此,"成功的使命需要具备三要素:机会、竞争力和奉献精神"(德鲁克,2007:3、7)。即使命反映组织寻求机会和确定社会需要的努力,做好自己工作的独特竞争力,以及全身心投入所从事的工作的献身精神。

反观国内的一些社会服务机构,缺乏对组织的理念和使命的陈述,导致自己的定位不清楚、不明确,是许多机构战略管理的缺陷。而一些机构的创办,本身就缺乏使命感,它们的领导者或经营者把政府对社会服务的投资看作一个商机,把非营利的公益事业当作风险经营的企业行为,用商业的理念经营社会服务事业,使机构因理念和使命感缺失而士气低落,工作没有动力,陷入使命管理危机。

从制度建设的方面看,非营利组织的管理像其他组织的管理一样,也需要建立明确的制度规范来约束其领导者和成员的行为。对一个社会服务机构来说,如果只帮助一个人,根本不需要什么策略,若要帮助一百人,就需要良好的装备和计划,而要帮助一万人或者更多,则必须要有一套完整的策略和管理体系,将每一个实施环节落实到位(李志刚,2007)。非营利组织服务于社会大众,它的管理要有效益和效能的评估。正像德鲁克所指出的,机构要从使命开始,告诉我们组织存在的目的,然后引入绩效表现,再由绩效的考虑引导其评价工作的效果。而国内的许多社会服务机构往往由于缺乏这样的策略和管理制度而陷入运作困境。

以机构理(董)事会的设置为例,虽然一般的组织都设有理(董)事会,但是在一些机构,这一设置只是限于一年召开一次或两次会议,变成对机构管理约束甚少的咨询顾问角色。而一个运转良好的非营利组织需要的是一个强有力的、主动型的董事会。它的角色包括管理者、资源开拓者、外交大使和顾问等四种(德鲁克,2007:139),以推动机构有序而有效地运作。此外,通过制度建设来创造一个适宜的内部工作环境,以促进有效率的服务输送(德鲁克,2007:23),明确组织内部的规划、组织、领导、任用、控制与决策等职能,使其成员能充分发挥潜能,对社会服务机构的制度建设也是不可缺少的。

而从资金的筹措来看,目前社会服务机构最感困难的管理难题,就是相当一部分机构由于资金不足而限制了它们开展业务活动的能力。这一难题的存在,一方面是因为大的社会环境对于机构筹资不利。整个社会的慈善意识和人们捐助公益事业的能力不足;资源过度集中在政府手中及传统的政府包揽社会福利事业的观念与行为方式限制了公众参与公益活动的积极性,以至于在大多数人的观念里,公益事业是政府的公共服务行为,凡事求助于政府的行为方式成为惯性。另一方面,机构自身的资源开拓能力也存在问题。许多机构不是积极向外寻求社会捐助,而是单一等待政府资金支持,或者只是盯住富人或大企业,希望通过他们的善行或某种有条件的捐款来获得捐赠。这样的方式导致一部分机构资金严重不足,难以开展正常活动,甚至处在名存实亡的"休眠状态"(王名、贾西津,2008)。而有一部分机构为了得到企业捐款而被其利用为企业拓展市场、牟取利益和提高知名度的工具。还有一些机构为了生存而违背组织的宗旨从事与自身业务不相干的经营活动。所有这一切都表明,资金筹措的管理难题不仅会使非营利组织运行困难,甚至会导致它们陷入巨大的管理风险中。

再从人才聚集和专业能力培养的方面看,内地社会服务机构面临的人力资源管理难题一方面是专业人才和服务的专业能力不足,另一方面又存在优秀专业人才的流失和招募困难问题。这一管理难题的产生有多重原因。

首先,多数社会服务机构是属于"体制外"的单位,在一个注重体制资源和主流地位的环境里,体制内外的福利待遇、社会地位、职业声望和职业前景存在很大差异,"政府公务员"或"国有企事业单位"的身份意味着收入稳定、地位高尚、职业前景光明,而体制外的非营利组织在多数人眼中,则属于不稳定、地位低和待遇差的范畴。因此,凡是有经验或专业能力强的人才,往往不愿待在体制外的单位里。

其次,现代社会是一个知识社会,在这个社会中,当知识越来越成为主要生产要素时,知识工作者作为雇员同时又是掌握着生产资料的专业工作者,越来越成为经济和社会价值创造的主要生产力。而知识工作者尤其是高级知识人士作为专业人员更重视专业成就和自我实现,这一特点决定了他们不再愿意终身从属于某个组织,而更愿意将组织视为其实现个人目标的阶段性工具。对于非营利组织的成员,其专业人才也具有同样特点,如何解决这一时代性难题,是对社会服务机构人力资源管理的重大挑战。

再次,社会服务机构专业能力不足的背后,是缺少具有组织创新和专业创新能力的领导人或管理者,他对组织发展的预见性,对其领导下的员工的各种需求的敏感性,以及对专业变化和各种挑战的应对能力,决定着他对组织人才和专业能力建设的重视程度。而这一切会促使他采取措施,改变或发展组织文化,营造良好的、具有专业挑战性和专业成长空间的工作环境,吸引和聚集优秀人才。正如一个国际基金会的中国项目总裁所说,留住员工有两个步骤,一个是清晰地告诉员工我们的愿景,另外让员工感到他们是愿景的一部分(Jenny Ding, 2007)。事实上,一些成功的非营利组织正是靠着其领导人卓越的专业管理能力而创造了一个聚集优秀人才、实现组织可持续发展的局面。这正是许多社会服务机构破解人力资源管理难题的可寻之道。

最后,从机构运作的管理方式来看,非营利组织的管理不是利润或财务底线的管理,相对于企业,非营利组织是一种利润无底线的绩效管理,然而,绩效和成果对于它其实更加重要,但也更难测评和控制。它必须根据自己所设定的远景和标准、所创建的价值、所做出的承诺以及所提高的人类能力的绩效来进行自我测评(德鲁克,2007:85、89)。但是,这样一来,非营利组织的管理也就更容易犯过度自信、过于理想化或官僚主义的错误。就一些社会服务机构的管理方式而言,专注于自己的理想,只从组织内部管理的完美性而不从服务人群的实际需要出发,就常常使其管理变成无效的。

以笔者经历的一个案例为例,某个社会服务机构在为城市流动人口提供服务的过程中,确定了以小额贷款帮助他们创业来实现其城市就业的目标,并以项目运作的方式实施。但是,两年过去了,项目并没有达到它预期的效果反而陷入举步维艰的境地。当进行评估时,我们发现,其实这个设计完美的计划与流动人口的现实需要不吻合,存在较大差距。因为小额贷款一方面有过多的限制条件(为保证资金的安全而设定的),而贷款额度又不足以让他们的创业能实质性地改变自己的生活处境。另一方面贷款仍然存在一定风险,他们有后顾之忧。这样他们参与这个项目的积极性就变得很低。相反,对他们来说,子女教育和一些劳动技能的培训是更急迫的需要。在调整了计划后,这个机构的服务开始收到较明显的效果。

此外,非营利组织的运行主要不是靠自己创造的财源,而是靠捐款和项目式管理来维持。这一特点既显示了它的管理特色,同时也造成了一系列管理难题。比如,在整个管理过程中,机构要满足两个甚至更多客户的需要:捐助者的意愿和受助者的需要,有时还要考虑受助者所处社会环境及相关人群的需要。这要求整个管理过程更科学、更全面和更具艺术性。然而,对于国内大多数的服务机构而言,由于其规模小、专业水平低、服务方式和服务内容单一、活动范围狭窄,难以适应这种复杂管理的要求,因而,管理方式简单、机构运行不畅、目标达成效果不佳,就成为许多非营利组织常常遇到的管理难题。

综上所述,目前中国社会服务机构面临的管理难题,反映的是非营利组织发展的局限。正是由于这些局限和管理难题,它们的发展存在许多管理风险,在响应社会需求及社会重大危机如金融危机、地震、海啸和灾害,以及改善民生、满足群众日常生活需要等方面,显得力不从心,困难重重。而关注这些问题,帮助非营利机构解决它们所面临的问题,促进其健康发展,对改善非营利组织管理,提高社会服务机构的服务质量与社会声望,推动社会服务发展,将起到积极的作用。

【参考文献】

Ding, Jenny:《向非营利组织学管理》,世界经理人网站,2007年6月6日。

彼得·德鲁克:《非营利组织的管理》,吴振阳译,机械工业出版社2007年版。

迟福林:《改革发展新时期的基本公共服务》,载中国(海南)改革发展研究院编:《民生之路》,中国经济出版社2008年版。

黄源协:《社会工作管理(第二版)》,双叶书廊有限公司(台湾)2008年版。

李志刚:《非营利组织的管理(推荐序一)》,载彼得·德鲁克:《非营利组织的管理》,吴振阳译,机械工业出版社2007年版。

王名:《我国社会组织发展的历史及趋势》,《新华文摘》2009年第16期。

王名、贾西津:《中国非营利组织:定义、发展与政策建议》,中国论文联盟网站,2008年。

詹文明:《使命与领导的先驱》,载彼得·德鲁克:《非营利组织的管理》,吴振阳译,机械工业出版社2007年版。

# 多方参与的社会治理创新：发展社会福利的新路径*

社会治理创新是当代中国国家治理体系创新的重要组成部分。在中国社会改革开放不断深化,社会结构和社会利益关系不断调整的背景下,如何运用治理的理念和方法来解决社会变革带来的各种社会变化和由此产生的各种社会问题,将社会变革的成果变成惠及民生和改善社会福祉的要素,实现社会的和谐有序发展,就构成了社会治理创新的基本内容。通过多方参与的社会治理创新来解决中国社会转型过程中的社会福利改革与发展问题,以社会福利发展中的自身问题为着眼点,从福利治理的角度探索解决社会福利发展的难题,就是本文所要讨论的问题。

## 一、作为一种破解当代社会发展难题方法的社会治理

社会福利问题从本质上说是一个社会发展问题。

---

\* 原载《山东社会科学》2014 年第 9 期。

"社会发展最为显著的特点是,它旨在促进经济发展措施,以图达成各种社会政策的和谐"。而所谓"发展",不仅"包括工业化所带来的经济变化","也指导致城市化的社会变化过程、对现代生活方式的接受、对生活采取新的态度等。而且,它也带有福利含义,即发展会提高人们的收入,改善人们的教育水平、住房条件和健康状况"(米奇利,2009:1—3)。通过社会发展来促进人类福利,以克服经济的增长和社会的变化对人民生活的影响,就成为当代中国社会转型期社会发展的主要内容与社会追求的目标。而运用"治理"的理论和方法来解决社会发展问题,实现经济增长与社会进步的和谐,是一个具有方法论和实践性价值的话题。

在此种的语境下,社会治理是当代社会科学用来理解和分析处于复杂、多元关系中的公共利益和社会发展问题的一种思维范式或理论框架,也是各国政府在解决经济与社会发展问题上的政治实践原则,更成为公共物品的生产与分配、公共事务运作与协调的政策分析框架和解决方案。而建立能够推动社会朝着有助于社会公平正义局面的形成,有助于处境不同的个人、群体和社会阶层改善其生活状况,保护弱势群体的权益并增进他们的福祉的社会治理体系,更是现代国家及其行政体制解决在民生问题上由于"政府失灵"和"市场失灵"造成的各种社会矛盾冲突的基本思路。

众所周知,自20世纪70年代末以来,新自由主义把方法论的个人主义作为自己的意识形态旗帜,将社会发展问题变为经济问题,鼓吹"把政府看成是问题,而把市场看成是答案"的观点(张昕,2007:2),力图通过所谓市场调节来限制国家在经济和社会福利方面的作用,结果导致了包括当时苏联东欧所谓"转型国家"在内的许多发展中国家"从政府控制的经济向资本主义经济过渡过程中遇到的诸多困难",陷入经济和社会秩序的混乱。也导致了西方福利国家在减少社会福利支出和强化个人责任的改革中"不平等和贫困的加剧"(埃斯平-安德森,2003:22)。鉴于这样的教训,"治理"作为"一个十分有用的概念,它使国际金融机构(以及捐赠者)放弃经济主义,重新考虑与经济改革议程相关的关键性社会和政治问题"(阿尔坎塔拉,1998)。

1989年,世界银行发表的《撒哈拉以南非洲:从危机到可持续增长》研究报告,针对非洲国家以经济发展为中心的国家发展战略失败而导致经济严重衰退和国家治理危机,把"治理"上升成为国家层面的行动要求,以此来解决忽视社会发展的经济主义路线造成的衰退和自上而下的管理方法所导致的腐败与低效率,以营造一个有助于把人民动员起来,有助于社会公正,"从而改善贫苦人民获得健康、教育、供水和粮食保障的机会","达到改善人类福利这一根本目的"(兰德尔-米尔斯、阿加瓦拉、普利斯,1989)。这个报告对非洲国家过去三十年和今后三十年进行的研究,通过"治理危机"的分析,把改善治理,发展"能力培养"和"投资于人民"(兰德尔-米尔斯、阿加瓦拉、普利斯,1989)的国家治理体系作为一个具有政治和社会战略意义的问题提了出来。

鉴于上述情况,"治理"作为一个现代政治词汇和学术用语的流行,反映的是现代社会人们对政治统治和社会控制的新理解。就其现代意义而言,所谓治理"意味着一种新的统治过程,意味着有序统治的条件已经不同于以前,或是以新的方法来统治社会"。与传统的统治不同,"治理指的是一种由共同的目标支持的活动,这些管理活动的主体未必是政府,也无须依靠国家的强制力量来实现"(俞可平,2000:2)。而"社会治理"则是由社会来控制人们的行为以实现社会秩序和社会关系的协调一致。它不是单纯地依靠国家机器或政府行政体系的强制力量,而是通过政府与民间、公共部门和私人部门之间的合作与互动,依靠社会自组织形成的信任与互利的社会协调网络的作用来实现社会过程(钱宁,2014)。通过将不同的社会主体或公共事务与社会福利的利益相关者连接起来,把传统社会管理体制中的被管理者也变成管理主体参与到社会管理过程中,并作为实现公共事务或社会福利治理的能动力量发挥积极作用,从而创新社会管理体制和运行机制,实现社会的善治,就成为社会治理创新的目的所在。

对于正在进行经济和社会现代化全面转型的中国社会而言,建立现代国家治理体系,解决社会转型中旧体制与新体制、旧的管理模式和思维惯习向新的模式与思维方式转变中,由于"市场机制的不成熟和政府监管责任的缺失"(陈明明,2014)而出现的"政府失灵""市场失灵",以及由于"社会组织这一板块,相对于政府组织和市场组织这两个强势板块如今还很弱小"(郑杭生,2014)可能造成的"社会失灵"问题开展治理创新,建立以社会为中心的治理体系来推动社会发展,也就成为一项战略性的目标。因此,中共十八届三中全会关于《中共中央关于全面深化改革若干重大问题的决定》提出的社会治理创新的战略,把社会治理体制的创新概括为"改进社会治理方式。坚持系统治理,加强党委领导,发挥政府主导作用,鼓励和支持社会各方面参与,实现政府治理和社会自我调节、居民自治良性互动。坚持依法治理,加强法治保障,运用法治思维和法治方式化解社会矛盾。坚持综合治理,强化道德约束,规范社会行为,调节利益关系,协调社会关系,解决社会问题。坚持源头治理,标本兼治、重在治本,以网格化管理、社会化服务为方向,健全基层综合服务管理平台,及时反映和协调人民群众各方面各层次利益诉求"。通过以上方面的创新来实现"人民安居乐业、社会安定有序"的社会治理目标。

概言之,"社会治理"理念的流行,是社会科学对现代社会变迁所引起的社会行动主体多元化、利益格局的多中心化在国家层面和地方层面产生的不确定性的思考,也是当代社会政治发展对国家及其政府行政机构如何维护多极化社会秩序,以打破政府与民间、公共部门与私人部门之间隔阂,并在它们之间开展积极互动提出的新要求。就此而言,社会治理强调的是在充满复杂性和不确定性的现代社会环境中,从国家到地方和社区,从公共行政体系到私人生活领域,各层面的社会行为主体在追求各自利益的过程中,应更加注重责任和效率的特点。它试图在多中心和多元化的社会环境中,寻求理解"在公共行为的众多行为体(个体或集体)之间发展起来的紧密的相互关系",进而去发展"行为体之间(战略或利益)的协调""规则与行动价值之间的协调",来激发"整体社会的活力"(戈丹,2010:23)。因而,用社会治理来化解社会变迁中个人利益与公共利益的矛盾冲突,运用多方参与的治理理论和方法来解决社会转型过程中,新旧体制交替造成的利益格局变化、社会秩序混乱、贫富差距扩大、民生问题突出等矛盾,促进社会和谐与社会福利发展,就成为一个具有较高价值期待的可选择路径。

## 二、多方参与的社会治理创新对社会福利发展的意义

自20世纪80年代以来,全球社会福利的发展,围绕着"要平等还是要效率"的争论,经历了从国家主导的体制到市场调节的体制,再到多主体参与治理的一系列变化。由于福利国家的危机而产生的福利私

营化战略,其主要理由有两个,一个是"削减公共支出负担,鼓励自力更生",另一个是为了"应付'后工业'社会更加差异、更加个人主义的需要"(埃斯平-安德森,2003:35)。然而,这一战略在实践中遭到种种限制而难以推进,反而因为推行缩减公共开支和私有化政策而招来一系列严重的社会问题,使大多数人陷入"不安全"的生活状态①。如何跳出国家理论和市场理论单中心治理逻辑,探索在"政府与市场之外的自主治理"的可能性(毛寿龙,2010),以减少平等与效率之间的张力,更好地解决竞争与不确定性环境下人们对安全和秩序的社会福利需求,就成为理论界需要解决的主要问题。而多方参与的社会治理正是在这样的背景下,作为一种探求在公共物品和社会福利的供给过程中,私有化和国有化两个极端之外可能的治理方式,引起人们普遍的关注和讨论。

所谓多方参与的社会治理创新,就其对建构社会福利治理体系的作用来说,是在社会治理的源头上,把发展民生福利,实行公共服务均等化作为重点,在解决民生问题时,既要注重制度安排的公平正义,保证改革开放和社会发展的成果能够为全体人民所共享。同时也要建立起与现代社会福利发展相适应的多元化社会福利治理机制,针对社会福利运行过程中存在的单纯依赖政府主体,把一切福利责任归结为政府责任,民众只作为社会福利供给的对象和享用者,被动接受政府或救援机构提供的物质帮助和服务的单中心治理的局限,让社会福利的对象也成为福利治理的主体,变被动的社会保护为主动的社会参与,建立以社区和社会组织为主体的"自组织治理"(鲍勃·杰索普,2000)体系。形成由国家力量和民间力量、公共部门和私人部门,政府、企业、社区、社会组织和公民共同治理的社会福利发展新格局,以便"当社会领域甚至更宽阔领域发生问题时,政府和各种社会力量会主动启动、协商调解、化解和解决问题"(王思斌,2014)。

用多方参与的社会治理创新来克服传统理论和实践以理性人假设为基础的单中心治理模式造成的社会福利治理困境,一个重要的理论依据是当代社会科学广泛讨论的多中心治理理论。印第安纳学派的重

---

① 拉里·埃里奥特、丹·阿特金森:《不安全的时代》,曹大鹏译,商务印书馆2001年版。

要代表人物之一埃利诺·奥斯特罗姆在关于"公共事物的治理之道"的研究中,通过批判传统的国家理论和市场理论的局限,提出的以自主治理为基础的多中心治理的分析框架,为破解以往理论要么"以利维坦为'唯一'方案",要么"以私有化为'唯一'方案"的公共事务治理中的单中心治理逻辑(奥斯特罗姆,2012:11—16)提供了新的路径。在她看来,与政府强加各项规章以及纯粹的市场化方式相比,当人们面对一个"在复杂和不确定的公共池塘资源环境中"采取决策和行动时,一群相互依赖的个体有可能"把自己组织起来、进行自主治理,从而能在所有人都面对搭便车、规避责任或其他机会主义行为诱惑的情况下,取得持续的共同收益"(奥斯特罗姆,2012)。

自主治理的理论把整个社会治理看作是由不同的社群、地方共同体等自主组织而成的多中心体系。在规模较小的公共事物治理和资源利用中,这些不同的自主组织中的人们能够在相互接触中经常沟通、不断了解,并且彼此建立信任和依赖感。通过长时间的共同居住和交流,人们之间形成了共同的行为准则和互惠的处事模式,个体与个体之间能够就维护公共利益而组织起来,采取集体行动,进行自主治理(张鑫,2008)。因而,自主治理作为一种具有利己和利他特性的集体行为模式,既能够有效地解决公共选择理论中"公地悲剧""囚徒困境"和"集体行动困境"等理论模型"个人理性行为往往导致集体的非理性结果"的难题,又能够对政府由于不能有效地应对个体理性化的福利需求而产生失灵现象和市场过于追求效率而造成的个人在竞争中的失败问题进行补充和纠正,从而成为一种与国家理论和市场理论并存的治理模式。

从多方参与的社会治理创新对社会福利发展的意义来看,多中心治理理论对当前社会福利体制改革的争论中,是要政府更多承担对民众的社会福利责任,还是把福利责任交给市场来解决社会福利的效率问题这种选择性难题,提供了超越的可能。社会福利是一个复杂的利益分配体系。其基本运行方式是运用再分配的政策手段来调节市场分配造成的收入差距,解决社会分配不公带来的社会问题,以维护社会成员的基本生活秩序和公民权利不受各种人为的和自然的风险的侵害。现代社会福利制度正是基于这样的目的而建立的,也只有通过其功能的全面发挥才能实现这一目的。但是,在社会福利的实践中,现代社会结构性的变化,使得以提供社会保护为主要目标的社会福利制度,在"人口的老龄化、家庭结构的变化、经济增长减缓、高失业率、激增的预算赤字、对高税收的日益强烈的抵制、市场力量的支配作用、经济和社会活动的私人化、日益加剧的国内竞争和国际竞争、全球化和技术变化的加速发展"等因素的作用下,不断受到质疑和批评(埃斯平-安德森,2003),而以削减福利支出、推进私有化和市场化、降低人们对政府福利体制的依赖性为目标的新自由主义福利制度改革,不仅没有有效的解决财政赤字和就业问题,反而扩大了贫富收入差距,导致社会福利问题治理的失败。在这样的治理困境下,"多中心治理"理论犹如"市场和国家之外"的另一只"看不见的手"(谭江涛、王群,2010),让我们看到了民间社会自主治理对解决社会福利发展难题的可能性,也为深化社会福利体制改革,构建多方参与的社会福利治理新格局提供了新的路径。

### 三、建构多方参与社会福利治理新格局的路径分析

建构治理社会福利问题多方参与新格局,促进社会福利体制的改革与创新,既是实现中国社会全面现代化对社会福利发展的要求,也是推动中国实现国家治理体系现代化的重要内容和创新领域之一。然而,由于制度体制不完善、改革不够深入,社会福利发展面临社会文化环境、制度环境、组织与思想观念等方面的局限,也存在社会福利制度本身的能力和资源不足的问题制约着社会福利发展,使社会福利的治理成为建构这一新格局所要解决的主要问题。为此,本文将从以下四个方面分别加以讨论。

从社会治理创新的角度看,建构多方参与的社会福利治理新格局,首先要明确的是,多方参与意味着社会福利是一个多元化的体系,它不仅依赖于政府财政的支持,也依赖于市场化的策略所能提供的财富增长、就业机会和收入的增加,同时还依赖于公民社会发展所激发的共济和互助精神、家庭和社区福利功能的发挥等政府和市场之外的力量参与到社会福利治理的行动中来。从顶层设计的角度为以上社会福利行为的主体发挥其作用提供体制制度和政策空间,形成创新机制,更全面有效地满足现代化背景下人民多样化的福利需求。

其次是要从预防和控制各种自然的和人为的风险对人们的日常生

活秩序的侵害与威胁角度,建立风险分担的多元化社会福利体制,跳出单纯社会保护的传统社会福利模式把防范自然风险和社会风险的责任看作是政府的主要责任的思维范式,培育市场和社会、企业、社会组织、社区和个人的责任意识和责任能力,建立责任福利体制,用社会投资的理念和方法改变现行福利治理中,强政府、弱社会,重视企业的经济效益和忽视其社会责任等不利于社会治理创新的片面性,营造风险共担、利益共享的福利文化环境,公平分担社会福利责任,使所有社会福利的提供者和使用者都作为治理主体发挥作用。因此,作为一种治理思路,多方参与的社会福利治理创新,首先意味着在社会福利资源和服务的供给上,存在着多个供给主体;而在治理过程中,他们既是使用者也是参与者。通过这样的创新形成的治理格局,就能有效地解决治理主体单一、治理资源不足,福利服务提供者和使用者分离、责任与权利不对等而造成的效率不高,偏好"免费午餐",对待公共福利资源搭便车和机会主义的倾向。

再次是在建构多方参与的社会福利治理创新中,政府职能和角色要有"壮士断腕"的勇气和态度进行革命性转变。这就意味着在创建治理新格局的过程中,政府不再把自己放在治理体系的中心位置,不再以独断的权威或统治者的姿态出现,而要发展一种"协商政治",运用民主的方式来表达意见,听取不同的声音,了解不同的需求,让渡出更多更大的权力来支持其他主体发挥作用。同时,这种角色的转变也意味着政府需要学习和掌握更多的治理手段和技巧,能够运用有限的公共权力和财政资源去撬动市场资源和社会资源来发展社会福利,推进社会福利社会化向着更高层次和水平发展。因而,政府在社会福利治理创新格局中,不再是单一的直接福利提供者和责任主体,更多地是扮演中介者、政策倡导者和监督者的角色,即制定多方参与的社会福利治理体制制度中的宏观框架和参与者的行为规则,同时运用经济、法律、政策等多种手段为各个社会福利主体参与治理行动提供依据和便利。通过将集中于行政部门的权力和资源释放出来,把能够交由社会组织或企业来完成的事务进行放权,让那些有关社会福利治理的职能还给社会,能够激发社会各方面的活力来解决仅靠政府行政体制无法解决的社会福利管理、服务难题,减少由于权力过于集中造成的官僚主义和低效率，也有助于解决改革开放中"权力部门化，部门利益化"的重大积弊（王长江，2014）。

最后，也是实现多方参与的社会福利治理新格局最为重要的事项，就是培育和发展社会的自主组织和自主治理机制与能力，让基层社会（社区）和各种民间组织作为政府和市场之外的"第三极"治理的主体，有机会、有途径在治理体系中发挥作用，为克服社会福利发展中，政府没有能力解决而市场又不愿意做的治理难题，发挥其更为积极的作用。从多中心治理的视角看，作为政府和市场之外的"第三极"，社区或民间社团并不是一个单一的实体，也不是一个有着高度整合的制度体系和集中统一性的所谓单一"中心"。相反，它们是一个弥漫于人们的日常生活和各种社会活动领域的无形网络。它们活动的基本特点是自发性和自组织性，围绕着某个具体的共同利益或需要，在一个较小规模或范围内采取集体行动来解决的问题；而它们的行动策略则往往是实用主义的、重视具体的效果和共同体的团结。因此，这个"第三极"中心实际上是一些扎根基层社会的地方性、专业性、共同体性质的组织或社群组成的社会福利"联盟"。它们各自使命不同、目标追求不同，但是对实现共同利益和改善社会福祉有着积极的、不可替代的作用。由于这些组织和社群广泛存在于基层社会的各个角落，而那些地方又往往是政府的行政触角难以触及，企业不愿意涉足，它们的存在恰恰起到拾遗补阙、纠正政府失灵和市场失灵的作用。当然，这里必须明确的是，多方参与的社会福利治理，强调的是多个主体的共同参与，而不是用一个主体代替另一个主体。发挥民间社会的自主组织和自主治理功能，绝不意味着它可以替代政府和市场的角色，而是三者共同构成多中心治理的新格局。

总之，社会治理的目标是实现社会的"善治"。而"所谓善治就是政府和民间组织、公共部门和私人部门之间的合作管理和伙伴关系，以促进社会公共利益最大化"（何增科，2007：169）。要实现这一目标，最直接的任务是改革社会福利运行的体制和机制，发展政府与民间合作共治的社会福利发展新格局，从政策制度上克服传统社会福利体制不适应改革开放和社会现代化发展的各种弊病，大力发展以社会为中心、具有广泛社会参与性、全体社会成员与政府共同负责的社会福利制度，使社会福利更有活力、人民需求得到合理而有效的满足,社会关系和社会秩序更加和谐有序。就此而言,多方参与的社会福利治理思路,使我们能够从一种更为全面而明确的系统互动视角,在政府、市场和社会的多个层面上观察、思考由于市场经济和社会生活多元化、经济全球化和劳动力市场的变化、人口老龄化和家庭结构与功能的变化等造成的社会福利问题,进而在实践上为解决复杂性和不确定性环境中各种社会福利治理问题提供了方法和路径。

## 【参考文献】

埃莉诺·奥斯特罗姆:《公共事物的治理之道:集体行动制度的演进》,余逊达、陈旭东译,上海译文出版社2012年版。

鲍勃·杰索普:《治理的兴起及其失败的风险:以经济发展为例的论述》,载俞可平主编:《治理与善治》,社会科学文献出版社2000年版。

陈明明:《治理现代化的中国意蕴》,《新华文摘》2014年第13期。

哥斯塔·艾斯平-安德森编:《转变中的福利国家》,周晓亮译,重庆出版社2003年版。

何增科:《公民社会与民主管理》,中央编译出版社2007年版。

拉里·埃里奥特、丹·阿特金森:《不安全的时代》,曹大鹏译,商务印书馆2001年版。

毛寿龙:《公共事物的治理之道》,《江苏行政学院学报》2010年第1期。

皮埃尔·兰德尔-米尔斯、拉姆戈帕尔·阿加瓦拉、斯担利·普利斯:《撒哈拉以南非洲国家从危机走向持续增长》,《金融与发展》1989年12月号。

钱宁:《劳动关系治理与工业社会秩序的建构——社会治理创新背景下的企业社会工作》,《社会工作》2014年第1期。

让-皮埃尔·戈丹:《何谓治理》,钟震宇译,社会科学文献出版社2010年版。

谭江涛、王群:《另一只"看不见的手"——埃莉诺·奥斯特罗姆与"多中心"理论》,《开放时代》2010年第6期。

王长江:《改革目标:国家治理能力现代化》,《三联生活周刊》2014年第10期。

王思斌:《社会工作在创新社会治理体系中的地位和作用》,《社会工作》2014年第1期。

辛西娅·休伊特·德·阿尔坎塔拉:《"治理"概念的运用与滥用》,《国际社会科学(中文版)》1998年3月号。

俞可平主编:《治理与善治》,社会科学文献出版社2000年版。

詹姆斯·米奇利:《社会发展:社会福利视角下的发展观》,苗正民译,格致出版社、上海人民出版社 2009 年版。

张昕:《转型中国的治理与发展》,中国人民大学出版社 2007 年版。

张鑫:《奥斯特罗姆自主治理理论的评述》,《改革与战略》2008 年第 10 期。

郑杭生:《"理想类型"与本土特质——对社会治理的一种社会学分析》,《社会学评论》2014 年第 3 期。

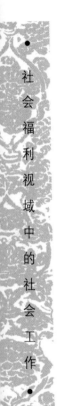